Jürgen Grässlin, geboren 1957, legte in Freiburg die Staatsexamen für das Lehramt an Realschulen ab und kam über die Gewerkschafts- und Menschenrechtsarbeit zum friedenspolitischen Engagement. Als ehemaliges Landesvorstandsmitglied, Landtagskandidat und Stadtrat der Grünen verfügt er über gute Verbindungen zu Landtags- und Bundestagsabgeordneten, mit deren Unterstützung er eine Vielzahl von Anfragen einreichen ließ und Parlamentsdebatten initiierte. 1992 gründete er das Rüstungs-Informationsbüro Baden-Württemberg, als dessen Vorsitzender er parlamentarische mit außerparlamentarischen Friedensaktivitäten verknüpft und intensive Öffentlichkeitsarbeit betreibt. Autor zahlreicher Artikel und Beiträge zum Thema Rüstung. Er lebt in Freiburg.

Dieses Buch wurde auf chlor- und säurefreiem Papier gedruckt.

Umschlaggestaltung Manfred Waller, Reinbek
Umschlagfoto TCL/Bavaria
Satz MPM, Wasserburg
Druck und Bindung Elsnerdruck, Berlin
Printed in Germany 5 4 3 2 1
ISBN 3-426-80029-2

Jürgen Grässlin

Den Tod bringen Waffen aus Deutschland

Von einem, der auszog,
die Rüstungsindustrie das
Fürchten zu lehren

Knaur®

Für Eva

Dank

Von Herzen möchte ich mich bedanken bei meiner Frau Eva für die unermüdliche Unterstützung während der gesamten Zeit des Schreibens und bei unseren Kindern Sandra und Philipp für die Geduld mit dem vielbeschäftigten Vater.

Herzlich bedanken möchte ich mich auch bei Gabi Müller, Jürgen Heger und Alex Kauz für das Redigieren des Urspungstextes, bei Ginger Edwards-Menz, die während der Monate meines Schreibens um so intensiver und häufiger im RIB-Büro arbeitete, bei Lothar Ellinger, Tobias Pflüger und den vielen weiteren Friedensfreundinnen und -freunden sowie Journalisten, die mir mit Rat und Tat hilfreich beistanden.

Dies ist ein buch
von einem
der auszog
demokratie anders zu definieren
als das ankreuzen von wahlzetteln
alle jahre auf einem stück papier
von einem
der auszog
berge zu versetzen
mit der waffe des verstandes.

Dieses Buch ist gewidmet den Jesuitenpatres in El Salvador, die umkamen durch die Salven der US-amerikanischen M 16-Gewehre.
Egon Scotland, dem Journalisten der Süddeutschen Zeitung, der auf dem Balkan starb, im Kugelhagel einer deutschen Kalaschnikow.
Dem unbekannten Kurden, der ermordet wurde mit einem in der Türkei gefertigten G 3.
Gewidmet aber auch denen, die aufstehen gegen die Ungerechtigkeit und die mißbrauchte Macht.

Prozeß gegen den H&K-Geschäftsführer Walter Lamp am 4. November 1993 vor dem Landgericht Rottweil. Jürgen, Philipp, Sandra und Eva Grässlin (von links nach rechts) bei der Protestaktion.

Inhalt

Einstimmung: Der Kampf wider die Barbiturate der Konsumgesellschaft

Stellen Sie sich vor: Sie sitzen entspannt in Ihrem bequemen Wohnzimmersessel, haben Ihre Beine gemütlich auf den Tisch gelegt. Ein Glas Weißwein daneben, französischer Käse, der Krieg flimmert in Agfacolor über den Bildschirm. Emotionslos berichtet eine Sprecherin von den Greueltaten irgendwo in einem Winkel der Welt.

In gewohnter Präzision verrichten die Soldaten mit den deutschen G 3-Gewehren ihr Handwerk. Die Bildsequenz dauert nur Sekunden. Sie geht so schnell vorüber, daß Sie normalerweise nicht in Gefahr kommen, genau hinschauen zu müssen.

Doch diesmal hat sich das Bild in Ihrem Gehirn festgefressen, auch wenn Sie es nicht sehen wollen. – Zum Wetter: strahlend blauer Himmel, ein leichter Südwestwind, steigende Temperaturen, sagt die Moderatorin. Vor Ihren Augen schießt noch immer die Blutfontäne aus dem Kopf der Frau.

Und jetzt stellen Sie sich vor: Sie zählen nicht zu den Millionen von Fernsehzuschauern, welche die Bilder dieser Nachrichtensendung wie einen Hollywood-Streifen konsumieren. Zählen nicht länger zu den Menschen, die sich tagtäglich von den Barbituraten der Konsumgesellschaft verdummen lassen. Gehören nicht länger zu denen, die sagen: Dagegen kann »man« nichts machen.

Sie fassen statt dessen an diesem Abend den Entschluß, selbst etwas dagegen zu tun: gegen Ungerechtigkeit, gegen Ausbeutung, gegen Krieg. Etwas gegen die scheinbar unbezwingbare Macht der Waffenexporteure in den Chefetagen der Rüstungsfirmen, gegen die gewählten Waffenhändler in der Bundeshauptstadt.

Oder besser gesagt – etwas dafür. Dafür, daß die Welt gerechter wird, fairer, menschlicher und menschenwürdiger.

Und stellen Sie sich vor, Sie haben Erfolg.

Vorwort:
Von der Macht der Ohnmächtigen

Wir Deutschen sind wieder wer: Anfang der neunziger Jahre haben wir uns die Bronzemedaille erkämpft und stehen seither erstmals auf dem Treppchen der Weltwaffenexporteure. Das Markenzeichen »Made in Germany« erringt zahllose Siege auf den Schlachtfeldern weltweit – dank der Politiker im mächtigen Bonn und den Managern in den Schmieden der Gewalt.
Dies ist ein Buch über die Politik der Kinkels & Kohls, welche Waffenexporte aktiv fördern, über die großen und kleinen Reuters der Rüstungsindustrie, welche den Generälen die martialischen Werkzeuge liefern, und über die Folgen dieses skrupellosen Handelns für die Menschen nicht nur in der sogenannten Dritten Welt. Und doch ist dies kein Buch, das – wie viele andere zuvor – nur Fakten über Fakten publiziert, einen Skandal nach dem anderen anprangert, nach Gerechtigkeit schreit und es dabei bewenden läßt.

Am Beispiel einer Waffenstadt wird gezeigt, welche Rahmenbedingungen die Rüstungsindustrie braucht, um aufblühen zu können. Am Beispiel eines Bundeslandes wird dargestellt, wie sich deutsche Firmen ihren Markt in den Spannungsgebieten des Nahen Ostens, Südamerikas oder Südostasiens schaffen. Am Beispiel der Verfilzung der Republik wird gezeigt, wie Macht mißbraucht wird. Der militärisch-industrielle Komplex hat sich wie ein Spinnennetz über Deutschland ausgebreitet.
Die Bundesrepublik ist, auch ein knappes halbes Jahrhundert nach ihrer Gründung, noch immer auf der Suche nach Demokratie. Der eigentliche Fehler aber liegt bei uns, dem Souverän. Wir, die Bürgerinnen und Bürger dieser Republik, haben Entscheidungsträger an die Spitze des Staates gewählt, die dem Anspruch demokratischen Handelns nur bedingt gerecht werden. Und in den Spitzen

der Betriebe und Konzerne entscheiden oftmals Geschäftsführer, die nicht ethische, moralische oder christliche Ideale an die Spitze ihrer Wertehierarchie gesetzt haben, sondern als einzigen Maßstab Wirtschaftswachstum und Wohlstand für immer weniger und auf Kosten anderer. Die Rüstungsindustrie ist lediglich ein Beispiel – allerdings ein sehr treffendes – für eine kranke Gesellschaft.

Die Menschen in dieser Waffenstadt sind auch nicht anders als diejenigen im Musterländle oder an einem beliebigen Ort in der Republik. Oberndorf ist eine Stadt wie viele andere in der Industriegesellschaft des ausgehenden 20. Jahrhunderts: die eine besitzt ihren Chemiebetrieb, die andere ihre Plastikfabrik, die nächste ihr Automobilunternehmen. Fast alle leben sie vom Import der Rohstoffe und vom Export ihrer High-Tech-Produkte. Oberndorf besitzt Rüstungsbetriebe. Seit über 180 Jahren lebt die Stadt von der Herstellung und vom Export von Waffen, und nicht wenige der Menschen, die diese Waffen herstellen, sind stolz darauf.
Verfilzte Strukturen und verkrustetes Denken sind symptomatisch für unsere Gesellschaft. Denn wo gibt es nicht eine Industrie, die auf Profitmaximierung und Wachstumsraten setzt? Wo gibt es nicht die Politiker, die um jeden Preis an der Macht bleiben wollen und dazu den Bund mit den Firmen schmieden? Wo gibt es nicht die Gewerkschafter, die Arbeitsplätze über alles setzen? Wo gibt es nicht die Amtskirche, welche die Machenschaften der Mächtigen segnet? Und wo nicht die Medien, die dieses Spiel mitspielen?
Oberndorf ist überall.

Dieses Buch ist eine Biographie, die versucht, überholte Strukturen aufzubrechen, die Mut machen und nicht diese unendliche Leere im Kopf hinterlassen will. Es sollen Wege aufgezeigt werden, wie jede/r von uns seinen Teil zu einer humaneren und gerechteren Welt beitragen kann. Damit ist es auch ein Buch gegen die Politikverdrossenheit. Schließlich ist nicht nur das Wirtschaftssystem mit

seiner Ausrichtung auf Gewinnmaximierung das Übel, sondern auch die herrschende Politik, die ihre Macht mutwillig mißbraucht und Demokratie für ihre eigenen Zwecke instrumentalisiert.
Politiker treffen Entscheidungen, die die Welt verändern. Wollen wir diese Entscheidungen beeinflussen, müssen wir uns – engagierter denn je – einmischen in die Welt der Mächtigen. Viele etablierte Politiker glauben, Bürgerinnen und Bürger seien nur dazu da, sie zu wählen und sich ansonsten aus ihren Geschäften herauszuhalten. Grenzen sind dort gezogen, wo wir andere Wege wählen, wo wir uns nicht nur informieren, sondern wo wir recherchieren und entlarven, wo wir auf Mißstände aufmerksam machen, den Finger in die Wunde legen. Prangern wir den menschenverachtenden Einsatz in Deutschland entwickelter Waffen durch die Schergen Suhartos in Indonesien oder durch die Truppen des burmesischen Militärregimes an, wagen wir es, die Schuldigen in Bonn und in den Zentralen der Rüstungszentren bloßzustellen, dann trifft uns die ganze Härte des Rechts-Staates, im wahrsten Sinne des Wortes. Wer – wie ich – wegen seiner pazifistischen und antimilitaristischen Einstellung vom Wasserwerfer mit CS-Gas beschossen wurde und sich vor Gericht »wegen Nötigung« der Militärs verteidigen mußte, weiß, wovon er spricht. Doch diese Scheindemokraten haben keinen Anspruch auf das Deckmäntelchen der Demokratie. Nicht diejenigen, die auf die Mißstände aufmerksam machen, müssen sich rechtfertigen, sondern die schwarzen Schafe einer wahrlich schwarzen Regierungsriege, die 95% aller Rüstungsexporte legalisiert, die aktiv Sozialabbau betreibt und die gleichzeitig für Abermilliarden neue Waffensysteme in Auftrag gibt und dem Bundesgrenzschutz den Auftrag erteilt, Nacht für Nacht Hunderte von Flüchtlingen an unseren Grenzen abzufangen. Verantworten müssen sich die Vorstandsvorsitzenden, die wie Edzard Reuter von Humanität reden und gleichzeitig Waffenlieferungen in Bürgerkriegsgebiete fördern, die wie die Heckler & Koch-Geschäftsführer von Konversion reden und gleichzeitig Waffen in weit über 80 Länder verkaufen.

Die Blütezeit der Friedensbewegung ist vorbei, jetzt folgt die Reifezeit, so Joan Baez. Wir haben uns zusammengeschlossen und uns qualifiziert. Wir haben gelernt, ihre Informationsquellen zu gebrauchen: Wir lesen *Nato's Sixteen Nations* und *Military Technology* und erfahren, in welche »Kill-box« sie ihre Waffen – Marke »battle tested« oder »combat tested« – exportieren. Wir lesen Söldnermagazine wie *Soldier of Fortune* und erfahren, daß die Oberndorfer Waffenschmiede Heckler & Koch keine Kompromisse eingeht (»In a world of compromise some don't«). Dies ist die Sprache der zerfetzten Körper und der herausgeschossenen Gehirne. Der Gestank des Geldes verdrängt den Geruch von Menschenfleisch. Für uns Pazifisten bleibt es ein Greuel, ihre Sprache zu lesen. Doch wir haben gelernt, genau die Informationen, die sie am liebsten verschweigen würden, an die richtigen Adressaten zu bringen.

Heute ist die Situation eine andere als noch vor Jahren: David hat den Kampf gegen Goliath aufgenommen. Und heute fürchtet sich so mancher Pressesprecher eines Unternehmens davor, sich mit uns auf ein Podium zu setzen, denn sie wissen, was sie erwartet: knallharte Fakten über Ort und Zeit, über Umfang und Empfänger der Rüstungsexporte ihres Unternehmens. Wir legen die Hintergründe dar, firmeninterne Angaben über die Anzahl der gelieferten Waffen und die dafür verantwortlichen Menschen in Politik und Wirtschaft. Die wiederholten Absagen verschiedener Pressesprecher, die von unserer Teilnahme an einem geplanten öffentlichen Streitgespräch hörten, bedürfen keiner Kommentierung.
So ist auch dieses Buch eines voller Fakten. Mehr aber noch ist es ein Buch über den Weg von Menschen, die sich organisiert haben, um Inhumanität und Menschenverachtung nicht länger schweigend hinzunehmen. Die Erfahrung der letzten Jahre zeigt, daß die Macht der Gegenseite weit weniger gewaltig ist, als selbst wir befürchtet, und die unsere weit größer ist, als wir zu hoffen gewagt haben. Wenn wir die Politik nicht länger als eine Spielwiese der Mächtigen verstehen, haben sie ihr Spiel mit uns ausgespielt.

Doch wir wollen nicht nur anklagen – wir wollen auch bewegen. Daß wir etwas bewegen können, zeigt dieses Buch in vielerlei Hinsicht. Und wir wollen Mut machen: Mut zum Mißtrauen, Mut zum Handeln, Mut zur Einmischung und Mut zum Widerstand – denn Widerstand lohnt sich.

I. Teil:
Profil einer Waffenstadt

1. Politische Geburt

In der Höhle des Löwen

> »Seit 1945 hat es etwa dreihundert Kriege gegeben. Es gab keinen Tag ohne Krieg und nur wenige Inseln der Ruhe.«
>
> *Michael Kidron/Dan Smith,* 1983[1]

Die Meinungen prallen unversöhnlich aufeinander. So moderat der Ton auch sein mag, in der Sache wird mit harten Bandagen gefightet. Wir sitzen mit denjenigen am Tisch, die in unseren Augen für eine Geschäftspolitik mitverantwortlich sind, welche unsägliches Leid über Menschen in der Dritten Welt gebracht hat.

Nur zu gut wissen wir, daß der Absatzmarkt des Oberndorfer Waffenproduzenten Heckler & Koch (H & K) nicht auf die Bundesrepublik beschränkt ist. Ganz im Gegenteil: Unsere jahrelangen Recherchen haben ans Licht der Öffentlichkeit gezerrt, was den Geschäftsführern des Unternehmens mehr als peinlich ist: Gemessen an der Zahl der Empfängerländer ist Heckler & Koch deutscher Rüstungsexportmeister. Die Geschichte dieser Firma ist mit dem Blut unzähliger Opfer geschrieben. Jahrzehntelang schien das Geschäft um so besser zu florieren, je mehr Kriege weltweit tobten.

Noch folgenschwerer als die Oberndorfer Waffenlieferungen in die Kriegsgebiete haben sich die Lizenzvergaben ausgewirkt. Die Bundesregierungen, gleich welcher parteipolitischen Couleur, haben seit 1961 die Vergabe der Nachbaurechte und den Verkauf des entsprechenden Know-how an die Lizenznehmer im Ausland genehmigt und zum Teil selbst »betrieben«. Der Interessenverband »Heckler & Koch & Bundesregierungen« ist im Handfeuerwaffenbereich zum »Weltmeister der Lizenzvergaben« aufgestiegen: Über 20 Nachbaurechte sind für H & K-Waffen vergeben worden, so daß G 3-Gewehre wie MP 5-Maschinenpistolen in Lateinamerika, im

Nahen Osten oder in Südostasien millionenfach produziert werden konnten. Das H & K-Schnellfeuergewehr G 3 zählt seit Jahrzehnten neben der russischen Kalaschnikow und der US-amerikanischen M 16 zu den meistbenutzten Killerwaffen auf den Schlachtfeldern in aller Welt.

Die Zahl der verstümmelten und getöteten Menschen ist längst nicht mehr nachvollziehbar. Handfeuerwaffen gehören zu den Mordinstrumenten, die – neben den Landminen – weltweit die meisten Opfer verursachen. Während die sogenannten »Großwaffensysteme«, wie Kampfflugzeuge oder Militärschiffe, fast ausschließlich bei Kriegen zwischen Staaten zum Einsatz kommen, findet kein Bürgerkrieg und keine sonstige militärische Auseinandersetzung ohne den mörderischen Einsatz von Handfeuerwaffen statt. Und selbst in vermeintlichen Friedenszeiten ist der Gebrauch von Schnellfeuer- und Maschinengewehren in den vielen Staaten Lateinamerikas, Afrikas oder Südostasiens an der Tagesordnung. Noch immer gilt Mao Tsetungs tödliche Devise von der Macht der Waffen: »Die politische Macht kommt aus den Gewehrläufen.«[2]

Krieg ist das Mittel der Politik geblieben – für innen- wie für außenpolitische Zwecke. »Die beginnenden 90er Jahre zeigten ein seit 1945 nie dagewesenes Maß kriegerischer Gewalt«, so das Institut für Politische Wissenschaft der Universität Hamburg.[3] Allein 1992 wurden 52 Kriege geführt. Seit dem Ende des Zweiten Weltkrieges ist die Zahl stetig gestiegen und verharrt seit 1989 auf diesem unglaublich erschreckenden Niveau.[4]

Fast jeder dieser Kriege findet mit den von Heckler & Koch entwickelten Waffen statt, und nicht umsonst wird das G 3 von Militärs wie Diktatoren liebevoll als »Braut des Soldaten« bezeichnet. Bis zum heutigen Tag sind Hunderttausende von Menschen von H & K-Waffen durchsiebt worden – wohl mehr Menschen, als Oberndorf seit seiner Stadtgründung im Jahre 1251 insgesamt an Einwohnern gehabt hat.

Das alles interessiert die uns gegenübersitzende Pressesprecherin von Heckler & Koch wenig, ihr liegt einzig der gute Ruf des

Unternehmens am Herzen. Der ist jedoch endgültig verschüttgegangen, seit die H & K-Entwicklungstechniker die »präziseste Tötungsmaschine der Welt« entwickelt haben – die Wunderwaffe G 11. Heckler & Koch rühmt in den G 11-Werbeprospekten die »Wirkung auf Weichziele«: Schließlich trete »auch bei kurzen Entfernungen im weichen Zielmedium keine Geschoßzerlegung auf«. Unsere Vorwürfe gleichen denen von Bertrand Russell und Jean-Paul Sartre beim Vietnam-Tribunal in Stockholm und Roskilde: Sie lauten auf Völkermord.

Dr. Karl Faber und Andrea Brodbeck starren uns an, als seien Friedenstauben in Aspik ihre Leibspeise. Die Fakten, die wir beim Streitgespräch der vergangenen beiden Stunden in den Raum gestellt haben, müssen in ihren Ohren wie eine Kriegserklärung klingen. Diese schonungslose Konfrontation mit den Machenschaften ihrer Firma sind sie mit Sicherheit nicht gewohnt. Das sonst so selbstgewisse Lächeln der Pressesprecherin ist längst unübersehbarem Mißmut gewichen, ihre wohlgewählten Worte sind zu blanken Rechtfertigungsversuchen geworden. Während wir einen Exportskandal nach dem anderen anprangern, sucht Andrea Brodbeck nach befreienden Argumenten. Am Ende finden die H & K-Vertreter einen Ausweg, der ihnen wie den Verantwortlichen auf Bundesebene noch viel Schwierigkeiten bereiten sollte: »Alles läuft ausschließlich über die Bundesregierung!«
Für uns resultiert aus diesen Worten mehr denn je der Auftrag, diesen Machenschaften in Oberndorf wie in Bonn einen Riegel vorzuschieben. Wir wissen, daß diese Arbeit weitere Jahre in Anspruch nehmen wird. Wir wissen aber auch, daß das weiche Wasser den harten Stein bricht. Jahre der antimilitaristischen Friedensarbeit liegen bereits hinter uns. Wir können nicht ahnen, daß wir kurz vor unserem Ziel stehen und daß unsere Arbeit mit dem erhofften Erfolg enden soll.

Außendienstuntauglich – innendienstuntauglich – friedenstauglich

»G. wurde wegen Dienstunfähigkeit gem. § 29 Abs. 1 Nr. 5 entlassen.«

Hauptmann Weber, 1977

18. Januar. Die Nachricht schlug wie eine Bombe ein. Damit war nicht im mindesten zu rechnen gewesen, schließlich hatte der Bodycheck ergeben, daß ich »aufgrund des Ergebnisses der ärztlichen Untersuchung in absehbarer Zeit nicht einberufen« werden würde. Zwar war ich mit der Tauglichkeitsstufe 3 als »wehrdienstfähig« zum potentiellen Soldaten befördert worden, aber mit einer immensen Zahl von Einschränkungen der Verwendungsmöglichkeiten. Zudem gehörte ich zu den geburtenstarken Jahrgängen, in denen nach Auskunft der Republikschützer »nicht alle verfügbaren Wehrpflichtigen benötigt« wurden. Die Schlacht schien schnell gewonnen, der Musterungsbescheid verhieß vermeintlich Gutes.
Wenige Monate später brach eine Welt für mich zusammen. Alle Einsprüche, von ärztlicher Seite bis hin zur Mobilisierung eines wohlgesonnenen Professors der Pädagogischen Hochschule, halfen nichts: Trotz des gerade erst begonnenen Lehramtsstudiums mußte ich zum Bund. Daß ich damals noch kein Pazifist war, belegt nicht zuletzt die Tatsache, daß ich – im Gegensatz zu vielen meiner jetzigen Freunde und Bekannten – den Gedanken zur Kriegsdienstverweigerung nie ernsthaft erwog.
So wurde ich im Februar erneut für tauglich befunden, am 1. April nahm die Tortur ihren Anfang: Prinz-Franz-Kaserne, 5. Sanitätsbataillon 210, Kempten/Allgäu.

Was folgte, war die Strafe für meine vorherige Inkonsequenz. Ich hatte den Weg des Widerspruchs gewählt, den Weg des Kampfes im Militär gegen das Militär. Und je länger und engagierter ich diesen Kampf führte, desto gefestigter wurde ich in meiner Überzeugung.

Es wurde ein Fight auf allen Ebenen: gegen meine Kameraden, die in mir den Feigling sahen, gegen meine Vorgesetzten, die glaubten, des Widerspenstigen Zähmung durchsetzen zu müssen, gegen die Ärzte in den Bundeswehrkrankenhäusern, die mir die gewünschte Dienstunfähigkeit versagen wollten.
Ich nutzte jede Gelegenheit, mich mit den grauen Herren mit ihren besternten Epauletten anzulegen, ihnen die NATO-Strategie des atomaren Erstschlags um die Ohren zu hauen, Soldaten als potentielle Mörder zu hinterfragen und das Bild des starken Mannes in Uniform zu demontieren. Mit dieser Form der inneren Wehrkraftzersetzung wußten sie erstaunlicherweise nicht umzugehen. Die Entwicklung spitzte sich rasant zu. Ich genoß die Zeit in irgendwelchen Krankenhäusern – die Münchener Augenklinik sollte mein zweiter Wohnsitz werden –, während die Kameraden auf dem Felde ihren Mann abrobbten. Alsbald hatte ich auch herausgefunden, was sie am meisten ärgerte: Ihr Lieblingsspielzeug war die »Braut des Soldaten«, das Schnellfeuergewehr G 3 der Oberndorfer Waffenfirma Heckler & Koch, welche Jahre später meine Friedenstauglichkeit prüfte. In unendlich geistreichen Stunden hatten sie mir beigebracht, wie ein Soldat das G 3 auseinanderbaut, zusammenbaut, auseinanderbaut, zusammenbaut, wieder auseinanderbaut und wieder zusammenbaut. In der Kleinkindpsychologie werden derartige Übungen als »Beschäftigungstherapie« bezeichnet. Und voller Genuß durfte ich dann erleben, wie sehr ihr Herz blutete, wenn ich auf dem Schießplatz die schlitzäugigen Attrappen übelblickender Chinesen permanent um Meter verfehlte. Was meine schießwütigen Kameraden als Unfähigkeit deuteten, war mein innerer Aufschrei gegen die Unsinnigkeit dieses Handelns.

Vielleicht war ihnen die nutzlos verschossene Munition heilig, oder ich erschien ihnen als Vaterlandsverteidiger vertrauensunwürdig. Meine offizielle Version jedenfalls, und das erlaubte ihnen keine Handhabe gegen mein Vorgehen, waren ominöse Kopfschmerzen und Doppelbilder, die ein gezieltes Ballern vereitelten.

Natürlich ließen sie mich die ganze Macht ihres schikanösen Apparates spüren: Während andere längst Wochenende hatten, durfte Wehrpflichtiger Grässlin zum hunderttausendsten Male seine Hemden zusammenlegen, weil sich irgendein Stubenoffizier von dem um zwei Millimeter überstehenden Rand gestört fühlte. Natürlich durfte ich Treppenstufen putzen, während die anderen ihre Freizeit genossen. Spitze Bemerkungen über den kampfunwilligen Akademiker waren gang und gäbe. Seit jenen Tagen kann ich nachvollziehen, daß Menschen an diesem Apparat zerbrechen können. Bei mir hat dieser hirnlose Dauerdrill das Gegenteil bewirkt. Seit diesen Erlebnissen des Jahres 1977 weiß ich, was ich will – und was nicht.

Nach vier Monaten hatte ich gewonnen, sie wollten nicht mehr. Mit einem Male nahm das ganze Szenario lächerliche Züge an. Kurzerhand wurde dem »blassen Patienten mit dem kompensierten Kreislauf« Außendienstuntauglichkeit zugestanden, was dazu führte, daß ich ein letztes Mal mit einem Holzgewehr zum Schießplatz mitmarschieren durfte. In den folgenden Wochen konnte ich mich beim 1. Nachschubbataillon der Ulmer Wilhelmsburg-Kaserne erholen. Als sie mir auch die Innendienstuntauglichkeit zusprachen, war das Ziel erreicht: Irgendein Personalstabsoffizier verkündete mir die Freiheit. Urplötzlich wurde mir attestiert, was Monate zuvor unmöglich gewesen war: Bereits bei meinem Dienstantritt »bestand eine Gesundheitsstörung, so daß Ihr weiteres Verbleiben in der Bundeswehr nicht möglich ist« – »nicht erwünscht« oder »wehrkraftzersetzend« wäre ehrlicher gewesen. Kein schönerer Satz in dieser Zeit: Gemäß § 29 des Wehrpflichtgesetzes »entlasse ich Sie wegen Dienstunfähigkeit«. Mein Dienstzeugnis als Sanitätssoldat bescheinigte Leistungen, die »nur knapp den Anforderungen« genügten. Das bis heute gültige ärztliche Untersuchungsergebnis bestätigte den Tauglichkeitsgrad 5, »nicht wehrdienstfähig«.
Als ich mich Ende August wegen meiner Entlassung in Ulm melden sollte, genoß ich längst den Urlaub in der Schweiz.

Jeder Tag Bundeswehr ist ein Tag zuviel, und die Erinnerung an diese Tage bleibt besetzt mit einer Vielzahl unangenehmer Erfahrungen. Eines aber hat der kurze Lebensabschnitt bei mir bewirkt: Der Widerstand hat sich im Kopf festgesetzt. Der Widerstand gegen die Dekadenz des Denkens und die Arroganz militärischer Macht. Diese Bundeswehr hat mich geformt. Ich habe Menschen kennengelernt, die wochenlang herumlungern, miese Macho-Sprüche klopfen und die vermeintliche Sinnlosigkeit ihres Lebens im Alkohol ertränken. Das alles hat mich einfach nur abgestoßen. Ich habe Vaterlandsverteidiger kennengelernt, deren Ziel darin besteht, das Fadenkreuz im Kopf einer menschlichen Silhouette zu treffen, und die sich über jeden Volltreffer freuen. Ich habe nicht gelernt, sie zu verstehen, aber ich kann jetzt nachvollziehen, wie Kriege funktionieren. Das Denken wird nicht erst auf dem Schlachtfeld oder im Atombunker ausgelöscht. Das Denken wird zuvor schon derart kanalisiert, daß im entscheidenden Moment bedenkenlos abgedrückt, geschossen, gekillt wird. Über Humanität und soziale Gerechtigkeit wird in der Bundeswehr auch gesprochen, praktiziert aber werden Befehl und Gehorsam.
Damals habe ich mir noch keine Gedanken darüber gemacht, wo die fürchterlichen Werkzeuge der Vaterlandsverteidiger herkommen, wo die Fabriken des Todes stehen. Mein Lebensweg aber sollte mich genau mit den Produzenten der technischen Pest zusammenführen. Zweifelsohne ein folgenschwerer Zufall.

Von der Latschdemo zur Eigeninitiative

Ein Jahr verbrachten wir vier – Sandra und Philipp hatten gerade noch in Freiburg das Licht der Welt erblickt – im dörflichen Dornhan, einer Kleinstadt, die wir nach meiner Einstellung in den Schuldienst erst einmal auf der Landkarte suchen mußten. In diesen Tagen verirren sich höchstens lärmgeschädigte Stadtflüchter in diesen jenseits aller befahrenen Routen gelegenen Flecken östlich des Schwarzwalds, es sei denn, unsereins wird von Amts wegen dazu genötigt. Umgehend stellte ich den ersten Versetzungsantrag ins Badische. Das Schulamt reagierte prompt – und verfrachtete uns in die diametral entgegengesetzte Richtung.

Verglichen mit Dornhan besaß das zehn Kilometer entfernte Sulz am Neckar sämtliche Attribute einer aufstrebenden Weltstadt: eine Bibliothek, ein Freibad, eine Pizzeria und als High-Tech-Errungenschaft sogar eine Kreuzung mit modernster Ampelanlage. Und der Ort hatte Qualität: In Sulz gab es etwas, was in Dornhan in einhundert Jahren noch ein Fremdwort sein wird – eine Szene. Insbesondere das »Friedensforum« traf sich regelmäßig und zu heftigen Diskussionen. Schon von Dornhan aus hatten mich zwei Kolleginnen regelmäßig in die knapp zehn Kilometer entfernte »Metropole« abgeschleppt. War ich anfangs noch widerwillig gefolgt, so entwickelte ich alsbald Eigeninteresse. Im nachhinein muß ich die beiden für schuldig erklären: schuldig der subversiven Einflußnahme, schuldig der mutwilligen Verführung, schuldig der bewußten Beeinflussung. Kurzum: Ohne Sylvie Faller und Jutta Rucker wäre ich wahrscheinlich als einer der dekadenten Dauerglotzer verkommen, der sich in lebenslanger TV-Haft zu Tode amüsiert.

Ortsgruppen von amnesty international leiden gerade deshalb unter einer hohen Fluktuation von Mitarbeitern, weil viele die Anspannung nicht aushalten, in Briefen und Berichten vom ganz persönlichen Schicksal gefangener und oftmals mißhandelter Menschen zu erfahren, ohne tatsächlich helfen zu können. Ich hatte mich der Sulzer ai-Gruppe angeschlossen und versucht, dem Druck standzuhalten. Wir betreuten einen Kosovo-Albaner, der ins Gefängnis gesteckt worden war und dort ohne Verfahren über Monate hinweg festgehalten wurde. In unzähligen Briefen an die Verwaltungsbehörden, den Provinzgouverneur und Repräsentanten der Politik versuchten wir, nähere Informationen über den Gesundheitszustand des Mannes zu erhalten und über politischen Druck dessen Freilassung zu erzwingen. Ich beschäftigte mich mit den Machenschaften der Obristen in Griechenland und den Bedingungen, die Menschen zu Folterknechten werden lassen. Damals hatte ich die Menschenrechtsarbeit als zäh und ineffizient empfunden, schließlich war Hilfe von außen nur sehr schwer möglich. Und doch hat es sich gezeigt, wie wichtig die Erfahrung mit Menschen in Not ist. Seit diesen Tagen sehe ich die Geschehnisse in den Gefängnissen und Folterkammern nicht mehr mit den Augen eines neutralen Beobachters, sondern mit denen des Opfers.

In Sulz engagierte ich mich in vielen Gruppen der sozialen Bewegung, die sich anfangs der achtziger Jahre noch häufig trafen und deren Treffen bestens besucht waren. Wir kämpften gegen den drohenden Sozialabbau, gründeten eine Initiative zum Erhalt des Sulzer Krankenhauses und organisierten die größte Demonstration, welche die Kleinstadt jemals erlebt hatte. Friedensforumssprecher Lothar Ellinger, Schulleiter von Beruf, und ich fuhren nach Stuttgart, um mit der damaligen Sozialministerin Barbara Schäfer wegen der bevorstehenden Schließung des Klinikums in der Neckarstadt zu diskutieren. Als Sulz die ersten Flüchtlinge zugewiesen wurden – in Juristendeutsch so unschön als »Asylbewerber« abgestempelt – riefen die ehemalige Lehrerin Urte Struppe und ich einen Arbeitskreis zur Flüchtlingsbetreuung ins Leben, den ich selbst über Jahre hinweg koordinierte.

Doch langfristig gab es nur eine einzige Gruppe, die wirklich konsequent und kontinuierlich arbeitete: das Friedensforum. Wie so oft lag es an einem Menschen, der die Sache in die Hand nahm, die Gruppentreffen vorbereitete und sich für die Umsetzung der Ideen in konkrete gewaltfreie Aktionen stark machte: Lothar war der eigentliche Kopf der Gruppe. Auf ihn konnten wir zählen, wenn wir ihn brauchten, er wußte Rat und brachte in die öffentlichen Auseinandersetzungen seine ganze Erfahrung ein.

Die Gruppe war über die Maßen agil: Wir beteiligten uns an der Menschenkette gegen die Stationierung von Mittelstreckenraketen in der Bundesrepublik und fuhren gemeinsam in den Hunsrück, um gegen die dortige Aufrüstung mit Cruise Missiles zu demonstrieren. Bei den Protesten gegen die atomare Wiederaufbereitungsanlage in Wackersdorf machten wir Bekanntschaft mit den reizvollen CS-Gaseinsätzen unserer Freunde und Helfer und mit dem bayerischen Verständnis von Schlagstockdemokratie. Wir unterstützten den Volkszählungsboykott und demonstrierten gegen die Pershing II-Raketen in Neu-Ulm. Wir blockierten das atomare Raketendepot in Großengstingen und wehrten uns mit Ballonaktionen gegen die militärischen Tiefflüge in der Region. Der Kern der Friedensinitiative sollte über viele Jahre hinweg eisern zusammenhalten.

Für mich waren die Sulzer Lehrjahre von entscheidender Bedeutung: Ich konnte die Erfahrungen sammeln, die ich in den kommenden Jahren so dringend benötigte. Die Großdemos in Bonn, Stuttgart oder Hasselbach waren wichtig gewesen. Wir hatten andere in ihrem gewaltfreien Kampf gegen weitere Hochrüstung und für Entmilitarisierung unterstützt. Nun aber sollten die Jahre kommen, in denen unser Engagement vor Ort – im eigentlichen Brennpunkt des Geschehens – gefragt war.

Erst jetzt sollte mir richtig bewußt werden, daß ich in eine Region Südwestdeutschlands versetzt worden war, die wie keine andere von der Rüstungsproduktion lebte. Natürlich wurden auch im Mittleren Neckarraum, in der Bodenseeregion, in Ulm oder in den bayerischen Rüstungszentren Ottobrunn, München oder Nürnberg Waffen gefertigt. Doch keine Stadt Deutschlands war derart abhängig von der Herstellung und dem Export ihrer Todesprodukte wie die Waffenstadt Oberndorf.

2. Stolz darauf, ein Oberndorfer zu sein

Fern vom Frieden

> »In der Tat: In diesem Machwerk wird ein ganzer Kübel von Schmutz über alle ausgeschüttet, die während der vergangenen Jahrzehnte in der Stadt Oberndorf gearbeitet und verantwortlich gewirkt haben.«
>
> *Robert Gleichauf,*
> baden-württembergischer Finanzminister a. D.[1]

In der Stadt blüht die Tradition, mehr noch als in anderen Städten. So zieht nicht nur die hiesige Fasnet – von Ortsunkundigen als »Fastnacht« bezeichnet – Jahr für Jahr Tausende von Menschen in ihren Bann. Auch die Jahrgangsgruppen führen regelmäßig Treffen durch, und dabei werden, wie die Heimatzeitung schreibt, »viele Gespräche geführt unter dem Motto ›Kasch de no erinnera‹«. Und auch das Treffen der »Jahrgängerinnen und Jahrgänger 1937/38« steht ganz unter dem Zeichen ehrfurchtsvoller Erinnerung: Da wird zur Totenehrung auf dem Friedhof ein Kranz niedergelegt, und hinterher besucht man »unter der fachkundigen Führung von Alfred Danner das Heimat- und Waffenmuseum«. Es darf aber auch gefeiert werden: »Als der Vorhang aufging und die Schantlekapelle mit dem Narrenmarsch den Narrensprung eröffnete, war die Stimmung im Saal nicht mehr zu bremsen.«[2]

Es gibt zwei Dinge, die einen gestandenen Oberndorfer wirklich auf die Palme bringen: die Entweihung der geheiligten Fasnet und eine Attacke auf die Ehre als Waffenproduzent. Der Filmemacher Wolfgang Landgraeber wagte es, diesen Ehrenkodex gleich doppelt zu verletzen. Für Oberndorf kam sein Film »Fern vom Krieg« einer Kriegserklärung gleich und führte zur sofortigen Ausrufung des Ausnahmezustandes.

Oktober 1984. Der Film hat getroffen. Die Oberndorfer Seele ist derart verletzt, daß die Pressesprecherin von Heckler & Koch sechs Jahre später noch Gift und Galle speit, wenn sie nur an die Uraufführung des Streifens zurückdenkt: »Es gab eine Zeit, da war die gesamte Einwohnerschaft der Stadt Oberndorf, vom Säugling bis zum Rentner, in der Öffentlichkeit alles böse Buben, die ausschließlich von der Waffentechnik leben.«[3]

Fern vom Krieg ist nicht nur das bedeutendste Werk eines renommierten deutschen Filmemachers, ist nicht nur ein durch und durch engagiertes Medienereignis. *Fern vom Krieg* ist für die einen ein Kultfilm und für die anderen Teufelswerk: Da hat es einer gewagt, die Wahrheit unter dem Deckmantel des Schweigens hervorzuholen. Da hat einer den Mut aufgebracht, das in der Dritten Welt spritzende Blut zu zeigen, das die Oberndorfer Waffen hervorquellen lassen. Da hat einer die Namen der Verantwortlichen genannt – doch dafür sollte er büßen.

Für mich war die Uraufführung dieses Filmes in der Stadt der Waffen neben meiner Bundeswehrzeit das zweite Schlüsselerlebnis. Nie werde ich diese Stimmung vergessen, die im Oberndorfer Kino herrschte, als der Film in Erstaufführung gezeigt und anschließend mit dem Regisseur diskutiert wurde. Der Vulkan bebte, der Mob stand kurz vor dem Ausbruch. Niemand hätte sich wundern dürfen, wenn es an diesem Abend zur Lynchjustiz gekommen wäre.

Über fünf Jahre lang hatte Landgraeber Fakten zum Themenbereich »Waffenexport« zusammengetragen, hatte Fachzeitschriften und Bücher gewälzt. Oberndorf war für ihn nur ein Beispiel – Beispiel für eine Geschäftspolitik einer Waffenfabrik im Schwäbischen, die »sich ganz im stillen zu einem der erfolgreichen Exporteure der Welt gemausert hat«. Schon damals erkannte *Monitor*-Redakteur Wolfgang Landgraeber, daß es kaum einen Konfliktherd gibt, »wo man auf Filmbildern und Photos nicht Gewehre dieser Firma identifizieren kann – ob in Biafra 1963, in Chile 1973 oder in El Salvador 1983«.[4] Heute muß man traurigerweise ergänzen: oder im Bürgerkrieg im ehemaligen Jugoslawien 1993.

Es ist Freitag abend. Das KKK-Filmtheater ist restlos ausverkauft. Die Kinobesitzerin hat anonyme Drohungen erhalten. Premiere eines Filmes, der bereits im Vorfeld vierfach ausgezeichnet wurde und dank des unermüdlichen Einsatzes von Gabi Müller sowie von Anne und Uli Pfau, aktiv bei der Oberndorfer Friedensinitiative sowie bei der Naturfreundejugend, nach Oberndorf geholt werden konnte.

Die Vorstellung läuft, im Saal herrscht Eiszeit. Applaus gibt es nur für das Bekenntnis: »Ich bin stolz darauf, Waffen zu bauen.« Die Schnitte des Filmes sind hart und für viele Oberndorfer verletzend: Da marschiert die Musikkapelle fröhlich trällernd durch die Straßen der Stadt. Die Musik fährt fort, während urplötzlich SS-Schergen weitermarschieren, gefolgt von den Truppen des ugandischen Massenmörders Idi Amin, bewaffnet mit G 3-Gewehren. Murren im Saal. Genau diese Zusammenhänge sind jahrzehntelang aus dem Gedächtnis der Oberndorfer gelöscht worden und flimmern jetzt erbarmungslos über die Leinwand. Einige der Oberndorfer Bürgerinnen und Bürger wollen das martialische Schauspiel nicht ertragen und verlassen das Kino, noch während der Film läuft.

Die folgende Diskussion hinterläßt, wie die Bilder selbst, tiefe Wunden, denn getroffen sind alle: Nicht, weil der Film tatsächlich etwas Neues gezeigt hätte. Was trifft, ist die Tatsache, daß die Oberndorfer stolz darauf sind, die präzisesten Waffen der Welt zu fertigen. Daß der Vater schon Gewehre entwickelt hat und dessen Vater auch. Daß es toll war, wenn der Opa den Schlagbolzen verbessert hat. Und daß genau dies nicht als rühmlich, sondern verwerflich, als unehrenhaft und erbarmungslos verurteilt wird. Aber auch die Naturfreunde sind an diesem Abend gereizt: Da gibt es Stellungnahmen aus den eigenen Reihen, die den Oberndorfer Arbeitnehmern in der Rüstungsindustrie Skrupellosigkeit und Menschenverachtung vorwerfen. Genau das aber hat man zu vermeiden versucht, wollen sie doch nicht anklagen, sondern den Diskussionsprozeß vorantreiben. Zumindest an diesem Abend ist das jedoch ein hoffnungsloses Unterfangen. Hinterher setzen wir

uns im nahegelegenen Gasthaus Waldhorn zusammen. Die Friedenskämpfer im Nebenzimmer, die Waffenbauer in der Gaststube. Die Gräben sind gezogen, die Frontlinie bleibt bestehen.
Ich stehe noch ganz unter dem Eindruck des Abends: Ich muß erst die Bilder der Leichenberge und die Aussagen eines Mannes verarbeiten, der für diesen einen Abend aus Rotterdam gekommen ist und von seiner Kriegsgefangenschaft in einem der Oberndorfer Zwangslager erzählt hat. Bram Slaager hat die Bewohner der Stadt vom Vorwurf des schwäbischen Auschwitz befreit. Er hat aber auch erzählt, daß hier Menschen aus Polen gehängt wurden: grundlos, wegen Banalitäten.
Wolfgang Landgraeber ist schuld daran, daß ich 1984 den Kampf gegen die Rüstungsindustrie in der Waffenstadt schlechthin aufgenommen habe – oder soll ich besser sagen: Ihm habe ich dieses Engagement zu verdanken?

Klaus Siegmeier vom *Schwarzwälder Boten* gibt sich noch Mühe, den »mehr als zwei Lagern« gerecht zu werden, beschreibt die Reaktionen beiderseits der Frontlinien und ist froh, daß die befürchtete Randale ausgeblieben ist – von wem Randale zu befürchten war, sagt er nicht.
Tage nach den drei Filmaufführungen bricht eine Entwicklung los, die nur als »Leserbriefschlacht« umschrieben werden kann. Landgraeber und die Friedensinitiative Oberndorf stehen im Kreuzfeuer der Kritik. Robert Gleichauf, Ehrenbürger der Stadt und ehemaliger Abgeordneter, schießt verbal, aber scharf: »Kübel von Schmutz« sieht er über sich und seiner Stadt ausgeschüttet, verursacht von einem »überaus tendenziösen filmischen Machwerk«. Gleichauf geht in die vollen: »Schade, daß es in dieser geschundenen Welt noch irreale Schwärmer gibt, die nicht erkannt haben, daß es – sowohl im Kleinen wie auch im Großen – seit jeher Menschen und Mächte gibt, die das Recht und die Freiheit anderer nur respektieren, wenn diese in der Lage sind, sich ihrer Haut zu wehren.«[5]
Die »irrealen Schwärmer«, Anne, Uli und Achim Lehle, erwehren

sich ihrer Haut: »Wir befürchten eher, daß wirkliche Friedensarbeit unglaubwürdig wird, wenn wir weiterhin im Scheinfrieden leben und den Kopf in den Sand stecken, während wir Krieg exportieren.«[6] Auch die weiteren Mitglieder der Friedensinitiative, Barbara Schneider, Annemarie und Hermann Pfaff, Annette Schätzle-Hunn und Gisela Beig-Glück, melden sich zu Wort: »Jede ernsthafte Reform wird erst lächerlich gemacht, dann bekämpft, und später gilt sie als selbstverständlich. (Schopenhauer)«[7]

Die Mär vom Messer-Mord

»Grundsätzliche Überlegung für die Konzeption der MP 5 war aber mit Sicherheit nicht, sie zu einem lautlosen Hilfsmittel für heimliche Exekutionen zu machen – doch kein Gerät ist davor gefeit, auf die eine oder andere menschenverachtende Art und Weise mißbraucht zu werden.«

Andrea Brodbeck,
Pressesprecherin von Heckler & Koch[8]

Ein junger Mann, Schüler oder Student, hat sich während der Landgraeber-Diskussion zwischen die Stühle gesetzt und von allen Seiten Dresche bezogen. Er hat es gewagt, kritische Fragen zu stellen: Warum steigt ihr nicht aus dem Geschäft mit dem Tod aus? Warum arbeitet ihr weiterhin bei Mauser und Heckler? Warum macht ihr euch mitschuldig? An euren Händen klebt das Blut unzähliger Opfer! Er wird von verschiedenen Rednerinnen und Rednern angegriffen, am meisten schmerzt die Kritik aus dem eigenen Lager, aus den Reihen der Friedensinitiative. Schließlich seien nicht die »einfachen« Arbeiter schuld, sondern diejenigen, welche die Waffen exportieren. Insgeheim habe ich dem Menschen damals recht gegeben, doch die Kritik ihm gegenüber war derart herb, daß ich meine Meinung nicht zu sagen wagte. Liegt die

Schuld wirklich nur bei denen, die in den Chefetagen für einen möglichst großen Absatz sorgen, ohne sich um die zerschossenen Körper in der Dritten Welt zu scheren? Damals hätte ich die Frage mit einem klaren Nein beantwortet, heute habe ich meine Zweifel. Denn die umgekehrten Fragen an mich gerichtet lauten doch ganz anders: Hätte ich als 16jähriger, aufgewachsen in Oberndorf, das lukrative Ausbildungsangebot einer der beiden großen Waffenfirmen abgelehnt? Hätte ich als Jugendlicher moralische oder ethische Erwägungen in den Vordergrund gestellt und die Chance auf einen vermeintlich sicheren Arbeitsplatz in den Wind geschlagen? Wohl kaum, lautet die ehrliche Antwort in einer Stadt, die von der Waffenproduktion lebt und in der Arbeitsplätze rar sind. Wahrscheinlich wäre ich ein ganz normaler Durchschnittsoberndorfer geworden, hätte zugegriffen, mich von Mauser ausbilden lassen und wäre bei der Firma geblieben. Ich hatte nur das Glück, nicht mit der Situation konfrontiert zu werden, hatte das Glück, nachdenken, reflektieren und mich anders entscheiden zu können. Sind die Weichen erst einmal gestellt, so ist Umkehr schwer. Nur ganz wenige wagen den Schritt in eine unsichere Zukunft. Und die, die dableiben, bauen sich ihre heile Welt des Vergessens und Verdrängens auf. Genau dieser Umstand bewegte Wolfgang Landgraeber zu einer eigenen Wortmeldung per Leserbrief: »In den Stellungnahmen von Herrn Gleichauf, Herrn Laufer und der Freien Wähler entdecke ich die gleichen Abwehr- und Verdrängungsmechanismen wieder, die ich in meinem Film doch gerade kritisieren wollte.«[9] Dabei sind diese Reaktionen so menschlich wie falsch. Wir kennen sie von denen, die zur Zeit des Nationalsozialismus mitmarschiert sind, erkennen sie aber auch in unserem eigenen Wegschauen und Verdrängen angesichts der Greueltaten in Bosnien-Herzegowina und anderswo. Der Unterschied liegt darin, daß sich die Beschäftigten der Oberndorfer Waffenschmieden für ihr eigenes Handeln ein Rechtfertigungsschema ganz besonderer Art zurechtgelegt haben. Bei der Diskussion um *Fern vom Krieg* wird Wolfgang gefragt, ob Autos nicht auch töten würden. Und bei fast jeder der Diskussionen fallen die Standardsätze, die so typisch sind für diese Stadt und ihre Bewohner: »Mit einem Messer kann man auch jemanden ermorden!« Und: »Wenn wir nicht liefern, dann liefern die anderen!« So heftig wir diesen Scheinargumenten widersprechen, so wenig dürfen wir den Fehler begehen, in den Bürgerinnen und Bürgern Oberndorfs etwas entdecken zu wollen, das nicht auch in uns allen steckt. Das heißt nicht, daß den Oberndorfern die Last individueller Mitschuld von den Schultern genommen werden darf, denn jeder Mensch ist für sein Tun verantwortlich. In der Konsequenz heißt diese Erkenntnis aber auch: Die Oberndorfer sind keine anderen Menschen, keine besseren und keine schlechteren, sie sind Menschen wie wir. Oberndorf liegt überall, und genau darin liegt die Gefahr.

Zielstrebig unters Hakenkreuz

> »War doch schon die ›Braut des deutschen Soldaten‹, jenes Infanteriegewehr K 98, das im Zweiten Weltkrieg auf so treffsichere Art halb Europa mit zerstören half, war doch dieses meistgebaute Gewehr der Welt bereits ein ›Schwarzwaldmädel‹.«
>
> *Manfred Bissinger,* Merian Schwarzwald

Es war ein reiner »Zufall, daß vor 150 Jahren die Königlich Württembergische Gewehrfabrik und damit letztendlich die Familie Mauser nach hier kam und unser Städtle zur ›Waffenstadt‹ avancierte«, schreibt ein Oberndorfer Bürger als Nachklapp zum Landgraeber-Film.[10] Nur an wenigen Orten in Deutschland ist ein Zufall folgenschwerer gewesen als in einer Stadt, die Anfang des 19. Jahrhunderts ihre bisherigen Bahnen verlassen und sich seither der Waffenfabrikation verschrieben hat. Dabei trafen wohl mehrere Zufälle aufeinander: Franz Andreas Mauser war kein Oberndorfer, sondern in Sontheim im Oberamt Heilbronn geboren. Er kam als

Angehöriger einer »Ouvrier-Kompanie« – Soldaten also, deren handwerkliche Fähigkeiten beim Militär genutzt wurden – unfreiwillig nach Oberndorf. Dessen 11. und 13. Kind, Wilhelm und Paul Mauser, sollten 1872 eine Waffenfabrik »als offene Handelsgesellschaft Gebrüder Mauser« gründen.[11] Im Jahre 1805 wurde Oberndorf von Österreich an Württemberg abgetreten, so daß am 31. Juli 1811 durch König Friedrich I. von Württemberg die königliche Gewehrfabrik in Oberndorf 1811 errichtet und am 6. November des darauffolgenden Jahres in Betrieb genommen werden konnte. Dazu diente das Gebäude des Augustinerklosters, das erst fünf Jahre zuvor säkularisiert und in eine Kaserne verwandelt worden war.

Im Vorwort zur Denkschrift aus dem Jahre 1938 erinnert sich der Verfasser, Prof. Dr. Matschoß, mit vor Stolz geschwellter Brust an die großen Taten der Brüder Mauser, denen es gelungen war, die Leistungen der »Gewehrfabrik den maßgebenden Herren in den Kriegsministerien der einzelnen Länder darzustellen und mit ungemeiner Zähigkeit in langwierigen Verhandlungen die für die junge Fabrik so lebenswichtigen Aufträge heranzuschaffen«. Und so sehr der Leiter der Denkschrift den »unglücklichen Ausgang des Krieges« – gemeint war der 1. Weltkrieg – bedauerte, so sehr freute er sich, daß »unter der Führung Adolf Hitlers die Wehrhoheit des Reiches wiederhergestellt und damit auch der Rüstungsindustrie große, neue Aufgaben übertragen wurden«.[12]

Tatsächlich ließen die Nazis die Mauser-Werke wieder aufblühen. Und so gab die Firma in der Denkschrift »ein freudiges Bekenntnis der Dankbarkeit und Treue zum neuen Deutschland und seinem Führer« ab. Vorstand wie Aufsichtsrat huldigten Hitler: »Mit der Machtergreifung durch den Nationalsozialismus begann auch der Wiederaufstieg unseres Werkes nach einer Zeit des Niedergangs und der Bedrückung. Nie werden wir die Jahre vergessen, in denen ein erpreßter Vertrag unsere Werke schutzlos den brutalen Eingriffen einer interalliierten militärischen Kontrollkommission aussetzte, deren Ziel es war, die Mauser-Werke völlig zu vernichten.«

Einem Mann gegenüber, so die Denkschrift, ist Mauser zu besonderem Dank verpflichtet, weil er »uns aus Schmach und Schande wieder zu Ehre und Ansehen erhob, die deutsche Industrie von drückenden Ketten befreite und dem deutschen Arbeiter wieder Arbeit und Brot gab, unserem Führer Adolf Hitler.«[13]

Gut zwei Jahre später geben die Mauser-Werke einen sogenannten »Leistungsbericht« heraus, mit dem sie sich »das fünfte Mal am Leistungskampf der deutschen Betriebe« beteiligen. Der Betriebsführer, der für das Vorwort vom 20. Dezember 1941 verantwortlich zeichnet, betont die »vaterländische Gesinnung unserer Arbeitskameraden und Kameradinnen« und Mausers »Beitrag zur Erringung des Endsieges«. Er nimmt all denen ein Argument aus dem Mund, die – wie Ehrenbürger Robert Gleichauf – gebetsmühlenartig betonen, »daß bei Mauser auch in jenen Jahren die Herstellung von Jagd- und Sportwaffen sowie von Meßwerkzeugen der verschiedensten Arten weiterhin eine beachtliche Rolle gespielt hat«. Nur bedingt trifft die Feststellung des Ministers a. D. zu, »daß nach dem Ersten Weltkrieg ernsthaft versucht wurde, den Schwerpunkt der Produktion nicht auf die Herstellung von Waffen, sondern vielmehr auf Meßwerkzeuge, Kraftfahrzeuge, Nähmaschinen und Rechenmaschinen zu legen«.[14]
Der Betriebsnazi demontiert das Vorzeigeargument von Herrn Gleichauf gnadenlos, indem er erklärt, »daß der Grundstock, der zur Entwicklung und zur Fertigung von Kriegsmaterial erforderlich ist, unbedingt erhalten bleiben mußte. Dies ist uns auch gelungen, indem wir den Absatz der von uns herausgebrachten Jagd-, Sport- und Verteidigungswaffen, namentlich nach dem Auslande, steigerten.« Schlimmer noch: Mauser rühmt sich, von 1934 bis 1939 riesige Mengen von Gewehren und Pistolen gefertigt und damit »einen wesentlichen Beitrag zur Aufrüstung der deutschen Wehrmacht bis Kriegsbeginn« geleistet zu haben. Tatsächlich hat Mauser allein im Zeitraum von 1933 bis 1941 den Umsatz verzehnfachen können. Die Lobeshymne auf die eigene Schaffenskraft gipfelt in

der Wiedergabe eines Zitates, das sich in einem Schreiben eines Offiziers des Heeresoberkommandos an den Betriebsführer von Mauser findet: »Die Leistungen der Mauser-Werke werden, das kann ich wohl am besten beurteilen, den Platz in der Geschichte der Vorbereitung und der siegreichen Durchführung des Krieges einnehmen, der ihnen gebührt. Im Verlauf der letzten Jahre haben wir doch den größten Teil der bedeutendsten Rüstungswerke Europas kennengelernt und wissen, daß die Leistungsfähigkeit der Mauser-Werke nirgends auch nicht annähernd erreicht war.«[15]

So gerne viele Mauser-Beschäftigte und Ehemalige noch heute die Jubiläen ihrer Waffenfirma bei jedweder Gelegenheit feiern, so ungern werden sie an die Nazi-Vergangenheit ihres Unternehmens erinnert. Für die Mauser-Familie ist die Welt in Ordnung, und jeder, der diese Ruhe zu stören wagt, gilt als Fremdkörper. Die Oberndorfer Ortsgruppe der Naturfreunde existiert seit 1903 – und sie befassen sich erfreulicherweise nicht nur mit dem Schutz bedrohter Biotope. Sie wagten, den Deckmantel des Schweigens zu heben und Mausers düstere NS-Vergangenheit ans Licht zu bringen: Der Dokumentarfilm *Vergeben, aber nicht vergessen* entstand unter großem finanziellem Eigenrisiko, aber drei Jahre später heimste die Dokumentation der Naturfreundejugend einen beachtlichen fünften Rang im Wettbewerb »Alltag im Nationalsozialismus« um den Preis des Bundespräsidenten ein.[16]
Wolfgang Landgraeber hatte den Friedensfreunden sein filmisches Überschußmaterial überlassen, und dazu kamen jahrelange eigene Recherchen der Naturfreunde. Der 60minütige Film vermittelt einen Eindruck davon, wie die rund 6000 Zwangsarbeiter aus Rußland, Holland und anderen europäischen Staaten in den Oberndorfer Lagern hausten. Von den 12 000 Mauser-Arbeitsplätzen wurde die Hälfte mit Zwangsarbeitern besetzt.[17] Leider konnte der Einsatz dieser Menschen in der Waffenfabrikation kaum gezeigt werden. Die Zwangsarbeiter wurden in verschiedene Lager rund um Oberndorf gesteckt – »283 überlebten die Zeit in Oberndorf

nicht«. Im nördlich gelegenen Aistaig richteten die Nazis ein sogenanntes »Arbeitserziehungslager« ein, durch das 4400 Menschen geschleust wurden – 79 Menschen starben aufgrund der dortigen Torturen.[18]
Mausers Geschäftsleitung mißt solcherlei Fakten heute eine sekundäre Bedeutung zu. In einer umfassenden Presseinformation anläßlich der 175-Jahr-Feier wird die Schreckensherrschaft der Nationalsozialisten mit keinem Wort erwähnt, und auch die *wehrtechnik*, Lobbyblatt der Rüstungsindustrie im deutschsprachigen Raum, haut in dieselbe Kerbe: Von Bedeutung ist einzig, wann welche Waffenfabrikation wieder aufgenommen werden konnte, daß französische Truppen Oberndorf besetzt und die Werke 1948 demontiert haben.[19] Erst langsam startet Mauser zaghafte Eigenanstrengungen zur Aufarbeitung der NS-Zeit. Immerhin wurden einige ehemalige Zwangsarbeiter nach Oberndorf eingeladen. Im Film jedoch verkündet der Sprecher der Mauser-Werke seine Vorstellungen von Vergangenheitsbewältigung: »... ich glaube, bewältigt haben wir sie, nun ist es an der Zeit, zu vergessen.« Treffende Antwort eines ehemaligen Zwangsarbeiters: »Vergeben ja, vergessen niemals!«[20]
Bei der 175-Jahr-Feier der Firma ging der Sprecher der Geschäftsleitung, Helmut Eppe, auch auf die »dunklen Stunden« – gemeint war die Beschäftigung der Zwangsarbeiter – des Unternehmens ein: »Vieles von dem, was seinerzeit vorgefallen wäre, könne niemals entschuldigt werden«, zitiert ihn die *wehrtechnik*.[21] Warum aber folgen diesen Worten keine Taten? Entschädigungen an Zwangsarbeiter sind bis heute nicht geleistet worden, im Gegensatz zu Firmen wie Krupp und Rheinmetall, die allerdings auch nur geringe Summen aufgebracht haben.

Heute zählen die Mauser-Werke zu den ganz Großen in der Stadt. Die Tradition des Waffenbaus blüht weiterhin: Mit der Serienfertigung »der 27-mm-Bordkanone BK27 einschließlich der Munitionsfamilie für den trilateralen *Tornado* und den *Alpha Jet*«, beides

Kampf- bzw. Schulungsflugzeuge, die nicht nur bei der Bundeswehr im Einsatz sind, hat die Firma seit 1979 beste Geschäfte gemacht. Im selben Jahr erfolgte auch die Übernahme durch die Nürnberger Diehl GmbH & Co. Die Entwicklung weiterer Maschinenkanonen hat Mausers Position auf dem Weltmarkt gefestigt. Im Jubiläumsjahr 1987 beschäftigte die Firma 1400 Mitarbeiter und erzielte einen Jahresumsatz von über 300 Millionen DM.[22] Der damalige Geschäftsbericht bestätigt sogar eine »Umsatzsteigerung von rund 30%«.[23]
Mauser bemüht sich seit Jahren um die Erweiterung ihrer Produktpalette im zivilen Bereich. Früher als bei vergleichbaren Unternehmen der Rüstungsbranche konnte der militärische Anteil unter die 50%-Marke gesenkt werden.

Wir sind mutig geworden

»Wer das Böse ohne Widerspruch hinnimmt, arbeitet in Wirklichkeit mit ihm zusammen.«
Martin Luther King[24]

Die Friedensbewegung zwischen Schwarzwald und Neckarland bestand noch Mitte der achtziger Jahre aus einer Agglomeration verschiedener Einzelinitiativen, die je nach Problemlage an völlig unterschiedlichen Themenbereichen arbeiteten: vom fast in Vergessenheit geratenen Konzentrationslager »Außenkommando Zepfenhan« bei Rottweil über den geplanten Bau von Schutzbunkern, Start- und Landebahnen auf der Autobahn A 81, der Betreuung von Flüchtlingen aus Eritrea bis hin zu den Machenschaften der hiesigen Rüstungsindustrie. Unter dem Druck der immer geringer werdenden Beteiligung bei den jeweiligen Gruppentreffen mußten wir erkennen, wie dringend notwendig die Vernetzung der Friedens-, Menschenrechts- und Dritte-Welt-Arbeit war. Mitte 1985 trafen sich die Friedensinitiativen von Horb bis Rottweil im

Oberndorfer Bonhoeffer-Haus. Von da an kamen wir fast monatlich zusammen und entschieden uns wenige Monate später für das zentral gelegene Oberndorf als ständigen Tagungsort.
Dennoch erschien mir der regelmäßige Austausch von Meinungen und Terminen nicht ausreichend, denn ich wollte nicht nur informiert werden, sondern auch informieren. Beim zweiten Regionaltreffen ließ ich eine Liste herumgehen, in die sich all diejenigen eintragen sollten, die Interesse an der Herausgabe einer eigenen Zeitschrift hätten. Am Ende standen acht Namen auf dem Papier. Wie wichtig und effizient dieser Zusammenschluß sein sollte, wußten wir zum damaligen Zeitpunkt noch nicht. Denn keiner von uns konnte ahnen, daß uns die härtesten Auseinandersetzungen erst noch bevorstanden.

3. Schwerter statt Pflugscharen

Zweimal ist keinmal

> »Mauser geht mit der Zeit, deshalb bin ich zuversichtlich, daß die Firma auch in Zukunft ihren Platz behaupten wird. Hierzu wünsche ich dem Unternehmen – in unser aller Interesse – Glück und Erfolg.«
>
> *Klaus Laufer,*
> Bürgermeister der Stadt Oberndorf[1]

Mauser hatte eine zweite Chance – und wieder wurde sie mutwillig verspielt. Nach dem Ende des 1. Weltkrieges war die Waffenproduktion verboten, und die damalige Mauser-Werke AG mußte neue Fertigungszweige gründen: Meßmittel, Haarschneidemaschinen, Industrie-Nähmaschinen, Automobile und Rechenmaschinen. Doch bereits 1923 erfolgte wieder eine Lieferung von 750 000 Pistolen nach China.

Im Februar 1945 wurden das Kraft- und das Heizwerk bei einem Angriff auf die Mauser-Werke zerstört. Oberndorf wurde von französischen Truppen besetzt, Mauser unter Zwangsverwaltung gestellt. Am 5. November 1947 ließ der »Administrateur Général« die Mauser-Werke für aufgelöst erklären und einen Liquidator bestellen. In der Folge des verlorenen 2. Weltkrieges mußte jegliche Fertigung eingestellt werden, der Rechenmaschinenbau wurde nach Paris und die Entwicklungsabteilung ins elsässische Mulhouse verlagert. Die Oberndorfer Werke wurden demontiert, einige Hallen gesprengt. Der französische Liquidator verkaufte werkseigene Grundstücke und Gebäude, im nahegelegenen Boll gründeten ehemalige Mauser-Angehörige den Maschinenbau Boll MZB. Mitte der fünfziger Jahre konnte dann die in Karlsruhe aufgezogene Meßzeug-Fertigung nach Oberndorf verlegt und der Meßzeugbau Boll erworben werden. Seit 1956 werden Sondermaschinen und Transferstraßen entwickelt und gefertigt.[2] Soweit die offizielle Firmenschreibung, die dann nahtlos fortführt und – als sei es das Normalste der Welt – mit dem Aufbau einer völlig neuen militärischen Waffenentwicklung fortfährt: Lafetten und Pioniergeräte, Pistolen und Bordkanonen für Kampfflugzeuge. Verschwiegen wird, daß sich den Mauserianern die Chance des Jahrhunderts eröffnet hatte: Als Folge der völligen Vernichtung der Firma nach dem 2. Weltkrieg war die Umstellung von der militärischen auf die zivile Fertigung de facto vollzogen worden. Mauser machte Maschinen ziviler Natur – bis zum magischen Jahr 1956. Mit dem Kalten Krieg und der Aufstellung der Bundeswehr setzte sich Mauser neue Ziele: Wieder wurden die alten Fehler gemacht, wieder wurden zusätzlich Waffen gefertigt, und wieder wurden diese in alle Welt exportiert. Der Gestank des Geldes hatte erneut zugeschlagen – und das läßt sich mit Waffen schneller und in größerem Umfang verdienen als mit nichtmilitärischen Produkten.

Die Gnade der späten Geburt

> »Vor vier Jahrzehnten haben sich Edmund Heckler, Theodor Koch und Alex Seidel gemeinsam auf den Weg in die Zukunft gemacht: Sie gründeten die Heckler & Koch GmbH. Heute, zu Beginn der 90er Jahre, ist aus dem Unternehmen eine Firmengruppe von weltweiter Bedeutung geworden. Mehr als 2000 Mitarbeiter sind hier beschäftigt, das Firmengelände ist immer größer geworden und hat sich damit den veränderten Anforderungen angepaßt.«
>
> *Pressemitteilung der HK-Gruppe zum 40jährigen Bestehen*[3]

»Die Lage des Werkes nahe einer waldreichen, landschaftlich schönen Gegend machte nicht nur die großzügige Planung harmonisch in die Landschaft eingefügter Siedlungsbauten möglich.« Auch die »möglichst enge Bindung der Stammgefolgschaft an die

Scholle« war gewährleistet. Bis 1939 wurden 68 Siedlerstellen errichtet, und die Photos aus der damaligen Zeit zeigen noch die »sauberen Holzhäuschen der Adolf-Hitler-Siedlung im sommerlichen Blütenschmuck«. Die Preise schnellten nach oben: Kostete ein Siedlungshaus 1936 noch 4800 Reichsmark, so mußten drei Jahre später bereits 8000 hingeblättert werden.[4] Heute umgeben diese mittlerweile mit vielen Anbauten versehenen Häuser eine Firma, die in aller Welt berühmt und berüchtigt ist: Heckler & Koch hat seinen Stammsitz auf der ehemaligen Adolf-Hitler-Siedlung, dem heutigen Lindenhof, errichtet.

Im Jahre 1949 schlossen sich der ehemalige Chef der Konstruktionsabteilung im Bereich Kleinwaffen von Mauser, Edmund Heckler, der ehemalige Betriebsleiter des Bereichs Werkzeugbau, Theodor Koch, und Alex Seidel, zuständiger Abteilungsleiter der Konstruktion im Bereich Kleinwaffen, zusammen. »Der Gesellschaftsvertrag datiert vom 28. Dezember 1949«, so der Handelsregisterauszug. Wie bei Mauser wurden aus Gründen des Waffenproduktionsverbots erst einmal zivile Waren gefertigt.

Tatsächlich entscheidend für den Aufschwung des Unternehmens war die Entwicklung des Gewehrs G 3, das in den kommenden Jahrzehnten zum Kassenschlager werden sollte. Ein leitender Ingenieur, Herr V., wurde über die im Schweizer Mühlhausen ansässige Firma DEFA nach Spanien geschickt, wo er bis 1955 blieb und für die Firma CETIME das G 3 entwickelte. Insgeheim wurde das Alliiertenrecht unterwandert, indem schon 1948 an der Entwicklung der DUX 53 gearbeitet wurde. »Bereits 1951 konnte das Amt Blank (›Amt für die Unterbringung der Besatzungstruppen‹) den Vorläufer des Bundesgrenzschutzes mit einem ›deutschen‹ automatischen Gewehr (DUX 53) ausstatten.«[5]

Noch vor 1955 konnten Infanteriewaffen hergestellt werden. Mauser hätte, um die Weiterentwicklung voranzutreiben, eine Bürgschaft in Höhe von 2 Millionen DM hinterlegen müssen, was dem damaligen Mauser-Großaktionär Quandt zu riskant war. Die H & K-Geschäftsführer wagten den Schritt und hatten Erfolg:

Heckler erhielt den Auftrag für die ersten 200 Gewehre und leitete damit eine Entwicklung ein, die weltweit ihresgleichen sucht.[6] Des Kanzlers Worte von der »Gnade der späten Geburt« erreichten die Herren Heckler, Koch und Seidel zu spät. Und so hat man sich in der Firma alle Mühe gegeben, den Mangel historischer Schuld zu begleichen. Den Herren ist Erfolg beschieden, denn in den vergangenen Jahrzehnten ist es H & K gelungen, die Schandtaten der Mausers aufzuholen und sogar noch zu übertreffen. Wahrlich kein Grund zur Gratulation.
Vieles wäre anders gekommen, wenn das Oberndorfer Denken endlich einmal die Fixiertheit auf den Waffenwahn gesprengt hätte. Das Ergebnis dieser krankhaften Sucht nach der Entwicklung immer besserer und treffsicherer Gewehre und Kanonen war vernichtend: Von den über fünfzig Firmen in der Stadt stiegen die beiden Waffenproduzenten in den achtziger Jahren zu den größten Unternehmen auf und stellten ein Drittel der rund 9000 teils militärischen, teils zivilen Arbeitsplätze. Mindestens jeder fünfte Arbeitnehmer war direkt von der Waffenfertigung abhängig, die Stadt lebte von der Waffenproduktion und dem -export. Zählt man noch den dritten Rüstungsproduzenten in der Nachbarstadt Schramberg hinzu, läßt sich getrost feststellen, daß nirgendwo sonst in Deutschland Waffenfirmen das Bild einer ganzen Region derart prägen. Und keine andere Stadt ist von der Herstellung und dem Verkauf von Waffen derart abhängig, wie Oberndorf am Neckar. Solange der Kalte Krieg tobte, lebte die Stadt bestens davon.

Die ersten Ausgaben unserer neuen Friedenszeitung bemühten sich intensiv darum, möglichst viele Gruppen zu Wort kommen zu lassen, möglichst viele Themen anzusprechen und dabei lieber auf umfangreiche Recherchen zu verzichten, als irgendeinen Beitrag wegwerfen zu müssen. Wir alle kamen aus den unterschiedlichsten Zusammenhängen, was sich auch in den Artikeln widerspiegelte: Gabi Müller aus Oberndorf schrieb über ihre Betreuung von Flüchtlingen in der Waffenstadt. Die Rottweilerin Tatjana Mann befaßte sich mit den Prozessen gegen Totalverweigerer. Urte Struppe aus Sulz hatte sich auf die Politik des Apartheid-Regimes in Südafrika spezialisiert. Gundel Bauer aus Aichhalden schrieb über den geplanten Bunkerbau in Schramberg und ward – nachdem 88,5% der Schramberger Bürgerinnen und Bürger in einem Bürgerbegehren gegen den Bunkerbau votierten – nur noch »Bunkel« genannt. Ich selbst wandte mich den Machenschaften von Mauser und Heckler zu. Lothar Ellinger aus Sulz und Jutta Rucker aus Dornhan waren unsere Leute für die Endredaktion und viele weitere Themen. Wie die Beiträge, so war die Gruppe bunt gemischt, und das war gut so. Wir verstanden uns, wir diskutierten miteinander, manchmal kontrovers und heftig, aber immer mit dem gemeinsamen Ziel vor Augen. Und mit jeder weiteren Redaktionssitzung des *Schwarzwälder Friedensforums* wurden wir mehr und mehr zu Kaffeeholikern – Nicaragua-Kaffee, versteht sich.

Die Zeitschrift erschien durchschnittlich alle drei bis vier Monate, allerdings in unregelmäßigen Abständen und oft themenabhängig. Aus dem unbedeutenden Zusammenschluß einiger Friedensinitiativen wurde nach und nach eine ernstzunehmende Konkurrenz für die Waffenschmieden. Wir recherchierten intensiv hinter den Heckler-Exporten her und führten insgeheim Gespräche mit H & K-Beschäftigten. Im *Schwarzwälder Friedensforum* stand, wohin die Firma Waffen geliefert hatte oder welche neuen waffentechnologischen Entwicklungen das Unternehmen plante. All das mag vielen Hecklerianern ein Dorn im Auge gewesen sein. Und je mehr Ausgaben erschienen, desto mehr verlagerten sich die Beiträge weg vom Potpourri, hin zum Kampfblatt gegen die Firma auf dem Lindenhof. Aus dem »Herz für Bunker«, so der Titel der ersten Ausgabe, entwickelten wir alsbald ein »Herz für Heckler«.

4. Warum nicht in der Bärenhöhle? – Ostermärsche in einer Waffenstadt

Unruhe vor dem Sturm und ein frischer Wind

> »Rüstung schafft Arbeitsplätze – das ist doch klar! Arbeitsplätze in der Rüstungsindustrie sind sogar sicherer als in anderen Industriezweigen, weil der Staat so viel Geld dafür ausgibt ... Und sind wir doch mal ehrlich: Die Umstellung der Rüstungsindustrie auf zivile Produktion ist doch nur ein schöner Traum, der nicht zu verwirklichen ist!«[1]

Der gemütlich dreinblickende Mann in Anzug und Krawatte steckt sich gerade eine Havanna an und grinst selbstzufrieden vor sich hin. Mit einer Sprechblase sind ihm die Worte in den Mund gelegt. Viele Bürgerinnen und Bürger der Waffenstadt mögen zustimmend nicken, als sie die Titelseite des Faltblattes lesen. Erst auf der Innenseite kommt die Friedensbewegung zu Wort: »Liebe Oberndorferinnen und Oberndorfer! Am Ostersamstag findet zum ersten Mal ein Ostermarsch in Oberndorf statt ... Dieses Thema ist ein heißes Eisen.« In sachlichem Ton wird versucht, die klassischen Oberndorfer Scheinargumente zu entkräften. Das Faltblatt endet mit demselben Havanna-Fan, diesmal gewandelten Sinnes: »Ich hab's: Schwerter zu Pflugscharen!«

Die Infoschrift, die an alle Haushalte verteilt wird, dient dem Versuch, die aufgebrachten Gemüter in der Stadt zu beruhigen und Ressentiments abzubauen. Von Anfang an ist klar, daß mit dem Ostermarsch in der Waffenstadt auch die hiesige Rüstungsproduktion thematisiert werden soll. Klar ist aber auch, daß es »nicht darum gehen kann, die betreffenden Arbeitnehmer an den Pranger zu stellen«.

Ich bin mir ziemlich unsicher, ob der Coup gelingen wird. Beim ersten Vorbereitungstreffen ist die Resonanz eher enttäuschend.

Der Kreisvorstand des DGB hat seine Teilnahme in Frage gestellt, zuerst müßten die Vertreter des Kreises über die Großdemonstration debattieren. Die Einwürfe des anwesenden SPD-Vertreters Horst Schwegler reichen von der Befürchtung, »der Ostermarsch findet hier sehr wenig Anklang«, bis hin zur »Gefahr, daß Gewalttätige den Ablauf stören« könnten. Zudem sei die Forderung nach einem Stopp »aller Rüstungsexporte unrealistisch«.[2] Der IG Metall-Vertreter Georg Werkmeister, extra aus Stuttgart angereist, weil ihn »die Sorge hergetrieben hat«. Er erregt allgemein Unmut mit seinem – für uns nicht nachvollziehbaren – Standpunkt: »Unser Ziel ist nicht, glaubwürdig zu sein, sondern Ziele zu erreichen.« Ich muß mich schwer zusammenreißen, damit es nicht zu einem Eklat kommt. Auch die Presseresonanz ist wie gewöhnlich: Der *Schwarzwälder Bote*, Oberndorfs Monopolzeitung, veröffentlicht einen neunzehnzeiligen Vorbericht, den man mit der Lupe suchen muß.[3] Die Gegner des Friedensmarsches versuchen, uns nach Kräften von der Idee abzubringen. Oberndorf, wie es leibt und lebt.
Zum Vergleich: Die Sulzer *Südwest Presse*, in Oberndorf leider nicht verbreitet, publiziert einen um das Sechsfache größeren Artikel im Vorfeld des Ostermarsches. Tenor: »... über die Zusammenhänge von Rüstungsproduktion – Rüstungsexport – Elend in der Dritten Welt – Gefährdung von Arbeitsplätzen nachdenken und praktische Maßnahmen in Angriff nehmen«.[4]

Wenige Kilometer vom hessischen Wiesbaden entfernt liegt das Kleinstädtchen Geisenheim, Sitz der Firma Fritz Werner, die bis Ende des Jahres 1989 vollständig in bundeseigenem Besitz war und auch in Myanmar bestens bekannt ist. Über diese Firma und ihre Machenschaften verfaßte der Korrespondent der Deutschen Presse-Agentur, Peter Janssen, 1988 eine Meldung, welche jedoch nie veröffentlicht wurde. Darin heißt es, daß Fritz Werner bereits im Jahre 1957 erste Bemühungen unternommen habe, Sturmgewehre vom Typ G 3 sowie die entsprechende Munition zu produzieren –

unter Mithilfe der Oberndorfer Waffenfirma Heckler & Koch. Der Aufsichtsratsvorsitzende von Fritz Werner, ein enger Freund des berüchtigten burmesischen Generals Ne Win, »verbringt regelmäßig seinen Urlaub in der Villa des Generals am Meer«.[5]

Definitiv nachweisbar ist die G 3-Produktion dann ab 1981.[6] In diesem Jahr wurde auch die G 3-Lizenz vergeben, so daß sich die Schergen des Militärregimes von General Ne Win seit Anfang der achtziger Jahre mit in Oberndorf entwickelten, am Ortsrand der Hauptstadt Rangun gefertigten Schnellfeuergewehren an der Macht halten.

Die Oberndorfer Waffenfirma will davon nichts wissen: »Burma hat eine tote Lizenz. Es wird nicht produziert«, so die H & K-Pressesprecherin.[7]

Marsch ohne alle, aber mit vielen

> »Wir sind hier zusammengekommen, weil wir eine Vision einer anderen Gesellschaft haben, die nicht auf Gewalt gründet und deren oberste Maxime nicht der Profit um jeden Preis, auch um den Preis des Todes ist.«
>
> *Pfarrer Dr. Jochen Vollmer*[8]

April 1988. Alle Querschläge nutzen nichts: Unser Ostermarsch findet statt – und was die ewig Gestrigen in den Rüstungsschmieden am meisten geärgert haben dürfte: Er wird zum Festival, zum Happening, zu einer Kreativveranstaltung mit einer Teilnehmerzahl, die unsere kühnsten Erwartungen übertrifft. Rund eintausend Menschen nehmen an dem ökumenischen Gottesdienst teil, marschieren vorbei am Stammwerk von Mauser, an Ogus – der Firma, die Tarnnetze für die Bundeswehr produziert – vorbei am Zweigwerk von Heckler & Koch bis in die Oberstadt, wo ein ausgelassenes Fest stattfindet, trotz der notwendigen ernsten Ansprachen.

März bis August 1988. In Myanmar, weithin bekannt unter den kolonialen Namen »Birma« oder »Burma«, steht die Bevölkerung gegen die Militärregierung auf. Rasch breiten sich die Unruhen auf das gesamte Land aus. Die Demonstranten fordern den Rücktritt von General Ne Win, der vor 26 Jahren durch einen Putsch an die Macht kam und seither mit seiner Birmanischen Sozialistischen Programmpartei unnachgiebig regiert. Bei den Massendemonstrationen gehen Hunderttausende auf die Straße und verlangen, daß eine Mehr-Parteien-Demokratie eingerichtet wird und endlich freie Wahlen stattfinden können. Die Militärs reagieren mit äußerster Härte. Die mit deutschen G 3-Gewehren bewaffneten Soldaten schießen die friedlichen Demonstranten gnadenlos zusammen.[9] Nwe Aung vom Komitee für Demokratie in Myanmar wird zwei Jahre später bestätigen: »Mit dieser Munition haben die burmesischen Soldaten ihre eigene Bevölkerung im Jahr 1988 umgebracht, und zwar in wenigen Tagen über 5000 Frauen, Kinder und Studenten, mit solcher Munition und mit dem deutschen Gewehr G 3 umgebracht.«[10]

Oswald Pietzsch, einer der Hauptredner, findet deutliche Worte. Innerlich verspüren viele von uns eine tiefe Genugtuung: Da mauert der Deutsche Gewerkschaftsbund im Kreis, boykottiert die Friedensveranstaltung und warnt vor der Teilnahme an der Kundgebung. Und so müssen wir einen Metaller aus Hamburg einladen, damit der den eigenen Gewerkschaftskollegen die Leviten liest. Pietzsch weiß, wovon er spricht. Als Betriebsrat bei Blohm & Voss und Mitglied im Arbeitskreis »Alternative Fertigung« nimmt er die Arbeitnehmer in Schutz, benennt jedoch die Verantwortlichen in den Chefetagen: »Die Belegschaft bei Blohm & Voss, auch wenn es ein Rüstungsbetrieb ist, besteht nicht nur aus Kriegshetzern und Entspannungsgegnern. Und ich glaube, das ist auch so bei Heckler & Koch, bei Junghans und bei der Firma Ogus. Wohlgemerkt: Anzuklagen ist eine skrupellose Geschäftspolitik.« Und zweifelsohne hat er recht, wenn er die Schwächen des Systems anprangert:

»Festgehalten werden muß aber auch, daß keine Belegschaft in der Republik in der Lage ist, die Geschäftspolitik ihrer Firma zu bestimmen.«[11]
D'accord. Nur, wo ist die Belegschaft, die diese Geschäftspolitik anprangert, die neue zivile Produkte einklagt und selbst Konversionsvorschläge erarbeitet? In Oberndorf jedenfalls nicht.

Erfolg ist nicht meßbar

> »Wir haben tatsächlich noch Mitarbeiter im Rüstungsbereich. Wer von denen mitgeht, den halte ich für schizophren.«
>
> *Dirk Holzknecht,* Chef der Personalabteilung bei Heckler & Koch[12]

Januar 1990. »Der burmesische Frachter *Magway* lädt im Hamburger Hafen Kisten für Burma. Adressat: das burmesische Verteidigungsministerium und das Industrieministerium. Absender: die hessische Waffenfirma Fritz Werner.« Diesmal ist der Export illegal, denn die Bundesregierung hat im August 1988 – endlich – Waffenlieferungen nach Myanmar untersagt. Die Redakteure von *Report* Baden-Baden, die diesen Deal auffliegen lassen, setzen sich mit einem alten Bekannten in Verbindung, dem ehemaligen H & K-Experten für den Nahen Osten, Michael Lehmann. Dieser hat sich mit seinem früheren Arbeitgeber überworfen und kann deshalb öffentlich bestätigen, daß der Inhalt der Ladung militärischer Natur ist. Ein anderer Informant bezeugt zudem, daß bereits 1989 eine Ladung Munition in Hamburg verfrachtet wurde. Zielland: Myanmar.[13]

April 1990. Das Motto des 2. Oberndorfer Ostermarsches zielt voll auf die hiesigen Waffendealer ab: »Produkte für das Leben statt Waffen für den Tod«. Eine der zentralen Forderungen ist das

»Verbot aller Rüstungsexporte«. Wieder wird der Ostermarsch ein Erfolg, was mich ganz besonders freut, denn ich habe erneut monatelang im Organisationskomitee mitgearbeitet. Trotz strömenden Regens kommen rund achthundert Friedensfreunde in die Waffenstadt. Wieder ist es uns gelungen, mit Pfarrer Jochen Vollmer, Norbert Greinacher, Erich Schmidt-Eenboom und Lilo Rademacher reputierliche Rednerinnen und Redner zu gewinnen. Anschließend gebe ich ein warnendes Statement gegen die neue H & K-Wunderwaffe G 11 ab, der ortsansässige Bundestagsabgeordnete Klaus Kirschner grüßt für die SPD.
Der Oberndorfer Lokalredakteur des *Schwarzwälder Boten*, Horst Hollandt, zieht es nach eigenen Angaben vor, lieber in seinem Büro zu bleiben – es sei ihm zu kalt. Auch bei dem anschließenden Pressegespräch, das im beheizten Bonhoeffer-Haus stattfindet, bleibt er fern. Dafür wird er später aus unserem Pressebericht sämtliche Passagen streichen, die in irgendeiner Weise auf die Oberndorfer Rüstungsindustrie hinweisen. Als »ausgleichende Gerechtigkeit« erscheint zeitgleich mit dem Ostermarsch»bericht« ein fast ebenso langer Beitrag über die Abschlußprüfung von 24 Heckler & Koch-Lehrlingen.[14]

Ostermärsche haben gemeinhin das Renommee, sich selbst überholt zu haben und wirkungslos zu verpuffen. In Großstädten – mit Ausnahme der Bundeshauptstadt, wo die politischen Entscheidungen gefällt werden – fehlt oftmals der direkte Bezugspunkt, der Ort ist mehr aufgrund seiner zentralen Lage gewählt. Anders ist die Ausgangssituation an Orten militärischer Macht und der Rüstungsproduktion. Hier machen Massenkundgebungen nicht nur Sinn, mehr noch, sie sind dringend vonnöten – auch wenn wir wissen, daß wir vergangene Schandtaten nicht wiedergutmachen können. Sind die Waffen erst einmal exportiert oder die Lizenzen vergeben, so können wir – wie im Falle des G 3-Einsatzes in Myanmar – nur noch das martialische Abschlachten anprangern. Mit Kampagnen, und als Teil einer solchen sind die Oberndorfer Ostermärsche zu

Zweiter Oberndorfer Ostermarsch am 14. April 1990. Demonstranten tragen Holzkreuze im Gedenken an die Opfer der G 3-Lizenzvergaben. (Foto: © Jürgen Grässlin)

verstehen, können wir rechtzeitig vor kommenden Fehlentscheidungen warnen.
In Oberndorf veranstalteten wir bisher zwei Ostermärsche. Beide Male wurde quasi der Ausnahmezustand ausgerufen und die Bürgersteige hochgeklappt. Die Straßen waren wie leergefegt, uninformierte Beobachter mußten annehmen, Deutschland stehe im Weltmeisterschaftsfinale der Balltreter oder Boris Graf spiele gegen Steffi Becker. Nur wenige Bürgerinnen und Bürger aus Oberndorf wagten, an dem Spektakel teilzunehmen. Viel zu groß war die Angst, gesehen zu werden und sich womöglich noch vor Nachbarn oder Arbeitskollegen rechtfertigen zu müssen. Dennoch wurden die Ostermärsche in Oberndorf mehr wahrgenommen, erzielten mehr Wirkung und hinterließen tiefere Spuren als anderswo. Allen Unkenrufen zum Trotz landeten wir zwei volle Erfolge. Frischer Wind in einer Stadt der politischen Friedhofsruhe.

Heute geht das Spiel mit dem Tod weiter: Die burmesische Armee hat ihre Stärke seit den Aufständen von 1988 um rund einhunderttausend Mann auf nunmehr 280 000 Soldaten erhöht. Tendenz steigend. Die direkten und indirekten militärischen Ausgaben verschlingen derzeit rund 60% des Staatshaushaltes.[15]
Früher lieferte die Warschauer Vertragsunion die Waffen, dann errichtete Fritz Werner die G 3-Fabrikationsanlage, heute kommen die importierten Waffen vor allem aus China. Der bilaterale Handel blüht: Waffen gegen tropisches Holz und Drogen. Die Straße mit dem wohlklingenden Namen »New-Burma-Road« wurde errichtet von Zwangsarbeitern – den ehemaligen Studenten des 88er-Aufstandes. In ihren Gehirnen wird sich das Bild der mordenden Soldaten mit den G 3-Gewehren für ihr Leben festgesetzt haben.[16]
Die Gesellschaft für bedrohte Völker resümiert: Das G 3-Gewehr ist »bis heute das gebräuchlichste Gewehr der birmanischen Armee im Einsatz gegen ethnische Minderheiten und bei der Niederschlagung von Demonstrationen«.[17]

Josef Rebhan macht einen stillen, fast väterlichen Eindruck. Als ich mit ihm zu einem öffentlichen Streitgespräch auf dem Podium sitze, habe ich den Eindruck eines netten, freundlichen Gesprächspartners, der keiner Fliege etwas zuleide tun könne. Der Eindruck hält genau bis zum ersten Satz an, dann räumt Rebhan sämtliche Zweifel aus. Im Ton moderat, ist er in der Sache knüppelhart und – was seinen Umgang mit Flüchtlingen in der Bundesrepublik angeht – für mein Verständnis unchristlich, auch wenn er Mitglied einer Partei ist, die das »C« im Namen trägt.

Als Vorsitzender des Petitionsausschusses des baden-württembergischen Landtags hätte er die Chance, Menschen in Not zu helfen. Bei Petitionen gegen drohende Abschiebungen könnte er die Entscheidungen hinauszögern, um beispielsweise differenzierte Erkundigungen über die Menschenrechtssituation im Heimatland des Flüchtlings einzuholen. Daß Hardliner Rebhan sich statt dessen einen Namen als Abschieber gemacht hat, ist nur wenigen bekannt. Dr. Jürgen Rochlitz, Weinheimer Landtagsabgeordneter in der vorherigen 10. Wahlperiode, urteilt als ehemaliges Mitglied des Petitionsausschusses: »Josef Rebhan liegt voll und ganz auf der Linie der Landesregierung. Er unterstützt Abschiebungen von Flüchtlingen ohne Wenn und Aber.«[18]

Eine Kostprobe seiner einzigartigen Gedankengänge widmet Christdemokrat Rebhan auch den Teilnehmern der Oberndorfer Ostermärsche: So sei »gegen Friedensdemonstrationen und Ostermärsche nichts einzuwenden«, allerdings »sollten die Beschäftigten von Firmen nicht in der von den Ostermarschierern beabsichtigten Weise auf die Anklagebank gesetzt werden«. Grandios ist die Begründung, die uns der Abgeordnete kostenlos mitliefert: Nicht die Herstellung von Waffen sei schuld an bewaffneten Auseinandersetzungen in der Welt, sondern »ideologische, wirtschaftliche und soziale Gegensätze, die entweder von den Beteiligten absolut gesetzt oder von dritter Seite geschürt oder ausgenutzt« würden.[19] Fragt sich nur: Sind die reichen Industriestaaten wirklich so unbeteiligt an den Krisen und Kriegen in der Welt? Woher kommen die Rohstoffe, die unseren Wohlstand sichern? Und um welchen Preis haben wir sie erhalten? Und wer lieferte die Waffen, zum Beispiel nach Myanmar? Das Leben muß einfach schön sein, wenn man die Welt durch die Brille eines Herrn Rebhan analysiert.

Doch wer glaubt, nur die Waffendealer aus der christlich-liberalen Regierungsecke hätten ihre liebe Mühe mit den Oberndorfer Osterveranstaltungen gehabt, sieht sich getäuscht – gewaltig getäuscht!

5. Arbeitsplätze über alles – IG Metall & SPD im Kampf gegen sich selbst

Widerspruch verboten

> »Die fristlose Entlassung des Kollegen Ott ist kein Einzelfall. Sie ist das Ergebnis eines abgesprochenen Verhaltens der Arbeitgeber und ihrer Verbände gegen aktive Betriebsräte als konsequente Interessenvertreter der Arbeitnehmer.«
>
> *Edgar Schmidt,*
> IG Metall, Bezirksleitung Stuttgart[1]

Gewerkschaftsfunktionäre sind bedauernswerte Existenzen, denn sie befinden sich in einem permanenten Konflikt mit ihrer Umwelt und noch mehr mit sich selbst.

Stellen wir uns mal Otto Konrad vor, den typischen Gewerkschafter mit seinen Nöten und Sorgen. Otto ärgert sich über vieles, was im Betrieb danebengeht. Und da Herr Konrad ein engagierter Gewerkschafter ist, stellt er sich zur Wahl als Betriebsrat – und wird prompt gewählt. Gratulation, Kollege Konrad! Otto jubelt, ohne sich dessen bewußt zu sein, daß das Drama jetzt seinen Lauf nimmt. Denn Otto hat das Pech, in einer Firma Betriebsrat zu sein, die weder Babyrasseln noch Holzspielbagger herstellt, sondern metallenes Präzisionsspielzeug für die Generäle in Deutschland und anderswo.

Ein verantwortungsvoller Posten, und so wird unser unschuldiger Otto plötzlich von allen Seiten angepöbelt, obwohl oder gerade weil er es doch allen recht machen will. Da gibt es diejenigen im Betrieb, die bessere Arbeitsbedingungen wollen – Otto setzt sich für sie ein. Und diejenigen, die Angst um ihren Arbeitsplatz haben – Otto versucht zu sichern. Die eigene Organisation, die mächtige IG Metall, drängt Otto zum Handeln – mit Maß und Verstand versteht sich, denn der Wandel vollzieht sich nicht von einem Tag auf den

anderen. Und dann gibt es noch diejenigen von außerhalb, die unseren geplagten Otto dazu drängen, Farbe zu bekennen, gegen die Geschäftsführung zu opponieren und endlich dafür zu sorgen, daß in der Firma etwas Vernünftiges hergestellt wird statt dieser unsäglichen Waffen. Und zu guter Letzt gibt es noch unseren Otto selbst, der wiedergewählt werden will. Betriebsrat zu sein ist bekanntlich ein verantwortungsvoller und angesehener Posten.
Nach einigen schlaflosen Nächten trifft Otto die Entscheidung, wie es weitergehen soll. Als weitblickender Mensch entwickelt er einen Stufenplan – Prioritäten setzen heißt die Devise: Die ersten Jahre kümmert er sich um seine Kollegen, der Mensch geht vor. Ganz nebenbei aber will er sich intensiv um die Ziele seiner Organisation kümmern. Und da es ohne Visionen nicht geht, will sich Otto auch immer wieder mal mit der Friedensinitiative zusammensetzen, irgendwie haben die ja auch recht.
So vergehen die Jährchen, und wenn der gute Otto nicht gestorben ist, dann versucht er sich noch immer an den Problemlösungen – heute und immerdar.

Natürlich ist Otto-Normalgewerkschafter eine fiktive Figur. Dabei stellt er einen Typ von Gewerkschaftsvertreter dar, der unsereins immer wieder begegnet: menschlich angenehm, engagiert, aber furchtbar pragmatisch, ohne den Ansatz zum Weltverbesserer, ohne den Mut, die Sache konsequent anzupacken.
Genau den aber hat ein Mensch, den es tatsächlich gibt: Konrad Ott. Ein völlig atypischer Betriebsrat, denn er nannte den Skandal beim Namen: »Wo immer auf dieser Welt Menschen von ihren Regierungen gequält, gefoltert und ermordet werden – dort hat das ehrbare Unternehmen vom Neckarstrand seinen Gewinn.«[2] Konrad Ott verfaßte einen Beitrag für die Zeitschrift *Metall*, in dem er auf die Schandtaten von Heckler & Koch aufmerksam machte, und dennoch wurde er in den Betriebsrat dieses »ehrbaren Unternehmens« gewählt. Die Freude über die Wahl währte nur kurze Zeit, dann ereilte ihn – bei Zustimmung der Betriebsratsmehrheit – die

Kündigung. Langwierige juristische Verfahren mit insgesamt drei Kündigungen folgten. Letztlich verkündete das Landesarbeitsgericht Stuttgart am 9. Dezember 1982, daß die erste Kündigung in zweiter Instanz rechtens gewesen sei. Offiziell wurde Konrad Ott entlassen, weil er einen leitenden Angestellten wegen dessen Aktivitäten in dem Betrieb »in seiner Ehre verletzt« haben soll, was Konny jedoch bestritt.[3]

In Wirklichkeit ging es H & K darum, an einem Beschäftigten der Firma, der verschiedene Gelegenheiten genutzt hatte, seinen Protest gegen die Waffendealer vom Lindenhof öffentlich zu formulieren und zudem der Friedensbewegung nahestand, ein Exempel zu statuieren. Mit Erfolg, denn Konnys Entlassung wirkte noch Jahre nach. In den folgenden Jahren wagte kein Arbeitnehmer mehr, öffentlich Kritik an der Waffenschmiede und ihren Geschäftspraktiken zu üben. Und auch die Betriebsräte der anderen beiden Rüstungsfirmen in der Region, Mauser und Junghans, waren spätestens seit diesen Tagen doppelt vorsichtig geworden, was offizielle Kontakte mit der Friedensbewegung betraf.

Dafür stand Konrad Ott die IG Metall bei: Sie deckte ihm bei den Prozessen den Rücken und übernahm ihn in ein Beschäftigungsverhältnis – fern vom Krieg in Oberndorf.

Im Rückwärtsgang in die Zukunft

»Ohne Waffenproduktion ist Oberndorf tot.«
Stellungnahme beim Seminar
»Frieden – Abrüstung – Sichere Arbeitsplätze«
des DGB in Schenkenzell

Mitte der achtziger Jahre verabschiedete die IG Metall noch recht diffuse Beschlüsse zum Waffentransfer. Rüstungsexporte aus der Bundesrepublik dürften »nicht weiter ausgeweitet« werden, »alle Waffenexporte in die Dritte Welt sind einzuschränken bzw. zu beenden«.[4] Zwischen Einschränkung und Beendigung liegen Welten. Jede Bundesregierung hat sich für die Reduzierung von Waffenlieferungen in die Dritte Welt ausgesprochen, keine wollte vollständig darauf verzichten, alle haben sie geliefert. In den kommenden Jahren verfolgte die IG Metall auf Bundes- und Landesebene eine konsequentere Linie: Rüstungsexporte wurden an den Pranger gestellt und gänzlich abgelehnt. Doch die Beschlußlage in Frankfurt oder Stuttgart und die Politik der Gewerkschaften vor Ort sind zweierlei. Seit 1980 versuchten Vertreter der IG Metall mit Unterstützung der Evangelischen Kirche in einem »Arbeitskreis Rüstung/Rüstungskonversion« Denkanstöße zur Umstellung der örtlichen Rüstungsbetriebe von der militärischen hin zu einer sinnvollen zivilen Fertigung zu geben. Doch die Beschäftigten von Mauser und Heckler mauerten, aus Desinteresse und weil – zumindest bei H & K – die Arbeitsplätze noch gesichert schienen.[5]

April 1987. Der DGB bekennt Farbe: Für Frieden und Arbeit fordert die Gewerkschaft die »Senkung des Rüstungshaushaltes«, »Forschungsprogramme zur Umstellung der Rüstungsproduktion auf zivile Produkte« und endlich das »Verbot aller Rüstungsexporte«.[6] Während das Flugblatt tausendfach in der Republik verteilt wird, treffen wir Gewerkschafter uns zum Thema »Frieden – Abrüstung – Sichere Arbeitsplätze« in Schenkenzell, einem sonnigen Schwarzwalddörfchen. Zu dieser Zeit sind bei Mauser 63% und bei Heckler lediglich 23% der Belegschaft gewerkschaftlich organisiert. So ist auch das Verhältnis der Teilnehmer entsprechend: Anwesend sind viele Gewerkschafter von Mauser und nur wenige von H & K. Definitiv ausgeladen sind die Mitglieder der lokalen Friedensinitiativen. Mir gelingt es, über den Umweg der Gewerkschaft Erziehung und Wissenschaft doch zugelassen zu werden. Mein Versuch zu erreichen, daß mit Gabi Müller wenigstens noch eine Vertreterin der Oberndorfer Friedensinitiative teilnehmen darf, scheitert am unmißverständlichen Nein der Versammlungsleitung. Frau Müller sei kein Gewerkschaftsmitglied, so die formale Begründung.

Das Seminar soll richtungweisend sein, der Kampf gegen die Windmühlen weiter vorangebracht werden. Doch erneut bläst nur ein laues Lüftchen, die Windmühlen stehen still. Statt konstruktiver Vorschläge werden Vorwürfe laut (»In Oberndorf wird eine erbitterte Diskussion geführt, insbesondere in den Friedensinitiativen.«), wieder werden die alten Rechtfertigungen gesucht und gefunden (»Aeskulap macht auch Sanitätskoffer.«), und wieder verstecken sich die Arbeitnehmer hinter illusionären Behauptungen (»Bei Heckler ist der Arbeitsplatz so sicher wie bei Beamten.«). Im Schlußprotokoll heißt es dann: »Der Gesamteindruck der Teilnehmer an diesem Seminar war sehr positiv.« Vielleicht deshalb, weil – wie ein Teilnehmer äußert – die Friedensinitiativen nicht dabei waren, sonst wären die Gespräche nicht »so offen« gewesen.[7]
Bleibt die Frage: Was nützt eine offene Diskussion, wenn nicht mehr herauskommt als die Gründung eines Arbeitskreises, der sich dann alle »Jahrhunderte« einmal zusammensetzt, um die Fahrtkosten abzurechnen?

Ins Mekka der Höhlengänger

> »Die Höhle bildete sich zunächst phreatisch, d. h. unter dem Karstwasserspiegel. Bohnerze und eine Sinterschicht lagerten sich bei Trokkenfallen der Höhle ab. Lokale kleine Gerinne räumten in einer vadosen Bildungsphase den Boden der Höhle aus, es kam auch zu Deckenverstürzen.«
>
> *Bildatlas spezial, Höhlen in Deutschland*

Eigentlich hätte der 1. Oberndorfer Ostermarsch bereits 1987 stattfinden sollen. Die Idee scheiterte am massiven Widerstand der Gewerkschafter vor Ort. Wir brauchen noch ein Jahr, um unsere Kollegen auf diese Situation einzustimmen, lautete das klassische Argument gegen die geplante Großveranstaltung. Im Februar 1987 blies die örtliche Friedensinitiative zum Rückzug. Es könne »zum derzeitigen Zeitpunkt von einer Veranstaltung, die einseitig von der Friedensinitiative ausgeht, kein brauchbares Ergebnis erwartet werden«. Die Diskussionen nahmen immer groteskere Züge an. Schließlich bot der DGB seine Unterstützung an, wenn der Ostermarsch in Rottweil oder einer anderen Stadt der Region stattfinden würde. Ich konnte mir die zynische Bemerkung nicht verkneifen, daß wir dann gleich in die Bärenhöhle gehen könnten, da würde uns wenigstens keiner sehen.

Dasselbe Spiel wiederholte sich 1988 im Vorfeld des – dann ohne den DGB stattfindenden – 1. Oberndorfer Ostermarsches. Diesmal ließen wir uns nicht länger bremsen. Vielleicht aber hätte irgend jemand den Kollegen von der IG Metall einfach einmal zu lesen geben sollen, was die große Muttergewerkschaft bereits im Frühjahr des Jahres 1987 in ihrem Aufruf »Arbeitsplätze statt Kriegsschauplätze« landesweit verteilen ließ: »Arbeiten Sie mit in der örtlichen, betrieblichen oder berufsspezifischen Friedensinitiative. Nehmen Sie teil am Ostermarsch 1987 für Frieden und Abrüstung«.[8] Was geht mich mein Geschwätz von gestern an, soll Konrad Adenauer einmal gesagt haben. Adenauers gibt es viele, auch heute noch.

Juni 1989. Vertreterversammlung der IG Metall. Der Zeitungsbericht liest sich, als sei er 1984 oder 1994 verfaßt. In zehn Jahren bewegt sich hier nichts. Georg Werkmeister hat wieder einen Vortrag gehalten, Thema diesmal: »Regionale Struktur und Beschäftigungspolitik«. Der Referent wies darauf hin, daß man »jetzt bereits überlegen müsse, was hier an Alternativen für die Arbeitsplätze entwickelt werden müsse ...«[9] »Jetzt bereits«, sagt er. Denken wir doch mal ein paar Jährchen voraus, ein bißchen wenigstens:

Juni 1999: Vertreterversammlung der IG Metall. Der Bevollmächtigte begrüßte die Delegierten. Sein Vortrag stand unter dem Thema: »Wie weiter nach der Schließung von Mauser und Heckler & Koch?« Die Antwort soll beim Treffen im nächsten Jahr debattiert werden.

Die Rottweiler Spezialdemokraten

> »Frauen haben die großen Helden gründlich satt, wollen nicht mehr Krieg und Gewalt erleiden, haben auch keinerlei Lust mehr, für die Zünder aus Schramberg und die Ballermänner aus Oberndorf die Soldaten zu gebären.«
>
> *Zwischenruf bei der SPD-Kreisvorstandssitzung zum Ostermarsch in Oberndorf*

Unser SPD-Kreisverband zeichnet sich durch ein hohes Maß an Toleranz und unübertreffliche Meinungsvielfalt aus. Wir sind ein Spiegelbild einer Gesellschaft, die sich den Werten der Arbeiterbewegung, der christlichen Ethik und dem europäischen Humanismus verpflichtet fühlt. So oder ähnlich könnte ein Wahlkampfblättchen der Rottweiler SPD beginnen, um dann schön aufgemacht die sozialdemokratischen Persönlichkeiten sowie einige aktive Basismitglieder möglichst bunt abzulichten.

Die Realität ist wie so oft eine andere: Der Kreisverband besitzt eine Bandbreite sich diametral gegenüberstehender Meinungen, die anderen Parteien um Längen voraus ist. Bestes Beispiel – wie sollte es in einer Region mit derart bedeutender Rüstungsindustrie anders sein – die Positionen zur Friedenspolitik.

Für Außenstehende wurde der Disput spätestens sichtbar, als der Kreisvorstand die Teilnahme am Ostermarsch diskutierte. Dieser, so die Mehrheitsmeinung, beleidige die Arbeitnehmer der großen wehrtechnischen Betriebe. Bei der alles entscheidenden Vorstandssitzung bekräftigte der Bundestagsabgeordnete Klaus Kirschner, vormals als Lagerverwalter bei Heckler & Koch tätig und dort für den Warenein- und -ausgang zuständig, seine Zustimmung zur Bundeswehr und zur NATO. »Berechtigter alter Arbeiterstolz auf traditionsreiche Präzisionsfertigung klang hier durch«, kommentierte die Schramberger Kreisvorständlerin Elfriede Wendel Kirschners Stellungnahme, die selbst eine vehemente Befürworterin des Friedensmarsches durch die Waffenstadt war. Sie wollte den drei klassischen Godesberger Standbeinen ein viertes hinzufügen: das der Frauenbewegung. Schließlich sei »das politische Fühlen, Denken und Wollen fundamental verschieden von tradierten Männer-Werten«. Während »die Wesensart der Männer analysiert, berechnet, plant« und Emotionen möglichst ausschalte, seien Frauen »emotional ansprechbarer für die Elendsbilder, die von Kriegsschauplätzen zu uns dringen«.[10] Elfriede Wendel kämpfte in dieser Vorstandssitzung, und sie verlor gegen ihre männlichen Genossen. Mehrheitlich lehnte der Kreisvorstand eine Teilnahme beim 1. Oberndorfer Ostermarsch ab – ein Sieg der Männermacht.

Seitens der eigenen Basis, soweit diese noch als solche bezeichnet werden konnte, hagelte es Proteste bis in entfernte Regionen: Als »Rückgratlosigkeit«, die aufs schärfste zu verurteilen sei, kritisierten Jusos ihren Bundestagsabgeordneten Kirschner. Die Sozialdemokraten hätten »wohl versucht, die Politfahne der Rottweiler SPD so in den Wind der Landtagswahl zu hängen, daß klare Positionen der SPD für den Wechselwähler verschwimmen. Um so verwerflicher ist dies dann, wenn man sich einer Veranstaltung verweigert, deren Positionen und Absichten mit den eigenen übereinstimmen.«[11]

Nichtsdestotrotz unterzeichneten eine Vielzahl aufrechter Einzelmitglieder den Ostermarschaufruf und beteiligten sich an der Großveranstaltung.

Einen weiteren krönenden Höhepunkt ihres Schaffens zeitigte die Oberndorfer SPD exakt ein Jahr später, im April 1989: Klaus Kirschner, als Stadtrat auch auf lokaler Ebene in Amt und Würden, »sprach von einem Baukörper an exponierter Stelle mit erdrückender Wirkung und von einem Eingriff in die Landschaft. Er bezweifle, ob Standort und Lösung optimal seien.« Klaus Kirschner bezweifelte nicht, daß die Produktion des Todes neuen Raum zur Erweiterung suche und daß diese mit allen Mitteln durchgesetzt werden müsse. Im Gegenteil: Kirschner & Co. stimmten der Fortschreibung des Bebauungsplans »Lindenhof Süd – Gewerbegebiet« zu. Damit war der Weg frei für Heckler & Koch, bei Bedarf neue Fertigungshallen für die Gewehrproduktion zu bauen und die neue Wunderwaffe G 11 zu fertigen. Die CDU-Fraktion scheute sich damals nicht, deutlich zu sagen, worum es in Wirklichkeit gehe: Sie stimme zu, »weil die Möglichkeit zur Erweiterung für die Existenz der Firma Heckler & Koch von entscheidender Bedeutung« sei.[12]

Der Dank für den Schlingerkurs fiel deutlich und hart aus: Bei der Landtagswahl 1988 erlitt die Oberndorfer SPD mit lediglich 31% eine deutliche Schlappe.[13] Horst Schwegler, bisheriger Ortsvereinsvorsitzender, der sein Amt an diesem Tage an Klaus Kirschner abgab, beschwerte sich über das Wählervotum: »Trotz klarer Position des Ortsvereins hat sich unsere Haltung zum Ostermarsch negativ auf das Votum ausgewirkt. Es soll niemand so tun, als ginge es hier nicht gegen die Arbeitsplätze in der Rüstungsindustrie.«[14] Der Schock muß groß gewesen sein, denn beim 2. Oberndorfer Ostermarsch warfen die Sozialdemokraten sowie einige Gewerkschafter – in der Regel in Personalunion aktiv – aus der Region die Bedenken vergangener Tage über Bord. Zu den Unterzeichnern des Ostermarschaufrufs zählten 1990 der Juso-Kreisverband Schwarzwald-Baar, die SPD-Ortsvereine Oberndorf, Sulz, Schramberg, Rottweil, Dunningen und Wellendingen, der Kreisvorstand Rottweil sowie die Gewerkschaft Holz und Kunststoff, Verwaltungsstelle Sulz. IG Metall wie DGB fehlten noch immer.

Auch ein ganz anderer sagte schon im Vorfeld ab, auf dessen Unterstützung unsereins gehofft hatte: Erhard Eppler war angefragt worden, ob er in der Waffenstadt sprechen wolle. Seine Antwort war ernüchternd: »Oberndorf ist ein schwieriges Pflaster. Und man darf auch nicht die Frage nach Rüstung und Abrüstung auf dem Rücken derer austragen, die damit ihr Brot verdienen müssen. Ich werde in diesem Jahr keine Oster-Rede halten, weil ich – zum erstenmal seit langem – über Ostern wegfahren will. Mit der Bitte um Nachsicht.«[15]

Oktober 1989. Mir platzt endgültig der Kragen. Ich habe die Nase voll von dem Tanz um den heißen Brei: Verkaufsgerüchte schwirren durch die Medien, laut *Spiegel* will der Diehl-Konzern nach Mauser und Junghans jetzt auch Heckler & Koch übernehmen.[16] Beide Firmen dementieren, was mich nicht daran hindert, in Oberndorf öffentlich Stellung zu beziehen: »Weiterhin ist bekannt, daß Anfang der neunziger Jahre bei den Tochterunternehmen Mauser und Junghans militärische Großaufträge fehlen werden und Arbeitsplätze massiv gefährdet sind. Bis in zwei Jahren sind allein bei Mauser rund fünfhundert Entlassungen angesagt.« Ich begründe diese Warnung mit dem möglichen Verzicht auf den Jäger 90, der für Mauser Großaufträge gebracht hätte. Auch bei Junghans wird die Lage ernst, da in der Zünderfertigung Folgeaufträge fehlen.[17] Die Antwort läßt auf sich warten, kommt dann dafür um so heftiger – und zwar nicht von seiten der Geschäftsleitungen. Horst Schwegler, seines Zeichens Betriebsratsvorsitzender der Mauser-Werke, langjähriger Oberndorfer SPD-Ortsvorsitzender und IG Metall-Funktionär, schlägt zurück – nicht sachlich, sondern polemisch: Der Leserbrief sei ein »politischer Profilierungsversuch«, um im Gespräch zu bleiben. Gerade Mauser habe »durch seine solide Beschäftigungspolitik Entlassungen verhindert«. Um »ein fundiertes Urteil über die Leistungsfähigkeit und Strategie der Industriebetriebe abgeben zu können«, schlägt Schwegler vor, »nationale und internationale Messen« zu besuchen und dazu »mehrere kleine Weltreisen im Jahr« zu unternehmen. Symptomatisch ist die Tatsache, daß sich der Betriebsratsvorsitzende voll hinter die Argumentationslinie der Geschäftsleitung stellt: Er »vertraue darauf, daß es auch in Zukunft so bleibt« mit der guten Arbeitsplatzsituation bei Mauser.[18] Daß Vertrauen allein nicht genügt, sollten die kommenden Jahre zeigen. Meine schlimmsten Befürchtungen werden sich bewahrheiten.

Als ich mit neuen Fakten auf das Pamphlet des Herrn Schwegler antworten will, verweigert der *Schwarzwälder Bote* den Abdruck. Das alles gehört zum ganz normalen politischen Tagesgeschäft in der Waffenstadt.

So wird Konversion für SPD und IG Metall im Kreis Rottweil erst dann ein ernstzunehmendes Thema, wenn es zu spät ist. Alfred Unfried, Betriebsratsvorsitzender bei Diehl in Nürnberg, dem Mutterkonzern von Mauser, machte derweil seinem Namen alle Ehre. In Anbetracht des zu befürchtenden massiven Stellenabbaus rüttelte er seine Kollegen wach: Der Stellenabbau sei Ausdruck sich »langfristig vollziehender politischer und ökonomischer Umstrukturierungen«, die »Perspektive für das Unternehmen sehen wir u. a. in der Ausweitung des zivilen Produktionssektors«. Dabei seien die Voraussetzungen für die Entwicklung neuer ziviler Produkte »sehr gut«.
Der Ansatz greift zu kurz, denn Diversifikation – wie hier gefordert – ist lediglich die Erweiterung der nichtmilitärischen Produktpalette, nicht aber die vollständige Umstellung auf die zivile Fertigung. Dennoch weist der Schritt, konsequent verfolgt, in die richtige Richtung: »Durch Abrüstung und Umrüstung des Betriebes auf nichtmilitärische Erzeugnisse, durch die Erhöhung des Anteils der Zivilproduktion kann auf Dauer Beschäftigung gesichert werden«, so Unfried, der glaubt, »daß die Zukunft unserer Arbeitsplätze bei den Konzernschneidern, die die Existenz des Unternehmens an immer neue Rüstungsaufträge koppeln wollen, nicht in guten Händen liegt«.[19]
Diese Analyse und die daraus abgeleiteten Forderungen lassen sich auf andere rüstungsproduzierenden Unternehmen, nicht nur in Deutschland, übertragen. Die SPD im Raum Oberndorf-Schramberg hat lange gebraucht – viel zu lange –, um solcherlei Gedanken nachzuvollziehen. Ansätze zur Diversifikation gibt es immer wieder, aber selbst diese kommen um Jahre zu spät, um tatsächlich alle Arbeitsplätze zu sichern. Für die Kollegen von der IG Metall müssen wir wohl noch einen dritten Ostermarsch auf die Beine stellen, damit diese den Aufruf unterzeichnen. Oder wie wär's, wenn die IG Metall selbst auf den Gedanken käme, eine solche Friedensdemonstration zu initiieren? Aber aufgepaßt, es gibt immer wieder unberechenbare Gewalttäter, da muß man schon vorsichtig sein!

Als Gewerkschafter habe ich mit einigen wenigen anderen Mitgliedern des *Schwarzwälder Friedensforums* jahrelang im Oberndorfer Ortskartell des DGB mitgearbeitet. Nur dann, wenn wir unsere Kollegen mit unserem penetranten Nachhaken nervten, waren sie bereit, sich dem Themenbereich »Rüstungskonversion« ernsthaft zuzuwenden. Die Standardargumente lauten stereotyp: »Die Kollegen in den Betrieben brauchen Zeit« und »Wenn wir die Kollegen in den Betrieben überfordern, treten sie aus der IG Metall aus«. Die vielzähligen Gewerkschaftssitzungen und -seminare, an denen ich teilgenommen habe, zeigten immer wieder, daß ein wirklicher Wille zur Veränderung bei den meisten Kollegen nicht vorhanden war. Diejenigen Gewerkschafter, welche den Willen zur Veränderung besaßen und an zivilen Alternativen arbeiteten – und bei Mauser gab es die –, haben längst resigniert. Nicht nur, weil die Geschäftsleitung mauerte, sondern auch, weil der Widerstand in der IG Metall vor Ort zu groß war.
Und auch die Rottweiler Spezialdemokraten mußten erst durch den Druck der vereinten Wählerschaft eines Besseren belehrt werden. Einzig die nackte Angst vor einem weiteren Wahldesaster und ein massives Drängen der Parteimitglieder innerhalb des *Schwarzwälder Friedensforums* hatte den sozialdemokratischen Sinneswandel erzwungen und Klaus Kirschner beim 2. Ostermarsch schließlich ein Grußwort sprechen lassen.[20]
Schlimmer noch: Die Friedensbewegung hat sich, wie sich im nachhinein gezeigt hat, von Gewerkschaftern wie Sozialdemokraten viel zu lange hinhalten lassen. Wären wir früher und unabhängiger aktiv geworden, hätte unsere Idee eines »Regionalen Konversionsrates«, an dem alle interessierten und gesellschaftlich relevanten Gruppierungen teilnehmen sollten, doch noch umgesetzt werden können.

6. Mauser macht's möglich

Wanderer zwischen den Welten

»Halb zog sie ihn, halb sank er hin.«
Johann Wolfgang von Goethe

Meine Vorbehalte gegen Parteien waren immens. Ich hatte mich jahrelang in der außerparlamentarischen Bewegung politisch betätigt und mich dabei immer über die Borniertheit von Parteisoldaten – gleich welcher Couleur – geärgert. Oftmals schien es mir, daß manche Mitglieder erst beim großen Vorsitzenden nachfragen mußten, bevor sie sich zu einer eigenen Meinung entschließen konnten.
Mitte der achtziger Jahre faßte ich dennoch den Entschluß, in eine der sogenannten »linken« Parteien einzutreten: SPD oder Grüne hieß die Frage. Letztlich hatte ich erkennen müssen, daß die rein außerparlamentarische Arbeit ihre Grenzen fand, die Effizienz nicht in der Form gegeben war, wie ich mir dies gewünscht hätte. Mein erster Gang führte zu Klaus Schätzle, dem damaligen Ortsvorsitzenden der Sulzer SPD. Viele meiner guten Freundinnen und Freunde, Lothar Ellinger wie Gabi Müller, waren engagierte SPDler, die versuchten, den trägen Dampfer »ihrer« Mutterpartei in der Friedens- und Außenpolitik auf einen Kurs der nichtmilitärischen Konfliktlösungsstrategien zu steuern. Zudem waren in der Sulzer Ortsgruppe, im Gegensatz zu der in Oberndorf, progressive Kräfte auf Vorstandsebene aktiv, die innovativem Denken gegenüber aufgeschlossen schienen. Klaus gab sich alle Mühe, mich zur Unterschrift zu bewegen, das Mitgliedsformular hatte er gleich mitgebracht. Ich zögerte, verlangte Infomaterial zu Parteitagsbeschlüssen, wollte erst wissen, auf was ich mich einlassen würde. Als Pazifist war mir schmerzlich bewußt, daß ich mich immer wieder am Pro-NATO-Kurs der Sozialdemokraten reiben würde. Auf der

anderen Seite besaß die Partei damals noch einen einflußreichen pazifistischen Flügel, den es zu stärken galt.
Die Frage, wie mein politischer Werdegang verlaufen wäre, hätte ich mich für die Sozis entschieden, ist heute müßig. Eines aber ist klar: Mit dem Tag der Zustimmung der SPD-Bundestagsfraktion zur De-facto-Abschaffung des Grundgesetz-Artikels 16 zum Recht auf Asyl und der damit verbundenen Unterstützung einer Abschottungspolitik der »Festung Europa« wäre ich mit einer entsprechenden öffentlichen Erklärung aus der Partei ausgetreten.

Die Grünen steckten in Sulz noch in den Kinderschuhen. Orts- wie Kreisverband bestanden aus Einzelpersonen, die allerdings eine beachtliche Ausstrahlungskraft besaßen, was nicht zuletzt mit der Tatsache zusammenhing, daß engagierte Mitglieder wie die Tübinger Landtagsabgeordnete Christine Muscheler-Frohne – wohnhaft im nahegelegenen Flözlingen – einen reichen Fundus landespolitischer Erfahrung in die Arbeit einbringen konnten. Schon vor meinem Parteieintritt hatte ich intensiven Kontakt zu der »Landesarbeitsgemeinschaft Frieden« aufgenommen und regelmäßig an deren Treffen in der Landeshauptstadt teilgenommen. Die klare und unmißverständliche grüne Position der Gewaltfreiheit deckte sich mit meinen Vorstellungen.
Den ausschlaggebenden – gewaltfreien – Tritt erhielt ich von Christines Schwester Doris und ihrem Freund Uwe Krimmer. Uwe war, und das zeigt, in welchem Zustand sich die Grünen im Kreis Rottweil damals befanden, eines von nicht einmal fünf Mitgliedern der Ökopaxe in Oberndorf mit seinen 14 000 Einwohnern. In dieser Waffenstadt ein Grüner zu sein, glich dem Status eines Kommunisten zu Zeiten des Kalten Krieges. Ich ließ mich von derlei Umständen nicht abschrecken, trat in die Partei ein und wurde sofort in den Kreisvorstand gewählt.
Im nachhinein sollte ich die beiden »Übeltäter« noch für diese süßeste aller Nötigungen »bestrafen«. Denn wenn ich zum damaligen Zeitpunkt geahnt hätte, auf was ich mich da eingelassen

hatte, ich hätte wohl ewiglich die Finger von der Parteipolitik gelassen.

Frühjahr 1988. Von vornherein war mir klar, daß im Kreis Rottweil für Grüne keine Blumentöpfe zu gewinnen waren. Die Resultate der bisherigen Landtags- und Bundestagskandidaten waren, gelinde gesagt, bescheiden (und sind es bis zum heutigen Tage geblieben). Rottweil hatte immer mit am Ende gelegen, nur knapp vor gleichrangigen Tote-Hosen-Kreisen wie Balingen oder Tuttlingen. Wer sich also zum Kandidaten küren ließ, mußte daran andere Hoffnungen knüpfen als ein »erfolgreiches« Abschneiden.
Für mich eröffnete sich die Chance, endlich das Thema der Rüstungskonversion in die breite Diskussion zu bringen – ein Bereich, der trotz der immensen Abhängigkeit von der Oberndorfer und Schramberger Rüstungsindustrie eher hinter den Kulissen als öffentlich diskutiert wurde. Wie sehr die CDU- und FDP-Bundestagsabgeordneten ihre Beziehungen zugunsten der drei Rüstungsschmieden spielen ließen, zeigte sich immer dann, wenn der Umsatz der Firmen stagnierte und neue Aufträge benötigt wurden.
Aufgrund des Landtagswahlgesetzes war bereits im voraus entschieden, daß weder die FDP noch die Grünen Abgeordnete nach Stuttgart entsenden würden und daß der blasse CDU-Hinterbänkler Josef Rebhan mit seiner Wiedernominierung bei der CDU-Wahlversammlung schon gleichzeitig zum Abgeordnetendasein verdammt war.
Die einzig interessante Frage lautete: Würde dem SPD-Kandidaten Kurt Werner Stähle der Einzug ins Parlament gelingen? Doch dieser entpuppte sich schnell als ein Fähnchen im Winde. So trug er beispielsweise den abstrusen Verweigerungsbeschluß seines Kreisvorstandes beim 1. Oberndorfer Ostermarsch mit. Auch diese letzte offene Frage war frühzeitig geklärt. Ich verspürte nicht die geringste Lust, einen SPD-Bewerber zu sponsern, der nicht einmal den friedenspolitischen Teil des eigenen Landtagswahlprogramms zu kennen schien. Bei einer Veranstaltung mit Alfred Mechtersheimer,

den ich brisanterweise ins Evangelische Gemeindehaus auf dem Lindenhof eingeladen hatte, nutzte ich das gut besuchte Forum, um Stähles Taktieren vehement zu kritisieren: Ich warf ihm vor zu kneifen, wo Rückgrat vonnöten sei. Bezeichnend war die Tatsache, daß der schwarze Bote aus Oberndorf diesmal als Topmeldung verbreitete: »Grässlin übt scharfe Kritik an der SPD«.[1]
Das aber änderte nichts an der traurigen Tatsache, daß die Grünen die einzige Partei bleiben sollten, die den Aufruf zur Osterkundgebung unterzeichneten.

Aufbruch zu neuen Ufern

»Man kann das militärische Geschäft auch anständig betreiben!«
Helmut Eppe, Sprecher der Geschäftsführung der Mauser-Werke Oberndorf[2]

März 1988. Unsere »Lieben« vom Lindenhof reagierten verstimmt. Ich hatte die Geschäftsleitung angeschrieben und als Landtagskandidat um einen Gesprächstermin mit Besichtigung des Unternehmens gebeten. Die zu erwartende Absage traf alsbald mit einer mittelprächtig überraschenden Begründung ein: »Auch möchten wir nicht verhehlen, daß wir für die von Ihnen verfolgte Doppelstrategie, Massenaufmärsche (Ostermarsch) etc. einerseits und Ihren Wunsch nach einem persönlichen Gespräch mit uns andererseits, kein Verständnis aufbringen.«[3] Hätte die H & K-Öffentlichkeitsabteilung verlauten lassen, daß sie dem »Antimilitaristen Grässlin ein lebenslanges Hausverbot« erteilen würde, ich hätte die Begründung mit einem inneren Grinsen nachvollziehen können. Schließlich hatte ich in den vergangenen Jahren tatsächlich keine Gelegenheit ausgelassen, um auf das Schmierengeschäft beim Waffenhandel aufmerksam zu machen.
Als ausgleichende Gerechtigkeit empfing die Unternehmensleitung

wenige Tage vor dem Wahltag die damalige Staatsministerin im Auswärtigen Amt, Frau Adam-Schwaetzer. Mit dabei beim Promibesuch: der FDP-Wahlkreiskandidat Klaus Andrea.

Es war ihnen gelungen, uns die firmenspezifischen Probleme näherzubringen. Der Maschinenbau steuerte zielstrebig einer Talfahrt entgegen, die – laut glaubwürdiger Prognosen – einige Betriebe sogar in den Konkurs führen sollte. Mauser-Mann Eppe suchte die Lösung in der Diversifikation, der Ausweitung der zivilen Produktpalette, insbesondere bei flexiblen Sondermaschinen und in der Berücksichtigung der Laser-Technologie. Hans Meissner, Mitglied der Geschäftsleitung, argumentierte deshalb pragmatisch: »Wir suchen Nischen in dem Bereich, den wir beherrschen.«
Mauser hatte – ganz im Gegensatz zu der Konkurrenz auf dem Lindenhof – erkannt, daß die Zeit üppiger Rüstungsproduktion vorbei war. Eppe mußte eingestehen, daß im konventionellen Bereich Abrüstung angesagt war und investive Ausgaben im Einzelplan 14, gemeinhin als Verteidigungshaushalt bekannt, unumgänglich gekürzt wurden.
Mauser hatte vier Vertreter geschickt, unsere Delegation bestand gerade mal aus drei Leuten. Wir wurden durch die Produktionsstätten von Meß- und Sondermaschinen sowie entlang einer Montagestraße für Sprengköpfe des Raketenabwehrsystems MLRS geführt. Ausgiebig erklärte man uns die spezifischen Probleme der jeweiligen Sektoren, beklagte die harte Konkurrenzsituation auf dem europäischen Markt und beschrieb die Wunschvorstellungen einer nachhaltig erweiterten zivilen Fertigung.
Was die Form des Umgangs mit kritischen Besuchergruppen anbetraf, sollte sich Heckler möglichst bei der Firma Mauser einen Kurs in Sachen »Betreuung von Friedensbewegten unter Beachtung der Grundregeln gesellschaftsüblicher Höflichkeit, Grundstufe 1« leisten. Zeit wie anfallende Kursgebühren wären allemal sinnvoller investiert als in der Waffenproduktion.

Auch wenn die Mauser-Geschäftsleitung den konsequenten Schritt zu tatsächlicher Rüstungskonversion verweigert, so sind die Worte für einen Vertreter der wehrtechnischen Industrie doch von erstaunlicher Weitsichtigkeit. Natürlich schwingt immer wieder der alte Stolz auf die Erfolge vergangener Jahre mit, und doch präsentiert sich Helmut Eppe als weltoffener Vertreter seiner Spezies. Er ist kein verbissener Militarist, der borniert auf die Expansion der Kriegsmaschinerie setzt: »Wir versuchen unbedingt, den zivilen Bereich zu verstärken.« Und so habe die Firma seit Jahren »nicht mehr in die Wehrtechnik investiert«. Diese Behauptung scheint mir übertrieben, schließlich zählt Mauser zu den Waffenschmieden, die mit unschöner Regelmäßigkeit in den Lobbyblättern der Rüstungsindustrie für ihre neuesten Militärprodukte wirbt. Eppe nennt konkrete Beispiele, die seine Darstellung belegen sollen: Sechs Millionen DM seien allein im letzten Jahr in die zivile Entwicklung geflossen, außerdem habe die Firma zwei Maschinen im Wert von rund fünf Millionen DM zur Erweiterung des nichtmilitärischen Standbeins erworben. Das alles klingt ansprechend – zu ansprechend für eine Firma, die auch weiterhin von der Waffenproduktion lebt.

Habe ich vorherige Informationen eher zustimmend kommentiert, so beginne ich jetzt kritisch nachzuhaken: »Lassen Sie uns auf den Punkt kommen. Mauser liefert Waffen ins Ausland – auch in Spannungsgebiete.« Die vier Mauser-Vertreter schütteln verneinend den Kopf. »Beispielsweise in die Türkei!« Eppe widerspricht heftig. Diese Lieferungen dienten der notwendigen Sicherung der NATO-Flanke nach Osten. Diese Antwort stellt mich nicht zufrieden, denn für mein Verständnis herrschen in der Türkei seit Jahren bürgerkriegsähnliche Zustände. Das Militär schreckt nicht davor zurück, auch deutsche Waffen bei seinen Angriffen gegen Kurdendörfer einzusetzen. Spannung liegt in der Luft. Ich hake nach und werfe den Falkland-Krieg in die Debatte. Dort hat sich erneut gezeigt, daß bundesdeutsche Waffen bei militärischen Konflikten zum Einsatz kommen. So hat die argentinische Luftwaffe mit ihren Exocet-Raketen Militärschiffe der britischen Marine versenkt. Wesentliche Komponenten dieses Raketentyps stammen von MBB, dem heutigen Tochterunternehmen der Daimler-Benz AG.[4] Dieser Aspekt läßt selbst den Betriebsratsvorsitzenden Horst Schwegler unruhig werden, er beherrscht sich jedoch und überläßt Helmut Eppe das Feld. Wieder zieht der Mauser-Sprecher das Alibiargument vertretbarer NATO-Exporte aus der Schublade.

Wir erzielen keinen Konsens, die Unstimmigkeiten sind unüberhörbar. Ich bleibe dabei, daß Mauserwaffen in Spannungsgebiete exportiert werden. Helmut Eppe gibt sich sichtlich gekränkt: »Wir liefern nicht nach Libyen, Iran, Irak, Südamerika, Südafrika und Chile.« Das hatte ich auch nicht unterstellt. Seine Ehre scheint angekratzt zu sein, denn er verspricht im Tonfall einer eidesstattlichen Erklärung: Würde so ein Auftrag angenommen, zöge er persönliche Konsequenzen. Spontan ergänzt Eppe, man könne das militärische Geschäft auch anständig betreiben. Genau das bezweifle ich, beherrsche mich aber, um den Vulkan nicht zur Eruption zu bringen, zumal diese Aussage als deutlicher Angriff auf die zweite Waffenschmiede gedeutet werden muß: Heckler & Koch-Waffen sind in verschiedenen der genannten Länder im Einsatz.

Der Meinungsaustausch hat mittlerweile zwei Stunden gedauert. Die Mauser-Vertreter werden langsam unruhig. »Eine letzte Frage: Wie stehen Sie zum Ostermarsch in Oberndorf und einer Beteiligung von Beschäftigten Ihrer Firma?« Eppe läßt keine Zweifel aufkommen, daß er die Friedensveranstaltung als Störung empfindet, die gezielt gegen Mauser gerichtet sei. Uwe Krimmer, Mitglied im Grünen-Kreisvorstand, versucht die Befürchtungen zu entkräften. Uwe hat selbst einmal bei Mauser gearbeitet, die Firma aber nach einem Disput verlassen. Keiner von uns hatte erwartet, die Mauser-Vertreter vom Sinn des Friedensmarsches überzeugen zu können. Dennoch stellt Eppe seiner Belegschaft die Ostermarschteilnahme frei: »Jeder muß mit seiner Einstellung selbst glücklich werden«, so der trockene Kommentar.

Als wir uns hinterher zu einem Auswertungsgespräch zusammenset-

zen, haben wir einen positiven Gesamteindruck des Besuchs in der Waffenschmiede. Allein die Tatsache, daß ein zumeist konstruktiver Meinungsaustausch zustande gekommen und Mauser offensichtlich um die Erweiterung der zivilen Produktpalette bemüht ist, macht Mut. Das Gespräch hat aber auch gezeigt, daß Waffenexporte nicht durch Worte zu verhindern sind, sondern nur durch einen vollständigen Stopp der Rüstungsproduktion.
Die Presse war von dem ungewöhnlichen Meinungsaustausch angetan. Alle drei Zeitungen der Region berichteten in umfassenden Beiträgen über das Treffen.[5]

Vom Bundesverdienstkreuz am baumelnden Bande

> »›Bewegten Herzens und im Bewußtsein der symbolischen Auszeichnung‹ nahm der Jubilar selbst die Ehrung entgegen.«[6]

Wie berechtigt unsere Einwände gegen Mausers Militärexporte waren, zeigte sich eineinhalb Jahre später. Wieder hatten die Oberexporteure von der Regierungsbank zugeschlagen. Der Sicherheitsrat hatte in seiner Sitzung kurz vor Weihnachten 1989 weitere Exporte von Großwaffensystemen genehmigt: U-Boote nach Israel und Bahrein, Hubschrauber nach Peru und Flugabwehrpanzer nach Saudi-Arabien. Südkorea sollte Tornado-Kampfflugzeuge erhalten. Wieder war die stereotype Floskel einer »restriktiven« Rüstungsexportpolitik von den Verursachern selbst ad absurdum geführt worden. Dabei durften sich auch Oberndorfer Geschäftsleute über das Weihnachtsgeschenk freuen: Die einhundert Gepard-Flugabwehrpanzer waren mit sogenannten Zwillingskanonen bestückt. Herstellerfirma: die Mauser-Werke in Oberndorf. Die 50 Tornado-Kampfmaschinen würden mit 28-mm-Bordkanonen bestückt sein. Herstellerfirma: die Mauser-Werke Oberndorf. Im Mauser-Jargon wird die gängige Waffenexportpraxis gerne verharmlost: »Bei der

Wehrtechnik konnten alle Aufträge erfüllt werden. Sie gingen in der Mehrzahl in NATO- und der NATO gleichgestellte Länder.«[7] »In der Mehrzahl«, wohlgemerkt. Saudi-Arabien und Südkorea aber sind keine NATO-Staaten, sondern zählen zu den Spannungsgebieten schlechthin.[8]

Zur Erinnerung: »Man kann das militärische Geschäft auch anständig betreiben«, sagte einmal eine weithin bekannte Persönlichkeit des Oberndorfer öffentlichen Lebens. »Ein Blackout? Kommt bei uns öfters vor«, würde unser Mann in Bonn sagen.

Der Ehrenträger ist stadtbekannt: Er engagiert sich als Handelsrichter, führt den Vorsitz in der Oberndorfer Wohnungsbau-Gesellschaft, ist stellvertretender Vorsitzender des Industrievereins und setzt sich für das Heimatmuseum ein. Ein »initiativenreicher und mutiger Mitstreiter«, wie der Herr Bürgermeister meint. Wir dürfen diesem Mann gratulieren, der laut Landrat einen »mustergültigen, typisch schwäbischen« Lebenslauf aufweist, auch wenn er kein Schwabe ist. Gemeint ist Helmut Eppe, Sprecher der Mauser-Geschäftsleitung, und seit Herbst 1988 auch Träger des Bundesverdienstkreuzes am Bande. Der Staat weiß seine Mannen zu ehren.[9]

Dank sei auch dem Herrn Bürgermeister, der uns sogleich die Erklärung für die hohe Auszeichnung mitliefert: Helmut Eppe hat einen »bedeutenden Beitrag zum Erhalt des Friedens und Aufforderung zur Toleranz in unserer Stadt« geleistet. Mag schon sein, aber warum erhält eigentlich nie ein Pazifist das Bundesverdienstkreuz – mit oder ohne Bändel? Der Umkehrschluß der bürgermeisterschen Begründung ist aufschlußreich.

Tage des Triumphes

> »Es ist ein Skandal, daß der Bundessicherheitsrat den Export von 50 Kampfflugzeugen des Typs Tornado nach Südkorea – und damit in ein Spannungsgebiet – genehmigt hat. Mit der Fertigung der dafür notwendigen Bordkanonen verdient die Oberndorfer Waffenfirma Mauser wieder am Geschäft mit dem Tod.«
>
> *Redeausschnitt auf der Landesdelegiertenkonferenz am 2.–4. März 1990*

Heidenheim war ein gutes Pflaster. Ich hatte mich optimal vorbereitet und den Antrag »Grüne für vollständige Entmilitarisierung« eingebracht, für den die knapp dreihundert Delegierten aus allen Kreisen des Landesverbandes ohne Gegenstimme votierten. Die Zustimmung in dieser Einhelligkeit war überraschend, hatte ich doch einen stramm antimilitaristischen Kurs eingeschlagen: vom Abzug aller fremdstationierten Truppen in Baden-Württemberg über die Auflösung der Bundeswehr bis hin zur völligen Konversion der Rüstungsindustrie. Ein derartiges Ergebnis war bei der Ökopartei damals nur in der Friedenspolitik erreichbar, ansonsten herrschte heilloser Streit.

Bei den folgenden Vorstandswahlen bewarben sich fünf Kandidaten um die drei Männerplätze. Da ich auf Landesebene – zumindest in Sachen Parteipolitik – bisher ausschließlich als Sprecher der »Projektgruppe Entmilitarisierung« aktiv gewesen war, gab es keine Garantie für ein erfolgreiches Abschneiden. Dafür konnte ich eine ganze Reihe Aktivitäten in der sozialen Bewegung und auf regionaler Ebene in die Waagschale werfen: Von der Mitbegründung mehrerer Bürgerinitiativen bis hin zur Tätigkeit als Kreisvorstand und Landtagskandidat.

Meine Sorgen sollten unbegründet sein: Die Delegierten wählten mich mit dem zweitbesten Stimmergebnis in einen Landesvorstand, der – wie die Besetzung zeigen sollte – den Dynamit- und nicht den Nobelpreis verdienen sollte.

Ich habe nie die These vertreten, daß Kommunalpolitik nur aus der Diskussion über die Farbe der Pflastersteine auf dem Marktplatz oder den Typ von Parkhaus für die Kanalisierung des Automobilverkehrs besteht – auch wenn derlei Diskussionen die Welt wochenlang in Atem halten können. Der Kommunalpolitik ordne ich einen hohen Stellenwert zu, werden hier doch die Entscheidungen getroffen, mit denen die Bürgerinnen und Bürger tagtäglich zu leben haben und auf die sie, wenn auch begrenzt, mehr Einfluß besitzen als auf Politentscheidungen in der fernen Bundeshauptstadt.
Wegen meiner Ideale über ein erfolgreiches Kommunalengagement ließ ich mich 1989 ohne große Gegenwehr überreden, auf einem wenig aussichtsreichen Platz für den Sulzer Gemeinderat zu kandidieren. Meine Annahme, daß eher die vorderen Listenplätze bevorzugt würden, erwies sich als Fehleinschätzung, wie sich schnell herausstellte: Ich wurde für die Grün-Alternative-Liste gewählt.
Die Freude über das gute Wahlergebnis war dennoch groß und erfüllte mich mit einer gewissen Befriedigung, zeigte sich doch, daß auch für konsequente Positionen, wie ich sie in verschiedenen Themenbereichen vertrat, Rückhalt in der Bevölkerung vorhanden war. Ich stürzte mich Hals über Kopf auf ein Thema, das mir besonders am Herzen lag: die Schaffung von Tempo-30-Zonen in der Stadt, damals ein hyperheißes Eisen, zumal ich die Ansicht vertrat, auch Durchgangsstraßen müßten geschwindigkeitsreduziert werden. Auch hier zeigte sich, daß meine Art der Politikmethode erfolgreich war: Ich ging immer mit äußerst harten Positionen in die Verhandlungen und ließ mich auch von Abstimmungsniederlagen nicht aus der Bahn werfen, sondern brachte die ganze Sturheit meines badischen Dickschädels ein, mit dem ich mir im Schwäbischen so viel Erfolg verschafft hatte. Auch wenn ich die begonnene Arbeit nicht vollenden konnte – mein Umzug und der damit verbundene »Verlust der Bürgerrechte« führte zum automatischen Entzug des Stadtratsmandats –, Erfolge waren vorhanden. Das Sammeln von Erfahrungen auf kommunaler Ebene sollte mir in späteren Jahren wiederholt von Nutzen sein.

Für mich brachte das kommunalpolitische Engagement aber auch Probleme mit sich: Das Mandat ist, wenn man es engagiert betreibt, ausgesprochen zeitintensiv. Dabei liegen meine eigentlichen inhaltlichen Schwerpunkte auf überregionaler Ebene: Friedens- und Sicherheitspolitik ist ein bundespolitisches Thema mit Umsetzungsmöglichkeiten, die von den Gegebenheiten vor Ort abhängen. Meine Erfahrungen ließen sich im Kreis Rottweil mit der hiesigen Rüstungsindustrie sehr wohl, in Sulz jedoch kaum umsetzen. Sinnvoller wäre es da schon gewesen, mich um einen Sitz im Oberndorfer Kommunalparlament zu bewerben, was natürlich am Wohnort scheiterte. Einige der darin vertretenen Stadträte hätten sicherlich das große Grausen bekommen. Zwar hätte ich mir nicht den Hauch einer Chance versprochen, auch nur eine bedeutende Entscheidung zu gewinnen. Doch wichtig wäre gewesen, an Informationen heranzukommen, die einem »Normalbürger« versagt bleiben. So mußte ich mir andere Quellen erschließen – was zweifelsohne auch gelang.

7. Was der *Schwarzwälder Bote* verschweigt

Rotkäppchen im Puppenspiel – Von der Macht der Medien

> »Oberndorf. Original nach Grimm spielt heute, Dienstag, 21. November, auf Einladung der Volkshochschule Oberndorf, Veit Utz Bross aus Waiblingen das Märchen ›Rotkäppchen‹ im Dietrich-Bonhoeffer-Haus. Um 10 Uhr heißt es für angemeldete Kindergruppen aus verschiedenen Kindergärten der Stadt und um 14.30 Uhr für jedermann ›Vorhang auf‹.«
>
> *Schwarzwälder Bote*[1]

Meldungen wie diese prägen das Bild einer Zeitung, die täglich über vierhunderttausend Leserinnen und Leser erreicht. Nichts gegen das gekonnte Märchenspiel von Veit Utz Bross. Märchen sind wichtig für die Entwicklung von Kindern. Der *Schwarzwälder Bote* hat es jahrelang geschafft, Meldungen wie diese über Seiten hinweg zu gewichten und dabei Wichtiges von Unwichtigem zu trennen. Was bedeutet es auch schon, wenn eine Böblinger Bundestagsabgeordnete namens Christa Vennegerts am selben Tag zum Thema »Produkte für das Leben – ökologischer und sozialer Umbau in der Bundesrepublik« spricht? Für den schwarzen Boten sind Veranstaltungen mit grünen Abgeordneten ein rotes Tuch. Grund genug, die Meldung auf sechs Zeilen zusammenzukürzen und dafür der fünf Tage später stattfindenden Jahreshauptversammlung eines Musikvereins mehr Platz einzuräumen.[2]

»Was der Schwarzwälder Bote verschweigt«, füllt im Archiv unseres Friedensbüros mittlerweile eine stattliche Akte. Da finden sich Meldungen, die verstümmelt wiedergegeben, radikal zusammengestrichen oder ganz einfach völlig »vergessen« wurden. Im Verschwindenlassen ganzer Beiträge, die in fertiger Fassung bei der

Redaktion abgeliefert worden sind, bleibt die Oberndorfer Zentrale sicherlich unerreicht. Bei den Außenstellen in Sulz, Schramberg und Rottweil, in denen in der Regel wesentlich weltoffenere Redakteure arbeiten, kommt es dagegen selten vor, daß mißliebige Artikel der Zensur zum Opfer fallen. Dabei kämpfen die umliegenden Lokalredaktionen im Gegensatz zum Stammhaus in Oberndorf mit der Konkurrenz anderer Blätter, insbesondere der *Südwest Presse* und der *Schwäbischen Zeitung*, die eine liberalere Linie verfolgen – wozu eingestandenermaßen nicht viel gehört.

So publizierte die Sulzer Redaktion der *Südwest Presse* zu Heiligabend ein umfassendes Porträt des christlichen Widerstandskämpfers Dietrich Bonhoeffer, anläßlich des 40. Jahrestages seiner Hinrichtung durch die Nationalsozialisten – verfaßt von Lothar Ellinger, dem Koordinator des hiesigen Friedensforums. Darin finden sich Aussagen wie: »Es gibt keinen Weg zum Frieden auf dem Weg der Sicherheit. Denn Frieden muß gewagt werden.«[3] Nicht gewagt ist die Feststellung, daß dieser Beitrag der Zensurschere der Chefredaktion des Schwarzwälder Boten zum Opfer fiel. Klaus Siegmeier versieht sein journalistisches Handwerk in einer Stadt, die Frieden nicht wagt, sondern unterminiert. Der stellvertretende Chefredakteur geht dabei nach der berüchtigten Holzhammermethode vor. Als ich mich bei der Oberndorfer Lokalredaktion über den Verbleib eines Beitrags zur Regionalkonferenz der Friedensgruppen der Region erkundigte, läßt Holger Siegel durchblicken, daß Klaus Siegmeier den Beitrag mit dem Argument vom Tisch gewischt habe, über unsere Aktivitäten »wurde bereits genug berichtet«. Dagegen würde sich die Firma Heckler & Koch gerade in erstaunlichem Maße öffnen: »Die Situation ist so, daß wir inzwischen die besten Kontakte zur Firma haben.« In meiner Wut rufe ich bei Siegmeier direkt an. Wir streiten uns zwanzig Minuten lang heftig über die einseitige Berichterstattung des Hauses. Siegmeier läßt die Katze aus dem Sack: »Da wird jemand an den Pranger gestellt. Da helfen wir nicht mit.« Gemeint ist die Firma H & K, deren Politik er voll und ganz mitträgt: »Waffen werden dafür produziert, daß sie eingesetzt werden.« Es ist unüberhörbar, wie sehr er sich »an der Ausrichtung des Büros« stört.[4]

Bedeutender sind da schon die Ergebnisse des »Firmen- und Vereins-Pokalschießens 1558 Oberndorf«: »In der Firmen-Laiengruppe besiegte Feinwerkbau I Heckler & Koch I« – knapp vor Mauser I. Peinlich das Abschneiden unserer *Schwarzwälder-Boten*-Riege: lediglich Platz sieben bei acht teilnehmenden Mannschaften. Peinlich, wirklich peinlich. Auf derselben Seite findet sich dann ein halb so großer Bericht über die Friedenswoche mit ihren vielfältigen Veranstaltungen. Ist auch nicht so wichtig wie das Vereinsschießen, schließlich ging es in der Friedenswoche lediglich darum, die Zusammenhänge des globalen Ungleichgewichts aufzuzeigen und »die Politiker an ihre Verantwortung zu erinnern«.[5]

Im schwarzen Boten ist ein ausgeklügeltes System rigider Kontrolle entwickelt worden, das selbst progressiveren Redakteuren – und die gibt es in dieser erzkonservativen Zeitung in allen Redaktionen – das Leben schwer macht: So müssen die Beiträge, die einen politischen Inhalt verfolgen, im Stammhaus abgesegnet werden.

Oberste Richtschnur ist dabei nicht die Bedeutung und schon gar nicht die Wahrheit. Meldungen werden vom schwarzen Boten gesammelt und gesiebt. Dabei wird die Realität bisweilen bis zur Unkenntlichkeit verbogen. Gedruckt wird, was ein gutes Licht auf die Stadt wirft, schließlich gilt das Motto: »Wir müssen gegen das Negativ-Image von Oberndorf ankämpfen.« Diese Ansicht vertritt kein Geringerer als der Vorsitzende der Freien Wählervereinigung. Ihr Vorsitzender, der gebürtige Oberndorfer Günther Wolf, ist nicht nur Kommunalpolitiker und Fastnachtsnarr, der alljährlich am Fasnetdienstag die Narrenrede des Oberndorfer Zunftmeisters halten darf. Vielmehr ist er auch der dienstälteste Redakteur beim *Schwarzwälder Boten*. Diesem hat »gw« seinen Stempel aufgedrückt, von der Auswahl des Tagesthemas bis hin zum Weihnachts-Leitartikel.

Der Wolf im Schafspelz wird gerne als »heimatverbunden und weltoffen« gesehen. Er läßt sich von »jenem Geist der Zeitungsmacher leiten, der jeden Tag mindestens eine gute Nachricht im Blatt sehen möchte«.[6] Die Strategie ist eine politische: »Die Freien Wähler werden mit allen Mitteln gegen das von gewisser, linker Seite aufgebaute Negativ-Image Oberndorfs ankämpfen. Es kann nicht länger zugelassen werden, daß unsere Stadt und ihre Bürger beschimpft und verunglimpft werden«, so Günther Wolf auf einer außerordentlichen Mitgliederversammlung der Freien Wählervereinigung. Unter dieser Linie von Politik und Presse mußte nicht nur die Friedensbewegung jahrelang leiden; auch Gewerkschaften, SPD und Grüne traf der Bannstrahl immer wieder. Über die Jahre hinweg prallten die Meinungen hart aufeinander. Wiederholt habe ich mich an Günther Wolf gewandt und die »Zensurpraxis gegenüber der Friedensbewegung« angeprangert.[7]

Dabei geriet das Blatt auch in der Wahrnehmung anderer Zeitungen, die aufgrund ihrer geographischen Lage kaum in den Verdacht kommen, Eigeninteressen zu verfolgen, ins Fadenkreuz herber Kritik. Im August 1990 schossen gleich zwei Redakteure scharf: Dr. Wolfgang Storz von der Bonner Redaktion der *Badischen Zeitung* verwies wütend auf das »beste Verhältnis« der H & K-Geschäftsleitung zur örtlichen Presse. Die Verstimmung resultierte nicht zuletzt aus der Tatsache, daß »der Besucher selbst leider keine Gelegenheit« hatte, mit Lokalredakteur Horst Hollandt ins Gespräch zu kommen. Dieser drückte sich schlichtweg vor einem Termin und mußte »so überraschend in Urlaub gehen, daß er nicht einmal vorher absagen konnte«.[8] Peter Henkel von der *Frankfurter Rundschau* spricht derweil von einer »äußerst fürsorglichen Berichterstattung über die Waffenschmiede«.[9]

Diese Linie der manipulierten Meinungsmache zieht sich wie ein roter Faden durch die Berichterstattung des Günther Wolf: Selbst als H & K Ende 1992 bereits am Boden zerstört ist und Massenentlassungen an der Tagesordnung sind, propagiert der Bote des guten Geistes: »Heckler & Koch blickt optimistisch in die Zukunft«, und verbreitet die vorweihnachtliche Mär von den »sehr gut gefüllten Auftragsbüchern«.[10] Jeden Tag eine gute Tat, und sei sie noch so falsch.

Die freundliche Schreibe für die Todesproduzenten vom Lindenhof kommt nicht von ungefähr, sondern ist die logische Konsequenz engster familiärer Bande. So hielt die Familie Lamp beide Unternehmen über Jahre hinweg in festen Händen: Während Walter Lamp als Geschäftsführer von H & K für den Export der Oberndorfer Waffen in alle Welt sorgte, hielt ihm seine Schwester Irmgard beim schwarzen Boten den Rücken mit ihrer H & K-freundlichen Linie frei. Der Lamp-Clan bestimmte, was in Oberndorf en vogue war – und was eben nicht. Als Prokuristin und spätere Geschäftsführerin war Irmgard Lamp »befugt, die Gesellschaft bei der Vornahme von Rechtsgeschäften mit sich selbst oder als Vertreter Dritter uneingeschränkt zu vertreten«, so der Auszug aus dem Handelsregister. Und selbst nachdem Frau Lamp am 17. September 1986 ihr mächtiges Amt niedergelegt hatte, besaß sie noch immer einen Beratervertrag, der ihr weitere Einflußnahme garantierte.

Von der Lokalredakteurin des schwarzen Boten zur H & K-Pressesprecherin

> »Betroffen macht mich, daß sich die wenigsten Journalisten die Mühe einer gründlichen Recherche machen, meist nur mit allgemeinen Floskeln jonglieren – und voneinander ›abkupfern‹.«
>
> *Andrea Brodbeck*[11]

Juni 1989. Ich rufe beim *Schwarzwälder Boten* an. Noch besteht ein guter Draht zu Andrea Brodbeck in der Oberndorfer Lokalredaktion. Doch was sie mir in dem Telefonat mitteilt, läßt mir den Atem stocken: Sie wird Pressesprecherin bei Heckler & Koch. Dabei war gerade sie es, die als Leiterin der für die Stadt zuständigen Abteilung seit einem Jahr dafür sorgte, daß die Einseitigkeit des Hauses zumindest etwas gelockert wurde. Wieder einmal wird überdeutlich, wie eng die Verbindungen zwischen dem schwarzen Boten und der Firma auf dem Lindenhof sind. Solcherlei Überraschungen wie dieser unerwartete Arbeitsplatzwechsel sind wir bisher lediglich von Daimler Benz gewohnt, wo die Verbindungen zwischen der Landesregierung und dem Konzern fließend sind.

Auf meine Nachfrage hin erklärt Frau Brodbeck, daß Dirk Holzknecht, der als bisheriger nebenamtlicher Pressesprecher das erste Anrecht auf den Posten gehabt hätte, diesen »nicht gewollt« habe und »zeitlich überfordert« gewesen sei. Für uns normalerweise ein Grund zur Genugtuung, schließlich sind wir an dieser Überlastung aktiv mitbeteiligt gewesen. Die Ablösung von Holzknecht soll zum 1. Oktober erfolgen und ist, wie sie mit ironischem Unterton in der Stimme mitteilt, »mit Sicherheit auch ein Verdienst« unserer Friedensarbeit. Eine Feststellung, die sie in einem späteren Interview fast wortgleich wiederholt: Unsere friedenspolitischen Aktivitäten seien »mit Sicherheit einer der Auslöser« für die Einrichtung einer eigenen Pressestelle bei H & K gewesen.

Das erste Überraschungsmoment ist verflogen, ich beginne neugierig zu werden. Wie kommt es, daß ein derart aggressiv operierendes Unternehmen in dieser Situation keinen Hardliner in die Presseabteilung des Hauses einstellt, sondern eine junge, dynamische Redakteurin ohne jegliche Erfahrung im rüstungspolitischen Bereich? Sie antwortet erstaunlich unverblümt: Bisher habe man bei H & K »mit Arroganz von oben« gewirkt – eine deutliche Kritik gegenüber ihrem neuen Arbeitgeber. Zudem sei »unbedingt eine Frau« und »kein Kriegsdienstverweigerer« gewünscht gewesen.

Ein Jahr später gibt sie weitere Hintergründe des Wechsels bekannt: So sei die »Koch-Problematik« ausschlaggebend gewesen. Sie komme aus Oberndorf, kenne die Firma aus der Sicht einer Oberndorferin und aus der Sicht, »aus der sie ein Journalist am Ort kennt«. Dabei habe sie es als »oft nicht ganz gerecht empfunden, was mit der Firma gemacht« werde. Diese Ungerechtigkeit zu beseitigen, sei

eine Herausforderung, der sie sich stellen wolle. Wieder wird sie gefragt, weshalb H & K eine Frau genommen habe, was in der Rüstungsindustrie wohl die absolute Ausnahme bilde. Diesmal nennt Andrea Brodbeck andere Gründe. Sie hat gelernt, nur das zu sagen, was konform ist, und verweist darauf, »daß die Firma mich eben von Pressekonferenzen der letzten Zeit kannte. Und daß die Firma jemanden wollte, der mit der Problematik vertraut ist. Jemanden, dem sie zutraut, nicht nur nach außen, sondern auch innerhalb des Unternehmens Öffentlichkeitsarbeit zu betreiben.«[12]
Auch diese Argumente sind vorgeschoben. Andrea Brodbeck hat – wie sie selbst gesteht – keine »persönliche Beziehung zum Produkt Gewehr« und hat auch »nie mit dem G 3 oder dem G 11 geschossen«. Und keine Redakteurin wechselt das Unternehmen, nur weil sie bei Pressekonferenzen die Probleme der Firma erfaßt hat. Zudem hätte sie beim Schwarzwälder Boten eine Bilderbuchkarriere vor sich gehabt. Wer leitet schon im Alter von 25 Jahren die wichtigste aller Lokalredaktionen im Hause?
In Wirklichkeit müssen andere, gewichtige Aspekte eine Rolle gespielt haben – der lukrative Verdienst, das Renommee eines weltweit aktiven Unternehmens und die damit verbundene Chance, in der Welt herumzukommen. Womöglich waren es auch einfach die guten Beziehungen ihres Vaters, die den Ausschlag gaben: Dieser hatte als Baurechtsleiter schon im April 1987 voller Freude verkünden dürfen, daß der Erweiterung von Heckler & Koch auf dem Lindenhof nichts mehr im Wege stehe. So sei auch bei einem Einspruch »eine gewisse Annäherung der Standpunkte erreicht worden«.[13]

Mit freundlichen Grüßen an Schönhuber & Co.

»Und die Treue, sie ist doch kein leerer Wahn,
So nehmet auch mich zum Genossen an,
Ich sei, gewährt mir die Bitte,
In eurem Bunde der Dritte.«
Friedrich Schiller: Die Bürgschaft (1798)

Anfang Juni 1989. Der *Schwarzwälder Bote* läßt die Gesinnungsgenossen von der CDU voll zuschlagen: Nicht nur die »Republikaner« müßten massiv bekämpft werden. Auch die SPD, »die linksradikale Parteien immer mehr hoffähig gemacht« habe, steht auf der Abschußliste ganz oben. Grund: »Ein rot-grünes Zusammengehen auf allen Ebenen zeichnet sich ab.«[14]

Wenige Tage später ändert das Blatt seine Linie: Die Republikaner sind nicht länger in Anführungszeichen zu setzen. Schlimmer noch: In einem internen Schreiben mit höchst brisantem Inhalt wird die neue Marschrichtung geblasen: »Hausmitteilung Schwarzwälder Bote. Sehr geehrte Kollegen, auf Anweisung der Stv. Chefredaktion sind die Parteien DVU, Die Republikaner und NPD in den Artikeln des ›Schwarzwälder Boten‹ ab sofort nicht mehr als rechtsradikal oder rechtsextrem zu bezeichnen. Die offizielle sprachliche Regelung lautet: ›rechtsstehend‹. Zitate in Artikeln (radikal oder extrem) sind zu vermeiden oder zu umschreiben. Diese Regelung ist allen Außenredaktionen bekannt zu geben. Mit freundlichen Grüßen (i. A. E. Reutter)«.

Unten auf der Seite steht der Vermerk, der auf den internen Gebrauch verweist: »Dieses Formular wird verwendet im Hause sowie im Schriftverkehr mit den Geschäftsstellen bzw. Außenredaktionen und umgekehrt.« Das Schreiben ging am 12. 6. 1989 an die Zentralredaktion Lokales sowie per Fax an die Außenredaktionen in Horb, Rottenburg und Sulz. Zur Stellvertretenden Chefredaktion zählen bekannte Namen: Klaus Siegmeier als Chef vom Dienst und Günther Wolf, zuständig für Sonderaufgaben.

Ich greife zum Telefonhörer und rufe Chefredakteur Siegmeier an. Ich versuche, ihm den Text vorzulesen, er unterbricht mich mit dem Hinweis, daß er dazu »keine Auskunft« gebe. Ich hake nach, wie das Schreiben denn gemeint sei. »So, wie es da steht«, ist die vieldeutige Antwort. Ob es sich vielleicht nicht doch um ein Mißverständnis handeln könne, frage ich. »Ich möchte das generell nicht dementieren«, so die Auskunft des Herrn Siegmeier, schließlich gebe es »gegenwärtig Rechtsunsicherheiten«. Erst müsse man den nächsten Verfassungsschutzbericht abwarten.[15]
Schreiben und Wortwechsel wie diese bedürfen keiner Kommentierung. Rechtsradikalismus fällt nicht vom heiteren Himmel, ist auch kein Zufallsprodukt. Rechtsradikalismus wird vielerorts offen oder verdeckt toleriert und – wie im Falle des schwarz-braunen Boten – indirekt unterstützt. Schönhuber läßt grüßen.

Das deutsche Zepter der Zensur hält der *Schwarzwälder Bote* konkurrenzlos in der Hand. Die Zeitung besitzt in Oberndorf Monopolstellung und damit die ausschließliche Medienmacht. Diese Zeitung kennt keinerlei Hemmnisse, ihre Macht zu mißbrauchen. Die Oberndorfer Bürgschaft von Politik und Wirtschaft, neuhochdeutsch als »militärisch-industrieller Komplex« bezeichnet, nahm im Jahre 1811 ihren Anfang, als König Friedrich I. das Augustiner-Kloster zur Gewehrfabrik umbauen ließ, und wurde ein viertel Jahrhundert später um den Dritten im Bunde erweitert: 1835 wurde der *Schwarzwälder Bote* gegründet, der sich schon 1906 rühmte, »seit jeher Insertionsorgan bedeutender industrieller Werke« zu sein. Heute nennt die Zeitung fünf Grundlagen ihres Erfolges: Die Kaufkraft pro Kopf, das große Fremdenverkehrsgebiet, die neunzigprozentige Exklusivität, modernste Technik sowie eine »starke Industrie im Südwesten«, für die »Namen wie Mauser, Hohner, Junghans, Heckler & Koch« und andere stehen. Deutlicher läßt sich kaum ausdrücken, was Sache ist: Wes Brot ich eß', des Lied ich sing'. Der *Schwarzwälder Bote* lebt von den Einnahmen der Inserate, gerade auch der Oberndorfer Rüstungsindustrie. Das beste Beispiel bietet die Jubiläumsausgabe des Schwarzwälder Boten zum 150jährigen Bestehen. Dort füllt Heckler & Koch eine halbe Seite: »Wir produzieren für die Sicherheit ... Für unsere NATO-Partner und die Streitkräfte der blockfreien Welt«. Das gewinnträchtige Inserat gipfelt in den »besten Wünschen für die Zukunft« und »für die wirkungsvolle Verteidigung« – gegen alles, was da links sei.[16]

8. Auf einem Auge blind – die katholische Amtskirche

Geburt – Gewehr – Gebet

> »Ich stehe nicht da, die Bundesregierung in diesem Zusammenhang an die Aufforderung des Heiligen Vaters Johannes Paul II. zu erinnern, der vor kurzem in Argentinien gefordert hat, Wirtschaftssysteme abzulehnen, die sich ausschließlich am Gewinnstreben orientieren, ohne sich um moralische Belange zu kümmern.«
>
> *Hans Koschnik* vor dem Deutschen Bundestag[1]

Die Probleme der Oberndorfer katholischen Kirchengemeinde bewegen die Welt. Da wird wochenlang kontrovers darüber debattiert, wo der richtige Platz für die neue Orgel in der ehemaligen Klosterkirche sein mag, da wird der jeweilige Orgelstandort in den umliegenden Gemeinden ins Feld geführt und Victor Lukas zitiert: »Als es nun galt, mehr Chorsinger und Instrumentalisten nahe bei der Orgel aufzustellen, wich man auf die westliche Schmalseite der Kirchen aus und stellte die Instrumente dort auf Emporen. Daß dabei der akustisch vorzügliche Platz an der Längswand verlorenging, bleibt bis zum heutigen Tage zu bedauern«, so einer von mehreren zutiefst betroffenen Leserbriefschreibern im *Schwarzwälder Boten.*

Es wird gekämpft, als ginge es um das Leben von Menschen. Pardon, sagte ich »das Leben von Menschen«? Selbiges spielt in der Waffenstadt auch eine bedeutende Rolle – dann nämlich, wenn es ungeboren ist. Geht es um den Schutz der »vielen ungeborenen Kinder«, dann wird beim »Fest der Unschuldigen Kinder« auch schon mal kräftig gebimmelt: Beim Angelus-Läuten wurde der Opfer der Abtreibungen gedacht, und die Kirchenglocken mahnten lautstark.[2]

Lothar Ellinger, Sprecher des *Schwarzwälder Friedensforums* und Schulleiter in einer Grundschule eines Oberndorfer Ortsteils, wagt es, auf die doppelbödige Moral der Amtskirche hinzuweisen: »Diese Aktion grenzt an Heuchelei, angesichts der Tatsache, daß dieselbe Kirchengemeinde über die Kirchensteuer seit Jahrzehnten am vieltausendfachen Tod mitverdient, der nach wie vor von Oberndorf aus in nahezu alle Welt exportiert wird.«
Heckler & Koch »hat in den vergangenen Jahren mit Bundesmitteln das G 11-Gewehr entwickelt, laut der Londoner *Times* ›die präziseste Tötungsmaschine der Welt‹. Auch von diesem Teufelswerk werden die Kirchensteuersäckel indirekt mitprofitieren. Wann endlich ›läutet‹ die katholische Kirche öffentlich gegen diesen Skandal an?«[3]
Die Entgegnung läßt nicht lange auf sich warten. Es antwortet »für die katholische Kirchengemeinde der Kirchengemeinderat Oberndorf«: »Sowohl in den Predigten wie in den Fürbitten wurde mehrmals auf den Frieden und die Sicherung des Friedens Bezug genommen. Schließlich haben wir am 7. Januar den Weltfriedenstag gefeiert.« Schön und gut, aber was ist mit H & K? »Übrigens läutet seit dem 28. Oktober 1956 jeden Samstagabend vor dem Gottesdienst die Gefallenen-Gedächtnisglocke zur Erinnerung und Mahnung an die Toten des Weltkrieges und aller Kriege.« Langsam werde ich unruhig. Wo bleibt Heckler & Koch? »Selbstverständlich ist unser aller Endziel die Abschaffung des Krieges als Mittel politischer Auseinandersetzungen. Wahrscheinlich wäre niemand froher als die beteiligten Arbeiter und Angestellten – die auch zu unserer Gemeinde gehören –, wenn sie ihre Waffen für den Schrott produzieren könnten.«[4]
Da flackert sie wieder auf, diese unselige, Jahrhunderte währende Allianz von Kirche und Militär, von Pfaffen und Generälen. Hier fehlt nur ein weiterer Schritt zur Segnung von Roß und Reiter vor der Schlacht um die christlichen Werte. Kein Wort verliert der werte Oberkirchenrat über die Rüstungsexporte aus Oberndorf und das Blut auf den Schlachtfeldern dank der Todesprodukte »Made in

Oberndorf«, über die Schuld der Waffenhändler in den Geschäftsetagen der beiden größten Betriebe der Stadt und deren zukünftige Vernichtungswaffe G 11. Statt dessen: symbolisches Kirchengeläute an Alibitagen und Beten für den Frieden. Genutzt hat's bisher nichts, wie sollte es auch?

Micha 4, 1–5

»Ich möchte deshalb, um den Betroffenen über ihre psychologische Situation hinwegzuhelfen, vorschlagen, daß sie die Zivilcourage aufbringen, um jenseits der Mauer missionarisch dahingehend tätig zu werden, daß das G 11 niemals zum Einsatz kommen muß. Das entspricht meinem Berufs- und Verantwortungsethos.«

Walter Lamp, Geschäftsführer
der Firma Heckler & Koch[5]

Der Lamp-Clan hat wieder einmal zugeschlagen: Über den *Schwarzwälder Boten,* langjähriges Hausblatt der Irmgard Lamp, läßt ihr Bruder Walter die frohe Botschaft vom Lindenhof verbreiten: »Arbeitsplätze bei Heckler & Koch gesichert«. Der Beitrag schlägt ein wie eine Bombe. Schon ist in internen Meldungen immer deutlicher geworden, daß die technischen Mängel des G 11 nicht zu beheben seien, da präsentiert der Vater des G 11, Thilo Möller, sein Lieblingskind stolz einer interessierten Presse. Der Jubelartikel, verfaßt von Andrea Brodbeck, überschlägt sich schier vor Lobeshymnen. Die Killerwaffe erfüllt die Anforderungen der Bundeswehr: »Erhöhte Treffsicherheit, unkomplizierte Handhabung«, laut Möller »ein technologischer Volltreffer«. Krönender Höhepunkt des kostenlosen Sponsoring: »Neben der wehrtechnischen Sensation ›hülsenlose Munition‹ verfügt das G 11 außer Einzel- und Dauerfeuer über einen sogenannten ›Drei-Schuß-Feuerstoß‹, bei dem die Geschosse in genauestens berechneten

Winkeln den Lauf der Waffe verlassen«, man müßte wohl sagen, »in den Körper des Menschen einschlagen«, aber so steht es nicht in dem Zeitungsartikel. Statt dessen wird der Vorteil für den Soldaten gewürdigt: »Der Rückstoß, den jedes Gewehr hat, wird im Lauf aufgefangen, so daß er für den Schützen kaum mehr spürbar ist.«[6]

In Oberndorf passiert etwas, das es zuvor noch nie gegeben hat. Fünfzehn Pfarrer und Vikare aus der Region bekennen Farbe und verfassen eine Stellungnahme, die für Oberndorfer Verhältnisse an Ketzerei grenzt. Darin heißt es: »Wir sind betroffen und traurig darüber, daß der Zeitungsartikel mit dem erleichterten Aufatmen über die technische Neuentwicklung deren tödliche Folgen für ihre lebenden Ziele ausblendet. Mit der überstandenen Angst um die Arbeitsplätze wird die Stimme des Gewissens abgetötet.«[7] Einen Tag später – das schafft nur jemand, der den heißen Draht in die Redaktion besitzt – druckt das Sprachrohr der Waffenschmiede vom Lindenhof die Stellungnahme des H & K-Geschäftsführers Walter Lamp: »Die Betroffenheit und Traurigkeit der Verfasser des gestrigen Leserbriefes« – auch diese Formulierung kann nur gewählt werden, wenn der Abdruck für diesen Tag zugesagt wird – »ist für mich verständlich, vorausgesetzt, daß sie ehrlich ist.« Was folgt, ist der oben zitierte Vorschlag, den bösen Feind im Osten eines Besseren zu belehren und »jenseits der Mauer« missionarisch tätig zu werden. Aus dem Resümee spricht die ganze Arroganz eines Geschäftsführers, der sich nicht im mindesten um die Folgen seines Handelns schert: »Sobald die Betroffenen erfolgreich von ihrer Missionstätigkeit zurück sind, bin ich gerne bereit, dieses Thema in religiöser (nicht konfessioneller) und ethischer Hinsicht weiter zu erörtern. Bis dahin ist die Sache für mich zunächst erledigt.«[8]
Jetzt greife auch ich in den Disput ein, der *Schwarzwälder Bote* druckt meine Stellungnahme erstaunlicherweise unredigiert ab: »Um so trauriger ist es, daß in dieser Zeit Militärs und Waffenproduzenten weiterhin ihr vornehmliches Sinnen nach einer Gewehrentwicklung mit optimierter Liquidierungsquote von ›Weichzielen‹

– gemeint ist das möglichst erfolgreiche Töten von Menschen – ausrichten. Auch sollten wir nicht vergessen, daß das G 3 in die Hände der berüchtigsten Diktatoren gekommen ist. Aus diesem Grund kann Herr Lamp sein ›Berufs- und Verantwortungsethos‹ getrost für sich behalten.« Auch wenn mir klar ist, daß der H & K-Hardliner nie auf dieses Angebot eingehen wird, schlage ich ihm eine direkte Aussprache vor: »Herrn Lamp lade ich zu einem Gedankenaustausch mit Menschen aus der Friedensbewegung ein. Nur wenn auch in der Stadt alte Feindbilder überwunden werden, ist ein Schritt nach vorne möglich. Über 175 Jahre wurde das Denken in Oberndorf von militärischen Erwägungen bestimmt, und es wird sicherlich schwer sein, neue Wege zu gehen.«[9]
Umgehend antworten gleich zwei Leserbriefschreiber im Sinne der Rüstungsschmiede: So seien »Besitz und Gebrauch von Waffen« in der Bibel »eher selbstverständlich«, und »mit keinem Wort finde ich in der Bibel die Herstellung von Waffen moralisch in Frage gestellt«. Ein anderer bringt die übliche Leier vom Messer-Mord: Eine Waffe werde »erst böse, wenn der Mensch sie dazu veranlaßt. Ansonsten dürfte man auch mit keinen Messern und Gabeln essen, denn diese Geräte können auch zum Mord mißbraucht werden.« Außerdem stecke in jedem Mensch »erst einmal – dies gilt auch für Herrn Grässlin und die Unterzeichner des Artikels ›Betroffen und traurig‹ – der Nahrungstrieb, der Sexualtrieb und der Aggressionstrieb.«[10] Dem letzten Satz kann ich uneingeschränkt zustimmen.
Ich hake nach, um endlich dieses hirnlose Messer-Märchen zu widerlegen: »Jeder Arbeitnehmer, der bei Heckler & Koch in irgendeiner Weise an der Entwicklung, Fertigung oder Montage von Handfeuerwaffen oder Gewehren tätig ist, weiß, daß diese nicht in beliebigen Regalen verstauben, sondern vielmals auch in den Händen der Pinochets, der Idi Amins oder Bothas todbringend eingesetzt werden. Die Behauptung, daß eine Waffe erst böse wird, wenn der Mensch sie dazu veranlaßt, ist schlichtweg falsch. Waffen sind Mittel, um bestimmte Ziele zu erreichen, die auf friedlichem Weg nicht durchgesetzt werden können. Ohne die G 3-Gewehre oder die Ka-

laschnikows wären Diktatoren nicht in der Lage, ihr grauenhaftes Werk verrichten zu lassen. Mit Messer und Gabel hätte der erbitterte Kampf in der Golfregion nicht geführt werden können.«[11]

Bleibt noch die Behauptung, die Bibel toleriere Waffenproduktion. Darauf gibt Pfarrer Jochen Vollmer aus Horb die treffende Antwort: »In der Tat äußert sich die Bibel dazu, daß die Völker ihre Schwerter zu Pflugscharen umschmieden, ihre Waffenproduktion auf die Produktion von Gütern umstellen, weil sie von der gewaltlosen Lebensordnung des Gottesvolkes fasziniert sind (Micha 4, 1–5).«[12]

Einen Sinneswandel bei den Beteiligten dürfte der Leserbriefwechsel kaum bewirkt haben. Die Friedensbewegung wird weiter versuchen, die Produzenten des Todes von der moralischen Verwerflichkeit ihres Handels abzubringen. Und manch Oberndorfer Christ wird weiterhin sonntags beichten gehen und montags Messer und Gabeln besonderer Qualität anfertigen.

Im Angesicht des Todes

> »Durch zweitausend Jahre glaubte die Menschheit, daß die Sonne und alle Gestirne des Himmels sich um sie drehten. Der Papst, die Kardinäle, die Fürsten, die Gelehrten, Kapitäne, Kaufleute, Fischweiber und Schulkinder glaubten, unbeweglich in dieser kristallenen Kugel zu sitzen. Aber jetzt fahren wir heraus, Andrea, in großer Fahrt. Denn die alte Zeit ist herum, und es ist eine neue Zeit. Seit hundert Jahren ist es, als erwartete die Menschheit etwas. Die Städte sind eng, und so sind die Köpfe.«
>
> *Bertolt Brecht:* Leben des Galilei (1938/39)

Die katholische Amtskirche davon zu überzeugen, daß Militär, Rüstungsproduktion und Waffenexport verwerflich sind, gleicht dem Versuch des Galileo Galilei, das Kopernikanische Weltsystem beweisen zu wollen – Ptolemäus siegt noch heute. Katholische

Kirchenvertreter aus Oberndorf haben – es ist kaum der Erwähnung wert – bei den Ostermärschen nicht gesprochen.
Doch Kirche ist nicht gleich Kirche: Kirche von oben ist nicht Kirche von unten, katholische Kirche ist nicht evangelische Kirche, und Kirchgänger ist nicht gleich Kirchgänger. In vielerlei Beziehung lebt die katholische Amtskirche heute noch im geistigen Mittelalter, wobei zur damaligen Zeit manch Kleriker fortschrittlicher gedacht haben mag als die heutige Intelligenzija. Damals aber wurden Kirchenkritiker Ketzer genannt und – wenn sie nicht wie Galilei widerriefen – auf dem Scheiterhaufen verbrannt oder zu Tode gefoltert.
Für all diejenigen, die christlichen Glaubens sind und im Geiste des 20. Jahrhunderts leben, habe ich eine Empfehlung parat: Das Zauberwort heißt »Konversion« – diesmal nicht der Rüstungsindustrie, sondern der Konfession.

Bleibt zu erwähnen, daß es in Oberndorf zumindest einen Pfarrer gibt, der das nötige Rückgrat aufbringt, der Waffenlobby zu widerstehen. Oftmals saßen wir mit Pfarrer Rauscher zusammen, um gemeinsam die nächsten Veranstaltungen der Friedenswoche mit ihm zu diskutieren. Von seinem Arbeitszimmer hat man einen »herrlichen« Blick auf das Werksgelände von Heckler & Koch. Pfarrer Rauscher betreut die Kirchengemeinde auf dem Lindenhof – die evangelische, versteht sich.
Thilo Möller hat derweil nicht nur diesen Pfarrbezirk verlassen: Im Jahr 1990 ist er unter Protest aus der Kirche ausgetreten.

II. Teil: Die präzisesten Tötungsmaschinen der Welt

9. Schmerzhafte Erfahrungen

Geburt einer Idee

> »Wir sind der Meinung, daß die Grünen mit dem Büro RIO sich eine Agitationsplattform schaffen wollen, um ihr Wählerpotential in der hiesigen Region zu erhöhen.«
>
> *Dirk Holzknecht,* H & K-Pressesprecher[1]

Am 1. März 1989 ging eine Meldung durch die nationale wie internationale Presse, die wohl deshalb so große Beachtung fand, weil sie atypisch war.[2] Während die Friedensbewegung zahlenmäßig immer weiter zusammenschrumpfte, organisierte sich in der Waffenstadt Oberndorf der Widerstand: »Abrüstungsmodell für die Waffenschmiede Oberndorf«.[3] So und ähnlich lauteten die Schlagzeilen, und selbst dem ansonsten so zugeknöpften *Schwarzwälder Boten* war die Konstituierung des Friedensbüros eine Meldung wert – frei nach dem Motto »Doppelt genäht hält besser«: »Die Einrichtung einer Kontaktstelle in bezug auf den Rüstungsexport und die -konversion für eine bestimmte Stadt ist bundesweit einmalig.«[4] Zum Ausgleich für den Lapsus wurde die Presseerklärung in gewohnter Manier auf die Hälfte zusammengestrichen und Sätze wie der folgende »übersehen«: »Die Büro-Gruppe beabsichtigt, ein umfassendes Archiv einzurichten, das sämtliche verfügbaren Daten – vor allem von Heckler & Koch – sammelt und auswertet.«

Für uns Aktivisten hatte sich die Entwicklung in den vergangenen Monaten schier überschlagen. Wir hatten erkennen müssen, daß es neben dem etwa vierteljährlich erscheinenden *Schwarzwälder Friedensforum* eines Mediums bedurfte, mit dem wir auf die Geschehnisse der Tagespolitik reagieren konnten. Die Zeitschrift lieferte als Ergebnis wochenlanger Recherchen exklusive Hintergrundberichte. Die Medien aber – und dabei insbesondere die überregionale

Presse – war an topaktuellen Tagesmeldungen interessiert. Wir zogen die Konsequenzen und hoben »RIO« aus der Taufe – das »Rüstungs-Informationsbüro Oberndorf«. Im ersten Jahr bestand RIO aus einem permanent unaufgeräumten und chronisch überlasteten Schreibtisch sowie einem über die Maße beanspruchten Faxgerät. Erst nach Monaten würden wir die Zeit finden, die Hecklerhügel und die Mausermountains zu archivieren, eine Arbeit, die sich im nachhinein als enorm wichtig herausstellte. Mit Heckler & Koch hatten sich schon viele Friedensgruppen und Journalisten vor uns intensiv beschäftigt, keiner aber hatte sich an die Aufgabe gewagt, das Material zu sammeln, geschweige denn anderen zugänglich zu machen. RIO sollte und wollte diese Arbeit leisten. Dennoch wären wir gescheitert, hätten wir nicht die Unterstützung der Böblinger Bundestagsabgeordneten Christa Vennegerts erfahren, die für die Grünen im Wirtschaftsausschuß saß und dort eine konsequente Politik im Sinne des ökologischen und sozialen Umbaus der Industriegesellschaft vorantrieb – und dazu zählte insbesondere die Konversion der Rüstungsindustrie.

Auch wenn die Medien meldeten, RIO sei direkt in Oberndorf angesiedelt, hatten wir aus Kostengründen auf die Anmietung offizieller Räume verzichten müssen und das »Büro« in unseren Sulzer Privaträumen eingerichtet. Das wiederum hatte, wie sich schnell zeigte, nur Vorteile: Zum einen waren sämtliche Infoschriften rund um die Uhr bewacht und nicht nächtens einer politischen »Gegnerschaft« preisgegeben. Zum anderen aber, und das war von größerer Bedeutung, hatte ich bei sämtlichen Anfragen der Presse sofortigen Zugriff auf das Archiv.
In der Republik schien sich die Meldung wie ein Lauffeuer verbreitet zu haben, daß sich in der Höhle des Löwen ein agiler Haufen antimilitaristischer Friedensbewegter zusammengefunden hatte. Häufiger, als uns lieb war, liefen die Telefon- und Faxdrähte heiß. Die Journalisten standen zumeist selbst unter großem Zeitdruck, und so gestalteten sich auch die Anfragen: Bitte senden Sie

uns Hintergrundmaterial zu Heckler & Koch – am besten gleich gestern. Die Medienwelt ging – wie auch heute noch – immerzu davon aus, daß im Kreis Rottweil ein Riesenbüro mit mehreren festangestellten Kräften sitzen würde, das nichts Besseres zu tun habe, als Anfragen am Fließband abzufertigen. Daß RIO in Wirklichkeit gerademal aus einer Handvoll Leute bestand, die allesamt neben ihrer beruflichen Arbeit »hobbymäßig«, aber engagiert Friedenspolitik betrieben, wußten die wenigsten der Interessenten.

Dafür aber gewann RIO eine Eigendynamik, die selbst die Skeptiker unter uns kaum erwartet hätten: Durch die unglaubliche Medienresonanz erlangte RIO bundesweit ein Renommee, das sich sehen lassen konnte. Schon in den Herbst- und Wintermonaten des Vorjahres hatten wir begonnen, die sogenannten »Heckler & Koch-Rundbriefe« zu verschicken, eine Sammlung von Pressemeldungen zur Firma. Mit der Gründung des Friedensbüros, dem ersten Auswerten militärischer Fachzeitschriften und der Versendung erweiterter »RIO-Rundbriefe« erreichten wir die Journalisten in der Republik, die sich für die H & K-Rüstungsexporte und die anderen Ereignisse in der Waffenstadt interessierten. So erlangte die Oberndorfer Rüstungsindustrie – nicht nur, aber auch – dank unserer Recherchen einen Bekanntheitsgrad, der nicht allein den Geschäftsführern von Mauser und Heckler unangenehm gewesen sein dürfte.

Viele Oberndorfer Bürger bewegte derweil ein Thema gänzlich anderer Natur: Ein biologisches Problem versetzte die Gemüter in helle Aufruhr und füllte nicht nur die Leserbriefseiten. Sechs Familien sowie mehrere Einzelpersonen unterzeichneten und publizierten eine Stellungnahme, in der sie auf Gefahren ganz besonderer Art aufmerksam machten – die »zunehmende Verschmutzung der Bürgersteige durch Hundedreck«, der »tief ins Schuhsohlenprofil gedrückt« werde und besonders »im Dunkeln zu Fehltritten« führe.[5]

Orangen aus Oberndorf

```
+++ telegramm +++ paul an dichter
+++ brauche dringend schrauben
und nägel mit behältern +++ bana-
nen und orangen im einsatz +++
manfred meldet erfolge der hasen
+++ störche ausgeflogen +++
```

So könnte eine codierte Eilmeldung des mexikanischen Verteidigungsministers an seinen Staatspräsidenten gelautet haben, in der er Erfolge im Kampf gegen Aufständische mitteilte und dringend Nachschub an Gewehren und Munition forderte. Der H & K-Waffenhändler Armin Lothar Bähr hatte für seinen mexikanischen Geschäftspartner Horst Zimmermann einen speziellen Sprachschatz entworfen. Die »Schraube« stand dabei für die berüchtigte Maschinenpistole MP 5, in der Version mit verkürztem Lauf als »Nagel« tituliert. »Bananen« wurden die G 3-Gewehre in der Scharfschützenversion genannt, »Orangen« standen für die HK 33, »Behälter« waren die dazu notwendigen »Magazine«. Auch die Adressaten besaßen Tarnbezeichnungen: »Paul« war der Verteidigungsminister, der Staatspräsident der »Dichter« und »Manfred« stand für Jefe Estado Mayor Ejercito. Das Heer war der »Hase« und die Polizei der »Storch«.[6]
Für Paraguays Diktatur unter General Alfred Stroessner existierte ein entsprechender Code, vereinbart mit »Thea International, Asunción«. Dieser zeichnet sich durch eine makabre Originalität aus. So wird der Geheimdienstchef als »Padre Isabella« tituliert, der Polizeichef heißt »Padre Monica«.[7] Als ich wenige Monate nach der RIO-Gründung über Christa Vennegerts im Bundestag nachhakte, gab die Bundesregierung eine ihrer so typischen indifferenten Antworten: Nach ihren Informationen »verfügen die Streitkräfte von Paraguay über eine gewisse Anzahl von G 3-Gewehren«. Bonn lägen aber »keine Informationen über die Herkunft der Waffen vor«.[8]

Aufmarsch zur Parade in Ayacucho/Peru. In dem Andenstaat schießen sowohl Armee- als auch Guerillaeinheiten mit dem G 3. (Foto: © Walter Schwenninger/Juli 1985)

Bähr war der H & K-Beauftragte für den ganzen süd- und mittelamerikanischen Kontinent und bereiste regelmäßig die vielzähligen Kontaktbüros, über die H & K die entsprechenden Deals managen konnte. Die Aufregung in der H & K-Zentrale dürfte Anfang 1980 enorm gewesen sein, als Bährs Aktenkoffer auf dem Frankfurter Flughafen abhanden kam und der Inhalt einer höchst interessierten Öffentlichkeit bekannt gemacht wurde.
So amüsant die Bezeichnungen klingen mögen, so tief läßt die Geschäftspraxis blicken. Ein Unternehmen, das nichts zu verbergen hat, benötigt nicht derartige Agentenallüren. Lateinamerika war in den vergangenen Jahren ein optimaler Absatzmarkt für Firmen, die vom Geschäft mit dem Tod lebten. Heckler & Koch-Waffen sind in fast allen süd- und mittelamerikanischen Staaten im tödlichen Einsatz. Das renommierte englische Waffenmagazin *Jane's Infantry Weapons*, dessen aktuelle Jahrbände sich RIO seit seiner Gründung zulegt, bestätigt diese Aussage: MP 5-Maschinenpistolen sind bei den meisten Polizei- und Militäreinheiten in Zentral- und Südamerika im Einsatz. Die »Lista de referencia« des H & K-Dealers Bähr belegt »México, El Salvador, Chile, Brasil, Uruguay, Venezuela, Colombia«; das Schnellfeuergewehr G 3 in »Bolivia, Brazil, Chile, Columbia, Dominican Republic, El Salvador, Guyana, Haiti, Mexico, Peru«.[9]
Mexiko besaß zusätzlich eine Lizenz für das G 3, die nach unseren Recherchen im Jahre 1979 vergeben worden war. Auch die Maschinengewehre HK 21E und HK 23E werden in Mexiko in Lizenz gefertigt und befinden sich bei der dortigen Armee im Einsatz.[10]
In der Konsequenz heißt dies: Die Diktatoren Lateinamerikas, die mit wenigen Ausnahmen über keine eigene Rüstungsindustrie verfügen, konnten sich ihre Macht auch durch Importe von H & K-Waffen aus Oberndorf oder einer der Lizenzfabriken sichern.

Informationen über die vermeintliche Lieferung von H & K-Waffen nach Lateinamerika waren mit besonderer Vorsicht zu genießen. RIO hatte gleich dreimal mit Meldungen zu tun, die sich im nachhinein als mehr oder minder große Finte herausstellten. Zeitgleich mit der RIO-Gründung mußte der *Spiegel* eine Meldung dementieren, die – wäre sie in der Form korrekt gewesen – einen Skandal dargestellt hätte. Das Hamburger Nachrichtenmagazin hatte ein Jahr zuvor berichtet, die Contras in Nicaragua seien über den Geheimdienst CIA mit H & K-Waffen aus Oberndorf ausgerüstet worden.[11] Der Widerruf war kurz und prägnant: »Es hat sich im Verlauf der staatsanwaltschaftlichen Ermittlungen herausgestellt, daß die Briefe, die Herrn Fritze belasten und die der Staatsanwaltschaft und dem *Spiegel* in Kopie vorlagen, von einem ehemaligen Mitarbeiter der Firma Heckler & Koch gefälscht worden sind.« Der *Spiegel* hielt daher »die obengenannten Behauptungen nicht aufrecht«.[12]

Das *Spiegel*-Dementi löste bei H & K Jubel aus, zumal der Fälscher sich ausgesprochen dümmlich angestellt und Papier mit einem H & K-Briefkopf verwendet hatte, das damals noch gar nicht von der Firma verwendet wurde. In der Folge war es zu einem Prozeß vor dem Landgericht München gekommen. Die Klage gegen den *Spiegel* endete in einem Vergleich, der das Nachrichtenmagazin eine immense Summe kostete.[13] In seinem Beitrag verschwieg der *Schwarzwälder Bote*, daß nichtsdestotrotz G 3-Gewehre bei den Contras im Einsatz waren. So hatte die nicaraguanische Armee Waffen beschlagnahmt und deren Nummern veröffentlicht, die ich auch in einem meiner Leitartikel des *Schwarzwälder Friedensforums* abdruckte: »Dabei gelang es den Sandinisten, drei der G 3-Sturmgewehre von Heckler & Koch (mit den Gewehrnummern G 3 HK 072 869 5/61, G 3 HK 070 187 5/61 und G 3 FMP 304 351 12/73), eine Granatpistole von Heckler & Koch 40 mm Nr. 11 112 und Munition von den Eindringlingen zu erbeuten.«[14]

Augenzeugen schilderten die Situation recht eindrücklich. Sean Steinbach aus Berlin: »Ich konnte bei der Entführung entkommen. Ich sah, wieder im Dorf angekommen, einen verwundeten und einen toten Contra. Beide waren jeweils im Besitz eines G 3-Gewehres. Diese beschlagnahmten Waffen wurden am darauffolgenden Tag neben anderen ebenfalls der Presse präsentiert.« Der zweite Zeuge, Dominik Diehl, ebenfalls ein Berliner, wußte noch Brisanteres zu berichten: »Ich war 25 Tage in den Händen der Contras. In dieser Zeit konnte ich beobachten, daß die Gruppe des Kommandeurs unserer Entführung zu gut einem Drittel mit G 3-Gewehren ausgerüstet war. Die Gruppe umfaßte etwa 100 Söldner. Das Gewehr wurde von ihnen wegen seiner besonderen Schußkraft gelobt.«[15] Die Nummern der sichergestellten Sturmgewehre wiesen in eine Richtung, die alsbald für uns in anderem Zusammenhang von Bedeutung sein sollte: Sie ließen auf die Herkunft aus der portugiesischen Lizenzfabrikation schließen.

Lissabon – Jamaica – Kolumbien

»Die Redaktion muß bei nochmaliger Verbreitung der widerrufenen Punkte DM 10 000 an die Firma H & K GmbH in Oberndorf zahlen.«
Schwarzwälder Friedensforum Nr. 12, Sommer 1989

Diesmal sah es aus, als könne der Waffenschmiede vom Lindenhof tatsächlich ein illegales Geschäft nachgewiesen werden. Im jamaikanischen Atlantikhafen Kingston war die gewaltige Menge von zehn Tonnen Waffen beschlagnahmt worden – darunter eintausend H & K-Sturmgewehre. Wieder recherchiere ich intensiv und veröffentliche im *Schwarzwälder Friedensforum* einen umfassenden Beitrag zum Thema. Und erneut stellte sich heraus, daß uns Medien ein schwer verdauliches Ei gelegt hatten.

Eine Pressemeldung aus Bogotá vom 10. Januar 1989 verkündete: »Deutsche Waffen für Kolumbiens Rebellen entdeckt«, der Auftrag sei von kolumbianischen Rauschgifthändlern finanziert worden. Die Agentur Reuter meldete am folgenden Tag: »Waffenfirma dementiert Lieferung nach Kolumbien«, und der *Schwarzwälder*

Bote ließ H & K-Geschäftsführer dementieren: »Keine Beteiligung an illegaler Waffenlieferung«. Natürlich handelte es sich bei der in Kingston aufgeflogenen und für Kolumbien bestimmten Waffenladung um G 3-Gewehre. Aber auch diesmal stellte sich heraus, daß die Urheber der Meldung sich ausschließlich an dem Produkt und nicht an dessen Herstellerfirma orientiert hatten. Die eintausend Gewehre stammten erneut aus der portugiesischen Lizenzfirma FMBP bzw. deren Nachfolgeunternehmen INDEP. Heckler & Koch verlangte von uns – die wir lediglich die Falschmeldung weiterverbreitet hatten – eine Unterlassungserklärung, der wir natürlich Folge leisten mußten.

Jane's Infantry-Ente

> »In Peru schießen alle Gruppierungen, vom Sendero Luminoso bis zur Armee, mit G 3-Gewehren aufeinander.«
>
> *Walter Schwenniger,* Tübingen[16]

Wieder schlugen die Wellen hoch: Der seriöse und gemeinhin über jeden Zweifel erhabene britische Rüstungsverlag Jane's, in Fachkreisen weithin für seine Periodika bekannt, hatte eine mittlere Sensation verbreitet: Als erstes Land in Südamerika habe Peru eine G 3-Lizenz und damit das Nachbaurecht für das Schnellfeuergewehr erhalten.[17]

Langsam hatte ich die Mechanismen des politischen Geschäfts anzuwenden gelernt und verfaßte kurz nacheinander zwei Bundestagsanfragen, welche die Menschenrechtssituation in dem Andenstaat und die besagte Lizenzvergabe näher beleuchten sollten. Andreas Braun, Mitarbeiter der Bundestagsabgeordneten Christa Vennegerts, reichte die Anfragen ein. Die Nachrichten, die uns in den vergangenen Monaten aus Peru erreicht hatten, ließen Schlimmstes befürchten. Walter Schwenniger und seine peruanische Frau Nani, beide absolute Kenner des Metiers, waren gerade von einer Reise aus Peru zurückgekehrt und berichteten von schwersten Menschenrechtsverletzungen: »Erst kürzlich sind 39 Senderistas von Hubschraubern aus mit den G 3 erschossen worden.«

Die Antworten auf meine beiden Anfragen trafen fast zeitgleich ein: »Die Bundesregierung hat keine Kenntnis von einer angeblich an Peru erfolgten Lizenzvergabe für das Gewehr G 3.« Das war ein Tiefschlag, denn diese Aussage war definitiv. Nervig war zudem, daß meine Frage in bezug auf die Genehmigung aktueller Rüstungstransfers nach Peru lapidar abgeschmettert wurde: So seien Exporte genehmigt worden, aber: »Eine Veröffentlichung ist aus Gründen, die in der Vergangenheit dargelegt wurden, nicht möglich.«[18] Die Antwort auf meine zweite Anfrage zur »Problematik der Menschenrechtsverletzungen in Peru« brachte – bedauerlicherweise – die Bestätigung meiner schlimmsten Befürchtungen: Auf die Frage, ob der Bundesregierung bekannt sei, daß der peruanische Senator Rolando Ames bei einem Massaker den Einsatz von Heckler & Koch-Gewehren bestätigt habe, antwortete Staatsminister Schäfer vom Auswärtigen Amt platt mit einem »Ja«. Auch unsere Annahme, daß sich die verfeindeten Einheiten mit denselben Gewehren von Heckler & Koch gegenüberstünden, bestätigte der Staatsminister: »Regierungseinheiten und Sendero Luminoso verfügen auch über G 3-Gewehre.«[19]

Aller – schlechten – Dinge sind drei: Der H & K-Anwalt meldete sich erneut. Die Annahme einer Peru-Lizenz sei falsch, »diese Behauptung künftig zu unterlassen«, bei Zuwiderhandlung würden »rechtliche Schritte« folgen.

Zwei Schritte vor und einen zurück

»Mein Lied ist ein freies Lied,
das sich hingeben will
an jeden, der seine Hand ausstreckt,
an jeden, der schießen will.«
Canto libre von Victor Jara[20]

Joan Jara fand ihren Mann in einem Leichenhaus, in dem jeder Raum, selbst die Büroräume, überquoll von der Zahl der Leichen. Er hatte die Augen geöffnet, die Wangen waren mit Blutergüssen übersät. Die Brust war von Gewehrschüssen durchsiebt worden, der Bauch eine einzige offene Wunde. Die Handgelenke schienen gebrochen zu sein. Victor Jara war kein Pazifist gewesen. Er zählte sich zur traditionellen Linken in Chile, zur sozialistischen Partei, verzichtete jedoch auf deren Methoden des gewaltsamen Widerstandes. Victor Jara war einer, der sich zu wehren wußte im Chile des Augusto Pinochet, zu wehren mit seiner Waffe – dem Lied. Bei Konzerten, Demonstrationen und Wahlreden warb Victor für die kommunistische Partei Unidad Popular. Seine Stimme war mächtig, zu mächtig für ein Regime, das keine Widersacher duldete. Die Unidad Popular errang bei dieser zweiten Wahl Salvador Allendes einen überwältigenden Wahlsieg – Grund genug für die Generäle zur militärischen Intervention.

Die chilenische Armee verfügte bei ihrem Putsch – wen wundert's – über G 3-Gewehre aus Oberndorf, wie die Bundesregierung eingestehen mußte: »Der Export von Maschinengewehren der Firma Rheinmetall und G 3-Gewehren der Firma Heckler & Koch wurde vor dem Putsch von 1973 genehmigt.«[21] Zudem bildete die Bundeswehr chilenische Offiziere aus.[22] Seit 1973 erfolgte zumindest eine G 3-Lieferung großen Umfanges aus Thailand.[23]

Was bleibt, ist die furchtbare Erkenntnis, daß die blutige Geschichte Chiles auch mit Oberndorfer Waffen geschrieben wird. Dennoch gilt die eindringliche Mahnung des langjährigen Exilchilenen Pablo Neruda zur Gewaltfreiheit: Der Kampf für die Gerechtigkeit dürfe »unsere Fahne nicht mit Blut beflecken«.[24]

Die Armeen in ganz Lateinamerika morden ihre eigene Bevölkerung oder Menschen der Nachbarstaaten mit den in Oberndorf entwickelten Waffen. Belege dafür gibt es zuhauf, doch die Aufklärung wird von allen Seiten erschwert. Die jüngste Meldung betrifft den Einsatz von Maschinenpistolen bei einem Massaker an 111 Gefängnisinsassen in Sao Paulo im Oktober 1992 seitens brasilianischer Militärpolizisten.[25] Nach Angaben der Menschenrechtsorganisation amnesty international »wiesen 60 Prozent der getöteten Häftlinge Schußwunden in Kopf und Brust auf, was auf eine klare Tötungsabsicht hinweise. Augenzeugenberichten zufolge seien bereits verwundete Häftlinge und Gefangene, die Leichen wegschaffen mußten, anschließend ebenfalls umgebracht worden«, berichtet die *Frankfurter Rundschau.*[26] Das Bundeswirtschaftsministerium hat auf eine entsprechende Anfrage von amnesty mit dem lapidaren Satz geantwortet: Es könne »derzeit nicht ausgeschlossen werden«, daß die eingesetzten Waffen aus Deutschland stammten.[27]

Langsam war auch uns klargeworden, was das ganze Spiel sollte. Zum dritten Mal waren wir der Ente einer renommierten Quelle aufgesessen und hatten diese weiterverbreitet. Dabei reagierte die Firma mit zweierlei Maß. Während die britische Rüstungsagentur Jane's Infantry Weapons, Urheber der Peru-Ente, einen freundlichen Brief mit der Bitte um Korrektur des Computerausdrucks erhielt, wurde uns mit juristischen Schritten gedroht.
Längst ging es nicht mehr darum, der Wahrheit auf die Spur zu kommen. H&K suchte mit allen Mitteln einen unliebsamen Gegner mundtot zu machen. Wir waren gewarnt und zogen unsere Lehren aus den Erfahrungen der vergangenen Monate: Glaube keinem noch so renommierten Institut, bevor die Meldung nicht zweihundertprozentig abgesichert ist. So waren wir mit der RIO-

Gründung zwei große Schritte vorangekommen: Die Pressekontakte wurden nachhaltig intensiviert und die Archivarbeit endlich auf solide Beine gestellt. Gleichzeitig hatte es den Rückschritt der Fehlmeldungen gegeben.

Und noch etwas war uns endgültig klargeworden: Die Direktexporte aus Oberndorf machten einen verschwindend geringen Anteil dessen aus, was die vielzähligen Lizenzvergaben an Schaden für die Menschheit angerichtet hatten. Während wir uns mit Waffenexporten in der Größe von einigen hundert Gewehren abmühten, liefen in den Lizenzstätten in aller Welt die Maschinen heiß. Jetzt galt es, die Lizenzvergaben aufzuklären, über die keine Bundesregierung bisher offen Auskunft erteilt hatte. Es galt herauszufinden, wer dafür verantwortlich war und wie die Vergabe weiterer Nachbaurechte verhindert werden konnte.

10. Wie David einen Goliath das Fürchten lehrte

Holzknecht wirft das Handtuch

> »Aber zum ersten Mal in der Firmengeschichte sind die schwäbischen Waffenproduzenten nicht bereit, verbale und publizistische Angriffe unkommentiert zu lassen. Die Firma stellt sich, beide Seiten schießen scharf.«
>
> *Peter Hailmann, AV-News,* Tübingen[1]

Ich selbst habe damit nie nähere Bekanntschaft schließen dürfen, da ich mir mein kurzzeitiges Soldatendasein mit anderen Vergnügungen versüßte. Einzig das geistreiche G 3-Puzzlespiel zählte zu meinen weniger gefühlsbetonten und eher unbefriedigenden Erinnerungen. Manche Militärs scheinen da andere Gelüste bezüglich der »Braut des Soldaten« zu verspüren.

Das Schnellfeuergewehr G 3 wird von Soldaten in aller Welt geschätzt, insbesondere wegen seiner Treffgenauigkeit. So lobt und preist das Fachblatt *Internationaler Waffenspiegel* die Todesmaschine in höchsten Tönen: »Ein ungeschützter Mann kann noch auf 2000 Meter Entfernung ... getötet werden.«[2]

Für unseren »Lieblingsfeind« – so die TV-Moderation von RIAS-Berlin über das Verhältnis von RIO zu H & K – hat das Gewehr über Jahrzehnte hinweg ein florierendes Geschäft und die Grundlage der eigenen Existenz schlechthin garantiert.

Dabei war der Firma kaum eine Information bezüglich ihrer Rüstungsproduktion oder des -exports zu entlocken. Wir mußten andere Wege suchen und fanden sie. Eine der erfolgreichsten Formen war die öffentliche Konfrontation. H & K hatte aufgrund der jahrelangen Pressepolitik des eisernen Vorhangs – selbst von weit her angereiste Fernsehteams durften die Ästhetik der H & K-Bauten nur durch die Maschen des Stacheldrahts bewundern – eine erstaunliche Unfähigkeit zur verbalen Konfliktaustragung entwickelt. Nur so war es zu erklären, daß der damalige Pressesprecher Dirk Holzknecht Informationen verraten hat, für die wir ihm nachträglich unseren Dank aussprechen sollten.

Ich dränge Holzknecht in die Defensive. In einem Gespräch, das in der Tübinger TV-Station aufgezeichnet wird, werfe ich der Firma die Mitverantwortung für den Export von 150 000 G 3-Gewehren aus der portugiesischen Lizenzfabrikation an das martialische Apartheidregime in Südafrika vor. Dirk Holzknecht, der danach mit den entsprechenden Fragen konfrontiert wird, reagiert wie gewünscht. Der Pressesprecher nennt Fakten, als seien diese die größte Selbstverständlichkeit der Welt: »Die Lizenzvergabe des G 3 an Portugal erfolgte 1961, direkt durch den Bund. Heckler & Koch war nur insofern beteiligt, als daß Heckler & Koch an Portugal Blaupausen, Fertigungsunterlagen usw. herauszugeben hatte.« Dirk Holzknecht, die Freundlichkeit in Person, sind weitere interessante Informationen zum Iran-Deal zu entlocken: »Die Lizenzvergabe erfolgte im Jahre 1967, also zu Schah-Zeiten, und zwar in der Form, daß die Lizenzen direkt vom Bund an den Iran vergeben wurden. Heckler & Koch war nicht einmal in der Form beteiligt, daß Blaupausen oder Fertigungsunterlagen an den Iran herauszugeben waren, sondern die Fertigungsunterlagen wurden damals über die bundeseigene Firma Fritz Werner an den Iran geliefert.« Weiter so, Herr Holzknecht. Der Pressesprecher hat uns auf einen Aspekt gestoßen, der noch spannend werden sollte. In jedem Fall wird uns klar: Die folgenschwersten aller G 3-Lizenzvergaben sind auf das Konto von Bonn umzubuchen. Wir einigen uns nach dem indirekten, aber heftigen Disput am Ende gütlich und verweisen beiderseits auf die Bundesregierungen als die Schuldigen. Und die haben – wie sich alsbald herausstellen sollte – noch schlimmere Schuld auf sich geladen.
Und selten haben Entscheidungen von deutschen Regierungsvertretern, die zum Teil zwanzig und dreißig Jahre zuvor getroffen

wurden, derart fürchterliche Folgen gezeitigt für Menschen, die eine ganze Generation später zur Welt kamen.

In den kommenden Wochen initiiere ich ein Feuerwerk von Zeitungsartikeln und Interviews. Die Gelegenheit ist ausgesprochen günstig, denn die Medien, durch den RIO-Rundbrief permanent über den aktuellsten Stand unterrichtet, unterstützen unser Ansinnen. Holzknecht kommt immer mehr ins Schwimmen. Mittlerweile konzentriere ich mich auch auf die Frage, wer an dem Geschäft mit den Lizenzen verdient hat. Der H & K-Pressesprecher reagiert wie zuvor: »Heckler & Koch hat nie Lizenzgebühren erhalten.«[3] Sonderlich logisch klingt diese Aussage nicht, so daß ich mit Hilfe des Bundestagsabgeordneten Alfred Mechtersheimer nachhake. In seiner Antwort blamiert sich der Parlamentarische Staatssekretär im Bundeswirtschaftsministerium, Dr. Erich Riedl, nach bestem Wissen und Gewissen: »Eine Lizenz zum Nachbau des G 3 wurde auf Grund der damals gegebenen Situation in der zweiten Hälfte der 60er Jahre durch die Bundesregierung an den Iran vergeben.« Bonn eiert und gibt den Korb an H & K zurück: »Daneben hat der betroffene Hersteller einige Lizenzen mit Genehmigung der zuständigen Behörde an ausländische Vertragspartner erteilt. Einzelheiten kann die Bundesregierung hierzu nicht mitteilen, da sie ansonsten unbefugt Betriebs- und Geschäftsgeheimnisse preisgeben würde.«[4] Einfach köstlich, diese unsere Bundesregierung: Da nennt Dirk Holzknecht die exakte Jahreszahl und beschreibt den Vorgang, und der Herr Staatssekretär spricht von »Betriebsgeheimnissen«. Dieser Mann kann Kanzler werden.

Hat Holzknecht Druck von der Geschäftsleitung bekommen? Oder hat Bonn angerufen und nachgefragt, ob der arme Pressesprecher eine Kur benötige? Oder liegt die Crux einfach darin, daß er als Chef der Personalabteilung und als Pressesprecher im Nebenerwerb angesichts des RIO-Feuerwerks einfach überfordert ist? Auf jeden Fall wirft Holzknecht das Handtuch und räumt seinen Platz – für

eben die Frau Brodbeck, die zuvor beim *Schwarzwälder Boten* eine so überzeugende Arbeit im Dienste ihres neuen Brötchengebers geleistet hat. Verbunden mit dem plötzlichen Arbeitsplatzwechsel ist die Zusage von Heckler, nunmehr eine volle Stelle für die Presseabteilung zu schaffen.
Wir versichern an Eides Statt, daß die neue Pressesprecherin bis heute keinen Pfennig auf unser Konto überwiesen hat, obwohl sie ihren Job der »Agitationsplattform« RIO verdankt.

Weltmeister aus Oberndorf

> »Die elektrischen Seilbahnen, auf denen die Scheiben zum Schützen fahren, begeistern die Kinder beinahe so sehr, wie das Schießen selbst.«
> *Beitrag im Schwarzwälder Boten* (Untertitel: »Womit, auf was und auf welche Distanz in Oberndorf geschossen wird«)[5]

Weder die Nachwuchsförderung beim Kinderferienprogramm im ältesten Oberndorfer Verein noch das Engagement der aparten Andrea Brodbeck können verhindern, daß H & K in immer größere Nöte gerät. Ich schlage mir mehrere Nächte um die Ohren, um die entscheidende Großoffensive vorzubereiten. Mit fachlicher Beratung von Bernhard Faltin von der Bremer Kampagne »Stoppt den Rüstungsexport« des Bundeskongresses entwicklungspolitischer Aktionsgruppen (BUKO) und einem kritischen Kontrolleur in der Person meines Freundes Lothar Ellinger stelle ich eine Anfrage auf die Beine, die es in sich hat. Am Ende stehen über 40 differenzierte Fragen auf dem Papier. Diese werden sofort von unserer Frau in Bonn eingebracht.
Als die Fragen nach zwei langen Monaten Bearbeitungszeit vom Parlamentarischen Staatssekretär im Bundesverteidigungsministerium, Willy Wimmer, »beantwortet« werden, zeigt sich, daß der kleine David den großen Goliath an entscheidender Stelle getroffen

hat: Sind wir bisher immer von der immensen Zahl von rund 50 Ländern ausgegangen, an die H & K-Waffen offiziell verkauft worden sein sollen, so rückt Bonn nun mit einem ganz anderen Fakt heraus: »Für G 3-Gewehre wurden bis 1988 für über 80 Länder Ausfuhrgenehmigungen erteilt.« Das ist ein Knüller: Bonn hat in den vergangenen Jahren bei jeder unpassenden Gelegenheit gebetsmühlenartig die Leier von der »restriktiven Rüstungsexportpolitik« gespielt. Und gleichzeitig hat – wie sich nunmehr herausstellt – die Oberndorfer Waffenschmiede bei Zustimmung der Genehmigungsbehörden einen Markt beliefert, der seinesgleichen sucht. Klammheimlich ist Heckler & Koch zum »deutschen Meister« der Rüstungsexporteure avanciert. Keine andere Rüstungsschmiede Deutschlands hat derart viele Staaten mit Waffen versorgt.
Gleichzeitig hat sich H & K in der Bundesrepublik eine Monopolstellung im Handfeuerwaffenbereich verschafft, welche die Hardthöhe von der Firma abhängig macht. Die Wimmersche Aussage, die Bundesregierung habe dabei »ihre Entscheidungen über Exportvorhaben von Infanteriewaffen wie das G 3-Gewehr stets im Rahmen der gesetzlichen Vorschriften gehandhabt«, muß für alle Opfer dieser verwerflichen Waffenexportpolitik wie Hohn und Spott klingen.[6] Was sind das für Gesetze, die als die schärfsten der Welt angepriesen werden und gleichzeitig erlauben, daß der halbe Globus mit deutschen Waffen vollgepumpt wird?

In dem Wissen um die Schuld der Bundesregierungen, die seit 1961 in unschöner Regelmäßigkeit die Vergabe von G 3-Lizenzen in alle Welt genehmigt haben, versucht Wimmer die gezielten Fragen möglichst undifferenziert zu erledigen. So seien »im Rahmen der rüstungswirtschaftlichen Zusammenarbeit in den sechziger und siebziger Jahren G 3-Lizenzen an einige NATO-Partner vergeben worden«. Wieder folgt der Verweis auf die bösen Buben in Oberndorf, die doch auch Lizenzen vergeben hätten. Dabei ist aber gesetzlich vorgeschrieben, daß das »Bundesamt *für* Wirtschaft« in Eschborn jeweils zugestimmt haben muß, bevor Fertigungsanlagen und Anlagen zur Herstellung von Kriegswaffen ausgeführt werden dürfen. Und dabei wirken, laut Wimmer, »regelmäßig das Bundesministerium für Wirtschaft, das Auswärtige Amt und das Bundesministerium der Verteidigung mit«.

Kaum vorstellbar, aber es kommt noch dicker: Wir haben gefragt, inwiefern den jeweiligen Lizenznehmern sogenannte »Endverbleibsbestimmungen« abverlangt worden sind, damit wenigstens gewährleistet ist, daß die G 3-Herstellerstaaten die Schnellfeuergewehre nicht noch weiterexportieren. Eine entsprechende Antwort hat schon im April 1984 die Lücken des Systems aufgezeigt. Damals antwortete die Bundesregierung: »Die Kontrolle des Exports im Ausland hergestellter Waren – auch Waren aus der Fertigung mit deutscher Lizenz – unterliegt ausschließlich der Verantwortung des Exportlandes.«[7]

Und auch diesmal ist die Antwort vernichtend: Solche »indirekten Endverbleibserklärungen« seien »erst mit der Neufassung der Politischen Grundsätze der Bundesregierung« eingeführt worden, also im Jahre 1982. Diese Grundsätze aber besitzen nicht einmal Rechtsverbindlichkeit. Zudem waren zu diesem Zeitpunkt bereits alle dreizehn G 3-Lizenzen vergeben – die letzte 1981. Gleichgültig also, ob die CDU/CSU, die SPD und die FDP, und gleichgültig, in welcher Koalition sie an der Macht waren – alle haben sie das Treiben der Oberndorfer Waffenhändler nach Kräften unterstützt, genehmigt und, wie Dirk Holzknecht formulierte, selbst »betrieben«.

Der Tod hat viele Namen.

Wir kommen der Firma weiter auf die Schliche. Nach erneuten Recherchen liegen uns die Zahlen vor, welche die Bundesregierungen in den vergangenen Jahren trotz vielzähliger parlamentarischer Anfragen gehütet hat, als handele es sich um die Tresornummer zum Bundessafe: So sind die G 3-Lizenzen 1961 an Portugal, 1963 an Pakistan, 1964 an Schweden, 1967 an Norwegen, den Iran und die Türkei, 1969 an Saudi-Arabien, 1970 an Großbritannien und Frankreich, 1971 an Thailand, 1977 an Griechenland, 1979 an Mexiko und 1981 an Burma vergeben worden. Rechnet man noch

die vielzähligen Lizenzen für die H & K-Maschinenpistole MP 5 hinzu, so läßt sich unzweifelhaft feststellen: Die Bundesrepublik Deutschland ist Weltmeister beim schmutzigen Geschäft mit den Lizenzen im Handfeuerwaffenbereich – genauer gesagt sind es die Bundesregierungen seit 1961 im Bund mit der Waffenschmiede Heckler & Koch. Ein trauriger Erfolg, ohne Zweifel. Daß die Bonner Regierungsvertreter diesen »Rekord« am liebsten für sich behalten hätten, zeigt nicht zuletzt die erbärmliche Antwort von Staatssekretär Willy Wimmer auf die Frage nach den entsprechenden Jahreszahlen: »Nach den der Bundesregierung vorliegenden Informationen wurden Lizenzen für das G 3 vorwiegend in den sechziger Jahren vergeben.« Schon die Formulierung bezüglich der »vorliegenden Informationen« ist abgrundtief peinlich, schließlich sind alle Lizenzvergaben legal, also mit Genehmigung der Kontrollbehörde in Eschborn erfolgt. Und bei der Festlegung des Zeitraumes hat Herr Wimmer nur die halbe Wahrheit offengelegt.
Allein das Ergebnis dieser einen Bundestagsanfrage ist ein Skandal ohnegleichen und müßte nach moralischer Bewertung ausreichen, zumindest die Wirtschaftsminister der vergangenen drei Jahrzehnte hinter Schloß und Riegel zu bringen. Das ist nicht möglich, denn die Bonner Politik hat sich die Gesetze geschaffen, die den Export von Know-how und Produktionsanlagen erlaubt haben, welche – diese Aussage ist keinesfalls übertrieben – über einhunderttausend Menschen das Leben gekostet haben.

Ich habe begonnen, mir Gedanken über die Frage zu machen, wer bei dem Riesendeal mit den Lizenzen den großen Reibach gemacht hat: die Steuerzahler oder Heckler & Koch oder –? H & K hat bisher bestritten, an den Lizenzen verdient zu haben.
Und überhaupt: Ist jeweils eine Pauschallizenz vergeben und damit einmalig seitens des Lizenznehmers gezahlt worden? Oder wird noch heute mit jedem Gewehr weiterverdient, das in einem der dreizehn Lizenzländer vom Band läuft? Wimmer hat auf alle diesbezüglichen Fragen nur an einem Punkt eine präzise Aussage

getroffen: »Rückflüsse aus G 3-Lizenzen gibt es schon seit Ende der siebziger Jahre nicht mehr. Solche Einnahmen ... fließen dem Bundeshaushalt insgesamt zu.« Diese Antwort spricht für Pauschallizenzen, womöglich mit zeitlich befristeter Stücklizenzgebühr. Aber: Wie hoch sind die Einnahmen? Unter welchem Haushaltstitel wurden sie verbucht? Wer hat an dem Morden in der Dritten Welt verdient? Je tiefer ich mich in die Materie stürze, desto verworrener wird die ganze Angelegenheit.

Die Beantwortung meiner zweiten Bundestagsanfrage bezüglich des Einsatzes von deutschen Handfeuerwaffen bei Menschenrechtsverletzungen im jeweiligen Empfängerland folgt bereits zwei Wochen nach der ersten. Wir haben den konkreten Einsatz von H & K-Waffen, welchen amnesty international über Jahre hinweg dokumentiert hat, zusammengetragen. Die Auskünfte der Bundesregierung – diesmal verantwortet von Außenminister Hans Dietrich Genscher – sprechen für sich: »Die Bundesregierung kann diese Angaben nicht bestätigen«, »Die Bundesregierung nimmt zu Werbeaussagen von Firmen nicht Stellung« und »Der Bundesregierung liegen dazu keine Informationen vor«. Worin besteht eigentlich noch die demokratische Kontrolle der Exekutive, also der Bundesregierung, wenn die Kontrollinstrumente – und dazu zählen diese sogenannten »Kleinen Anfragen« – derart entwertet werden?

Krönender Höhepunkt dieser Ausführungen zur Frage, ob die Bundesregierung wenigstens in Zukunft bei Lizenzvergaben die Menschenrechtssituation im Empfängerland berücksichtigen wird, ist Genschers Antwort: »Die Bundesregierung hat in der Vergangenheit keine Ausfuhren im Zusammenhang mit Lizenzvergaben und Lieferungen von Waffen genehmigt, wenn die Menschenrechtssituation des betreffenden Landes dem entgegenstand; sie wird so auch in Zukunft verfahren.«[8]

Mir schießen die Tränen in die Augen, wenn ich mir die zerfetzten Körper der Menschen auf den Schlachtfeldern vorstelle. So nimmt das Morden mit deutschen Waffen tatsächlich nie ein Ende.

11. Näheres zur wöchentlichen RIO-Sau im fernen Bonn-Dorf

Deutsch around the World

»Wir werden auch in Zukunft nicht zulassen, daß Sie jede Woche eine andere Sau durchs Dorf treiben und hinterher immer erstaunt tun, daß Unruhe entsteht. Wir wissen, Sie wollen mit dem vorliegenden Antrag national und international ein falsches Bild von der Bundesregierung zeichnen.«

Peter Kittelmann (CDU/CSU) bei der G 3-Debatte im Deutschen Bundestag am 8. Februar 1990[1]

»Weltweit schießen Polizisten und Kriminelle, Militärs und Guerilleros mit einem westdeutschen Sturmgewehr.« Peter Stähle beginnt seinen *Spiegel*-Artikel mit gehörigem Pfeffer. Der Journalist ist auf unsere Recherchen aufmerksam geworden und hat sich entschlossen, einen Beitrag zu verfassen. Mit der Weihnachtsausgabe 1989 liegt den Leserinnen und Lesern eine Zeitschrift mit einem Artikel unterm Gabentisch, der ganz und gar nicht zur Feststimmung passen will. Neben einer Fotografie schießender iranischer »Frauen-Kampfgruppen mit deutschem G 3« breitet der *Spiegel*-Redakteur die ganzen Schandtaten der Herstellerfirma und ihres engsten Verbündeten – der Bundesregierung – aus, würdigt aber auch die Arbeit unseres Friedensbüros: So habe sich das Rüstungs-Informationsbüro Oberndorf abgemüht, um schlüssige Beweise zu finden, »in welchem Ausmaß ›around the world deutsch geschossen wird‹«. Durch »ellenlange Anfragen« sei es gelungen, »erstmals Aufschluß über das Ausmaß des Exports von G 3-Waffen und -Lizenzen« zu erhalten: »Die RIO-Aktivisten zogen aus dieser Lage die wohl zutreffende Folgerung: ›Das wirkliche Verbreitungsgebiet umfaßt durch den illegalen Waffenhandel einen weit größeren Bereich‹ als von Bonn eingestanden; mittlerweile gebe es ›wohl kaum noch ein Land der Dritten Welt ohne G 3-Gewehre‹.« Stähle arbeitet die RIO-Infos auf und stellt damit – ganz in unserem Sinne – das Großunternehmen Heckler & Koch & Bundesregierung an den Pranger.[2]

Erfreulicherweise finden unsere Recherchen über Wochen hinweg breiten Raum in den Medien. Herbert Klar von *Report* Baden-Baden entschließt sich zu einem Bericht, der Ende Januar gesendet wird. Ich greife die Bundesregierung scharf an: »Grässlin wirft Regierung einen kriminellen Akt vor«, so die Überschrift eines Beitrages im *Schwarzwälder Boten*, der – endlich einmal – die Aussagen unzensiert wiedergibt.[3] Solche Beiträge sind dann möglich, wenn die Veranstaltung nicht in Oberndorf, sondern im umliegenden Kreis stattgefunden hat und die Zensur-Zentrale umgangen wird. Auch andere Zeitungen schlagen voll zu, das Thema macht die Runde.

Januar 1990. Die Auseinandersetzung tritt in die entscheidende Phase.

So langsam lerne ich, die Tastatur des parlamentarischen Klaviers zu bedienen. Die erste Bundestagsanfrage hat Tatsachen ans Licht gebracht, die tatsächlich neu und wichtig sind, bei der zweiten hat Bonn gemauert, wohl in der Befürchtung, daß zu viele Steine des Mosaiks publik werden könnten. Aber es gibt eine Möglichkeit, die im Bundestag vertretenen Parteien direkt mit den Folgen ihres Tuns zu konfrontieren: das Instrument der »Fragestunde«.

Es bedarf keiner Zauberkunststücke, um die Fraktion der Grünen von der Notwendigkeit einer Fragestunde zu überzeugen. Christa Vennegerts und ihr Mitarbeiter Andreas Braun stehen voll dahinter und nehmen die Hürde der eigenen Fraktion. Wie immer kämpfen mehrere Themen um die Gunst der Stunde, Heckler gewinnt. Mitte Januar steigt die Show: Fragestunde zur weltweiten Verbreitung der G 3-Gewehre im Bundestag.

Was könnte besser die »These von der kollektiven Verschleierung« belegen, als ein kurzer Auszug aus dem fünfseitigen Redeprotokoll?

Vizepräsident Westphal: Wir kommen zur Frage 48 der Abgeordneten *Frau Vennegerts:* Besitzt die Bundesregierung ... Informationen ... aus der bundeseigenen Firma Fritz Werner darüber, daß das G 3-Gewehr u. a. im Golfkrieg eingesetzt wurde und weiterhin im Iran im Einsatz ist?
Bitte schön, Frau Staatsminister.

Frau Dr. Adam-Schwaetzer, Staatsminister: Frau Abgeordnete, die Bundesregierung hat zu keinem Zeitpunkt ausgeschlossen, daß das G 3-Gewehr im Golfkrieg eingesetzt wurde und im Iran möglicherweise weiterhin im Einsatz ist. Nach Kenntnis der deutschen Botschaft in Teheran gehört das G 3-Gewehr zur Ausrüstung der iranischen Streitkräfte. Es gibt jedoch keine gesicherten Informationen darüber, in welchem Umfang das G 3-Gewehr eingesetzt und in welcher Stückzahl es gefertigt wurde ...

Vizepräsident Westphal: Eine Zusatzfrage, Frau Vennegerts.

Frau Vennegerts (Grüne): Frau Staatssekretärin, dann trifft es also zu, daß das G 3-Gewehr der Firma Heckler & Koch auf der Grundlage der seinerzeit von der Bundesregierung an die Schah-Regierung übertragenen Lizenz weiterhin im Iran produziert wird? Nach Ihren Ausführungen muß das ja so sein.

Frau Dr. Adam-Schwaetzer, Staatsminister: Frau Abgeordnete, ich kann Ihnen nicht sagen, ob das Gewehr heute noch produziert wird. Wir gehen nach den Informationen unseres Botschafters im Iran davon aus, daß es nach wie vor im Einsatz ist. Das bedeutet aber nicht, daß es unbedingt noch produziert werden muß. Dazu kann ich Ihnen nichts sagen.

Vizepräsident Westphal: Bitte schön, Frau Vennegerts.

Frau Vennegerts (Grüne): Wurde denn diese Lizenz irgendwann einmal zurückgenommen?

Frau Dr. Adam-Schwaetzer, Staatsminister: Nein, Frau Abgeordnete, die Lizenz wurde nicht zurückgenommen, da es sich um einen Vertrag handelt, der mit der Lizenzvergabe erfüllt wurde.[4]

Der Dialog bedarf keiner Kommentierung, eine kleine Zusatzinformation ist er aber allemal wert: Mein badischer Dickschädel hat sich mit der Beantwortung der Lizenz-Anfrage à la Wimmer natürlich nicht zufriedengegeben. So habe ich zu einem weiteren Instrument auf dem Parkett des Parlaments-Abc gegriffen, das der Opposition zur Verfügung steht: Die Abgeordneten können laut Geschäftsordnung des Deutschen Bundestages mit Zusatzfragen nachhaken, um Unklarheiten zu beseitigen, die bei der Beantwortung der Kleinen Anfrage offengeblieben sind.[5]
Beide Fragen haben – wie Antworten belegen – den Nagel auf den Kopf getroffen: Mit der ersten Frage erkundigen wir uns, wie es möglich sei, daß die bundeseigene Firma Fritz Werner im Iran eine G 3-Fabrikationsanlage auf Betreiben der Bundesregierung errichtet, diese jedoch antwortet, ihre diesbezüglichen Unterlagen seien »nur noch teilweise vorhanden«. Erneut »antwortet« Willy Wimmer: »Zufällig noch vorhandene Restakten hätten in den fraglichen Bereichen nur Aussagen zugelassen, deren Richtigkeit und Vollständigkeit hier nicht mehr nachprüfbar wären.«
Die zweite Frage beleuchtet die Antwort von Frau Dr. Adam-Schwaetzer bezüglich der »anzustrebenden« Überwachung des Endverbleibs der Waffen im Land des Lizenznehmers. Antwort von Willy Wimmer: »Bei festgestellten Verstößen gegen den vereinbarten Endverbleib kann die Ausfuhrgenehmigung nachträglich aufgehoben werden oder können beantragte neue Ausfuhrgenehmigungen für die betreffende Lizenzproduktion versagt werden.«[6] Wieder nur Seifenblasen: Verschiedene NATO- wie Nicht-NATO-Länder haben den Endverbleib nachweislich nicht eingehalten, jede der Bundesregierungen hätte längst reagieren müssen. Die entscheidende Frage hieße jetzt: Für welche Länder wurden die G 3-Lizenzen aufgrund des massenhaften Mißbrauchs zurückgezogen? Die Ant-

wort liegt auf der Hand und braucht erst gar nicht erfragt zu werden: Bis zum heutigen Tag ist keine der G 3-Lizenzen zurückgezogen worden.
Ach ja: Wie war das doch im März 1988? Besuchte da nicht eine gewisse Irmgard Adam-Schwaetzer, die ihre Hand in Bonn so schützend über ihre Parteifreunde und eine nicht ganz unbekannte Firma im Schwäbischen ausbreitet, nicht eben dieses Unternehmen kurz vor einer Landtagswahl? Da ist es wieder, dieses allumfassende Netz von Militär, Wirtschaft und Politik, dieser wirtschaftlich-militärisch-politische Komplex – in seiner reinsten Blüte.

Pulverfaß Nahost

> »Bei den meisten Hinrichtungen im Iran wurden die Menschen mit G 3-Gewehren erschossen.«
>
> *Sam Cummings,* weltweit agierender Waffenhändler[7]

Lizenzvergabe ist nicht gleich Lizenzvergabe: Manche der Lizenznehmer haben ihr Recht auf den massenhaften Nachbau der Schnellfeuergewehre erst gar nicht oder zumindest nur in begrenztem Maße in Anspruch genommen. In Schweden, Norwegen und Frankreich zum Beispiel ist das Gewehr selbst bei den eigenen Streitkräften eine zu vernachlässigende Größe. In anderen Ländern wird das in großem Umfang in Serie gegangene G 3 vornehmlich zum Einsatz gegen die Opposition eingesetzt – mit schlimmen Folgen, wie in der Türkei, in Myanmar, in Pakistan und Thailand. Auch zur Abwehr von Flüchtlingsströmen, einem in seiner Gewichtung völlig neuen Problem Ende des 20. Jahrhunderts, leistet das G 3 heute »beste« Arbeit, wie nicht zuletzt Fernsehbilder aus Mexiko belegen.[8] Sollte es zu weiteren Konflikten zwischen Griechenland und der Türkei kommen, was – wie der »Fall Zypern«

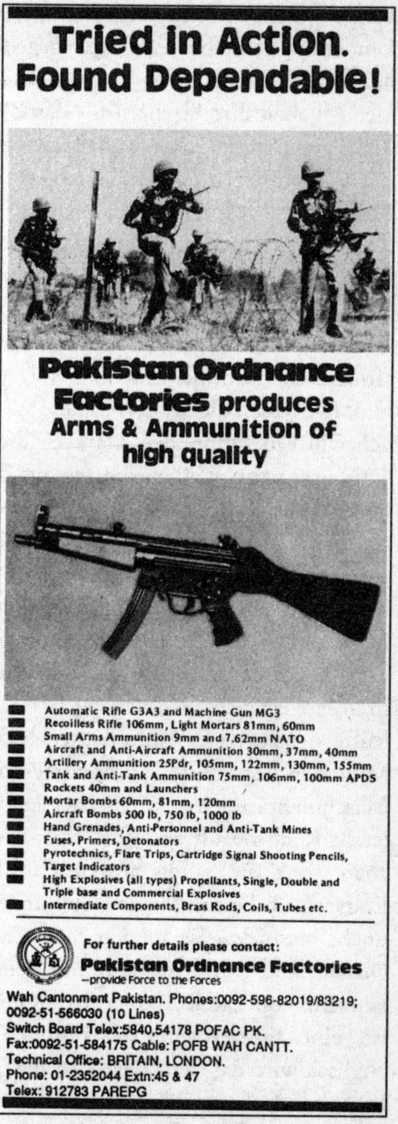

Die G 3-Lizenznehmer wissen das Oberndorfer Know-how zu ihren Zwecken zu nutzen. Das pakistanische Militär geht gnadenlos gegen die Opposition vor. (Anzeige aus *Military Technology* 12/1991)

belegt – recht schnell gehen kann, stehen sich die Armeen beider Länder mit denselben Gewehren gegenüber. Verschiedene Staaten – dazu zählen insbesondere Portugal, Großbritannien und Saudi-Arabien – haben ihre Lizenzen für das G 3 und die Maschinenpistole MP 5 genutzt, um diese Waffen auch zu exportieren.

Die Gewehrfertigung Saudi-Arabiens erfolgt in der Staatsfabrik in Riad.[9] Die 1969 erfolgte Lizenzvergabe geht im übrigen auf das Konto des damaligen Verteidigungsministers Helmut Schmidt. Auch die in den Händen der Schergen Idi Amins in Uganda aufgetauchten G 3 sollen von den Saudis geliefert worden sein. Überhaupt spricht vieles dafür, daß über Saudi-Arabien der gesamte afrikanische Kontinent mit G 3 vollgepumpt wurde.

H & K schaden die Weiterverkäufe aus den Lizenzfabriken, schließlich will Oberndorf den Markt selbst beliefern. Am Rande eines Symposiums zu Waffenexporten aus Baden-Württemberg, an dem überraschenderweise auch die H & K-Pressesprecherin teilnahm, äußerte Andrea Brodbeck mir gegenüber: »Wir haben keine Einnahmen aus den Lizenzvergaben. Im Falle Saudi-Arabiens haben wir nur die Manpower geliefert. Das ist unser Beitrag zu den Lizenzvergaben. Wir haben selbst kein Interesse an der Weitergabe von Lizenzen an Drittländer. Schließlich machen die Lizenznehmer so unsere eigenen Märkte kaputt.«[10]

Mitte der achtziger Jahre baute Heckler & Koch dann »für 100 Millionen Mark eine Fabrik zur Produktion der G 3 und MP 5-Maschinenpistolen«, so Michael Lehmann, der ehemalige Heckler & Koch-Beauftragte für Saudi-Arabien. Lehmann verrät, welchen Trick die Saudis anwenden, um die seit 1982 verlangten Endverbleibsbestimmungen zu umgehen: »Exportiert wird dennoch, beispielsweise in den Sudan. Obwohl die Deutschen das wissen, laufen die Geschäfte mit den Saudis weiter. Der Trick ist einfach. Von Saudi-Arabien her weiß ich, daß man nicht gewillt ist, eine Endverbleibsklausel in arabisch zu unterzeichnen, in englisch wird das akzeptiert. Das heißt, in englisch ist es wiederum in Saudi-Arabien rechtlich nicht gültig, das heißt, die Endverbleibsklausel, so wie sie gehandhabt wird, ist für Saudi-Arabien nicht gültig, wird auch von denen nicht akzeptiert.«[11] Ein Persilschein also für den afrikanischen Markt – mit Wissen und Duldung der Verantwortlichen in Eschborn, in Bonn und auf der Hardthöhe.

Das Grundgesetz als Lachnummer

> »Art. 26 (Verbot eines Angriffskrieges)
> (1) Handlungen, die geeignet sind und in der Absicht vorgenommen werden, das friedliche Zusammenleben der Völker zu stören, insbesondere die Führung eines Angriffskrieges vorzubereiten, sind verfassungswidrig. Sie sind unter Strafe zu stellen.«
>
> *Grundgesetz*

Ob Menschen, die mit Kriegswaffen handeln, ein anderes Verhältnis zur Wahrheit pflegen als Menschen, die sich mit ihren Machenschaften in regelmäßigen Abständen der Wiederwahl stellen müssen, sei dahingestellt. Auf jeden Fall sprechen alle Informationen dafür, daß die Aussage des Waffenhändlers Sam Cummings über die im Iran massenhaft mit G 3-Gewehren erfolgenden Hinrichtungen zutrifft. Im Jahre 1968 vollendete die Firma Fritz Werner aus Geisenheim ihre zweijährige Arbeit und übergab dem westlich orientierten Schah Reza Pahlewi eine komplette G 3-Fabrikationsanlage. Die Bundesregierung erteilte die Genehmigung zur Vergabe der G 3-Lizenz 1967. Seither ist das Schnellfeuergewehr das Standardgewehr der iranischen Armee – erst der pro-westlichen, nach der Machtübernahme durch die islamischen Revolutionäre das der Fundamentalisten. Die heutige Bundesregierung sieht keinerlei Schuld ihrer Amtsvorgänger und deckt deren Machenschaften: »Die spätere Entwicklung in der Region war zu diesem Zeitpunkt nicht vorhersehbar«, so die Antwort auf unsere Anfrage zu den

G 3-Lizenzvergaben. Wer könnte auch behaupten, daß die Entwicklung im Pulverfaß Nahost überhaupt irgendwann absehbar ist? Auch liegen Bonn heute »keine Erkenntnisse über die Höhe der Lizenzeinnahmen« vor.[12] Erinnern wir uns: Dirk Holzknecht hatte verkündet, daß allein Fritz Werner verantwortlich gewesen sei, was heißt, daß die Einnahmen an ein Unternehmen gingen, das im Besitz des Bundes war.

Damit die Gewehrproduktion auch unter den islamischen Fundamentalisten weiterlief, mußte von deutscher Seite aus nachgeholfen werden. Aufgrund des immensen Bedarfs an weiteren Schnellfeuergewehren lief die Fabrikationsanlage von Teheran heiß. Dringend wurden neue Ersatz- und Verschleißteile benötigt, um die Todesmaschinerie in Betrieb zu halten. Die Fundamentalisten wandten sich also hilfesuchend an ihre deutschen Geschäftspartner. Bonn willigte ein, obwohl der Krieg in vollem Gange war, die Fernsehbilder tagtäglich das Morden in die Wohnzimmer übertrugen. Auf die von mir formulierte Nachfrage, ob die Bundesregierung bestätigen oder dementieren könne, »daß die Kooperationspartner in den von der Firma F. W. errichteten Fabrikationsstätten im Iran zur Zeit des Golfkrieges in anderer Form (z. B. Ausbildung und Schulung von Personal, Ersatzteilhilfe oder ähnlichem) unterstützt wurden«, bestätigte Willy Wimmer die schlimmsten Befürchtungen: Seit Ausbruch des ersten Golfkrieges seien »in Einzelfällen Ausfuhrgenehmigungen für Ersatz- und Verschleißteile von Maschinen und Industrieausrüstungen erteilt worden«.[13] Das ist – deutlicher kann man es nicht sagen – Beihilfe zum Massenmord.
Das Grundgesetz verbietet in Artikel 26, »Verbot eines Angriffskrieges«, friedensstörende Handlungen. Ich versuchte, sämtliche Hebel in Bewegung zu setzen, um eine Klage gegen die Bundesregierung auf die Beine zu stellen, doch alle befragten Juristen, seien es der Justitiar der Grünen-Bundestagsfraktion oder andere Profis aus der Anti-Export-Bewegung, rieten davon ab: Es gebe keine Klagemöglichkeit, da die gesamten Exporte legal geschehen seien. Zudem

habe sich der Iran im sogenannten »Verteidigungskrieg« gegen den Irak befunden und es gebe kein Gesetz, das den Transfer von Rüstungsgütern und ähnlichem an Staaten untersage, die sich in einem solchen Krieg befänden. Klage sei nur bei direkter Betroffenheit möglich.
Kurzum: Ich hätte einen Iraker in die Bundesrepublik schleusen müssen, dem beispielsweise beide Beine mit einem G 3-Gewehr – nachweislich aus der iranischen Lizenzfabrikation – abgeschossen worden sind. Und dieser hätte bereit sein müssen, aufgrund des ihm angetanen Schadens und der Beihilfe der Bundesregierung gegen die Bundesrepublik Deutschland zu klagen – ein hoffnungsloses Unterfangen.

Februar 1990. Der vorläufige Höhepunkt der Kampagne: Unser Antrag »Rüstungsexporte und Lizenzvergaben im Kleinwaffenbereich, insbesondere bei G 3-Gewehren« wird im Bundestag debattiert. Ich habe einen Text formuliert, der die vorhandenen Informationen auf den Punkt bringt – von den martialischen Folgen im Iran bis hin zum unkontrollierbaren Endverbleib am Beispiel Portugals. Gefordert wird zweierlei: Die Bundesregierung soll »einen Bericht über die Höhe und Herkunft der Lizenzeinnahmen« vorlegen. Außerdem fordern wir eine vollständige Liste der Lizenzländer sowie der Hersteller- und Lieferfirmen.[14]
Jetzt sind alle Fraktionen genötigt, Stellung zu beziehen.
Christa Vennegerts hält eine engagierte Rede, ihre entscheidende Frage heißt: »Was muß eigentlich noch geschehen, bis Sie beispielsweise von Portugal Rechenschaft verlangen etwa über die 150 000 G 3-Gewehre, die nach Südafrika geschafft wurden?« Wegen der Ersatzteillieferungen von Fritz Werner im ersten Golfkrieg greift sie die Bundesregierung direkt an und verlangt endlich Auskunft über einen unverständlichen Vorgang: »Staatssekretär Beckmann verheimlicht leider bisher nähere Angaben darüber. In der Fragestunde ... hat er zugegeben, daß er über eine ganze Firmenliste verfügt, und sich geweigert, diese hier bekanntzugeben.«

Der CDU/CSU-Parlamentarier Kittelmann schreitet zum Mikrophon und hält einen Vortrag über die immensen Beschränkungen beim Rüstungsexport und die phantastische Eigenkontrolle in diesem unserem Lande: »Damit hat sich die Bundesrepublik Deutschland selbst die größten Selbstbeschränkungen auferlegt. Diese gehen weiter als in allen anderen Industrieländern.« Was folgt, ist der Hinweis auf die wöchentliche Sau im Dorf. Wenigstens in der Biologie scheint der Herr Abgeordnete aufgepaßt zu haben, ansonsten glänzt er durch die Arroganz der Macht. Nur an einem einzigen Punkt spricht er die G 3-Lizenzen an: »In der Frage der G 3-Lizenzen können Sie nur aufwirbeln. Das ist ja auch Ihr eigentliches Ziel.« Das war's dann auch schon, der Rest der Rede stammt aus dem »Handbuch für unvorbereitete Redner«.
Der rheinland-pfälzische SPD-Abgeordnete Albrecht Müller gibt die richtige Antwort auf die Rede des Christdemokraten: »Die Selbstgefälligkeit, die aus den Worten von Herrn Kittelmann spricht, macht angesichts dieser Fakten sehr betroffen, wie auch die Fakten selbst betroffen machen; sie sind nämlich wirklich widerwärtig.« Die SPD-Fraktion zeigt sich schockiert, womöglich deshalb, weil sie nunmehr die ganzen Folgen auch ihres Wirkens als Regierungspartei serviert bekommt, denn an einem Punkt hat der Christdemokrat Kittelmann recht, was die Vergabe der G 3-Lizenzen anbetrifft: »Sie können doch aber nicht ernsthaft den Eindruck erwecken, diese Regierung hätte irgendeine Verantwortung für das, was aus Entscheidungen der sechziger und siebziger Jahre resultiert.«
Kittelmann weiß aber sehr wohl, daß auch seine Partei weitergemacht hat wie zuvor: 1985 wurde beispielsweise die MP 5-Lizenz an Saudi-Arabien vergeben, 1961 – zur Zeit der Portugallizenz – regierte eine konservative Bundesregierung, und zudem gilt es den Hauptschuldigen zu decken – den Koalitionspartner FDP. Die Freien Demokraten leiteten seit 1972 das Bundeswirtschaftsministerium und waren damit für die Exportkontrolle zuständig. Ihr Hamburger Abgeordneter Rainer Funke weiß nichts Besseres zu

tun, als sich über die Antragsteller lustig zu machen: Der Antrag sei »ein alter Hut« und nur »Kohl wird durch Aufwärmen gelegentlich besser«.[15] Mir bleibt das Lachen im Halse stecken angesichts der Ernsthaftigkeit der Thematik. Der Antrag wurde anschließend in die Ausschüsse verwiesen und damit ad acta gelegt. Auch die Resonanz war ausgesprochen mager. So ungeheuerlich manche der getroffenen Aussagen waren, die Bundestagsdebatte fand vor fast leerem Haus statt: Die Aussprache war gezielt in die Abendstunden, ab 20.30 Uhr, verlegt worden – ein gängiges Instrument, mißliebige Themen zu behandeln und sich eben doch nicht damit zu befassen.

Wie wenig sich an der Veröffentlichungspraxis der jetzigen Bundesregierung in bezug auf Rüstungsexporte geändert hat, dokumentiert eine Bundestagsanfrage der SPD vom Juni 1992: Es wird bestätigt, daß »Mitte der sechziger Jahre eine Lizenz für die Produktion von Kriegswaffen für das Gewehr G 3 ...« – und so weiter und so fort, ersparen wir uns alles Weitere.[16]

Neben den Landminen gibt es kein anderes Produkt, das wie die sogenannten »Handfeuerwaffen« auf den weltweiten Schlachtfeldern Menschen in solcher Zahl verstümmelt, zerfetzt und tötet.

Der renommierte Journalist Helmut Lorscheid veröffentlichte eine aufschlußreiche »interne Projektübersicht« der Firma Fritz Werner, aus der ersichtlich wird, daß die jährliche Kapazität der Teheraner G 3-Fabrik bei 100 000 Stück liegt.[17] Wie viele der in Deutschland entwickelten Schnellfeuergewehre sind dementsprechend bis heute im Iran gefertigt worden? Berücksichtigt man, daß Fritz Werner nach dem Machtwechsel 1979 die Unterstützung nur für einen erstaunlich kurzen Zeitraum einstellte und sogar die Ersatz- und Verschleißteile zum weiteren Betrieb liefern konnte, so standen rund 25 Jahre zur Gewehrproduktion zur Verfügung. Der Iran zählt zweifelsohne zu den Staaten, die aufgrund ihres »Verbrauchs« auf einen möglichst hohen Gewehrausstoß angewiesen sind – die geschätzte eine Million getöteter und rund ebenso viele verletzte

Menschen allein im ersten Golfkrieg sprechen die Sprache des Blutes.[18]
Die Zahl der im Iran bis heute gefertigten G 3-Gewehre liegt dementsprechend bei rund zwei Millionen. Bis zum heutigen Tag wird im Iran weiterproduziert und G 3-mordet. Kaum erfaßbar ist die Zahl der bisher durch die iranischen Soldaten getöteten gegnerischen Soldaten und der im eigenen Land umgebrachten Oppositionellen. Alles in allem geht die Gesamtzahl in die Hunderttausende.
Um sich das Drama vom Golf vor Augen zu halten, findet man schwerlich die richtigen Worte. Am besten hat wohl der iranische Journalist Bahman Nirumand die G 3-Tragödie umschrieben, als er sagte, daß »Hunderttausende Kinder und Jugendliche mit G 3-Gewehren an die Front und in den Tod geschickt« worden sind.[19]

12. Meine Traumfrau – die Philippina

Beinamputierter Sexbomber sucht willige Sklavin

»Ein ›Gespräch unter Männern‹ wird Sie überzeugen.«
Thai-Service-Reisen, Antwortschreiben

Februar 1971. »Die deutsche Firma Heckler & Koch in Oberndorf/Neckar hat mit der thailändischen Regierung einen Vertrag über die Errichtung einer Fabrik in Bangkok und die Lieferung der hierfür notwendigen maschinellen Anlagen im Wert von 55 Mill. DM abgeschlossen.«[1]

Sind wir doch mal ehrlich: Frauen sind auch nicht mehr das, was sie einmal waren. Die Emanzipation wuchert wild, zum schmerzlichen Leidwesen strammer deutscher Michels, die nach getaner Arbeit gerne ihre Füße auf den Tisch legen, sich von der Freundin das Bier bringen lassen, um anschließend die eigenen Gelüste geltend zu machen. Doch der Macho-Mann funkt SOS, denn seine Freundin spielt nicht mehr mit, meldet eigene Ansprüche an und sagt, was sie bisher nicht zu sagen wagte. Michel ist vom alten Schlag, hart gegen sich und konsequent in der Sache. Die Beziehung zerbricht, schuld ist die Frau, und unser Mann in Not sitzt allein im Boot. Doch keine Angst, ein Michel sucht und findet Hilfe, in der Wochenend-Ausgabe des *Schwarzwälder Boten* steht »Das korrekte Angebot«. Genau das, was unser Michel gesucht hat: »Wählen Sie Ihre zukünftige Lebensgefährtin von den Philippinen, dort wo beständige Treue eine angeborene Charaktereigenschaft ist.« Michel, ein Mann älteren Baujahres, braucht sich keine Sorgen zu machen: »Risikofrei auch für Senioren und Körperbehinderte. Günstige Gebührenzahlungen auch nach Auskunft und Heirat möglich. Langjährige Erfahrung und eig. Büro in Manila.« Der Macho-Mann bekommt glänzende

Augen. Die »Philippina« suggeriert Attraktivität und Unterwürfigkeit. Sind deutsche Frauen stur und eigenwillig, so versprechen Philippinas Gehorsam pur. Michel kontaktet die Eheanbahnungsinstitute, was folgt, sind Offerten nach dem Gesetz des Marktes. Angebot und Nachfrage funktionieren, Dank sei dem schwarzen Boten. Dabei ist die »Unabhängige Heimatzeitung« aus Oberndorf kein Einzelfall, Anzeigen wie diese sind gang und gäbe.

Zwischen 1973 und 1977 werden auf den Philippinen Anlagen zur Rüstungsproduktion entwickelt.[2]

Runde 1: Unser Michel, nennen wir ihn Andreas Auhuber, wendet sich in seiner grenzenlosen Verzweiflung an die »G.R. Internationale Eheanbahnung« im Badischen Lottstetten. »Ich habe Ihre Annonce im ›Schwarzwälder Boten‹ mit Aufmerksamkeit gelesen.« Auhuber ist vom Schicksal geschlagen und besteht »auf Unterordnung«. Er will nunmehr eine Ehefrau, die mitbringt, was die Zeitungsanzeige verspricht: »ledig, hübsch, treu, sauber, bescheiden, gute Hausfrau, nicht emanzipiert«. Geld spielt eine untergeordnete Rolle, dafür muß »eine schriftliche AIDS-Erklärung« mitgesandt werden. Bei der Stellung eines Asylantrages möge die Agentur behilflich sein, schließlich ist ansonsten die Abschiebung zu befürchten. Um Peinlichkeiten zu vermeiden, wird um einen seriösen Briefumschlag ohne Absender gebeten, da Anton Auhuber gerade bei einem befreundeten Ehepaar zur Untermiete wohnt.
Keine Woche später lädt G. Richter zum »unverbindlichen Gespräch«, weist allerdings gleich darauf hin, daß der Weg des Frauentransfers »aus sicherlich verständlichen Gründen nicht so ohne weiteres« preisgegeben werden könne. Dafür zeigt Auhuber vollstes Verständnis. Kein Verständnis hat er dafür, daß die »konkreten Frauenangebote« ausgeblieben sind.

Die Pressesprecherin der Firma Heckler & Koch, Frau Andrea Brodbeck, bestreitet, daß Thailand die Lizenz für eine Waffe ihrer

Firma besitzt.[3] Die HK 33-Lizenz wird dagegen vom Rüstungsexportfachmann Michael Brzoska bestätigt.[4]

Runde 2: Mehr Erfolg hat Andreas Auhuber bei der R. G.-Verm., Abteilung 13, in Breitscheidt, deren Adresse er ebenfalls aus dem *Schwarzwälder Boten* hat. In seinem Schreiben weist er gezielt darauf hin, daß er »ein stolzer Deutscher« sei, der eine Frau benötigt, die seinem »Willen untertan« zu sein hat, wie »es schon in der Bibel steht«. Herr Auhuber hat jedoch ein ernstes Problem, das eine dauerhafte Beziehung bisher verhindert hat: Er ist körperbehindert, sein linkes »Bein wurde nach einem Verkehrsunfall amputiert«. Dafür ist er »sexuell hochaktiv und geradezu gierig«.

Zwei Tage später antwortet »Rudolf Grünner, Worldwide Service. Dienstleistungen von Land zu Land«, »vertraulich«, versteht sich. Grünner ist bedeutend preisgünstiger als die Konkurrenz und ein Spezialist für Frauen von den Philippinen. »Die dort angeborenen charakterlichen Eigenschaften und die Veranlagung zu einer beständigen Treue einer Frau, ermöglichen uns, Ihnen Garantien zu geben, welche leider aus keinem anderen Land für Frauen gegeben werden können.« Zudem sind die philippinischen Frauen »zu 94% ledig, ohne Kinder« und besitzen »zu 91% rk. oder ev. Religion«. Sie kommen aus »anständigen Familien« und führen nicht – wie »Frauen häufig aus Thailand« – einen »unsauberen Lebenswandel«, den diese bekanntermaßen »nach der Heirat hier fortzusetzen beabsichtigen«. Die Grünner-Frau ist die »Einmannfrau«, der »absoluten Treue« wegen so bezeichnet.

Der körperbehinderte sexgeile Auhuber darf sich das Objekt der Begierde aus einem Pool von 1300 Thais auswählen. Die Ware ist »spätestens nach 6 Wochen« zu erhalten. Sollten Auhubers Gelüste so lange nicht warten können, gibt es noch ein Angebot der Extraklasse: »Sie haben auch noch die Möglichkeit, bereits hier anwesende Damen persönlich kennenzulernen«. Damit auch alles zügig vonstatten geht, soll am Samstag, den 21. Februar in der Zeit von 16–19 Uhr eine philippinische Sachbearbeiterin vorbeikommen. Waidmannsheil!

November 1984. »Nach Informationen, die amnesty international aus Thailand erhalten hat, wird dort die Todesstrafe mit Maschinenpistolen der deutschen Firma Heckler & Koch vollstreckt. Der stellvertretende Generaldirektor der für Gefängnisse und Hinrichtungen zuständigen Abteilung des Innenministeriums in Thailand, Chao Patanacharoen, bestätigte im Oktober dieses Jahres gegenüber einem thailändischen Journalisten, daß zwei Maschinenpistolen des Typs MP 5 SD 2 durch das Polizei-Department des Innenministeriums für je 2240 DM bei der Firma Heckler & Koch erworben wurden. Sie seien am 16. April 1984 im Hochsicherheitsgefängnis Bankwang in der Provinz Nonthaburi (nahe Bangkok) installiert und bereits zur Hinrichtung von fünf Gefangenen eingesetzt worden. Zur Zeit gibt es nach Auskunft von Chao Patanacharoen 41 zum Tode verurteilte Gefangene, weitere zwölf waren von König Bhumibol begnadigt worden.«[5] Die Bundesregierung bestätigt auf Anfrage Exportgenehmigungen für die Maschinenpistole MP 5 sowie HK 33-Gewehre: »Es trifft zu, daß in den zurückliegenden Jahren Lieferungen von Waffen dieser Art in kleineren Mengen nach Thailand genehmigt worden sind.«[6]

Runde 3: Unser Herr Auhuber ist mittlerweile in höchsten Nöten. Er beharrt auf seinen Prinzipien, Frau mit »ordentlichem Charakter«, »Emanze unerwünscht«. Endlich wird's konkret, »Menger macht's möglich«. »Ab 3980 DM, natürlich mit der Menger-›Voll-Garantie‹ bis zur Heirat.« ASIA-Menger hat, was des Deutschen Herz begehrt: Ein Katalog im Verschnitt des Otto-Versands landet im Briefkasten. Und wie sich zeigt, kennt Mengers Partner-Ring des Auhubers heimlichste Wünsche: »Vielleicht haben Sie schon einmal davon geträumt, von einer ›bildschönen‹ Thailänderin verwöhnt zu werden? Zärtlich, anschmiegsam, voll Hingabe und innerer Zuneigung, dabei ›supersexy‹ – und als Ehefrau dennoch absolut treu!

Warum nur davon träumen, einen solchen Engel zu heiraten! Eine Thailänderin als Ehefrau ist unvergleichlich!« Auhuber blättert in dem 76seitigen Katalog und entdeckt über vierhundert attraktiv abgebildete Thailänderinnen, Philippinas und Polinnen: jung bis mittelalterlich, zurückhaltend bis aufreizend. Mengers Jubiläumspreise geben dem Zweifler den Rest: Frauen billiger denn je, in Europa ab 1980 DM, Reservierungszettel anbei. Die Nummer kann abgefragt werden. »Nr. 931969, 28jährige Thailänderin, geschieden, ohne Kinder«, sucht »Partner bis 50 Jahre, romantisch«. Und für ganz Ungeduldige: »Mit beigefügtem Bild stelle ich Ihnen eine solche ›Traumfrau‹ vor. Ihr Name ist Somchit Saetan.« Die 1959 geborene Somchit Saetan ist kinderlos, verspricht Frau Menger-Phungwongyat in ihrer Antwort auf das Auhuber-Schreiben. Glaubt Mann dem Katalog, sind fast alle asiatischen Frauen kinderlos. In Wahrheit dürften viele Frauen mittlerweile so verzweifelt sein, daß sie ihre eigenen Kinder verleugnen müssen. Deutsche Machos stört das wenig. Also, ran an Mengers Fleischtöpfe!
P.S.: Das finanzielle Risiko ist abschätzbar, dank Mengers »Geld-zurück-Garantie«.

Ich erkundige mich in Bonn über die Bundestagsanfrage »Kleinwaffenexporte und Menschenrechtsverletzungen« nach Exekutionen in thailändischen Gefängnissen mit H & K-Waffen: »Der Bundesregierung liegen keine neueren oder weitergehenden Erkenntnisse zu diesem Sachverhalt vor.« Die Bundesregierung verweist auf eine frühere, ebenso nichtssagende Antwort. In meiner zweiten Frage nehme ich Bezug auf die Werbeaussagen von H & K zu der MP 5 SD 2 – das Kürzel »SD« steht für Schalldämpfer: »Wie bewertet die Bundesregierung die in der Werbung der Firma Heckler & Koch dargestellte Tatsache, daß die Maschinenpistole MP 5 SD 2 ›mit Unterschallgeschwindigkeit schießt und somit kein Geschoßknall auftreten kann‹, und kann die Bundesregierung bestätigen, daß diese Waffe in einigen Ländern wegen eben dieser Eigenschaft zur Exekution in Gebäuden geeignet ist?« Diese unsere

Bundesregierung bezieht mit unübertroffener Weisheit Stellung: »Die Bundesregierung nimmt zu Werbeaussagen von Firmen nicht Stellung.«[7] Wir danken.

Auhuber ist Grässlin, das Pseudonym hat mir unerwünschte Hausbesuche erspart. Als ich erstmals im *Schwarzwälder Boten* zwischen den Sonderangeboten von Supermärkten auf den organisierten Menschenhandel stieß, war ich wütend und wollte handeln. Die folgenden Wochen bestätigten meine Befürchtungen, daß es sich bei diesen Instituten um professionell arbeitende, geldgierige Wirtschaftsunternehmen handelt, die ihr lustvolles Geschäft mit der Massenware aus Asien nach Gutdünken betreiben können. Auf der Strecke bleibt einmal mehr die Würde der Frau.
Zweifelsohne gibt es Positivbeispiele glücklicher Beziehungen, manche aufgrund solcher international arbeitenden Heiratsvermittlungen. Die tagtägliche Realität ist jedoch eine andere, auch wenn die »Opfer« jederzeit beteuern werden, daß sie auf eigenen Wunsch in das Land wollten, in dem scheinbar Milch und Honig fließen. Dieser Auswuchs eines sich weiter verschärfenden Nord-Süd- (und mittlerweile auch West-Ost-)Gefälles existiert offiziell seit rund fünfzehn Jahren. Der deutsche Sklavenmarkt hat seine Pforten im Jahre 1977 geöffnet, als Karl Schupfer mit stolz geschwellter Brust verkünden konnte, als »erster Europäer« den Handel mit Asiatinnen begonnen zu haben. Seither ist die christliche Bundesrepublik zu einem der Zentren des lukrativen Frauenhandels geworden. Deutschland hat bis zum heutigen Tag die Konvention der Vereinten Nationen »Zur Unterdrückung des Menschenhandels und der Ausbeutung der Prostitution anderer« vom Dezember 1949 nicht ratifiziert, so daß die Verfolgung der Profiteure extrem schwierig ist. Dabei ist auch klar, daß die Mädchen und Frauen mit ihrer Reise in die reiche Wohlstandswelt erst recht zu sozialem Abstieg verdammt sind: Statt eines fürsorglichen Ehepartners wartet nicht selten der Zuhälter am Flughafen auf die exotische Braut. Die Frauen landen in Bordellen oder auf dem Straßenstrich. Schutz finden die Opfer,

wenn die Flucht gelingen sollte, höchstens in Frauenhäusern oder bei Kirchengemeinden.[8]
Doch der Skandal liegt nicht nur in der Tatsache begründet, daß einem Herrn Auhuber Menschenhandelskataloge zugesandt werden. Skandalös ist auch, daß unsere Printmedien ihren Anzeigenteil für den Sklavenmarkt des 20. Jahrhunderts öffnen und damit vom Geschäft mit der »Ware Frau« profitieren. Zeitungen kann Mann abbestellen, Frau auch.

Frauenhandel vor der Haustüre

> »Je mehr Thais, Philippinas, Negerinnen, Japanerinnen, Türkinnen in die Bundesrepublik kommen, desto besser, Herr Grässlin. Diese heiraten deutsche Männer, und die deutschen Frauen dürfen sich in aller Ruhe selbstverwirklichen, scheiden lassen, wie sie's gerade möchten, endlich frei sein von der Fessel an die verhaßten ›Herren der Schöpfung‹.«
>
> *Franz Karl Janisch* und *Ban Nong Krasang,* Amphur Non-Thai, Thailand

Der Beitrag über die »Traumfrau-Angebote aus Asien: Bei Nichtgefallen Geld zurück!« wurde zum Aufmacher im Kreis Rottweil. Mit der Konsequenz, daß danach eine Leserbriefkontroverse ausbrach, die Wochen anhalten sollte.[9] Die Reaktionen waren höchst emotional und zeigten, daß die Vorwürfe getroffen hatten. Dabei fühlten sich gerade asiatische Frauen zutiefst verletzt. Vorwürfe wie »sensationslüstern und gewissen niedrigen menschlichen Instinkten entsprechend« oder »selbst der Rassendiskriminierung schuldig« waren öffentlich geäußerte Polemiken eines Mannes, der mit einer Philippina »glücklich verheiratet« war. Auch unser Briefkasten freute sich über unerwartet viel Post, selbst aus dem fernen Thailand. Allerdings, und genau das stimmte nachdenklich, waren es fast nur

Männer, die auf den Vorwurf des modernen Sklavenhandels ebenso solidarisch wie kritisch reagierten. Selbst auf einen entsprechend provokant verfaßten Leserbrief meinerseits schrie die Herrenwelt laut auf.

Unterstützung von konservativer Seite war ich nicht gewohnt. In diesem Fall aber kam sie sehr gelegen. Das Staatliche Schulamt hatte bereits nachgefragt, schließlich sei ein anonymer Brief mit Zeitungsberichten eingegangen. Ich habe eine »unlautere Methode« angewendet und sei zudem als Realschullehrer aufgetreten, so daß man dem nachgehen müsse. Die öffentliche Stellungnahme des CDU-Bundestagsabgeordneten Franz Sauter, in der er »die Praktiken bei der Vermittlung von sogenannten Traumfrauen« nachdrücklich verurteilte, kam zum bestmöglichen Zeitpunkt. Ansonsten sah der Abgeordnete wenig Möglichkeiten zu konkretem Handeln, schließlich sei »keine gesetzliche Handhabe gegeben«.[10] Vielleicht hätte er sich einfach nur an seine Bonner Kollegen wenden sollen, die nämlich saßen zum damaligen Zeitpunkt in Bundestag wie Bundesrat an der Macht.
Da ich für die Presseberichte und die Erwähnung des Berufsstandes nicht verantwortlich zu machen war und nunmehr sogar von seiten eines CDU-Parlamentariers Unterstützung erhielt, reagierte auch das Schulamt kulant: Der Fall wurde ad acta gelegt.

»Nun zur MP 5. Richtig ist, daß diese Waffe mit Unterschallgeschwindigkeit schießt und deshalb kein Geschoßknall auftreten kann. Zur Exekution in Gebäuden, wenn Sie dieses Beispiel schon ansprechen, ist diese Waffe damit genauso geeignet wie ein Strick oder ein elektrischer Stuhl« so die Auskunft von Andrea Brodbeck, Pressesprecherin der Firma Heckler & Koch.[11]

Wochen später bekam ich von einer Tübinger Studentin ein Inserat zugeschickt, das es in sich hatte: »Thailänderin. 21jähr. Studentin, sehr hübsch, sucht einen lieben, treuen deutschen Ehepartner, ca.

30–35 Jahre. Information und Beratung nur im Büro. Petrofsky & Ruoff.«[12] In der Sache nichts Neues, brisant war der Sitz des Unternehmens: Vöhringen bei Sulz am Neckar, nur wenige Kilometer von meinem Wohnort entfernt. Typisch war, daß das Unternehmen nicht im Kreis, sondern im entfernten Stuttgart inserierte. Dieses Defizit ließ sich durch entsprechende öffentliche Publikationen schnell beheben, sehr zum Leidwesen eines Herrn Ruoff.

Thailand heute: »Der Zugriff der Militärs auf Wirtschaft und Politik trieb Hunderttausende im Mai auf die Straßen Bangkoks. Das Militär schlug die Proteste brutal nieder: Mindestens 52 Menschen starben. Mehr als hundert werden weiterhin vermißt.«[13]

Eines haben sie gemeinsam, die Exporteure von Armeeausrüstungen & Asiatinnen: Waffenproduzenten wie Frauenhändler schätzen die Zurückhaltung vor Ort. Erstere liefern in die Dritte Welt, letztere nach Deutschland. Waffen gegen Frauen, makabre Beiträge zur Sicherung des globalen Gleichgewichts.
Bleibt noch eine letzte Frage: Was ist der Unterschied zwischen dem Handel mit Tieren und Frauen? Richtig – Tiere werden mit mehr Würde und Achtung von Rechten verscherbelt. Wer kann schon einen Hund oder eine Kuh nach ausbleibendem ›Erfolg‹ zurückgeben? Bei Thaifrauen kein Problem, meinen Mengers & Co.

13. Liquidierung per Killerkoffer?

Porträt einer Polizeiwaffe

> »Oberndorf/Berlin (sz) – Im Keller des Ostberliner Hauptquartiers von Alexander Schalck-Golodkowski wurden auch Waffen der Oberndorfer Firma Heckler & Koch gefunden, die auf der Kriegswaffenliste des Bundesamts für Wirtschaft stehen.«[1]

Sie sind – sagen wir einmal – »Mitarbeiter« einer Abteilung, die für die Ausrüstung derer zuständig ist, welche die innere Sicherheit Ihres Landes gewährleisten. Diese Sicherheit ist durch Extremisten nachhaltig gefährdet. So erteilt Ihnen Ihr oberster Chef, nennen wir ihn einmal »Hans«, den Auftrag, das bestmögliche Gerät kostengünstig und in großer Stückzahl zu beschaffen. Schließlich soll Ihren Kollegen ein optimaler »Erfolg« bei der Wiederherstellung von Recht und Ordnung garantiert sein. Sie wenden sich an mehrere Unternehmen in verschiedenen Staaten. Alles beste Adressen, eine aber unterbreitet Ihnen das mit Abstand lukrativste Angebot. So steigen Sie in das nächste Flugzeug, am Tag darauf sitzen Sie mit der Verkaufsabteilung des Unternehmens zusammen, und die hat beeindruckende Fakten vorzuweisen:
»Unsere Maschinenpistole schießt Einzel- und Dauerfeuer, 800 Schuß in der Minute, bei optimaler Trefferquote. Wir bieten die Maschinenpistole in verschiedensten Ausführungen an: mit fester oder beweglicher Schulterstütze, in der Standardversion, also 68 Zentimeter lang, oder, wenn Sie wünschen, in der Kurzversion, gerade mal noch 32,5 Zentimeter.«
»Und wie ist es mit der Zusatzausstattung?«
Ihr Gegenüber lächelt Sie gewinnend an. »Kein Problem. Wir haben für alle Fälle das notwendige Zubehör: den Schalldämpfer für den geräuscharmen Einsatz in Gebäuden – eine Sonderwaffe für

besondere Einsätze. Das allerdings macht die Waffe länger: 78 Zentimeter. Dann unser BIV-Nachtsichtgerät, Fabrikat Eltro, für den Einsatz in der Dämmerung bzw. der Dunkelheit.«
Sie sind noch immer nicht hundertprozentig überzeugt, auch wenn Ihnen Ihr Gefühl sagt, daß Sie zuschlagen sollten. »Nicht schlecht, aber mir geht es vor allem um den Kampf auf der Straße. Unser Volk ist kaum mehr zu beruhigen. Aufgewiegelt von diesen kommunistischen Guerillaeinheiten, ein übles Pack ...«
»Wir verstehen, keine Sorge. Da hätten wir unsere Combatversion. Die MP 5 K mit Aimpoint. Kurz, kompakt und konsequent.«[2]
»Muy bien«, Ihre Augen bekommen langsam einen verklärten Blick. Hans wird zufrieden sein. Wenn Sie sich vorstellen, wie Ihre Kollegen Sie beglückwünschen werden. Vielleicht springt auch bald eine Beförderung heraus. Dennoch ist Ihre Stirn noch faltenreich. Sie wissen, daß die größte Schwierigkeit noch auszuräumen ist: »Ihre Regierung, die Gesetze, die Genehmigungsbehörden, ich meine ...«
Wieder ernten Sie ein nachsichtiges Lächeln. »Lassen Sie das mal unsere Sorge sein. Wir haben da unsere Erfahrungen. Kein Problem. Sie wissen doch: Die vitalen Interessen der Bundesrepublik Deutschland kennen keine Grenzen.«
»Wenn Sie damit einverstanden sind, würden wir den Vertrag sofort unterzeichnen. Wann können Sie liefern?«

Das Gespräch ist fiktiv. So oder ähnlich aber dürften unzählige Male Verkaufsgespräche abgelaufen sein. Doch die beste Art der Überzeugung ist sicherlich das Probeschießen im Hause. Im Untergeschoß befindet sich die Schießanlage für die Gäste. Die Firma selbst testet die neuen Waffen auf der großen Schießanlage im weiter entfernten Aixheim, das aber interessiert unseren Gast weniger. Er schießt und ist überzeugt – wie so viele vor ihm.
Abgeleitet vom G 3, das über denselben Mechanismus verfügt, wurde die MP 5 im Jahre 1966 bei den bundesdeutschen Polizeieinheiten und Grenzschutzeinheiten eingeführt. In den folgenden

Jahren nahm die Maschinenpistole ihren Siegeszug rund um die Welt: »It has been purchased by military and police forces worldwide«, so *Jane's Infantry Weapons.*[3] Die Konkurrenz auf dem deutschen Markt war gering: Einzig die Firma Carl Walther in Ulm bot Paroli, konnte aber mit ihren MP-K und MP-L nicht mithalten. Auch Handfeuerwaffenfabrikanten anderer Nationen hatten oft das Nachsehen.

Unser Archiv belegt heute das Vorkommen dieser Waffe bei Polizei- und Militäreinheiten in 55 Ländern. Darunter befinden sich wieder eine Vielzahl von Nicht-NATO-Ländern in Südamerika, Afrika und Südostasien: Die MP 5 sichert die »Demokraturen« in Argentinien, Chile, El Salvador, Pakistan, Sri Lanka, Uruguay oder Zaire. Und erneut wurden mehr als zehn Lizenzen vergeben. Die Lizenznehmer kennen keine Hemmungen, die MP 5 an möglichst viele Armeen anderer Staaten weiterzuexportieren.

Über die türkische »Makina ve Kimya Endustrisi Kurumu Medyani« in Ankara, welche die MP 5 A3 in Lizenz fabriziert, schreibt *Jane's*: »Turkish forces, and for export«.[4] Bei der portugiesischen Lizenzfirma »INDEP« in Lissabon haben sich die »Pistolas Metralhadora MP 5 A2 and MP 5 A3« Anfang der neunziger Jahre noch im Stadium der Vorproduktion befunden.[5] Weiter ist da schon die »Hellenic Arms Industry (E.B.O.) SA« in Athen, die ihre EMP 5 für die »Greek security forces and police« sowie für »exports« anbietet.[6]

Natürlich haben nicht nur NATO-Staaten wie Großbritannien, die Türkei, Portugal oder Griechenland MP 5-Lizenzen erhalten. Wieder befinden sich die klassischen H & K-Abnehmer in der Kriegsregion Naher Osten darunter: Iran und Saudi-Arabien sind Garanten eines massenhaften Einsatzes der in ihren Fabrikationsstätten gefertigten Maschinenpistolen. Dabei erhielt Saudi-Arabien die Lizenz erst 1985, zu welchem Zeitpunkt – im Gegensatz zu den anderen Lizenznehmern – ein Endverbleib der Waffen im Land garantiert sein mußte.[7]

Heute ist oft nicht mehr nachvollziehbar, ob die Waffen aus dem Stammwerk in Oberndorf oder einer der Lizenzfabrikationen stam-

men. Die Waffen aus dem reichhaltigen Fundus des Ex-DDR-Devisenbeschaffers Schalck-Golodkowski kommen jedenfalls aus Oberndorf, gefertigt im Jahre 1983. Die Herstellerfirma leugnet, die Waffen direkt an den Ostberliner Waffendealer geliefert zu haben: »Wir haben die Waffen mit Genehmigung des Außenwirtschaftsamtes in Eschborn in ein westeuropäisches Land exportiert«, meint Pressesprecherin Andrea Brodbeck. Dennoch wurde die H & K-Zentrale von der Berliner Kripo besucht, »Zeugen« wurden vernommen. Frau Brodbeck zog sich wieder einmal auf die Position des frommen Unschuldslamms zurück: »Es sind auch Waffen darunter, die man in der Schweiz privat im Waffengeschäft erwerben kann.« Stimmt, Frau Brodbeck: Für 1190 Schweizer Franken ist die »9 mm Para H & K MP 5 A3 S Halbautomat NEU mit Mündungsfeuerdämpfer/Adapter« beim Swiss Firearms Trade in Zürich-Oerlikon erhältlich.[8] Das aber entlastet die Oberndorfer Waffenzentrale nicht im mindesten. Was also soll der plumpe Verweis auf die eidgenössischen Waffennarren?
Die MP 5 taucht heute an allen Kriegsschauplätzen auf. Die Maschinenpistolen der Contras in Nicaragua wurden von INDEP in Lissabon geliefert. Bei den MP 5, die im jugoslawischen Bürgerkrieg im Einsatz sind, führt die Spur nach Enfield, dem britischen MP 5-Produzenten. Für die Opfer spielt es keine Rolle, wer der jeweilige Produzent und wer der Exporteur war.

> »Reißt der Beamte den Koffer hoch, erfolgt die Schußabgabe durch ein Loch in der Seitenwand dieser Sonderanfertigung. Die Effizienz dieses verdeckten Waffensystems resultiert aus der direkten Verbindung des Waffenhalters mit dem Griffstück des Koffers, das gleichzeitig Abzugbügel der MP ist.«
>
> *Rolf Tophoven* im Beitrag »10 Jahre GSG 9. Profil eines Spezialkommandos«[9]

Flughafen München, das Revier von Franz Josef. Klirrende Lautsprecher, rasselnde Anzeigetafeln, ein Gewirr von Stimmen, ein Ameisenhaufen umhereilender Passagiere, ein multi-kultureller Schmelztiegel. Hier fällt es nicht auf, wenn ein Mann aus einem afrikanischen Land eintrifft, adrett gekleidet, versteinerte Miene, eiligen Schrittes die Schalterhalle durchquerend. In geringem Abstand folgt ein anderer mit schwarzem Diplomatenkoffer. Plötzlich ein dumpfer Knall, der im geschäftigen Treiben untergeht. Wie von einer Herzattacke getroffen, bricht der Afrikaner zusammen. Der Mann hinter ihm geht weiter, als sei nichts geschehen, verschwindet im Gedränge, mit dem Menschenstrom in Richtung Ausgang. Minuten später trifft die Ambulanz ein. Es ist längst zu spät, der Afrikaner liegt tot in einer Blutlache – erschossen mit einer 9-mm-Kugel, von hinten in den Brustraum. Der Täter wird nie ermittelt.

Oberndorf jubelt. Die Stadt hat gekämpft und gesiegt. Dabei mußte man so lange auf diesen Moment warten, hat empfindliche Niederlagen einstecken müssen, in den Niederlanden und der Bretagne vergeblich nachgehakt. Dann, endlich: Ein Waffenhändler aus Rottenburg hat gleich sechs Modelle erhalten: »Sie waren von der jugoslawischen Armee nach dem Zweiten Weltkrieg als Beutestücke von der Deutschen Wehrmacht übernommen worden und

Special case for MP 5K
Special bag for MP 5K

DEFENCE TECHNOLOGY
POLICE TECHNOLOGY
HUNTING AND SPORTING ARMS

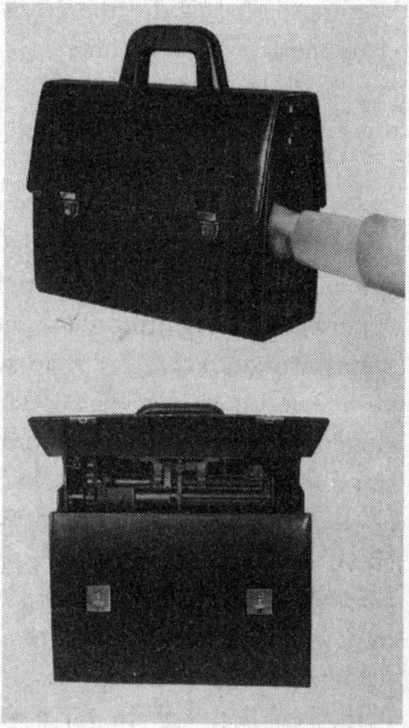

Special case
for concealed carriage of an MP 5K or MP 5KA1 retaining approximately the same rapid readiness to fire.
Camouflage is achieved by incorporating the weapon in a rigid-shell brief case.
Single-handed operation via the fixed carrying handle for left or right-handed users.
Location of the safety catch and the weapon's trigger on the carrying handle allow this special case to be used in any carrying position from the vertical (single-handed operation) to the horizontal (two-handed operation).

Special bag
for concealed carriage of an MP 5K or MP 5KA1 whilst retaining approximately the same readiness to fire.
Camouflage is achieved in this instance by incorporating the weapon in a leather bag with the appearances of an attaché case or tool bag.
Two-handed operation of the weapon is by using the hand not carrying the bag to grip the gun. Suitable for both left and right-handed users.
The special bag can be handled and fired in any position from the vertical to the horizontal.

Weltweit bei Polizei- und Sicherheitseinheiten im Einsatz: Die H & K Maschinenpistole MP 5 eignet sich bestens zur Unterdrückung der demokratischen Opposition. Ein extravagantes Zeugnis schwäbischen Tüftlergeistes ist die MP 5 in Schießkoffer und -tasche. (Werbeprospekt) bis jetzt im Einsatz gewesen.« Die letzte Schlacht wird in Oberndorf geschlagen: Die Mauser-Werke restaurieren das Prunkstück und geben ihm die alte Farbe wieder, den Rest macht die Stadt; ein Superkranwagen leistet hilfreiche Dienste, und ein Fenster muß herausgebrochen werden. Dann steht sie an würdevoller Stelle: die Vierlingsflak, mit der die Nazis so erfolgreich morden konnten. »Das Museum ist nun um ein wertvolles Stück reicher geworden.«[10] Schön für die Stadt und die Besucher des Heimat- und Waffenmuseums. Wirklich schön, und so wertvoll, diese Vierlingsflak.

Juni 1989. RIO schlägt wieder voll zu. Während die H & K-Oberen gerade ihre liebe Mühe mit dem Presseecho unserer G 3-Lizenzrecherchen haben und Herr Kittelmann über die wöchentliche RIO-Sau im Bundestag brummelt, starten wir schon die nächste Kampagne. Ein netter H & K-Mitarbeiter hat mir einen Werbeprospekt ganz besonderer Art zugesteckt. Die Firma hat eine Verpackung ausgetüftelt, die so manchem das Leben auf unauffällige Art verkürzen dürfte: »Special case for MP 5K/Special bag for MP 5K«. Der Inhalt des Köfferchens ist tatsächlich brisanter Natur, denn das Schmuckstück enthält nicht Akten und Schreibmaterialien, sondern eine Maschinenpistole, Herstellerfirma: Heckler & Koch, Oberndorf. Fest montiert mit leichter Laufverlängerung ist die MP 5 voll funktionsfähig. Der englischsprachige Prospekt verrät Näheres zur Funktionsweise: »With the case lid opened the magazine can be quickly changed, the weapon cocked and the desired mode of fire selected.« Erhältlich wahlweise für Rechts- oder Linkshänder, für letztere gegen Aufpreis. Schneller Magazinwechsel ist garantiert, zudem kann die Waffe bei Bedarf schnell aus ihrer Halterung im Koffer befreit werden: »There is no difficulty involved in fitting or removing the weapon from its mounting in the case.«[11] Auch das Gewicht von knapp sieben Kilogramm garantiert eine optimale Handhabung von Schießkoffer und -tasche. Der vielbeschworene schwäbische Tüftlergeist hat wieder einmal voll funktioniert. Ein ganz besonderes Lob an die kreative Entwicklungsabteilung.

Sie haben beschlossen, Oberndorf zu besuchen, einige Tage dort zu verbringen. So sei Ihnen ein Blick in den Schwedenbau empfohlen, denn nicht jede Stadt leistet sich etwas Derartiges. Ein Heimatmuseum haben sie alle, aber ein Waffenmuseum? Beide finden Sie im selben Gebäude. »Ein Heimatmuseum ist so etwas wie das historische Fundament einer Gemeinde. Deshalb hat Oberndorf nicht nur ein Heimat-, sondern auch ein Waffenmuseum: Weil ›Waffen‹ und ›Oberndorf‹ eben zwei eng miteinander verknüpfte Begriffe sind – in aller Welt.«
So wird Ihnen der Museumsführer die Ausstellungsräume vorstellen. Der frühere Leiter, Ferdinand Feederle, mochte seine »Lieblingskinder« gleichermaßen, das eine, »weil darin die Menschen in ihrer Arbeit gezeigt werden«, das andere »wegen der Vielfalt seiner Exponate, wegen des Reizes der Technik, der mit dem kalten Metall untrennbar verbunden ist.« Dort regiert die Sammlernatur, oder, wie man in Oberndorf zu sagen pflegt: Es ist halt einerlei, »ob man Insekten aufnadelt oder Klobürsten archiviert«, Hauptsache, die Sammlung ist komplett.[12]

Heckler & Koch hat's schwer. Da erfinden die Ingenieure vom Lindenhof den Killerkoffer, und schon meldet sich die Konkurrenz zu Wort: Auch der Mossad, Israels gefürchteter Geheimdienst, hat einen Schießkoffer angefordert – allerdings nicht bei H & K, sondern bei ISDS, Leo Glesers »International Security and Defence Systems«. Die ISDS hat sich darauf spezialisiert, Konzernen wie Regierungen den Gebrauch solcher Sicherheitssysteme beizubringen. Gleser war es auch, der den Designer Ronnie Reisman beauftragt hat, einen Schießkoffer zu entwerfen. Inhalt: eine Mini-Uzi.[13] Die Konkurrenz ist hart, selbst auf dem Koffermarkt.

Der Saal des Waffenmuseums ist proppenvoll mit den Produkten der Oberndorfer Schöpferkraft. Dabei gibt es durchaus Sinnvolles zu begutachten: Das Mauser-Einspurauto ist die Attraktion der Freunde ziviler Fertigungen. Dicht dabei stehen Vitrinen, in denen die Waffenfamilie aus dem Hause H & K zu »bewundern« ist: »Showcase 24 presents the manufacturing cycles of parts of the G 3 rifle...«, so der englischsprachige Museumsführer des Arms Museum. Dafür fehlt »das« Objekt der Begierde: Keine Spur vom Killerkoffer, der soll wohl geheim bleiben, so wie seine Träger im geheimen arbeiten und morden.

Die GSG 9: Erfolge mit der Waffenfamilie

> »Eine breite Palette im Waffenarsenal der GSG 9 nimmt die ›Familie‹ der Maschinenpistolen der Firma Heckler & Koch ein.«
>
> *GSG 9.* Kommando gegen Terrorismus[14]

Hecklers Pressefrau beliebt, sich über die Vorstellungen des Schießkoffereinsatzes eher lustig zu machen. In einem Schreiben an mich gibt sich Frau Brodbeck allergrößte Mühe mit ihrer Lieblingsverpackung: »Verzeihen Sie, wenn ich mir bei dieser Lektüre ein Schmunzeln nicht verkneifen konnte. Zu sehr erinnern solche Darstellungen an einschlägige Kriminalromane, etwa solche von Frederick Forsyth. Der nämlich gibt seinen erfundenen Polizeitruppen mit Vorliebe Waffen von Heckler & Koch in die Hand, allerdings um damit Verbrecher erfolgreich zur Strecke zu bringen.« In der Brodbeck-Version ist der Killerkoffer »das« Friedensprodukt schlechthin: »Der keineswegs unauffällige Mord an Alfred Herrhausen hat uns allen wohl deutlich vor Augen geführt, daß es auch in Zukunft Polizei und Anti-Terror-Einheiten geben muß. Ihre bestmögliche Ausstattung sollte eine Selbstverständlichkeit sein.« Paradebeispiel von Frau Brodbeck sind die heldenhaften Taten der GSG 9: Diese »stand am 18. Oktober 1977 vor ihrer wohl schwersten Aufgabe. Sie mußte Passagiere und Besatzung der Lufthansa-Maschine ›Landshut‹ aus der Gewalt von Geiselnehmern befreien. Der Einsatz gelang, nicht zuletzt deshalb, weil die GSG 9 bestens ausgerüstet war. Mit Waffen von Heckler & Koch.«[15]

Anti-Terror-Spezialistin Brodbeck vergißt nur eines, wenn sie die Taten der GSG 9 heroisiert: Auch die Rote Armee Fraktion beliebte über Jahre hinweg immer wieder mit Waffen zu morden, die im Oberndorfer Stammwerk hergestellt worden waren. So sind »sowohl im Mordfall Buback als auch bei der Schleyer-Entführung« H & K-Waffen seitens der RAF zum Einsatz gekommen – beispielsweise das Schnellfeuergewehr HK 43.[16]

Auch der Tod des mutmaßlichen Terroristen Wolfgang Grams scheint nicht ohne die Beteiligung der GSG 9 vonstatten gegangen zu sein. Kanzler Kohl hat der Republik keine Antwort auf die bohrenden Fragen gegeben, als er sein Bild eines Rechts-Staates unmißverständlich darlegte: »Ich bin hierhergekommen, um Ihnen, den Beamten der GSG 9, persönlich zu sagen, daß ich – gemeinsam mit der großen Mehrheit unserer Bevölkerung – ganz besonderes Vertrauen habe in Ihre Einsatzbereitschaft, Ihren Leistungswillen und gelebtes Verantwortungsbewußtsein.«[17]

Richtig ist, daß die GSG 9 fast ausschließlich mit H & K-Waffen ballert – mit und ohne Koffer. Zur GSG-Ausrüstung gehört das Beste, was H & K zu bieten hat: die Pistole HK P-7 – die Waffe, mit der dem »reglos daliegenden Grams aus nächster Nähe« in den Bauch geschossen worden ist[18] – sowie die Maschinenpistole MP 5, die auch bei der britischen Eliteeinheit SAS, dem Special Air Service Regiment, im Einsatz ist. Gelobt wird dabei die Treffgenauigkeit, die »einen sicheren Schuß bis zu Entfernungen von 100 Metern erlaubt«. Dazu kommen die Shotgun HK 502, die Granatpistole HK 69 A1 und die Großkaliberpistole HK 69, welche »speziell für den taktischen Polizeieinsatz von Spezialeinheiten vom Schlage der GSG 9, der Länder-SEKs und der MEKs (Spezialkommandos bzw. Mobile Einsatzkommandos) entwickelt« worden ist. Für größere Reichweiten verfügt die GSG 9 über Maschinengewehre des Typs MG HK 21. Ganzer Stolz der Jungs vom Mobilen Einsatzkommando ist »das moderne Scharfschützen- und Präzisionsgewehr PSG 1«, Herstellerfirma Heckler & Koch, Kostenpunkt pro Knarre: 7000 DM.[19]

Geigenkästen der Mafia in Land- und Bundestag

> »Nicht zuletzt das Argument, daß solch augenfällige ›Gewalt‹ in Form von Waffen ihrerseits wieder Gewalt hervorrufen kann, hat die Politiker und die mit dem Personenschutz Beauftragten nach neuen Lösungen suchen lassen.«
>
> *Andrea Brodbeck,* H & K-Pressesprecherin[20]

Herbst 1989. Wir nutzen unseren RIO-Rundbrief, den Koffer-Prospekt einer breiten Öffentlichkeit vorzustellen. Die Reaktion ist enorm: Vom *Spiegel* über Radiosender bis hin zum Fernsehen, alle steigen sie ein und publizieren den Koffer-Clou – bis auf eine Zeitung, die Monopolstellung besitzt in der Kofferstadt. Die unterschlägt einen Leserbrief von Gabi Müller und Gisela Beig-Glück von der lokalen Friedensinitiative zum Thema.[21]
Dafür wenden sich die anderen Medien mit Hingabe den RIO-Infos zu: Südwestfunkmoderator Wolfgang Klaus kommentiert meine Ausführungen mit deutlichen Worten: So sei der Koffer ein äußerst hilfreiches Utensil »für Agenten, die ihr schmutziges Handwerk möglichst still und heimlich vollbringen müssen«.[22] Die Fernsehredaktion nimmt die RIO-Recherchen zum Anlaß, eine Satire über den Koffer im Stuttgarter Landtag zu drehen. Tenor: »Vorsicht vor Kofferträgern«. Doch die Akteure wissen um die Gefahr ihres Metiers: »Satiriker müssen immer höllisch aufpassen, daß sie von der manchmal grausigen Realität nicht überholt werden.« Auch SWF-Moderator Ingolf Efler hakt kritisch nach: »Wessen Sicherheit soll das denn bitteschön dienen? Früher trug man in Mafiakreisen solche Geräte wohl in Geigenkoffern. Doch wer spielt heutzutage noch Geige, muß sich der Hersteller gesagt haben.«[23]

Der *Spiegel* verschafft den RIO-Recherchen bundesweite Aufmerksamkeit: »Erst penetrante Neugier des Rüstungs-Informationsbüros Baden-Württemberg (RIO) hat das Geschäft mit den Tarnwaffen halbwegs transparent gemacht. ›Nun also wissen wir‹, kommentiert RIO-Sprecher Jürgen Grässlin, ›daß die unscheinbaren Herren hinter Kohl, die mit den Aktenköfferchen, keine Bürohengste oder diplomatische Referenten sind.‹ Grässlin: ›Der Begriff Aktentaschenträger hat buchstäblich einen neuen, brisanten Inhalt bekommen.‹«[24]
Genaugenommen ist dieser Inhalt erst zum Tragen gekommen, als RIO erneut die Klaviatur parlamentarischer Anfragen ausgespielt hat. Mit der Kleinen Anfrage »Spezialkoffer und Spezialtasche mit Maschinenpistole MP 5 der Firma H & K (Oberndorf)« trete ich der Bundesregierung dank der Unterstützung der Abgeordneten Vennegerts und Mechtersheimer kräftig auf die Zehen. Bonn bestätigt, daß der Schießkoffer »in geringer Stückzahl für den Personenschutz nach Großbritannien und Frankreich geliefert« wurde und daß alle diesbezüglichen Exportanträge genehmigt worden sind. Klaus Beckmann, der antwortende Parlamentarische Staatssekretär im Bundeswirtschaftsministerium, brilliert erneut durch wissentliche Unkenntnis: Auf 14 der 23 Fragen wird die Antwort glattweg verweigert, selbst längst bekanntgemachte Tatsachen werden bis zur Lächerlichkeit »geheimgehalten«: »Der Bundesregierung liegen keine Informationen über die Verbreitung der MP 5 vor.« Diese Aussage gleicht in ihrer Ignoranz zuvor getroffenen Antworten bei den G 3-Anfragen: Schließlich hat die Bundesregierung alle MP 5-Exporte nach dem Kriegswaffenkontroll- und dem Außenwirtschaftsgesetz genehmigt, wie sie in der Anfrage zudem eingestehen muß. Auch an anderer Stelle zeigt sich Staatssekretär Beckmann allerbestens informiert: »Soweit der Bundesregierung bekannt ist, werden Schießkoffer und -tasche nur in der Bundesrepublik hergestellt.«[25] In Israel wird man dies nur mit einem milden Lächeln kommentieren.
Wann endlich beginnt die Bundesregierung, die Opposition – und damit die Demokratie – ernstzunehmen?

Diesmal bleibt mir eine Möglichkeit, die nicht allzu oft gegeben ist, denn Rüstungsfragen fallen in die Kompetenz des Bundes. In diesem Falle aber sind auch Länderkompetenzen betroffen, schließlich hat die H & K-Pressesprecherin bestätigt, daß der Koffer sich seit fünfzehn Jahren auf dem Markt befindet und auch Länderpolizeien – so das baden-württembergische Innenministerium – mit dem Koffer killen können. Klargeworden ist, daß Bonn dem Thema höchste Geheimhaltungsstufe zuordnet, dabei haben die Kofferbilder längst bundesweit die Runde gemacht.

Ich setze mich mit dem Mitarbeiter der Landtagsabgeordneten Rose Glaser, Thilo Weichert, zusammen. Thilo ist ein bundesweit kundiger Experte in Fragen der »inneren Sicherheit«. Gemeinsam formulieren wir eine Landtagsanfrage. Doch wie zuvor die Bundesregierung, weigert sich auch die Landesregierung, Auskünfte zu erteilen: Sie »kann hierzu aus Sicherheits- und Geheimhaltungsgründen keine Auskunft erteilen«.[26]

Rose Glaser, innenpolitische Sprecherin der grünen Landtagsfraktion, zeigt die notwendige Penetranz und wendet sich direkt an den Landtagspräsidenten Erich Schneider mit dem Hinweis auf den in der Landesverfassung vorgesehenen »Kontrollauftrag des Landtags« sowie die »Auskunftspflicht der Landesregierung«. Die Landtagsabgeordnete besteht auf ihren Rechten und geht in die Offensive: »Als Parlamentarier möchten wir nicht in eine Situation geraten, mit einer im Aktenkoffer getarnten Maschinenpistole ›geschützt‹ zu werden, ohne dies zu wollen und zu wissen.«[27] Hinter den Regierungskulissen bricht rege Geschäftigkeit über die Beantwortung zumindest einiger Fragen aus. Schließlich bezieht Innenminister Dietmar Schlee, mehr als drei Monate nach Einreichung der Kleinen Anfrage, selbst Stellung – oder eben nicht: Die einzige Auskunft besteht darin, daß zwei Ermittlungsverfahren gegen Heckler & Koch am Laufen seien, die »angesprochene Waffe mit Behältnis« jedoch in die »Kompetenz des Bundes« falle.[28]

P.S.: Wie hoch ist eigentlich das monatliche Einkommen eines Innenministers?

Mercedes im Koffer

»Ich bewundere Ihre Schreiber – Sie verstehen ja so viel von Waffentechnik! Machen Sie weiter so. Dann können Ihre Leute mit den Arbeitern bei H & K zusammen auf dem Arbeitsamt Skat spielen! Weil nämlich Ihre Bild-Zeitung niemand mehr kaufen wird.«

Leserzuschrift an die *Stuttgarter Zeitung* von *Dietrich G. von Streit,* Waffenfachhandel[29]

Auch wenn Bonn wie Stuttgart die Maulkorbpolitik pflegen, ist durch die RIO-Recherchen ans Licht gekommen, daß sich die »Sicherungsgruppe Bonn«, die GSG 9, die Sondereinsatzkommandos der Länder (SEK) sowie das baden-württembergische Innenministerium im Kofferkampf befinden. Dabei kosten Killerkoffer bzw. -tasche, je nach Ausführung, zwischen 3000 und 5000 DM. Welche Auswirkungen der Koffereinsatz nicht nur für Unbeteiligte haben kann, belegt die Aussage des Schießausbilders Siegfried F. Hübner, der die MP 5 als »Mercedes unter den Maschinenpistolen« bezeichnet, denn sie sei »kurz, leicht und sehr handlich, mit überlegener Feuerkraft«. Hübner selbst sieht auch die Kofferträger bedroht: »Wer seine MP auf Dauerfeuer schaltet und dann mit ihr wie mit einem Gartenschlauch Kugeln in die Gegend spritzt, der wird leicht von einem guten Pistolenschützen mit ein oder zwei Schüssen ausgeschaltet werden.«[30]

Eher atypisch in einer Zeit der schnellebigen Medienmeldungen greifen die Zeitungen auch in den kommenden Monaten die Ergebnisse unserer Kofferrecherchen bundesweit auf. Andreas Müller von der *Stuttgarter Zeitung* erläutert die Vorzüge der black box bis ins Detail – und erntet dafür herbe Leserkritik seitens eines Waffenhändlers.[31]

Allen Beiträgen ist eines gleich: Die Verwunderung über die parlamentarische Politik des Mauerns angesichts der mittlerweile

vorhandenen Faktenfülle sowie die genüßliche Ablichtung des geöffneten Schießkoffers. Heckler & Koch hat sich derweil auf eine Position zurückgezogen, die nur mit der Oberndorfer Betriebsblindheit erklärbar ist: Die offizielle Linie interpretiert die MP 5-Verpackung mittlerweile als Friedenskoffer: »Dieser Koffer wurde für den Personenschutz entwickelt – früher waren Politiker, die von einer maschinengewehrstarrenden Personenschutztruppe umgeben waren, ein alltägliches Bild.« Dem wolle H & K abhelfen, so Frau Brodbeck: »Eine dieser Lösungen ist, die Maschinenpistolen nicht mehr provozierend offen zu tragen. Weil man sie aber, im Gegensatz zu einer Pistole oder einem Revolver, nicht in einem Holster verstecken kann, wählte man die Form eines Aktenkoffers.«[32] Man achte in Zukunft also gezielt auf das Kofferkommando rund um Kohl & Kinkel. Der Koffer sei nichts anderes als eine friedensstiftende Maßnahme. Sollten die Apostel vom Lindenhof eines Tages den Betrieb ganz schließen müssen, so könnte man der Geschäftsetage ohne Bedenken einen Job in der Werbebranche empfehlen: Auch dort wird die Wahrheit neu zurechtgedeutet, daß sich die Balken biegen – allerdings mit mehr Erfolg.
Bei H & K steht die Krönung der Argumentationskette noch aus: die Forderung, Heckler & Koch für besondere Verdienste für Frieden, Sicherheit und Bewahrung der Schöpfung den Friedensnobelpreis zu verleihen.
Hecklers Kampf um den Killerkoffer scheint trotz allen Einfallsreichtums vergebens gewesen zu sein. Ob wahr oder nicht: die Pressefrau jedenfalls hat im Mai 1990 behauptet, die Kofferkapazitäten seien ausgeschöpft, die Produktion bei H & K eingestellt.[33] Nun wird es wohl nichts mit dem noblen Friedenspreis?

Die MP 5-Recherchen erreichen ihren Höhepunkt mit der Bundestagsanfrage »Kleinwaffenexporte und Lizenzvergabe der Maschinenpistole MP 5«. Diesmal will ich endlich wissen, für welche Länder genehmigte Exporte stattgefunden haben. Ich frage ganz konkret nach 41 Ländern, die wir aufgrund unseres Archivs als

MP 5-Einsatzländer bestätigen können. Die Antwort aus Bonn – wieder antwortet Staatssekretär Beckmann – ist diesmal ausgesprochen interessant: »Von den in den Fragen genannten 41 Ländern hat die Bundesregierung für zwölf Länder keine Exportgenehmigungen nach dem KWKG für die MP 5 erteilt.«[34] Die Antwort läßt nur zwei Schlußfolgerungen zu: Entweder hat H & K illegal geliefert – und damit das Kriegswaffenkontrollgesetz (KWKG) verletzt – oder die Lizenznehmer in anderen Ländern haben sich für die Polizeiwaffen einen erklecklichen Markt erschlossen.
Spannend, weil folgenschwer, ist auch eine andere Antwort des Staatssekretärs aus dem Bundeswirtschaftsministerium: »Die Entwicklung der Maschinenpistole MP 5 der Firma Heckler & Koch wurde nicht mit den Haushaltsmitteln des Bundes finanziert.« Endgültig bricht die H & K-Hypothese wie ein Kartenhaus in sich zusammen: Die Behauptung, die einzig Verantwortlichen säßen in Bonn, wird als Scheinargument entlarvt. Wenn Bonn die MP 5-Entwicklung nicht gezahlt hat, dann hat Heckler & Koch sämtliche Lizenzeinnahmen dieser Waffe kassiert. Im Gegensatz zu G 3-Geldern sind die Einnahmen aus den MP 5-Lizenzvergaben in die Oberndorfer Firmenkasse geflossen. Bei den Maschinenpistolen – im Einsatz bei Polizei- und Militäreinheiten in aller Welt – hat H & K voll abkassiert. Genau das bestätigt Staatssekretär Beckmann an anderer Stelle: »Die Bundesregierung besitzt keine Rechte an der Maschinenpistole MP 5. Infolgedessen gibt es auch keine Einnahmen des Bundes aus Verkäufen dieser Waffen oder Lizenzvergaben dafür.«
An diesem Geld, das zu einhundert Prozent an Heckler & Koch geflossen ist, klebt – denkt man nur an die Lizenzvergabe an Saudi-Arabien und den Einsatz der Waffen im zweiten Golfkrieg – das Blut Tausender Menschen aus dem Irak.

14. Ein Pazifist als Feindbild Nr. 1

Begegnung der dritten Art

»Gegen Herrn Grässlin habe ich etwas, weil er nicht objektiv berichtet und weil er einfach der Firma Heckler & Koch den Kampf angesagt hat. Und das kann ich nicht unterstützen, was der Mann von sich gibt, ganz klar.«

Klaus Laufer, Bürgermeister von Oberndorf[1]

Im Gemeinderat toben die Schlachten um das Freibad – und nicht um das Blutbad in der Dritten Welt. Da wird diskutiert über saubere Straßen – und nicht über eine saubere Weste. Und der Standort des Schlachthofes wird zum Wahlkampfthema – die Schlachtfelder fernab der Stadt scheint es nicht zu geben.[2]
Auch der höchste Repräsentant der Neckarstadt spricht in der Öffentlichkeit nur widerwillig über seine beiden Schützlinge. Der im badischen Bühl geborene und in Oberndorf aufgewachsene Klaus Laufer wendet sich lieber den Fragen der Verkehrspolitik, der Stadt- und Dorfsanierung zu. Dennoch hat auch er das Wohl der Rüstungsschmieden auf seine Fahnen geschrieben: »Wir sitzen alle in einem Boot«, so Laufers Ausführungen anläßlich der Verleihung von »Ehrenmedaillen des Landes Baden-Württemberg« für die 40jährige Betriebszugehörigkeit zu den Mauser-Werken. »Die Sicherung der Arbeitsplätze ist unsere gemeinsame Aufgabe«, läßt Laufer verlautbaren.[3]
Doch wehe dem, der die Rüstungsschmieden kritisch beäugt. Da kann das scheinbar so sanfte Stadtoberhaupt zum Werwolf werden. Urplötzlich tritt ein Weltbild zutage, das selbst unbefangene Beobachter zusammenzucken läßt. Wolfgang Storz, Bonner Redakteur der *Badischen Zeitung,* bekommt diesen Stimmungswechsel zu spüren. Der Journalist möchte sich über die Waffenstadt informie-

ren und wird von Laufer mit Klagen überhäuft: »Am laufenden Band wird Schmutz ausgeschüttet«, und zwar von der »überörtlichen Presse«.[4] Einem anderen Medienvertreter gegenüber wird der Bürgermeister noch deutlicher: Ken Jebsen vom Reutlinger Radio Neufunkland nennt er den Schuldigen schlechthin: »Und diese Informationen gehen ja an die überörtliche Presse, und daher haben auch Sie Ihre Informationen. Denn alles, was der Herr Grässlin von sich gibt, geht an die überörtliche Presse.« Der Radio-Reporter läßt sich von derlei Medienschelte nicht beeindrucken. Er hakt konsequent nach und fragt, ob die Schuld für die Misere der Stadt und das schlechte Renommee von Heckler & Koch in Bonn zu suchen seien. Laufer zweifelt schon an der Schuldzuweisung: »Da gibt es überhaupt keine Schuld! Wir haben uns entschieden für ein Grundgesetz, das eine Bundeswehr vorsieht, und dieses Grundgesetz wird erfüllt. Und Sie haben genauso einen Eid zu schwören für diesen Staat, und das ist der Auftrag, den wir hier erfüllen, und überhaupt nichts Böses, was Sie unterstellen.« Und schließlich würden hier »Waffen und Geräte hergestellt, die im Auftrag der Bundeswehr zur Verteidigung unseres Vaterlandes erstellt werden müssen«.

Es scheint also so, daß sich die gesamte Medienwelt gegen Oberndorf verschworen hat: »Da müssen Sie davon ausgehen. Das sind abgedruckte Berichte von einzelnen Leuten, und die werden als journalistisches Werk verkauft. Und die Bevölkerung glaubt das.« Für sich selbst hat Klaus Laufer längst die Konsequenzen aus dieser Verschwörung gezogen: »Ich habe es satt, mit Journalisten falsche Interviews«, er korrigiert sich, »Interviews zu geben, die falsch wiedergegeben werden«.[5]

Klaus Laufer wird noch lange ein treuer Vaterlandsverteidiger an der Oberndorfer Front bleiben können. Im Juni 1991 bestätigten die Wählerinnen und Wähler ihren Bürgermeister gleich im 1. Wahlgang im Amt. Sehr zur Freude der Freien Wählervereinigung, die ihrer Hoffnung Ausdruck verleiht, Klaus Laufer möge »weiterhin die notwendige Gemeinsamkeit schaffen, die erforderlich ist zum

Wohle Oberndorfs und seiner Bürger«.[6] Die nächsten Bürgermeisterwahlen finden 1999 statt. Bis dahin bleibt in Oberndorf voraussichtlich alles beim alten – mindestens bis dahin.

Der Schlagabtausch dauert zweieinhalb Stunden. Wir sind einem permanenten Wechselspiel der Gefühle ausgesetzt: Einerseits gelingt es uns immer wieder, anhand konkreter Fallbeispiele die Heckler & Koch-Vertreter mit den Machenschaften ihres Unternehmens zu konfrontieren. Andererseits könnte man ihnen fast glauben, daß sie tatsächlich in ihrem eigenen Netz gefangen sind. Am deutlichsten wird diese Welt der verkehrten Vorzeichen, als der ehemalige H & K-Pressesprecher Dirk Holzknecht uns sein Leid klagt: »RIO darf den Standpunkt von Heckler & Koch nicht überschätzen. Wir können nicht auf den Tisch hauen.« Tatsächlich scheinen sich die Zeiten geändert zu haben. Bis in die siebziger Jahre hat eine enge beiderseitige Abhängigkeit zwischen der Hardthöhe und H & K bestanden. Seither haben sich die Bande gelockert – zum Leidwesen der Oberndorfer Waffenschmiede, die sich nunmehr härterer Konkurrenz auf dem zivilen Markt ausgesetzt sieht und damit kaum klarkommt.
Maßgeblich daran beteiligt – und da sind sich die Repräsentanten der Stadt und ihrer Firma einig – ist die Friedensbewegung: »RIO hat das falsche Bild von Heckler & Koch mitgeprägt«, so der Vorwurf von Andrea Brodbeck. Karl Faber, der Leiter des zivilen Technologiezentrums, führt die verquere Argumentation fort: »Aufgabe der Friedensinitiativen ist es, den Frieden zu erhalten, nicht den Gewehrexport zu verhindern.« Schlimmer noch, denn Dirk Holzknecht sieht eine reale Bedrohung der Firma: »Mittlerweile bestehen Sicherheitsbedenken, wenn Terroristen die Informationen bekommen. Es besteht die Gefahr, daß auf dem H & K-Gelände Bomben gezündet werden.« So habe die RIO-Kampagne »durch die blutrünstige Darstellung das emotionale Aufheizen der Diskussion« bewirkt.
Mir kommt es vor, als säße ich im falschen Film. Da werfen wir den

H & K-Vertretern vor, eine martialische Geschäftspolitik zu betreiben, für Massenmord in der Dritten Welt mitverantwortlich zu sein und nicht im mindesten vom bisherigen Weg abzuweichen – und die Repräsentanten genau dieses Unternehmens wissen nichts Besseres zu tun, als die Schuldigen in denjenigen zu suchen, die auf diese Mißstände aufmerksam machen. Ein derartiges Argumentationsschema ist typisch für diese Stadt, in der die Menschen von der Waffenproduktion leben, Waffen als wertneutral ansehen und deren Einsatz auf den Schlachtfeldern als menschliches Fehlverhalten interpretieren.

Wir lassen uns von dieser Scheinargumentation nicht über den Tisch ziehen und weisen auf die massive Mitschuld der Waffenproduzenten hin. Auch Lothar Ellinger hält dagegen: »Gerade die Friedensbewegung hat mit ihren gewaltfreien Oberndorfer Ostermärschen bewiesen, wo sie steht.« Lothar traut den Behauptungen der Rüstungsmanager mit keinem Wort. Er führt statt dessen das Beispiel der Firma Krupp an, die während des Zweiten Weltkriegs Waffen für Deutschland und Zünder für England gefertigt hat. Abrechnungsgrundlage für die Krupp-Einnahmen sei die Zahl der mit den Zündern getöteten Wehrmachtskrieger gewesen.

Wir hätten an diesem Tag dennoch den Graben überwinden können, der uns trennt – aber ein Faktor steht zwischen den Konfliktparteien, der sich nie und nimmer ausräumen läßt: die Absicht der Firma, ihre traurige Tradition in der Fertigung der weltweit präzisesten Tötungsmaschinen fortsetzen zu wollen. Seit über einem Jahrzehnt hat sie die Entwicklung einer Waffe betrieben, die, sollte es zur Serienfertigung kommen, wie keine andere zuvor weltweiten Schaden anrichten wird – das Gewehr G 11. Wir konfrontieren die Firmenvertreter mit den Aussagen des G 11-Werbeheftes. Die Antwort gleicht der des Bürgermeisters: »Der G 11-Prospekt ist unglücklich formuliert und ist an den maßgeblichen Stellen vorbeigegangen. Er entspricht nicht mehr unserer Linie.«[7] Welche Absurdität: Da entwickelt eine Rüstungsschmiede eine neue Killerwaffe, publiziert einen dazu passenden Prospekt

und distanziert sich davon, kaum daß die erste Kritik daran geäußert wird. Warum, so stellt sich die Frage, paßt das G 11 selbst dann noch zur »Linie« des Hauses Heckler & Koch?
Nähme die Firma die Konversion tatsächlich ernst, dann hätte das G 11-Projekt frühzeitig aufgegeben werden müssen. Statt dessen feiert die H & K-Geschäftsleitung ihren neuen Ballermann, den *Jane's Infantry Weapons* bereits als »bedeutendste Entwicklung auf dem Gebiet der Handfeuerwaffen seit mehr als 140 Jahren« rühmt.[8]

40 Jahre H & K – Feier in verschiedenen Welten

> »Wir feiern nur im stillen. Auch aus finanziellen Gründen. Und wegen unseres starken Engagements im zivilen Bereich.«
>
> *Dirk Holzknecht,* Leiter der Personalabteilung bei Heckler & Koch[9]

Dezember 1989. Das Unternehmen gedachte in kleinem Kreise und fast unter Ausschluß der Öffentlichkeit »der Anfänge vor vier Jahrzehnten« und zeichnete »langjährige Mitarbeiter für ihre Treue« aus. Vor vierzig Jahren, am 28. Dezember 1949, war der Gesellschaftsvertrag unterzeichnet worden, die Eintragung ins Handelsregister erfolgte am 15. Juli 1950. Der *Schwarzwälder Bote* wußte die intime Feier mit einem Jubelartikel bekannter Art zu würdigen: »Nur ein hohes Maß an unternehmerischer Energie« habe den Aufschwung ermöglicht, so Geschäftsführer Peter Moser, der »Pioniergeist und soziales Gewissen« seines Unternehmens lobt. Stolz verkündete Peter Moser, daß 1954 bis 1956 die Waffenproduktion begonnen werden konnte. Dementsprechend rasant verlief die Geschäftsentwicklung: »1969 setzte Heckler & Koch 71 Millionen Mark um, gegenüber vier Millionen Mark elf Jahre zuvor. 1979 zählte das Unternehmen erstmals mehr als 2000 Beschäftigte. Der Umsatz stieg weiter auf 173 Millionen Mark.«[10] Heute werden fünfzig Prozent des Umsatzes im zivilen Bereich erwirtschaftet. Kein Wort zum Waffenexport, kein Wort zum G 11.

Juli 1990. Das Evangelische Gemeindehaus auf dem Lindenhof ist gut besucht: 40 Jahre Heckler & Koch sind für viele Grund genug, darüber nachzudenken, was für Spuren diese vier Jahrzehnte der Waffenproduktion und des -exports in Oberndorf wie in den Krisen- und Kriegsgebieten hinterlassen haben.
Ich eröffne in meiner Funktion als grüner Landesvorstand den Abend mit einem Eingangsreferat, in welchem ich die Firma hart angreife: »Heckler & Koch war schon immer ein Meister im Verschweigen, Verharmlosen, Vertuschen und Verfälschen.« Nach der einseitigen H & K-Feier vom Dezember schließe ich die Lükken, die Peter Moser offengelassen hat: »Es dürfte nur drei Regionen geben, in denen das G 3 nicht in Erscheinung tritt: das sind die Arktis und die Antarktis sowie die Staaten des Warschauer Pakts und Zentralasiens«. Auch gehe ich auf eine Vielzahl der Fälle martialischsten G 3-Einsatzes ein, um zu zeigen, was die Welt nach der Aufnahme der G 11-Serienfertigung erwartet. Die Recherchen der vergangenen Jahre zur unkontrollierbaren Verbreitung und dem schrecklichen Einsatz der H & K-»Waffenfamilie« machen dann Sinn, wenn es damit gelingt, vor dem G 11 zu warnen und dessen Produktion zu verhindern: »Schließlich droht in diesen Tagen eine Entwicklung ihren Lauf zu nehmen, die noch fürchterlichere Folgen nach sich ziehen wird. Die Hardthöhe muß jetzt entscheiden, ob H & K den Auftrag zur Serienfertigung dieser Wunderwaffe erhält. Der G 11-Werbeprospekt läßt keinen Zweifel aufkommen, mit welcher Absicht das Gewehr entwickelt wurde.«

Hecklers Werbestrategen verzichten – ganz im Gegensatz zu Mauser und Junghans – beim wehrtechnischen Zeitschriftenmarkt auf teure Annoncen. Dafür drücken sie ihren Kunden aus aller Welt Prospekte vom Allerfeinsten in die Hände – je nach Bedarf in deutsch oder englisch. Selbst für abgebrühte Abonnenten militärischer Fachzeit-

schriften bietet der G 11-Werbeprospekt von Heckler & Koch eine Vielzahl echter Überraschungen.
Verschickt in einem absenderlosen Umschlag, landet die zwölfseitige Hochglanzbroschüre eines Tages in unserem Briefkasten, einzig der Oberndorfer Poststempel läßt die Herkunft erahnen. Dabei wird es nicht das letzte Mal sein, daß uns ein Sympathisant aus der Firma heraus mit Informationen versorgt, die unsere Kampagnen immens voranbringen.
Oftmals handelt es sich bei den Unterstützern um Beschäftigte vom Lindenhof, welche die Geschäftspraktiken des eigenen Arbeitgebers teilweise oder ganz ablehnen. Da es in einer Waffenstadt wie Oberndorf schwerlich möglich ist, eine andere Arbeitsstelle zu finden, und andere Brötchengeber fern sind, bleibt den Menschen oft gar keine andere Wahl, als bei Heckler, Mauser oder Junghans zuzusagen. Eine offene Konfrontation mit der Geschäftsleitung eines dieser rüstungsproduzierenden Unternehmen ist aber unmöglich. Der Fall Konrad Ott hat sich bis zum heutigen Tag in den Köpfen der Oberndorfer Arbeitnehmerschaft festgesetzt.
Für manchen Arbeitnehmer stellt die anonyme Weiterleitung von Informationen eine Form stillen Protests dar. Im Falle des G 11-Werbeprospektes soll dieser nicht ohne schwerwiegende Folgen bleiben. Schließlich kann RIO das in die Wege leiten, was den Beschäftigten verwehrt bleibt: die bundesweite Veröffentlichung und entsprechende Kommentierung der H & K-Werbeschriften.

Wir erhalten zuerst eine englischsprachige Fassung des G 11-Prospektes in einer eher biederen Aufmachung. Der Text ist sachlich verfaßt, auf den ersten Blick eine typische H & K-Waffenpräsentation, basierend auf der Werbestrategie, die den technischen Fortschritt als die Lösung aller Probleme suggeriert. In den G 3-Werbeschriften wird üblicherweise die »Schützensicherheit, Funktionssicherheit, Präzision und einfache Handhabung« gelobt.[11] Die Maschinenpistole MP 5 »ermöglicht den Einsatz unter besonders ungünstigen Raum- und Platzverhältnissen«, was die Exekutionen in einem thailändischen Gefängnis auf makabere Art und Weise bestätigt haben. Außerdem befähigt die Waffe den Schützen »ganz besonders für eine verdeckte Trageweise«.[12] Die HK-Sonderwaffe G 3 SG/1 eignet sich dagegen für »differenzierte Einsätze von Scharfschützen«.[13]

Beim G 11-Prospekt hat die Firma jedoch die Ebene der rein technischen Datensammlung verlassen. Unser Übersetzer Jobst Paul, der in solchen Fällen immer die beste Adresse ist, hat schnell die Schüsselstellen herausgesucht. Diesmal sind die Aussagen härter, die Sprache ist aggressiver: »Only a bullet that hits the target justifies the shot«, heißt es gleich auf der ersten Seite, nur eine Kugel, die trifft, rechtfertigt den Schuß. Im Umkehrschluß hieße das: Ein Schuß, der das Opfer verfehlt, ist pure Verschwendung. Der krönende Höhepunkt aber findet sich im hinteren Teil des Prospekts: »The terminal ballistic effects on soft targets are in line with international conventions. Even at extremely short firing ranges there is no fragmentation of the bullet within the target medium.«[14] Das heißt, die Wirkung auf weiche Ziele entspricht internationalen Vereinbarungen, und die Kugel dringt auch bei extrem kurzer Schußweite ins Zielmedium ein, ohne zu zerplatzen. Den H & K-Ingenieuren scheint der große Wurf gelungen zu sein: Eine Waffe, die munitionssparend eine optimale Trefferquote bei Weichzielen aufweist. Wenn ich mir die zerschossenen Körper der Opfer in der Dritten Welt vor Augen halte, wird mir schlecht. Davon aber ist, wie nicht anders zu erwarten, an keiner Stelle der Hochglanzbroschüre die Rede.

Nur kurze Zeit später erhalten wir eine deutschsprachige G 11-Werbeschrift, diesmal in völlig neuer, attraktiverer Aufmachung: wesentlich bunter, aufklappbar, mit Farbfoto des G 11 von außen und einer Querschnittzeichnung, welche die Funktionsweise detailgetreu wiedergibt. Die H & K-Werbeabteilung hat ganze Arbeit geleistet, der potentielle Kunde kann kaum widerstehen. Die Vorzüge des neuartigen Waffensystems lachen uns gleich auf der Titelseite an: »Das Gewehr G 11 mit hülsenloser Munition setzt neue Maßstäbe«. Dazu zählen »hohe Treffwahrscheinlichkeit auch unter Gefechtsbedingungen, schnelle Feuerbereitschaft, kein störender Rückstoß, kein Hülsenauswurf«. Warum die Waffe weltweit einmalig ist, erfahren wir im technischen Teil: »Der völlig neuartige Walzenverschluß ermöglicht beim 3-Schuß-Feuerstoß eine Schußfolge von mehr als 2000 Schuß/Minute.« Und optimal für unsere Pickelhaubenjungs, die sich für Volk und Vaterland out of area austoben wollen: »Das G 11 ist unter allen Klima- und Einsatzbedingungen voll funktionsfähig.« So langsam wird mir klar, warum diese unsere Militärs schon mit gierigem Blick gen Oberndorf starren.

Auch bei diesem neuen Prospekt rühmen die H & K-Werbestrategen die »Wirkung auf Weichziele« und die Fähigkeit, Geschoßzerlegungen zu vermeiden. Eindrucksvoll ist die Wucht, die hinter dem G 11-Geschoß steckt: »Die Durchschlagsleistung bei harten Zielen ist so hoch, daß ein Stahlhelm deutscher Fertigung (NATO-Teststandard) auf Entfernungen bis 600 m mit dem Weichkerngeschoß durchschlagen wird.«[15] Wieder muß ich an die zerfetzten Körper, die herausgequollenen Gedärme, die herausgeschossenen Gehirne denken, an so viele unschuldige Kinder, Frauen und Männer.

Vierzig Jahre H & K – die schwäbischen Tüftler haben die Zeit genutzt und ein Gewehr entwickelt, mit dem sich wie mit keinem anderen »Weichziele« en masse liquidieren lassen. Gratulation, meine Herren: Die Firma vom Neckarstrand ist auf dem besten Weg, der globalen Überbevölkerung ein baldiges Ende zu setzen – bei vermindertem Munitionsverbrauch, versteht sich.

Die 40-Jahr-Feier im Evangelischen Gemeindezentrum kann zweierlei leisten: Die Referenten der Podiumsdiskussion haben ganz massiv auf die Erstellung von Modellen zur Rüstungskonversion in der Waffenstadt gedrängt. Besonders Gewerkschafter Konrad Ott »forderte einen ›runden Tisch‹ für die Region, an dem eine neue Strukturpolitik diskutiert werden könne«.[16] An diesem Tag wird aber auch deutlich, wie wichtig es in dieser Phase ist, ganz massiv gegen das G 11 anzugehen und die Verhinderung der Einführung dieses revolutionären Waffensystems in den Mittelpunkt der Bemühungen zu stellen.

Unsere bundesweite Kampagne »Stoppt das G 11!« tritt in die entscheidende Phase. Sollten wir scheitern, dann können wir in den kommenden Jahrzehnten wieder nur am Fernsehschirm verfolgen, wo das G 11 zur Liquidierung welcher »Weichziele« eingesetzt wird. Und wieder müssen wir versuchen, die näheren Umstände durch Zeugen vor Ort in Erfahrung zu bringen. Und wieder werden wir Bundestagsanfragen stellen, welche die Bundesregierung in ihrer ganzen Weisheit nach bestem Wissen gewissenlos »beantworten« wird.

Sollten wir Erfolg haben, so wäre damit für Heckler & Koch ein unglaublicher Einbruch verbunden, den die Firma kaum verkraften würde. Zu sehr hat sie in den vergangenen Jahren auf die neue Wunderwaffe und die damit verbundenen Millionengewinne gesetzt.

15. Wann stirbt der erste Mensch?

Mit Bollenhut und Ökoknarre

> »Der Abschluß dieses Lizenzabkommens ist der Bundesregierung bekannt. Das Abkommen wurde in beiderseitigem Interesse geschlossen. Der Endverbleib im Falle einer Produktionsaufnahme richtet sich nach den in der Bundesrepublik Deutschland und den in den USA geltenden Bestimmungen.«
>
> *Willy Wimmer*, Parlamentarischer Staatssekretär im Bundesministerium der Verteidigung[1]

Oberndorfer Zeitschriftenläden und die Buchhandlung reagieren ausgesprochen gereizt. Nicht, weil das bollenhütige Schwarzwaldmädel mit der köstlichen Kirschtorte den interessierten Betrachtern den Rücken zuwendet. Die neueste Ausgabe des renommierten *Merian*-Heftes birgt ganz und gar Untypisches und bricht radikal mit den Konventionen des ansonsten eher gediegenen Reiseführers alten Schlages. Da lacht das im Heftinnern zurückgekehrte Mädel in traditioneller Schwarzwaldtracht Leserinnen und Leser an. Daneben schreibt Manfred Bissinger ein hochexplosives Vorwort: »Die Bundeswehr schießt lieber mit dem neuen G 11, einem Gewehr, vor dem nicht nur der Londoner *Times* als präzisester ›Tötungsmaschine der Welt‹ graust.«[2] Schlimmer noch für die Waffenstädter: Der Stuttgarter Wirtschaftsjournalist Lothar Bechtle hat getan, was mittlerweile so mancher Vertreter der schreibenden Zunft macht, wenn es um die Waffenproduktion zwischen Schwarzwald und Neckarland geht: Er setzt sich mit dem Rüstungs-Informationsbüro Oberndorf in Verbindung und erhält reichhaltiges Infomaterial. Und dank intensiver eigener Recherche hat Lothar Bechtle einen Beitrag verfaßt, der ihm alle Ehre macht. In Merian steht, was in

Oberndorf nur wenige zu sagen wagen – nämlich, daß das Schnellfeuergewehr G 3 »an fast jedem Krisenherd der Welt« auftaucht und daß »die Schwarzwälder engen Kontakt zu Südafrikas Apartheids-Regime« halten.
In der *Badischen Zeitung*, der größten im Regierungsbezirk, findet die *Merian*-Abhandlung zum »Bollenhut und Sturmgewehr« große Beachtung, das Heft macht die Runde.[3] Die Freiburger Buchhandlungen bieten das Heft bergeweise zum Verkauf an. Kein Grund für den Oberndorfer Vertriebsladen, anders zu reagieren als sonst auch: Das Heft taucht in den Regalen lange Zeit ganz einfach nicht auf. Dieses Merian-Heft über die eigene Heimat ist schlichtweg geschäftsschädigend, so daß lieber für ferne Reiseziele und einheimische Kochrezepte geworben wird – Geschäft ist eben Geschäft.

Willy Wimmer bot wieder einmal sein ganzes Können auf, um eine Bundestagsanfrage nach Kräften zu ignorieren. Ich hatte fünf Fragen zum Themenbereich »G 11-Lizenzvergaben« formuliert, davon waren gerade mal zwei andeutungsweise beantwortet. Dennoch hatte sich die Auswertung der militärischen Fachpresse und einer Vielzahl von Presseberichten zum G 11 gelohnt: Wimmer kam nicht umhin, die Vergabe einer Lizenz an das US-Verteidigungsministerium einzugestehen. Die Deutsche Presse-Agentur hatte bereits 1984 eine Lizenzvergabe gemeldet, die »als Basis für die Zusammenarbeit bei einer neuartigen Waffen- und Munitionstechnologie (hülsenlose Geschosse)« diene.[4] Mit Erschrecken mußten wir registrieren, daß die Entwicklung weiter vorangeschritten war, als wir eigentlich angenommen hatten. Nichts Schlimmeres konnte passieren, als daß die Technik der »hülsenlosen Munition« vom Pentagon und der Hardthöhe gemeinsam forciert und letztendlich bei den jeweiligen Streitkräften eingeführt wurde. Sollte es soweit kommen, dann hatten wir endgültig verloren.
Dabei jubelte Heckler & Koch seit langem über die Vorzüge der neuartigen Ökoknarre, bei der die Sprengladung nicht mehr in

metallene, sondern in verrottbare Papierverpackung eingebettet lag. Es habe sich, so Heckler & Koch, die ebenso einfache wie geniale Frage gestellt, warum ein Geschoß eine Metallhülse brauche. Gemeinsam mit den Experten von Dynamit Nobel entwickelte man »eine rückstandslos verbrennende, hülsenlose Munition, bei der das Geschoß direkt in seinen Treibsatz ›eingebacken‹ wird«.[5]
Interessant war zweifelsohne auch eine andere Aussage Wimmers: »Die Entwicklung des Gewehres G 11 erfolgte im Auftrag der Bundesregierung und wurde in vollem Umfang mit Haushaltsmitteln des Bundes finanziert.«[6] Der Staatssekretär befand sich damit in offenem Widerspruch zur Herstellerfirma. Die dortige Chefetage hatte stets verlauten lassen, daß es für H & K bitter gewesen sei, die Entwicklungsgelder zwischenzeitlich gestrichen bekommen zu haben und auf eigene Kosten weiterforschen zu müssen. Das sei, so H & K-Geschäftsführer Walter Lamp, einem »Ritt über den Bodensee« gleichgekommen.[7] Im Endeffekt bedeutete Wimmers Aussage – sollte diese zutreffen –, daß Heckler & Koch ohne jedes eigene Risiko munter drauflos entwickeln durfte. Würde am Ende nichts dabei herauskommen, so waren in dieser unserer kapitalistischen Planwirtschaft lediglich einige Millionen DM an Steuergeldern in den Sand gesetzt.
Ansonsten verbreitete Willy Wimmer wieder den Kohlschen Zweckoptimismus: Die Rüstungsexportgesetzgebung sei derart strikt angewendet, daß »Mißbräuche bei Lizenzvergaben in hinreichender Weise« ausgeschlossen seien. Ersparen wir uns den Rest.

Ein erster Lichtblick am Horizont: Der *Wehrdienst*, das Wochenblatt für Rüstungsrambos und Militärmastodons, meldet Erfreuliches: »Intern stehen für Stoltenberg allerdings schon weitere Vorhaben zur Disposition«. Auf der Liste der möglicherweise zu streichenden Waffensysteme: das G 11. Für das Sturmgewehr sind rund eine Milliarde DM Anschaffungskosten veranschlagt gewesen, und die fehlen derzeit in der Haushaltskasse. Weiter so, Deutschland![8]

Willy gegen den Rest der Welt

»Die Bundesregierung betrachtet die zitierte Beurteilung des Gewehres G 11 als nicht durch Fakten belegbar, die gewählte Sprache als unangemessen und tendenziös.«

Staatssekretär Willy Wimmer über *The Times*[9]

Der deutsche G 11-Werbeprospekt kam wie gerufen, besser hätte die Terminierung nicht sein können. Ich hatte den Entwurf einer Mammutanfrage zum G 11 schon zu Andreas Braun ins Büro Vennegerts gefaxt, als mich die H & K-Weichzielwerbung erreichte – gerade noch rechtzeitig, um einige der Fragen substantiell aufzupäppeln. Am Ende durfte Willy Wimmer eine neue RIO-Sau durch Bonn-Dorf jagen. Die 46 Fragen dürften ihm wenig gemundet haben, schließlich ließ allein die Fragestellung erahnen, daß die Antragsteller bestens über das informiert waren, was das Verteidigungsministerium am liebsten für sich behalten hätte. So konnte sich Vaterlandsverteidiger Wimmer einmal mehr nur in Ausweichmanövern ergehen.

Dabei hatten wir bereits aus den Erfahrungen der Vergangenheit gelernt. Bundestagsanfragen bestanden längst nicht mehr aus Fragen, die auf differenzierte Antworten hofften. Inzwischen lagen Antworten oft schon in der Fragestellung verborgen, oder diese enthielt die Informationen, welche wir einer breiten Öffentlichkeit bekannt machen wollten. Bundestagsanfragen werden sämtlichen Fernseh- und Radiosendern sowie der gesamten schreibenden Zunft zugestellt. Das allein genügte uns, um das G 11 bundesweit zum Thema werden zu lassen.

Erst einmal teilte Willy Wimmer in verschiedene Richtungen kräftig aus: *The Times* erhielt Medienschelte wegen der Feststellung, das G 11 sei die »präziseste Tötungsmaschine der Welt«. Thilo Möller, Entwicklungschef der Wunderwaffe, durfte sich für seine aufschlußreiche Behauptung rügen lassen, der »Hauptzweck« des

G 11 bestehe darin, »jede Art von Verwundungen bei Weichzielen« herbeizuführen. Möllers unglaubliche Begründung hatte gelautet: »Ein verwundeter Gegner bindet auf der Gegenseite immer mehr Kräfte als ein toter.«[10]

Angesichts eines derart inhumanen Menschenbildes wurde deutlich, daß der »Vater« der neuen Tötungsmaschine nicht in erster Linie die Haager Deklaration im Kopf gehabt hatte, diese jedoch bei seiner Gewehrentwicklung beachten mußte, um das G 11 überhaupt auf den Markt bringen zu dürfen. Die Deklaration aus dem Jahr 1899 enthält nämlich das »Verbot, Geschosse zu verwenden, die sich leicht im menschlichen Körper ausdehnen oder plattdrücken derart wie Geschosse mit hartem Mantel, der den Kern nicht ganz umhüllt oder mit Einschnitten versehen ist«. Diese, von der Bundesrepublik Deutschland anerkannte und im »humanitären Kriegsvölkerrecht verankerte Rechtsnorm«, soll die sogenannte Dum-Dum-Wirkung von Geschossen im menschlichen Körper verhindern, so die Wissenschaftlichen Dienste des Deutschen Bundestages in einer Stellungnahme, welche Christa Vennegerts auf meine Bitte hin angefordert hatte.[11]

Mit Friedensbewegten legte sich Wimmer an, indem er das G 11 nicht als »Relikt aus der Zeit des Kalten Krieges« ansah und auch nicht gewillt war, die G 11-Gelder in die Rüstungskonversion fließen zu lassen.

Dafür entwickelte der Staatssekretär deutschen Militärstolz, schließlich sei der »Innovationsvorsprung mit der erfolgreichen Entwicklung« des G 11 erreicht. Ohne sich dessen bewußt zu sein, eignete sich der Hardthöhenvertreter die H & K-typische Militaristensprache an: »Das Gewehr G 11 mit hülsenloser Munition erhöht ... die Treffwahrscheinlichkeit unter Einsatzbedingungen.«[12]

Wirklich toll, Herr Staatssekretär – und gegen wen bitteschön soll dieses Wunderwerk des 20. Jahrhunderts eingesetzt werden?

Die Antwort steht noch aus. Dafür ist bestätigt, daß »die Kampftruppen als erste mit dem Gewehr G 11 ausgerüstet werden«. Bleibt noch eine Frage: Wann stirbt der erste Mensch durch das G 11?

Gleichgültig, wie der Kampf gegen das neue Sturmgewehr für die deutschen Streitkräfte ausgehen würde, die Hintertür der US-Lizenzvergabe war ausgesprochen bedenklich. Auf meine Frage nach der Verwendung des neuen hülsenlosen Gewehrsystems seitens der US-Army bei zukünftigen Konflikten, zum Beispiel in Mittelamerika, hatte Wimmer die Kapitulationserklärung pur abgegeben: »Die Bundesregierung hat weder Einfluß auf die Einführung eines neuen Gewehres in den US-Streitkräften noch auf den Einsatz des bei den US-Streitkräften eingeführten Gewehres.« Dabei bestätigte der Staatssekretär unsere Information über den G 11-Lizenzvertrag zwischen der »Gesellschaft für hülsenlose Gewehrsysteme« (GHGS), an der H & K sowie Dynamit Nobel beteiligt waren, und dem US-Verteidigungsministerium: »Die USA haben durch das erwähnte Abkommen die Rechte an der Technologie hülsenloser Munition erworben. Auf dieser Basis haben sie ihre Advanced Combat Rifle-Version des Gewehres G 11 mitentwickeln lassen.«[13] Die Fachzeitschrift *wehrtechnik* hatte gemeldet, daß der Vertrag ein Volumen von lediglich 3,8 Millionen US-Dollar umfaßte, eine verschwindend geringe Summe in Anbetracht der Entwicklungskosten für das Sturmgewehr.[14] Zu diesem Zeitpunkt trat das ACR-Programm (Advanced Combat Rifle) in den USA in die entscheidende Phase. Die USA hatten aus sechs Gewehrtypen vier für die Finalrunde ausgewählt, von denen letztendlich eines bestimmt werden sollte, welches das kommende Kampfgewehr der US-Einheiten werden sollte. Mit dabei: Das neue Sturmgewehr von Heckler & Koch.[15]

16. Das Imperium schlägt zurück

Beschußversuche an menschlichen Leichen

»Als Adjutant des Regimentskommandos erhielt ich zudem eine Einladung an das Offizierskorps des Verbandes, an den Beschußversuchen teilzunehmen.«

Erich Schmidt-Eenboom, ehemaliger Bundeswehr-Offizier[1]

Tierversuche in der Rüstungsindustrie sind nichts Überraschendes, höchstens ein besonders widerwärtiger Auswuchs menschlichen Forschergeistes, der das Leben und die körperliche Unversehrtheit von Tieren schon immer als eine zu vernachlässigende Größe angesehen hat. Der Parlamentarische Staatssekretär Peter Kurt Würzbach mußte auf Anfrage des SPD-Abgeordneten Klaus Kirschner bestätigen, daß die Bundeswehr lebende Schweine zu Schießversuchen mißbraucht hatte. Bei den von 1975 bis 1979 und 1982 bis 1983 durchgeführten Beschußversuchen sei es jedoch darum gegangen, die »Wirkung von Schußwesten« festzustellen und »Fertigkeiten für Operationstechniken zu entwickeln, um durch Schußwaffen entstandene Brüche operationell behandeln zu können«. Natürlich, so Würzbach, würden Tierversuche in der Bundeswehr nicht zu militärischen Zwecken, sondern »nur zur Diagnose, zur Therapie und zur Entwicklung von Möglichkeiten des Schutzes für die Menschen« durchgeführt werden – wie beruhigend.[2]
Die zusammengeschossenen Tiere werden diesen feinen Unterschied zu schätzen gewußt haben.

Der Gedanke des Beschusses menschlicher Körper wirkt noch abstruser. Dennoch weiß Erich Schmidt-Eenboom, heutiger Leiter des »Forschungsinstituts für Friedenspolitik« mit Sitz in Weilheim, von einem Fall zu berichten, der mehr als seltsam anmutet. Erich – vor Jahren von der Bundeswehr zur Friedensbewegung konvertiert – erzählt mir von einer derartigen Situation. Auf meine Bitte hin verfaßt er ein Gedächtnisprotokoll, in welchem er einen Fall schildert, von dem er Jahre zuvor als Offizier erfahren hat:

»Nach meiner Erinnerung gegen Ende des Jahres 1978 beging ein Wehrpflichtiger während des NATO-Alarms in der Boelcke-Kaserne in 3012 Langenhagen Selbstmord, indem er als Wachsoldat die Schulterstütze seines Gewehres G 3 in den Zaun stemmte, die Stirn an den Mündungsfeuerdämpfer drückte und abzog. Der extrem große Wundkanal sowohl beim Eintritt des Geschosses in die Stirn wie auch beim Austritt durch den Hinterkopf erregte das Interesse der Gerichtsmediziner in Hannover. Daher beantragten sie beim Wehrbereichskommando II in Hannover die zeitweilige Überlassung eines G 3-Gewehres vom Flugabwehrregiment 1 – meinem damaligen Verband – für Beschußversuche an menschlichen Leichen, dem für eine mehrwöchige Entleihdauer entsprochen wurde.« Die Einladung zur Teilnahme an Beschußreihen auf Menschenfleisch stieß »im Offizierskorps nur auf Befremden«.
Knapp einen Monat später verfasse ich einen Leserbrief, der sich auf einen anderen bezieht, in welchem die RIO-Forderung nach Umstellung der Militärproduktion als »unrealistische Vision« bezeichnet wird.[3] Mein Schreiben wird – trotz seines deutlichen Inhaltes – im *Schwarzwälder Boten* abgedruckt. Darin nehme ich Bezug auf den inhumanen G 11-Werbeprospekt und schildere auch den Fall des Langenhagener Soldaten und seinen Selbstmord mit einem G 3-Gewehr: »... Vielmehr behauptet der G 11-Werbeprospekt selbst, es gehe darum, ›daß die Trefferwahrscheinlichkeit wesentlich erhöht und damit der Munitionsverbrauch gemindert‹ werde. Mehr Getötete also bei geringerem Aufwand. Daß es sich bei den als ›Weichzielen‹ bezeichneten Opfern um Menschen handelt, ist offensichtlich. Zum einen zeigt die H & K-Werbung in zwei erschreckenden Zeichnungen, wie Menschen durch den G 11-Be-

schuß erschossen werden. Zum anderen wurden beispielsweise 1978 in der Gerichtsmedizin in Hannover Beschußversuche an einer menschlichen Leiche vorgenommen, damals noch mit dem G 3. Diese grausamen Realitäten zu verharmlosen ist gerade angesichts der hunderttausend Opfer, zum Beispiel durch den Einsatz des Schnellfeuergewehrs G 3 im Golfkrieg, und angesichts der kommenden G 11-Opfer unglaublich zynisch.«[4]
Bei Heckler & Koch bricht Panik aus, die Pressesprecherin sieht sich zu einer Stellungnahme genötigt: »... Es entsteht der Eindruck, als habe die Firma Heckler & Koch auf diese Weise das von ihr in den fünfziger Jahren entwickelte Bundeswehrgewehr G 3 in irgendeiner Form ›testen‹ wollen.« Im folgenden schildert Andrea Brodbeck die Umstände des Selbstmordes des Soldaten, das Schreiben habe ich der Firma auf deren Wunsch hin zukommen lassen. Die H & K-Stellungnahme endet mit der noch makabereren Feststellung: »In diesem Zusammenhang soll die Gerichtsmedizin Hannover bei der Bundeswehr ein G 3 angefordert haben. Dies ist ein durchaus übliches Verfahren, da letztlich die Frage ›Selbstmord oder Fremdverschulden‹ nur nach gründlicher Untersuchung und Rekonstruktion durch das zuständige Gerichtsmedizinische Institut geklärt werden kann.«[5]
Unstrittig ist, daß zwischen dem Leichenbeschuß und der Herstellerfirma keinerlei Bezug besteht, außer daß die Waffe aus Oberndorf stammt. Hochinteressant aber ist allemal die Feststellung der H & K-Pressesprecherin, die auf die Aussage des Friedensforschers, es würden »Beschußversuche an menschlichen Leichen« vorgenommen werden – wozu sogar noch die Offiziere der Boelcke-Kaserne eingeladen sind – antwortet, dieses Verfahren sei »durchaus üblich«.

Von der Unterlassungserklärung ...

> »Jürgen Grässlin hat dieses Schreiben (in dem es um nichts anderes geht als um die gerichtsmedizinische Untersuchung eines Selbstmordfalles) in übelster Weise dazu benutzt, um gegen unsere Firma Stimmung zu machen.«
>
> *Aushang am Schwarzen Brett von Heckler & Koch,* unterzeichnet von *Dr. Dirk Holzknecht* und *Andrea Brodbeck*

4. Mai 1990, vormittags. Im Mosersaal des Stuttgarter Landtags findet eine Pressekonferenz der Grünen Baden-Württemberg statt. Als für die Friedenspolitik zuständiges Landesvorstandsmitglied und RIO-Sprecher weise ich auf das am kommenden Tag stattfindende Symposium hin, das sich kritisch mit Fragen der Rüstungsproduktion und dem Export baden-württembergischer Waffen auseinandersetzen soll. Einer der Schwerpunkte: die Firma Heckler & Koch. Ich gehe auf die wehrtechnische Produktion, die weltweite Verbreitung der G 3-Gewehre sowie deren menschenverachtenden Einsatz in aller Welt ein. Beim Thema »Schnellfeuergewehr G 3« erwähne ich auch den Brief von Erich Schmidt-Eenboom zu Beschußversuchen an menschlichen Leichen. Das Schreiben, aus dem eindeutig hervorgeht, daß dieser Beschuß seitens der Gerichtsmedizin in Hannover erfolgte, teile ich in Kopien an die anwesenden Journalisten, auch an den Radioreporter des Südwestfunks, aus. Im folgenden gehe ich auf die Entwicklung des G 11 ein, zitiere die schlimmsten Textpassagen und verurteile die Werbesprache. Der letzte Teil des Statements umfaßt die hohen Kosten des neuen Sturmgewehrs. Der Vortrag dauert knapp zwölf Minuten.

4. Mai 1990, High Noon. Den Bürgerinnen und Bürgern im Musterländle bleibt das Mittagessen im Halse stecken. SWF 1, einer der bestfrequentierten Radiosender, strahlt im Mittagsmagazin »Baden-Württemberg aktuell« einen Bericht aus, der es in sich

hat: »Ungeheuerliche Vorwürfe gegen den Schwarzwälder Waffenhersteller Heckler & Koch. Die Firma habe zur Erprobung von Waffen Körper von Toten als Testziele benutzt, behauptet die Oberndorfer Abrüstungsinitiative. Ihr Sprecher Jürgen Grässlin: ›Man hat auf menschliche Leichen geschossen. Das klingt erstmal sehr absurd, wir haben uns aber erkundigt und haben beispielsweise jetzt ein Schreiben vorliegen vom Forschungsinstitut für Friedenspolitik, das hat Erich Schmidt-Eenboom, der kommende Leiter, verfaßt, und der bestätigt uns, daß 1978 die Leiche eines Bundeswehrsoldaten mit dem G 3-Gewehr im Beschuß war. Wir können auf jeden Fall damit belegen, daß die Firma Heckler & Koch in Oberndorf, hier in Baden-Württemberg, daß sie jeden ethischen, religiösen oder moralischen Boden verläßt, wenn sie so etwas macht, wenn sie dieses Gewehr entwickelt ...‹«

4. Mai 1990, abends. Die H & K-Pressesprecherin dementiert über den Sender: »Es ist natürlich Unsinn. Also, dazu muß ich zuerst mal sagen, daß bei uns in der Firma Beschußserien überhaupt nicht gemacht werden. Die werden von der Wehrtechnischen Dienststelle in Meppen, also sprich von der Bundeswehr bei der technischen Erprobung gemacht, und da, das wissen wir aus Erfahrung, wird selbstverständlich nicht auf Weichziele, sprich Menschen, geschossen, sondern man testet die ballistische Wirkung von Geschossen an einer Gelatine, die speziell für diese Erprobung von Munition entwickelt wurde.« Andrea Brodbeck beschreibt diese Gelatine näher und endet mit den Worten: »Ich kann mir auch nicht vorstellen, daß zu früheren Zeiten, so zum Beispiel bei der G 3-Erprobung, auf Leichenteile von Menschen geschossen wurde. Es wurde vor etwa 15 Jahren in Schweden offiziell wohl auf Tierkadaver, sprich Schweinekadaver, geschossen ...«

31. Mai 1990. Edwin J. Bulach, Rechtsanwalt aus Schramberg, verfaßt ein Schreiben, in dem mir unterstellt wird, »verleumderisch gehandelt« zu haben. Seine Mandantin, die Firma Heckler & Koch,

»verbittet sich derartige Machenschaften«. Ich soll eine »Unterlassungserklärung« und ein »Vertragsstrafeversprechen« unterzeichnen, in dem ich mich verpflichte, zukünftig zu unterlassen, »die Behauptung wörtlich oder sinngemäß aufzustellen bzw. zu verbreiten, die Firma Heckler & Koch habe zur Entwicklung von Gewehren in irgendeiner Form Schußversuche an menschlichen Leichen durchgeführt oder durchführen lassen, um diese zu testen.« Im Falle der »Zuwiderhandlung« müsse ich mich verpflichten, 20 000 DM an das Unternehmen zu zahlen. Die bisher angefallenen Rechtsanwaltskosten in Höhe von 1105 DM sind gleich zu übernehmen. Die Firma schießt diesmal tatsächlich scharf. Da ich die mir unterstellten Aussagen so nicht getroffen habe, bin ich nicht im mindesten bereit, auf die juristische Breitseite der Firma einzugehen. Die Konsequenzen sind unvermeidlich – der Streitfall kommt vor Gericht.

... zum Prozeß

»... erheben wir Anklage und werden beantragen: 1. Der Beklagte wird verurteilt, es bei Meidung eines Ordnungsgeldes bis zu DM 500 000,00, ersatzweise Ordnungshaft bis zu zwei Jahren, zu unterlassen ...«

Auszug aus der Klageschrift[6]

27. Juli 1990. In den Medien schlagen die Wellen hoch – höher als sonst üblich. Vierspalter füllen die Zeitungsseiten im Ländle. Es ist wie in einem guten Western: der Termin steht, die Akteure haben ihre Argumente im Anschlag, der verbale Showdown steht kurz bevor. Könnte die Firma belegen, daß die mir unterstellten Behauptungen tatsächlich mit diesem Inhalt geäußert worden sind, dann wäre das ein herber Rückschlag für unsere Arbeit und das bisher so hervorragende Renommee von RIO. Sollte es mir gelingen, die Unterstellungen zu entkräften, dann hätte sich die Firma böse die

Finger verbrannt und würde sich in Zukunft sehr genau überlegen, nochmals zu klagen und damit das Risiko einer weiteren öffentlichen Blamage über sich ergehen zu lassen.
Hinter diesem Prozeß steht die alles entscheidende Frage: Sind die Gegner von Heckler & Koch auf juristischem Weg mundtot zu machen?

30. Juli 1990, 16.00 Uhr. Das Finale ist bestens vorbereitet. Ich habe mich zuerst mit Ullrich Hahn, einem Rechtsanwalt aus Villingen getroffen, der Erfahrung bei Prozessen mit friedenspolitischen Streitpunkten hat. Normalerweise verteidigt er Kriegsdienstverweigerer und Totalverweigerer, aber auch Flüchtlinge, denen die Abschiebung droht. Ulli gibt mir entscheidende strategische Tips. Da der Prozeß vor dem Landgericht Rottweil stattfindet, vertritt mich letztendlich Bernhard Pahlmann, und der macht seine Sache sehr gut. Auch die Vielzahl der im Saal vertretenen Freundinnen und Freunde gibt großen Rückhalt.
In meinem Statement erkläre ich, wie die Südwestfunkmeldung zustande gekommen sein könnte: Durch die Verquickung mehrerer, unabhängig voneinander vorgetragener Sachverhalte ist ein völlig neuer Sinn entstanden. Die eigentliche Fehlmeldung hat schon in der Anmoderation des Südwestfunkredakteurs gelegen, in welcher unterstellt wird, Heckler & Koch beschieße menschliche Leichen. Daß ich eine derartige Behauptung nicht geäußert habe, auch nicht getan haben kann, belegt nicht zuletzt die Tatsache, daß ein solcher Satz meinerseits auch nicht über den Sender gegangen sowie von keinem anderen Presseorgan gemeldet worden ist. Durch Schnitte bei der ursprünglich wesentlich längeren Rede sind Aussagen völlig unterschiedlicher Sachverhalte miteinander verkettet worden. Habe ich den G 11-Werbeprospekt als »ethisch, religiös und moralisch« verwerflich verurteilt, so klingt es in dem SWF-Bericht, als sei ein vermeintlicher Leichenbeschuß von H & K damit gemeint.
Richter Alber liegt an einer gütlichen Konfliktbeilegung. Er gibt sich alle Mühe, den Streit mit einem Vergleich zu beenden.

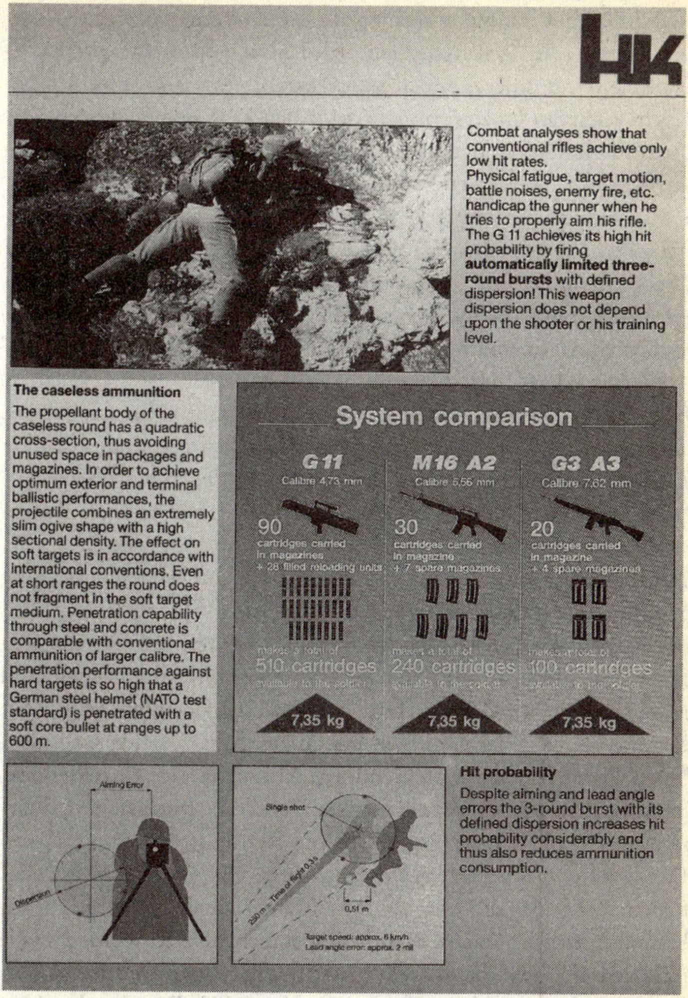

Abbildungen und Texte im G 11-Werbeprospekt lassen keine Zweifel über die Wirkung auf »Weichziele« (»The effect on soft targets«) aufkommen. Heckler & Koch kam deshalb derart in Rechtfertigungszwang, daß die Pressesprecherin eine Neuausgabe ankündigte. Diese wurde jedoch bis heute nicht herausgebracht. (Werbeprospekt / Montage zweier Seiten)

Eigentlich bin ich nicht gewillt, auf diese Lösung einzugehen, zu gut stehen die Chancen, den Prozeß zu gewinnen. Bernhard Pahlmann rät mir dennoch zur Zustimmung. Die Heckler & Koch-Vertreter sind grimmig: Sie haben sich darauf eingestellt, ihrem härtesten Gegner an diesem Tag eine vernichtende Niederlage beizubringen. Letztendlich gehen beide Seiten den Vergleich ein: Ich bestätige, den Vorwurf des Leichenbeschusses durch die Firma nie getroffen zu haben und auch in Zukunft nicht aufzustellen. H & K zieht die Klage gegen mich zurück und muß den diffamierenden Anhang am Schwarzen Brett der Firma – in dem von »Propaganda übelster Machart« die Rede ist – beseitigen.

Die Kosten des Rechtsstreits werden zu zwei Dritteln der Firma angelastet. In seiner Begründung bestätigt der Vorsitzende Richter Alber meine Argumentationslinie: Die Äußerungen bei der Pressekonferenz seien »in dem Vorspann zusammengefaßt worden«, dabei sei aber die »Frageform benutzt worden«. »Zudem ist zwischen den Konfliktparteien unstreitig, daß seitens des Südwestfunks bei der Sendung des Interviews Schnitte erfolgt sind.« Bei der Festlegung der Kostennote hat Richter Alber berücksichtigt, daß »seitens des Beklagten keine Aufgabe des bisherigen Rechtsstandpunktes« erfolgt ist.[7] Heckler & Koch legt gegen diesen Beschluß »sofortige Beschwerde« ein und beantragt die umgekehrte Kostenverteilung.[8] Doch damit hat die Waffenschmiede keinen Erfolg, das Oberlandesgericht Stuttgart weist sie zurück: Heckler & Koch ist endgültig in seinen Bemühungen gescheitert, uns juristisch auszubooten.[9]
Die *Südwest Presse* schreibt im folgenden: »Die Oberndorfer Waffenfirma Heckler & Koch mußte bei ihrer Zivilklage wegen Verleumdung gegen Jürgen Grässlin, den Sprecher des Rüstungs-Informationsbüro Oberndorf (RIO) und Landesvorstandsmitglied der Grünen, klein beigeben.«[10] Andreas Braun, als Prozeßbeobachter dabei, kommentiert seine Eindrücke in einem Leserbrief: »Offensichtlich, das wurde im Verlauf der Verhandlung deutlich, kam es der Firma mit diesem Verfahren nur darauf an, permanent von

ihrem menschenverachtenden G 11-Werbeprospekt abzulenken. Das wird ihr nicht gelingen: Die Verhandlung hat deutlich gemacht, daß Heckler & Koch mit den Bemühungen, RIO auf gerichtlichem Weg einzuschüchtern, gescheitert ist. RIO wird weitermachen – jetzt muß es darum gehen, die weltweite Einführung der Tötungsmaschine G 11 zu verhindern.«[11]

Wachstum für alle Bereiche

»Freude war in Trojas Hallen,
Eh die hohe Feste fiel,
Jubelhymnen hört man schallen
In der Saiten goldnes Spiel.«

Friedrich Schiller: Kassandra (1802)

Die Firmenoberen überschlagen sich schier in ihren Frohlockungen: »Erfreuliche Auftragslage für Heckler & Koch«, so der Leitartikel der unternehmenseigenen Hauszeitung *Hauskurier HK.* Dort werden sämtliche Schreckgespenster, welche die Arbeitnehmerinnen und Arbeitnehmer in den vergangenen Monaten verunsichert haben, vom Tisch gewischt: »Der konjunkturelle Start in die neunziger Jahre ist glänzend gelungen«, so der damalige Bundeswirtschaftsminister Dr. Helmut Haussmann, der die Wirtschaft expandieren und Nachfrage wie Produktion kräftig steigen sieht. »Diese Aussage ist nicht nur bundesweit, sondern durchaus auch für Heckler & Koch gültig: Dank eines regen Auftrags-Einganges kann schon jetzt die Vollbeschäftigung für das Jahr 1990 garantiert werden.« Auch zum G 11 weiß der *Hauskurier* durchaus Erfreuliches zu berichten: Dieses habe alle technischen Erprobungen bestanden, nunmehr beginne die Verhandlungsphase. Es kommt noch schöner, denn Heckler setzt sich ein Ziel: »Der Umsatz-Zuwachs soll, im Vergleich zum Vorjahr, für alle Geschäftsbereiche bei zehn Prozent liegen.« Dabei gibt es allen Grund zum Jubeln für die

2045 H & K-Beschäftigten: »Schon im ersten Quartal zeichnet sich für unsere Unternehmensgruppe eine positive Entwicklung ab. Ihr ist es zu verdanken, daß der geplante Umsatz bereits jetzt zu mehr als 50 Prozent gedeckt ist.« Schlußfolgerung des *Hauskurier*: »Deshalb ist schon heute sicher, daß die HK-Mitarbeiter in diesem Jahr auf Vollbeschäftigung bauen können.«[12] Hosianna – Ehre sei Lamp & Moser in der Höhe!

In derselben Ausgabe der H & K-Hauszeitschrift wird das Gipfeltreffen in der Firma aus der Sicht des Unternehmens beschrieben. Quintessenz: »Sollte sich jemals die Situation ergeben, daß alle Waffen auf dieser Welt überflüssig würden, wäre Heckler & Koch sofort bereit, die Waffenproduktion einzustellen.« Was fehlt, ist die Feststellung: Und bis zu diesem Tage werden wir – auf Teufel komm raus – weiter Waffen produzieren.

Interessanter als derartige Seifenblasen ist der daneben abgedruckte »Brief an Jürgen Grässlin«, verfaßt von der Pressesprecherin Andrea Brodbeck. Darin heißt es: »Wir haben vorgesorgt. Bereits Ende der siebziger Jahre sind wir ganz gezielt im zivilen Sektor aktiv geworden. Heute besteht die Unternehmensgruppe neben dem Gebiet Wehrtechnik aus fünf weiteren, zivilen Geschäftsbereichen, die – nach knapp einem Jahrzehnt – immerhin die Hälfte des Umsatzes erzielen.« Und so sei die Sorge von RIO, bei H & K stünden Massenentlassungen an, »glücklicherweise unbegründet«.

Wir druckten den Brodbeck-Brief in vollem Wortlaut im *Schwarzwälder Friedensforum* ab, nebst einem Antwortschreiben meinerseits: »Ich freue mich mit Ihnen um jeden dieser Arbeitsplätze im zivilen Bereich«, so meine Replik, in der ich die Anstrengungen im Zivilbereich lobte und auf das Manko des Brodbeck-Schreibens einging: »So wird zwar der prozentuale Anteil zugunsten der zivilen Fertigung angehoben, das für die Friedensbewegung zentrale Problem der Herstellung von Mordwaffen besteht jedoch unverändert und potenziert sich mit der Produktionsaufnahme des G 11.«[13]

Stoppt das G 11!

> »In den Verhandlungen zwischen Heckler & Koch und dem Bundesverteidigungsministerium fällt in den kommenden Monaten eine Entscheidung, die für die Bundeswehr- und NATO-Truppen sowie für Menschen in der Dritten Welt von nachhaltiger Bedeutung sein wird.«
>
> Postkartenaktion des *Schwarzwälder Friedensforums*

September 1990. Unsere Postkartenaktion ist angelaufen. Wir lassen über 20 000 Karten drucken. Diese sollen mit dem entsprechenden Vordruck an den damaligen Bundesminister der Verteidigung, Dr. Gerhard Stoltenberg, an die jeweiligen Bundestagsabgeordneten des Kreises sowie die H & K-Geschäftsleitung geschickt werden. Die Aktion wird von verschiedenen Friedens- und Menschenrechtsorganisationen, von der Bundeskoordinationsstelle »Stoppt den Rüstungsexport« des BUKO in Bremen über »Ohne Rüstung Leben« bis hin zur DFG-VK, der Deutschen Friedensgesellschaft Vereinigte KriegsdienstgegnerInnen, unterstützt. Bundesweit gehen die Karten in die Verteiler ein, was eine breit getragene Unterstützung verheißt. Die Forderungen an die Adressaten sind unmißverständlich: Keine Produktionsaufnahme des G 11, keine Rüstungsexporte und G 11-Lizenzvergaben, dafür vollständige Umstellung der militärischen auf die zivile Fertigung bei H & K.

Das Drama um die Serienfertigung des G 11 nimmt immer groteskere Züge an. Die Informationen in der militärischen Fachpresse sind derart widersprüchlich, daß sich daraus bedenkliche Rückschlüsse auf das Chaos in der Hardthöhe ziehen lassen. Die Vaterlandsverteidiger leiden unter dem fehlenden Feind, der nach dem Zusammenbruch der Warschauer Vertragsorganisation und

den konkreten Abrüstungsschritten eines Michail Gorbatschow der Bundeswehr jegliche Legitimation entzieht.
In dieser Phase entschließen wir uns, Bonn mit dem Bundestagsantrag auf den G 11-Verzicht zu konfrontieren. Die Abgeordneten sollen Farbe bekennen, ob sie sich endlich vom Denken aus der Zeit des Kalten Krieges lösen können: »Die Bundesregierung verzichtet aus friedenspolitischen, finanziellen und ethischen Gründen darauf, das von den Firmen Heckler & Koch, Oberndorf, und Dynamit Nobel, Troisdorf, entwickelte neuartige Gewehrsystem mit hülsenloser Munition (G 11) produzieren und bei der Bundeswehr bzw. NATO-Einheiten einführen zu lassen.« Weiterhin sieht der Antrag vor, keine G 11-Lizenzvergaben zu genehmigen sowie die USA-Lizenz zurückzuziehen. Ende Oktober 1990 wird der Antrag von den grünen Bundestagsfrauen Vennegerts, Birthler und Vollmer sowie Willi Hoss eingebracht. Die CDU/CSU/FDP-Stahlhelmfraktion bekennt Farbe – und lehnt den Antrag ab.
Mein Kommentar in der Landespresseerklärung: »Jetzt ist zu befürchten, daß wieder über Jahrzehnte hinweg Hunderte von Arbeitsplätzen bei Heckler & Koch für die Waffenproduktion und den skrupellosen Export festgeschrieben werden.«[14]

Der Bundestagsbeschluß zeigt, wie ernst die Lage ist. Erneut finden wir breite Unterstützung durch die Medien. Auflagenstarke Presseorgane auf dem Zeitungs- und Zeitschriftenmarkt berichten in teilweise halbseitigen Beiträgen in der ganzen Republik über die RIO-Bemühungen und den bedenklichen Stand der G 11-Debatte. Peter Henkel von der *Frankfurter Rundschau* zerpflückt nicht nur den Weichziel-Werbeprospekt, sondern versucht auch aktuelle Informationen zur G 11-Einführung zu erfahren: Zwischendurch sei es »von der Hitliste verschwunden«, aber »das ändert sich jetzt jeden Tag«, lautet die Auskunft.[15] Karl-Heinz Büschemann von der *Zeit* schlägt in dieselbe Kerbe: »Das Projekt ist völlig offen«, so ein Sprecher der Hardthöhe.[16] »Ob das Supergewehr allerdings jemals bei Heckler & Koch in die Massenproduktion geht, steht derzeit noch in den Sternen. Geldmangel, die Ungewißheit über die zukünftige Struktur und Personalstärke der Streitkräfte und massive Proteste von Rüstungsgegnern haben die 15 Jahre alten Planungen vorerst kräftig ins Wanken gebracht.«[17] Das »Wanken« alleine war noch zu wenig. Es hieß die präziseste Tötungsmaschine der Welt zu Fall zu bringen.

III. Teil: Export auf Teufel komm raus

17. Ministerpräsidenten als Handlanger der Rüstungsindustrie

Ein Herz für die Rüstung

»Subventionen, um Betriebe, die in der Krise stecken, künstlich am Leben zu halten, lehne ich ab.«

Dr. h. c. Lothar Späth als Ministerpräsident von Baden-Württemberg[1]

Über ein Jahrzehnt bestimmte das »Cleverle«, wie er gemeinhin genannt wurde, was im Musterländle gemacht wurde und was nicht – in der Politik wie in der Wirtschaft. Auf dem Zenit seines Erfolgs angelangt, gab er ein Interview, das vieles verriet vom Erfolg der Rüstungsindustrie im Südwesten der Republik.
Wie er dazu beitragen könne, den Wohlstand des Landes zu mehren, wurde er gefragt. Antwort: Das »wirtschaftliche Klima« müsse stimmen, hierzu gebe es ein »breit gefächertes Förderungsangebot« und es seien »im Landeshaushalt jährlich rund 150 Millionen Mark bereitgestellt«. Wie er die Bedeutung der Rüstungsindustrie im Musterländle einschätze, wurde er gefragt. Antwort: Sie besitze »eine Vorreiter-Rolle«, zum Beispiel bei den neuen Werkstoffen, im Bereich elektronischer Meß- und Regeltechnik, bei Funkleitsystemen und im Bereich der Kommunikationstechnik.
Dann eine der zentralsten Fragen; der Interviewpartner ist sich durchaus ihrer Bedeutung bewußt, schließlich sei »vor allem der Rüstungsexport bei gewissen Kreisen schlecht angesehen, ja geradezu verhaßt«. Sind Rüstung und Rüstungsindustrie wirklich nur eine ungeliebte Notwendigkeit und sollte man den Rüstungs-Export an Nicht-NATO-Länder verbieten? Unser Cleverle bekannte Farbe: Man müsse die Diskussion wieder »auf den Kern des Themas bringen. Und da stehe ich klipp und klar zu dem von der

Bundesregierung damals unter Bundeskanzler Helmut Schmidt geprägten Kurs, wonach die Zustimmung zum Export von Rüstungsgütern in Länder außerhalb des Bündnissystems restriktiv gehandhabt werden muß.« Was das in der Praxis heißt, wissen wir bereits zur Genüge. Doch Lothar Späth machte selbst hier noch einen Rückzieher: »Da geht es um die vitalen Interessen unseres Landes, mit der Folge, daß rein wirtschaftliche Gesichtspunkte im Hinblick auf unsere politischen Interessen insgesamt gesehen werden müssen.« In der Praxis bedeutete diese Politik der sogenannten »Christlich«-Demokratischen Union, daß die Länder rund um den Globus erst einmal kräftig mit Waffen vollgepumpt wurden und man dann hinterher verwundert feststellte, daß diese dann auch eingesetzt wurden (was noch lange nicht hieß, daß man nicht weiterhin lieferte). Der Ministerpräsident selbst brachte die Frage auf den Punkt: »Es geht nicht darum, den Export von Rüstungsgütern in Länder außerhalb unseres Bündnisses zu verbieten, sondern darum, die Genehmigungspraxis weiterhin so zu handhaben, daß wir den Interessen unseres Landes, die sich an unserem vitalen Interesse zur Sicherung des Friedens orientieren, gerecht werden.« Deutlicher hatte selten ein Regierungspolitiker vor ihm gesagt, was Sache war: Nicht ethische Aspekte, nicht humanitäre Grundsätze, nicht die Frage der Menschenrechte bestimmten die Politik der baden-württembergischen Landesregierung, sondern Profit, Gewinnmaximierung und die Politik der militärischen Stärke.

Unser Lothar war ein Mann der Praxis, so hatte er auch gleich einige praktische Tips an der Hand, wie diese Exportgeschäfte forciert werden konnten: »Die Erschließung neuer Auslandsmärkte läßt sich heute nicht mehr vom heimischen Schreibtisch aus betreiben. Wer etwas verkaufen will, muß vor Ort präsent sein. Wir haben deshalb unser Mittelstands-Förderungsprogramm so gestaltet, daß Unternehmen bei der Präsentation ihrer Leistungsfähigkeit auf Auslandsmessen und Symposien geholfen werden kann.«[2] Wie erfolgreich die Späthsche Vermarktungsstrategie ist, belegt die allseitige Präsenz der »heimischen« Rüstungsschmieden auf den Militärmessen in aller Welt.

Solcherlei Politik zeitigte Folgen, zumal der Nachbar in Weiß-Blau, der es immerhin bis zum Verteidigungsminister gebracht hatte, eine Politik des rivalisierenden Wettbewerbs um die Gunst der Rüstungsgrößen praktizierte: Die Rüstungsindustrie Süddeutschlands blühte nach dem Zweiten Weltkrieg auf und mauserte sich schnell zum unumschränkten Topproduzenten: Bayern und Baden-Württemberg nehmen seither die Spitzenposition bei den Rüstungsumsätzen ein und stellen die größten Waffenschmieden. Die Bundesregierung bestätigte auf eine Vennegerts-Anfrage, daß in den alten Bundesländern »rund 250 000 Beschäftigte in der Verteidigungsgüterproduktion (einschl. handelsüblicher Bundeswehrbedarf) tätig« sind.[3] Allein ein Viertel dieser Arbeitsplätze entfällt auf das Musterländle Baden-Württemberg. Baden-Württemberg erhielt 1990 Rüstungsaufträge im Wert von 3,84 Milliarden DM, 1991 und 1992 lagen die Zuwendungen bei 1,42 bzw. 1,60 Milliarden DM. Damit hat das Musterländle seinen hohen Anteil von rund 18% der Auftragsvergabe der Bundeswehr gehalten, denn auch im Jahrzehnt zuvor schwankten die Bonner Verteidigungszuwendungen zwischen 1,34 und 3,86 Milliarden DM.[4]
Späth beschrieb sein Verhältnis zum Bundesland im Osten: »Ich glaube, daß Bayern und Baden-Württemberg in der Tat in vielen Bereichen Schrittmacherdienste leisten.« Beide würde »gesunder, konstruktiver Wettbewerb« verbinden. Auf wessen Kosten, das vergaß der Herr Ministerpräsident bei seinem Interview mit der *wehrtechnik*, dem auflagenstärksten Lobbyblatt der deutschen Rüstungsindustrie, zu sagen.

Die Situation in Baden-Württemberg unterscheidet sich bis zum heutigen Tage nur marginal von der anderer Bundesländer, selbst

dann, wenn die Sozialdemokratie den Regierungschef stellt. Neuerliches Beispiel in einer Kette der rüstungssubventionierenden Entscheidungen ist das vehemente Eintreten eines Gerhard Schröder für die Lieferung von Kriegsschiffen nach Taiwan – gegen die Beschlußlage von Bundespartei wie Bundestagsfraktion. Noch während des Golfkrieges hat Schröder deutsche Waffenexporteure als »gewissenlose Geschäftemacher« bezeichnet. Aber auch andere sozialdemokratische Ministerpräsidenten stehen seit Jahren im inneren Widerstreit zwischen ihren friedenspolitischen Abrüstungsbekundungen und lukrativen Rüstungsdeals: Björn Engholm hat als damaliger schleswig-holsteinischer Ministerpräsident still zugesehen, wie die HDW-Werft – wichtigster Industriebetrieb in Kiel – »fleißig Rüstungsaufträge aus aller Welt sammelte – durchaus nicht nur aus NATO-Staaten«.[5]
Der niedersächsische Ministerpräsident entschied sich im Konflikt zwischen Arbeitsplätzen in der heimischen Werftenindustrie und Rüstungsexporten in das Spannungsgebiet Südostasien für den Jahrhundertauftrag, die Lieferung von jeweils zehn U-Booten der Klasse 209 und Korvetten des Typs Meko 100 im Wert von rund zwanzig Milliarden DM – inclusive Bewaffnung – an Taiwan: »In einem Abwägungsprozeß habe ich gegen meine Prinzipien verstoßen«. Sozialdemokrat Schröder meinte in der tragischen Tradition eines Helmut Schmidt, man müsse sich fragen, »ob Prinzipien wichtiger sind als Arbeitsplätze«. Der Frage, ob nicht doch das Leben von Menschen in Südostasien wichtiger ist als die hiesigen Arbeitsplätze, wollte sich Schröder nicht stellen. Bedeutender ist für den Ministerpräsidenten vielmehr, »was mit den Lebensschicksalen derer ist, die hier betroffen sind«.
Schröder erntete berechtigte Kritik der liberal-konservativen Opposition. Der niedersächsische CDU-Fraktionschef Jürgen Gensäuer sprach von Scheinheiligkeit: »Vor Rüstungsgegnern reden Sie so, vor Werftarbeitern ganz anders. Aus diesem Stoff wird Parteienverdrossenheit gemacht.«[6] Die Junge Union kritisierte »Schröders Kniefall vor dem Auftragsbuch der Werften« und die »doppelte

Moral der Sozialdemokraten«, welche auch andere SPD-Nordlichter zeigten.[7]
Einzig dem konsequenten Anti-Rüstungsexportkurs des grünen Juniorpartners war es zu verdanken, daß dieser Waffendeal mit einem Land in einem Spannungsgebiet nicht zustande kam.[8]

Ohne MOOS nix los

> »Jürgen Grässlin, der abrüstungspolitische Sprecher der Grünen im Landesvorstand, stellte in den vergangenen Tagen das Projekt ›Modellregion Oberndorf/Schramberg‹ der Öffentlichkeit vor. Bei verschiedenen Medien ist er damit auf großes Interesse gestoßen. Die Firma Heckler & Koch verspricht sich dagegen nicht viel davon.«
>
> *Südwest Presse*[9]

Die Resonanz in den Medien ist mehr als hervorragend. Der Landesdienst Südwest, baden-württembergischer Ableger der Deutschen Presse-Agentur, veröffentlicht einen ausführlichen Bericht von der Pressekonferenz mit der Vorstellung des Projekts einer »Modellregion Oberndorf/Schramberg«, kurz »MOOS« genannt. Zeitungen im ganzen Bundesland greifen die Meldung auf, führen entsprechende Interviews und unterstützen den Gedanken einer exemplarischen Umstellung auf die Fertigung ziviler Güter.[10]
Die Grundidee ist so einfach wie reizvoll: Sollte es gelingen, die Waffenschmieden in einem Kreis, der wie kein anderer von der Rüstungsproduktion und dem -export lebt, zur Umstellung zu veranlassen, dann besitzt dieser Konversionsprozeß Signalwirkung für die gesamte Republik. Von den rund 9000 Arbeitsplätzen in der Region sind gut ein Drittel direkt von der Rüstungsproduktion abhängig. Um diesen Gedanken in die Tat umzusetzen, bin ich bereit, einen Grundsatz aufzugeben, den ich in den vergangenen

Jahren vehement bei allen öffentlichen Auftritten und Statements eingeklagt habe: »Kein Geld für Rüstungsschmieden«. Großunternehmen wie Daimler-Benz oder Siemens sind nicht im mindesten auf Geld aus dem Landes- oder Bundeshaushalt angewiesen. Ganz anders sieht die Situation bei den Unternehmen aus, die den Großteil ihres Umsatzes mit der Militärproduktion erwirtschaften und vom globalen Umbruch überrollt werden. Zu schnell ist über viele das Ende des Ost-West-Konflikts hereingebrochen. In kürzester Zeit vollzieht sich die Auflösung der Warschauer Vertragsorganisation, die deutsch-deutsche Vereinigung mit der Übernahme eines immensen Waffenarsenals der Nationalen Volksarmee sowie die Verkleinerung der Bundeswehr auf rund 370 000 Mann.
Für rüstungsproduzierende Unternehmen, die wie Heckler & Koch mindestens zur Hälfte von der Waffenproduktion leben, kann diese Entwicklung dem Todesurteil gleichkommen: H & K befindet sich in der Gefahr, das erste Opfer der Entspannungspolitik zu werden. Als Gewerkschafter liegt mir nichts daran, Arbeitsplätze zu zerstören, sondern diese sinnvoll auszufüllen.

Das Stockholmer Friedensforschungsinstitut SIPRI prognostiziert im Oktober 1990, daß die europäische Rüstungsindustrie bis Mitte der neunziger Jahre ein Drittel ihrer Kapazität verlieren und rund 500 000 Arbeitsplätze abbauen würde: »Es gibt keine Alternative zum Abbau bestehender Überkapazitäten«, so die Friedensforscher von SIPRI. Grund dafür seien auch die Kürzungen der Militärhaushalte, die in verschiedenen Regionen empfindliche Störungen des Wirtschaftslebens nach sich ziehen würden.[11]
Die bundesdeutsche Rüstungsindustrie versucht, diesem Abwärtstrend mit Firmenkonzentrationen und internationalen Kooperationsprojekten zu begegnen. So werden Mauser und Junghans vom Nürnberger Rüstungskonzern Diehl geschluckt, die Daimler-Benz AG verleibt sich 1985 MTU und Dornier, 1986 die AEG sowie 1989 MBB ein und avanciert zum größten deutschen Rüstungsgiganten. Dringender denn je sind die Waffenschmieden auf Groß-

aufträge des Bundesverteidigungsministeriums angewiesen: Daimler braucht den »Jäger 90« wie Heckler & Koch das G 11.

Um das MOOS-Modell zu verwirklichen, sollen die Bundesregierung wie die baden-württembergische Landesregierung die politischen, wirtschaftlichen und finanziellen Rahmenbedingungen für die Rüstungskonversion schaffen. Gemäß dem dezentralen Prinzip ist eine Kommission »Regionale Strukturpolitik in der Raumschaft Oberndorf/Schramberg« einzurichten. Aufgaben der Kommission sind auch, die strukturpolitischen Vorfeldanalysen zu leisten und die Entwicklung innovativer ziviler Projekte in den Betrieben zu fördern. Hierzu wird eine Innovationsberatungsstelle eingerichtet werden. Der Landkreis Rottweil sowie die Kommunen Oberndorf und Schramberg sollen einen Runden Konversionstisch gründen, an dem Vertreterinnen und Vertreter der rüstungsproduzierenden Unternehmen, der Gewerkschaften, der Industrie- und Handelskammer, des Landkreises und der Kommunen sowie anderer interessierter Gruppierungen teilnehmen können. Damit steht auch den Kirchen und den Friedensgruppen die Teilnahme offen.

In enger Abstimmung mit Christa Vennegerts, die als Mitglied des Wirtschaftsausschusses des Bundestages die entsprechende Sachkompetenz einbringen kann, erarbeiten wir Richtlinien der Finanzierung: Die Maßnahmen der Strukturpolitik und der Rüstungskonversion sollen mit projektgebundenen Geldern, die dem Einzelplan 14 – dem Verteidigungshaushalt – und dem Wirtschaftsetat zu entnehmen sind, finanziert werden. Im Einzelplan 9 des Wirtschaftsministeriums muß dazu ein neuer Titel »Maßnahmen zur Förderung der industriellen Konversion« geschaffen werden. Zudem ist vorgesehen, Gelder aus dem Landeshaushalt zur Initiierung des Förderprogramms zur Verfügung zu stellen.

Insgeheim habe ich mit einem Sturm der Entrüstung aus den Reihen der Friedensbewegung und der Ökopartei gerechnet. Wie kommt einer dazu, der jahrelang die Machenschaften einer der skrupellosesten Waffenschmieden entlarvt hat, plötzlich Geld für dieses und andere Unternehmen beschaffen zu wollen? Des Rätsels

Lösung liegt in einem Junktim verborgen, das mir auch sämtliche Anwürfe erspart: Im Gegenzug zu dem umfassenden Unterstützungsprogramm müssen die drei waffenproduzierenden Firmen auf die weitere Herstellung von Waffen und Rüstungsgütern verzichten. So gut die Landesmedien auf das Modell MOOS reagieren, so gut ist auch das Echo bei den drei Tageszeitungen der Region. Hans-Joachim Gebauer, der für den *Schwarzwälder Boten* an der Pressekonferenz teilgenommen hat, berichtet auf der Landesseite ausführlich über MOOS und dessen Zielsetzung.[12]
Die Idee hat konkrete Züge angenommen, jetzt fehlt noch die Zustimmung derer, um die es geht. Doch gerade die Firma, derenthalben die Idee entwickelt worden ist, zeigt sich ignorant wie eh und je: »Wir bemühen uns um Konversion, aber das ist keine politische Frage, sondern eine Frage des Marktes.«[13] Die Reaktion von Andrea Franke – die H & K-Pressesprecherin hat mittlerweile geheiratet – ist symptomatisch: Es ist die altbekannte Mauerhaltung, die innovative Gedanken abblockt – zumal wenn diese aus der Friedensbewegung kommen.

Eine Hand wäscht die andere: H & K & CDU

> »Insbesondere erwähnen möchte ich den Einsatz von Franz Sauter in Bonn in seiner Eigenschaft als Bundestagsabgeordneter sowie von Josef Rebhan, MdL, bei der Landesregierung. Nicht zuletzt dieser Unterstützung verdanken wir es, daß wir die unruhige Zeit überbrücken und die Verhandlungen nun positiv beenden konnten.«
>
> *Walter Lamp*, H & K-Geschäftsleitung[14]

Immer wieder bedachten die Zuhörerinnen und Zuhörer in der Klosterkirche den Ministerpräsidenten mit Beifallsstürmen. Sagte er doch den »in Oberndorf arbeitenden Menschen seine Unterstützung« zu. Die Heimatzeitung wußte den Zweckoptimismus des

Gastes aus Stuttgart weiterzutragen, der meinte, daß die »Arbeitsplätze im Lande gesichert werden« müßten. Lothar Späth wörtlich an die Oberndorfer: Diese Menschen »stellen nicht nur Gewehre her, sondern sie sind hochqualifizierte Fachleute«.[15] Späth wußte, was er versprach: Die Unterstützung seiner Partei für die in die Krise taumelnden Rüstungsbetriebe im Musterländle.

Entsprechende Hilfestellung war aus Bonn kaum zu erwarten. Der Parlamentarische Staatssekretär Dr. Erich Riedl, der zu einem »Informationsbesuch« anreiste, kam mit leeren Händen.[16] Und der sehnsüchtig erwartete G 11-Bescheid ließ noch immer auf sich warten. Finanzielle Zusagen gab es weder von Späth noch von Riedl.

Die Hilfe sollte von den baden-württembergischen Wirtschaftsdemokraten geleistet werden – als Dankeschön dafür, daß die Firma über Jahre hinweg die Regierungspartei im Ländle im Wahlkampf gesponsert hatte. Bereits in der CDU-Parteizeitung zur baden-württembergischen Landtagswahl 1984 warb Heckler & Koch mit einem ganzseitigen – und entsprechend teuren – Inserat für den Betrieb im »Tal des jungen Neckars«: Dort, so H & K, habe »der schwäbische Tüftlergeist schon früh Triumphe« gefeiert, der Geschäftsbereich »Wehrtechnik – Polizeitechnik« sei »ein zuverlässiger Partner unserer Bundeswehr, der NATO und der Länder der blockfreien Welt.«[17] Auch vier Jahre später stand H & K G 11 bei Fuß, als es um die indirekte Wahlkampfunterstützung für die Genossen im Geiste ging: »Die Firmengruppe mit innovativer Leistung. Der kompetente Partner in vielen Bereichen.« So das Motto der diesmaligen Wahlhilfe, bei dem erstmals auch die präziseste Mörderwaffe der Welt – als Musterbeispiel für die »Hand- und Faustfeuerwaffen für Militär, Polizei und Antiterror-Einheiten« – die Wählerinnen und Wähler in ihrer ganzen »Ästhetik« anlachen durfte.[18]

»Eine Hand wäscht die andere« heißt die Devise nicht nur bei Heckler & Koch, nicht nur in Oberndorf, nicht nur in Baden-Württemberg, sondern in einer Republik, in welcher der Filz regiert.

Alsbald wird offensichtlich, warum es Heckler & Koch nicht für nötig befunden hat, die ausgestreckte Hand zu ergreifen und gemeinsam mit der Friedensbewegung für MOOS und die damit verbundenen Unterstützungsgelder zu kämpfen. Die Fäden sollen hinter den Kulissen gezogen werden, der französische Rüstungsgigant GIAT hat Interesse geäußert, die marode Waffenschmiede zu übernehmen.

Doch noch ist die Realität eine andere: Wie schlimm es um H & K steht, veröffentliche ich in einer Landespresseerklärung: »Mit Heckler & Koch geht es rapide bergab. Nach Aussagen von Beschäftigten werden die Löhne bis zu zwei Monate zu spät gezahlt, Außenstände nur mit Verzögerung beglichen, die geplante Betriebsversammlung seit Wochen verschoben.« Aber auch der letzte Rettungsanker, die French-Connection mit GIAT, droht zu scheitern. Der andere große Produzent von Handfeuerwaffen, die belgische Firma Fabrique Nationale Herstal SA hat bereits Hunderte von Arbeitnehmern entlassen müssen und ist von GIAT aufgekauft worden.[19] Die Pressemitteilung zeigt unerwartete Resonanz: »Abendschau« wie »Landesschau« des Fernsehsenders Südwest 3 melden die Nachricht vom drohenden H & K-Exitus, sogar die ARD-Tagesthemen strahlen im folgenden einen Bericht über den bevorstehenden H & K-Konkurs aus.[20] Verschärfend kommt hinzu, daß ich die Daten einer Auskunftsdatei in einem Fernsehinterview veröffentliche, was H & K furchtbar in die Bredouille bringt. Darin sind die Passiva der Firma als äußerst bedenklich angegeben: Die Verbindlichkeiten belaufen sich auf 228,0 Millionen DM, die Rückstellungen auf 53,0 Millionen DM. Zur Zahlungsweise stellt die Auskunftsdatei fest: »Langsam mit Zahlungsüberschreitungen, mehrfach Zahlungserinnerungen«. Bundesweit macht die RIO-Meldung die Runde: »Heckler & Koch am Ende«. Unterstützt wird diese Entwicklung, die H & K endgültig den Knock-out versetzen muß, durch eine Veröffentlichung des Journalisten Michael Knauer, der sich in Bonn über den aktuellen Stand des G 11 erkundigt hat. Dort heißt es: »Das Bundesamt für Wehrtechnik und Beschaffung hat das G 11 zwar für einführungsreif befunden, einen Auftrag gibt es jedoch nicht. Der Haushaltsausschuß des Bundestages tagte Mittwoch zum letzten Mal in der laufenden Legislaturperiode, die G 11-Beschaffung wurde jedoch nicht verhandelt. ›Das G 11 ist damit praktisch auf Eis gelegt.‹«[21] Der *Schwarzwälder Bote* kommentiert die RIO-Pressemeldung dagegen abwertend: »Grässlin macht Wirbel um Heckler & Koch«.[22]

Im November 1990 scheint die Welt Kopf zu stehen: »Am Samstagmorgen um halb vier war es soweit: Die Verträge zur Übernahme von Heckler & Koch durch die französische GIAT Industries wurden in Frankfurt bei der Deutschen Bank unterzeichnet. Das hochverschuldete Unternehmen geht als Ganzes und zu 100 Prozent an das französische Staatsunternehmen. Damit ist der Bestand des Unternehmens gesichert. Ungewiß bleibt allerdings vorerst, ob und wie viele Arbeitsplätze in Oberndorf nach der Übernahme abgebaut werden.« Geschäftsführer Walter Lamp spricht all denen seinen Dank aus, die H & K in den »harten Zeiten« nicht im Stich gelassen haben: »Wir haben während dieser Zeit von vielen Seiten Unterstützung erfahren« – er nennt dabei ausschließlich die beiden CDU-Parlamentarier Franz Sauter und Josef Rebhan.[23] In einer zweiten Landespresseerklärung zum H & K-Verkauf kann ich meine Enttäuschung nicht verbergen: Die »verpaßte Jahrhundertchance« garantiert weitere Rüstungsproduktion statt der erhofften Konversion. Die halbstaatliche »Groupement Industriel des Armements Terrestres« in Versailles, kurz GIAT Industries genannt, ist bekannt für ihre Produktion von Sturmgewehren, Schnellfeuerkanonen und Panzer – ein Garant dafür, daß H & K in Zukunft »zum verlängerten Arm der französischen Rüstungsexportinteressen« werden wird. GIAT hat beispielsweise AMX-Panzer in großer Stückzahl an das diktatorische Regime Saddam Husseins verkauft.[24] Die Oberndorfer Freude währt nicht lange, da trifft die Hiobsbotschaft ein: GIAT erklärt, ein Kaufvertrag existiere nicht, es habe sich bei dem Vertragswerk lediglich um eine reine Absichtserklärung –

einen sogenannten »Letter of intent« – gehandelt.[25] Zwei Tage darauf verkündet H & K-Geschäftsführer Peter Moser, es existiere »ein notariell abgeschlossener Vertrag, auch unterzeichnet von beiden Seiten«.[26] Chaos allerorten, das allerdings baldigst sein Ende finden wird. Anfang Januar 1991 kommt das endgültige Aus: Der GIAT-Aufsichtsrat hat der Vereinbarung nicht zugestimmt. Spannend ist allemal die nichtöffentliche Begründung für den gescheiterten Deal: GIAT seien die Kosten für den Sozialplan zu hoch gewesen. Dagegen hätten die hohen Schulden von H & K »keine unüberwindbare Hürde« gespielt, denn die Hausbanken von Heckler & Koch seien »zu einem weitgehenden Forderungsverzicht bereit gewesen«.[27] Zudem habe das Bundesverteidigungsministerium »erhebliche Bedenken« geäußert, daß das G 11 in den Besitz der Franzosen komme.[28]

Dank nicht nur der Deutschen Bank

> »Unternehmen, die bisher in der Rüstungsindustrie tätig waren, müssen wissen, daß das kein Feld der Zukunft ist.«
>
> *Hermann Schaufler,* Wirtschaftsminister von Baden-Württemberg[29]

Der Christdemokrat nahm in der Landtagsdebatte kein Blatt vor den Mund: Er unterstütze keine Politik, die »in guten Jahren die Gewinne privatisiert und in schlechten Jahren die Verluste sozialisiert«. Wichtig sei es, die nach dem Kalten Krieg freiwerdenden Mittel unmittelbar für die »friedliche Entwicklung der Dritten und Vierten Welt« zu verwenden.[30]

Ein halbes Jahr darauf entpuppte sich Schaufler als ein Chamäleon ganz besonderer Art. Der vormalige Sympathisant einer humanen Nord-Süd-Politik sah seine Schäfchen gefährdet: »Wir sind nicht mehr länger in der Lage, den Musterschüler in der EG und der Welt zu spielen.« Die nach den skandalösen Enthüllungen illegaler Waffenexporte verschärften Ausfuhrbestimmungen müßten unverzüglich wieder gelockert werden, es drohe der Verlust wichtiger Märkte. In einem Brief an den damaligen Bundeswirtschaftsminister Jürgen Möllemann klagte er, die Gesetzesverschärfungen seien »über das erforderliche Maß hinausgegangen«, deshalb müßten rund 20 Staaten wieder von der »schwarzen Liste« gestrichen werden.[31]

Letzte Zweifel an seinem grenzenlosen Rüstungslobbyismus räumte Hermann Schaufler ein Vierteljahr später aus: Am 12. Februar 1991 empfing der baden-württembergische Wirtschaftsminister in der Landeshauptstadt eine »hochrangige Abordnung des britischen Waffenherstellers Royal Ordnance« (RO), um mit den Rüstungsmanagern zu besprechen, »welche Möglichkeiten der Infrastruktur in Baden-Württemberg angeboten und von den Briten genutzt werden könnten« – falls Royal Ordnance zur Übernahme von Heckler & Koch bereit sei. Zu den Exklusivangeboten zählte Schaufler den Zugang zu den Hochschulen des Landes, den Technologie-Transfer sowie die Einbindung der englischen Waffenschmiede in Aktivitäten auf ausländischen Märkten. Das, so Schaufler, habe die Vertreter vom »seriösen Partner« Royal Ordnance wohl beeindruckt, auf der Insel stünden ihnen »derartige Wege« nicht offen.[32]

Wieder äußere ich öffentlich meine Bedenken gegen den geplanten H & K-Verkauf: »Falls H & K in den Besitz von Royal Ordnance übergeht, sind unsere schlimmsten Befürchtungen übertroffen: Der Kauf von Heckler & Koch durch Royal Ordnance paßt wie die Faust aufs Auge. Dabei würde ein skrupelloser Rüstungsexporteur ein ebenso hemmungslos agierendes Unternehmen übernehmen.«[33]

Auch die *Stuttgarter Zeitung* greift meine Stellungnahmen auf. Interessant ist der entsprechende Kommentar des Berliner Redakteurs Thomas Wüpper: »Es ist ein gefährliches Spiel, das da seit Monaten bei der in Zahlungsschwierigkeiten geratenen Oberndorfer Waffenschmiede Heckler & Koch gespielt wird. Am Pokertisch sitzen nicht

nur Manager, sondern auch Politiker. Denn es geht darum, wer künftig das supermoderne Gewehr G 11 produzieren darf.«[34]
Das Verkaufsroulette geht in die entscheidende Runde. Es ist klar, daß RO insbesondere an der G 11-Lizenz Interesse hat. Nach Aussage von Hermann Schaufler ist das Projekt nur vorerst vom Bundesverteidigungsminister auf Eis gelegt. Der Wirtschaftsminister macht den Briten Hoffnung: Das G 11 sei nicht endgültig gestoppt.[35]

Zehn Tage später ist der Firmenverkauf unter Dach und Fach, der Versuch gescheitert, bei H & K »Henkel & Kochtöpfe« statt »Handfeuerwaffen & Killerknarren« herstellen zu lassen. Der Vorstand von British Aerospace hat der Übernahme von H & K durch das Tochterunternehmen Royal Ordnance zugestimmt, rückwirkend zum 1. Januar.[36] Auch der RO-Aufsichtsrat befürwortet den Deal mit der deutschen Firma. Dank der Deutschen Bank, dank der weiteren Hausbanken – wie der Commerzbank, der Dresdner Bank, der Bayerischen Vereinsbank sowie der Kreissparkasse Rottweil – und dank einem über alle Maßen engagierten CDU-Wirtschaftsminister Hermann Schaufler ist das Kunststück gelungen, Heckler & Koch in die größte Waffenschmiede Europas einzugliedern, die knapp 70 000 Arbeitnehmer mit der Herstellung von Waffen aller Art beschäftigt und die selbst damit prahlt, daß sich ihre Mordwerkzeuge weltweit – auch unter extremen Klimakonditionen – im Einsatz befinden: »They're designed to operate reliably in extreme environmental conditions. And they're in service in all parts of the world.«[37]

Nur drei Wochen nach der Übernahme von Heckler & Koch durch Royal Ordnance wird einmal mehr offenbar, mit was für Machenschaften sich der Name Heckler & Koch verbindet. Die militärische Fachzeitschrift *International Defense Review* hat bereits in der Ausgabe vom November 1990 – die uns erst nach dem Schaufler-Deal erreicht – einen Beitrag publiziert, in dem berichtet wird, daß Heckler & Koch zur Erschließung neuer Exportmärkte in den USA

Kampfkurse durchführen läßt. Das Kursprogramm umfaßt eine einwöchige Grundausbildung an mehreren H & K-Handfeuerwaffen unter Kampfbedingungen, ein Fortgeschrittenentraining im Nahkampf sowie weitere Intensivkurse im Bereich der »Feindaufklärung«. Natürlich findet auch der H & K-Schießkoffer seine Anwendung. Am makabersten aber bleibt die Tatsache, daß bei den Kampfkursen auch ein intensives »Kopfschußtraining« geübt wird. Daniel Brössler, Mitarbeiter der *Frankfurter Rundschau*, greift unsere Presseerklärung, wie viele andere Zeitungen in der Republik, auf. Erneut gelingt es uns, den Schießkoffer zum Gegenstand der Kritik werden zu lassen: »›Diese Killerwaffe‹ sei besonders geeignet, ›Menschen hinterrücks zu ermorden‹, betont Grässlin. In den Kursen gehe es laut *International Defense Review* darum, ›Geschwindigkeit und Aggression‹ zu fördern.«[38]
Durch die bundesweit verbreitete Meldung fühlt sich selbst Dr. Florian Deltgen, Präsident der Heckler & Koch Inc. in den USA, genötigt, tags darauf öffentlich Stellung zu beziehen: »Wie zahlreiche andere US-Waffenfirmen unterhält auch Heckler & Koch (HK) eine Abteilung, die die Aufgabe hat, Polizei- und Militärbeamte technisch und taktisch auszubilden. Heckler & Koch-Kunden in den USA sind vor allem die ›Special Weapons‹ und ›Tactical Teams‹ zahlreicher Polizeiorganisationen.« Florian Deltgen muß auch unseren Vorwurf bestätigen, daß ein früheres Mitglied der britischen Eingreiftruppe SAS die Kampfkurse betreut, deren Aufgabe sei jedoch »vor allem die Terroristenbekämpfung«.[39] Zu dem Vorwurf eines gezielten Kopfschußtrainings verweigert Deltgen jede Stellungnahme. Zudem verschweigt er, daß es dem US-amerikanischen Geheimdienst CIA erlaubt ist, Morde zu begehen. Auch die enge Söldner-Connection, die ich wie die weiteren Punkte in einem Leserbrief öffentlich kritisiere, ist für Deltgen kein Thema. Dabei hat H & K in den USA nachweislich für ein Söldnertreffen Pokale gestiftet.[40]
Als ich wegen der US-Kampfkurse und der H & K-Exportpraxis in einer öffentlichen Stellungnahme fordere, »Heckler & Koch gemäß

Paragraph 6 des Kriegswaffenkontrollgesetzes die Erlaubnis zur Waffenproduktion zu entziehen«,[41] steht die Pressesprecherin der Firma kopf: Die Forderung sei »völlig unsinnig«.[42]
Auch wenn wir den Aufkauf von Heckler & Koch durch Royal Ordnance nicht verhindern können, bleibt uns doch eine kleine Genugtuung: Als Florian Deltgen im Sommer 1990 seine Mitgliedschaft in der »Deutschen Gesellschaft für Völkerkunde« (DGV) beantragte und Vorlesungen über kolumbianische Indianer halten wollte, versorgten wir die Mitglieder der »Arbeitsgemeinschaft Ethik« der Kölner Universität mit reichhaltigem Informationsmaterial über Heckler & Koch in den USA. Den Studentinnen und Studenten gelang es im folgenden, Deltgen in einer Großveranstaltung zu demaskieren. Seine Bewerbung wurde damit hinfällig.[43]

Schwarz-Rot ohne Gold

> »Das Musterländle ist Tabellenführer in der Bundesliga der deutschen Länder.«
> *Erwin Teufel*, Ministerpräsident von Baden-Württemberg[44]

Dieter Spöri, seit Juni 1992 Wirtschaftsminister einer großen Koalition, steht unter Druck: Nach den fetten Jahrzehnten kontinuierlichen Aufschwungs der deutschen Wirtschaft führt der gesamtwirtschaftliche Strukturwandel auch im verwöhnten Süden der Republik zu massiven Arbeitsplatzverlusten. Die rüstungsproduzierenden Betriebe sind davon doppelt betroffen: Sie leiden unter der allgemeinen Rezession, zudem haben die meisten von ihnen den Zug der Zeit verpaßt und auf das falsche Pferd weiterer Waffenproduktion gesetzt. Der Einzelplan 14 sinkt im Tempo einer Schnecke im Rückwärtsgang und frißt allein 1994 wieder über 48 Milliarden DM. Doch der damit verbundene Auftragsrückgang beschert den Waffenschmieden zumindest den Arbeitsplatzverlust, vor dem wir seit Jahren warnen.[45] Spöri tritt die Flucht nach vorne an: Bei der GWZ, der Gesellschaft für internationale wirtschaftliche Zusammenarbeit Baden-Württemberg mbH, führt er den Vorsitz im Aufsichtsrat. Die von der Industrie mitgetragene GWZ hat sich zum Ziel gesetzt, Baden-Württemberg bei neuen Marktentwicklungen global vertreten zu sehen.[46]

Eine interessante Konstellation angesichts der Tatsache, daß Sozialdemokraten wie der Landtagsabgeordnete Norbert Zeller seit Jahren in Anfragen und Debattenbeiträgen auf Abrüstung im Rüstungsmusterländle drängen. In einer Kleinen Anfrage erkundigt sich der gebürtige Friedrichshafener von Genosse zu Genosse bei seinem Wirtschaftsminister, wie dieser zur Idee der Runden Tische steht. Spöris Antwort bleibt vage: »Nach vorliegenden Informationen existieren im Raum Friedrichshafen bereits Gesprächs- und Arbeitskreise, in denen solche Fragestellungen schwerpunktmäßig erörtert werden können.« Die besagten Arbeitskreise siechen, wie alle anderen, vor sich hin. Ansonsten präsentiert sich Spöri als Wirtschaftsförderer in der Tradition seiner christdemokratischen Vorgänger: Bei zielgerichteten Handlungskonzepten »sollten Maßnahmen zur Sicherstellung einer leistungsfähigen wirtschaftsnahen Infrastruktur« im Vordergrund stehen: »Hierbei geht es vor allem um den Bedarf an Gewerbe-, Wohn- und Industrieflächen, Dienstleistungsangebote (unter anderem Messen)«.[47] Business as usual?

Der große Regent im Land, Erwin Teufel, hat derweil sein soziales Herz entdeckt: Bei einer Wahlveranstaltung in Oberndorf macht er sich stark für konkrete Hilfe für die Waffenstadt – in der Zeit des Sozialabbaus mit Sicherheit eines der zentralsten Themen: Demokratie sei gefährdet – er wählt das Beispiel Osteuropa – durch die Verelendung. Gemeint ist die »wirtschaftliche Verelendung«, nicht die soziale. Und all denen, die unter den Fehlentscheidungen vergangener Jahre zu leiden haben, spendet er väterlichen Trost: So rührten die Exporteinbrüche der Maschinenbauunternehmen nicht davon her, daß die heimische Industrie Entwicklungen verschlafen hätte.[48] Business as usual – Rüstungsproduktion und -export auf Teufel komm raus.

18. Mit fünf Prozent sind Sie dabei

RIO funkt SOS

> »Der Rüstungshaushalt wird gesenkt, die Bundeswehr verkleinert. Die Chemiewaffen sind aus der Bundesrepublik abgezogen und Tiefflüge unter 300 Meter finden nicht mehr statt. Wozu also braucht es noch eine Friedensbewegung?! Schließlich ist die wirkliche Friedensbewegung sowieso die Bundeswehr. Sie hat uns seit 40 Jahren den Frieden gesichert!«
>
> *Faltblatt für den Bundestagswahlkampf*[1]

Unser Jubel ist gewaltig, denn mit der Wahl von Christa Vennegerts zur Spitzenkandidatin der Grünen zur Bundestagswahl scheint die Existenz von RIO für vier weitere Jahre gesichert. Bei ihrer Vorstellung auf der Landesversammlung in Asperg nimmt sie auch auf die gemeinsame Arbeit Bezug: »Auf Landesebene möchte ich die enge und sehr erfolgreiche Zusammenarbeit mit RIO in Oberndorf nennen. So eine Kooperation macht großen Spaß, weil man sieht, daß in Zusammenarbeit zwischen Basis und Parlament eine Menge bewegt werden kann.« Mit Thilo Weichert aus Freiburg ist gleich noch ein zweiter Bewerber und guter Freund auf einen aussichtsreichen Listenplatz gewählt worden, der engen Kontakt zu RIO pflegt und unsere Arbeit im Parlament umsetzen kann.[2] Die kommenden Monate werden für uns zum Streß hoch drei. Wir haben die Projektgruppe Entmilitarisierung gegründet, die ich in Baden-Württemberg organisiere. Pazifistenstabsmäßig wird ein Plan erstellt, welche Aktionen wann und wo in welcher Besetzung durchzuführen sind, werden die Bundestagskandidatinnen und -kandidaten geschult, werden alle Orts- und Kreisverbände mit den aktuellsten Informationen beliefert. In engem Kontakt zu vielen außerparlamentarischen Gruppen der Friedensbewegung führen

wir eine Vielzahl von Veranstaltungen und gewaltfreier Aktionen durch. Auch die Vorbereitung von manöverbegleitenden Maßnahmen erweist sich als zeitintensiv, aber äußerst sinnvoll. Die Bundeswehr wie die französische Armee planen einen heißen Manöverherbst – und wir proben den Widerstand: Beim deutsch-französischen Manöver »Protée«, dem größten des Jahres, blockieren wir die Freiburger Schwarzwaldstraße. Das Manöver wird auch aufgrund unserer Proteste drastisch reduziert.
Für den Landesverband erstelle ich das Faltblatt »Entmilitarisierung«, dem Parteisprecher Rudi Hoogvliet mit einer provokanten Einleitung den letzten Schliff gibt: »Wozu brauchen wir noch eine Friedensbewegung?« Es sieht so aus, als könnte es uns mit der Kampagne gelingen, die Menschen davon zu überzeugen, daß derzeit die große Show von der quantitativen Ab- und der qualitativen Aufrüstung läuft.
Die Umfragen kurz vor der Wahl versprechen den sicheren Einzug ins Bundesparlament, allerdings mit einem eher mageren Ergebnis. Zu lange und zu heftig haben wir in der Partei gestritten – ein Vorwurf, der uns alle trifft.

Für mich kommt das Desaster unerwartet. Ich habe im vergangenen Jahr dermaßen viel Kraft in die Parteiarbeit gesteckt, daß ich darüber jegliche Einschätzung der Außenwirkung der Gesamtpartei verloren habe. Unser Rundbrief Nr. 16 droht zum letzten zu werden, die Grünen – als deren Teil wir uns verstanden haben – sind denkbar knapp an der 5%-Hürde gescheitert und aus dem Bundestag geflogen. Damit steht auch RIO vor einem Scherbenhaufen: »Wichtige Mitteilung an alle Menschen aus der Friedensbewegung, Friedensinitiativen, Grüne Orts- und Kreisverbände, Menschenrechtsgruppen ...: RETTET RIO +++ RETTET RIO +++ RETTET RIO«. Doch wir sind nicht gewillt, das Projekt des Recherche- und Kontaktbüros aufzugeben – »Die Erfolge bestärken uns weiterzukämpfen, für ein Baden-Württemberg ohne Rüstungsindustrie und -export.«[3] Dazu aber bedarf RIO nunmehr einer massiven

Unterstützung von Leuten, die unsere Arbeit bisher lediglich passiv verfolgt haben.
Zwei Monate später können wir den nächsten Rundbrief herausgeben – die Resonanz auf unseren Rettungsrundbrief ist wesentlich besser gewesen, als wir erhofft haben: Friedensgruppen wie Grüne Orts- und Kreisverbände haben ihre Unterstützung zugesagt – The show must go on.
Zu Selbstmitleid bleibt keine Zeit, denn die Welt steuert bereits zielstrebig auf die nächste Katastrophe zu: Das Pulverfaß am Golf droht zu explodieren.

Gefährdet der Golfkrieg die Fasnet?

»›Wenn am Golf junge Menschen sterben müssen, können wir nicht tanzen und feiern. Das Leid der Mütter und Frauen, vieler Familien, kann und darf gerade uns Deutsche nicht ohne Anteilnahme lassen.‹ Das ist die Meinung des Oberndorfer Zunftpräsidenten Günther Wolf. Dabei geht es ihm vor allem um die Saalfasnet. Wolf räumt allerdings ein, daß der Narrensprung am Dienstag als historischer Bestandteil des Brauchtums nicht unbedingt ausfallen sollte.«

Bericht des Schwarzwälder Boten »Gefährdet ein Krieg am Golf die Fasnet?«[4]

Es gibt Schöneres, als sich Ferien mit zwölf bis vierzehn Stunden täglicher Arbeit um die Ohren zu schlagen. Aber ich fühle mich dazu genötigt als einer, der an der Quelle sitzt. Mir stehen verschiedene relevante deutschsprachige und einige wenige englischsprachige militärische Fachzeitschriften zur Verfügung. In Kenntnis der Sachlage bin ich mir bewußt, daß es viele Tage und Nächte kosten wird, das Projekt zu verwirklichen.
Im Morgengrauen des 2. August haben Saddam Husseins Truppen die Grenze Kuwaits unter dem Vorwand eines angeblichen »Hilfe-

ersuchens« seitens »kuwaitischer Revolutionäre« überschritten. Vier Tage später verabschiedet der UN-Sicherheitsrat die Resolution 661, in der unter anderem beschlossen wird, »die Herrschaft der rechtmäßigen Regierung Kuwaits wiederherzustellen«.[5] Es ist eine Frage der Zeit, bis Big Brother in Washington das Marschsignal zur großen Menschenrechtsoffensive für »Freiheit & Erdöl« geben wird. Andere Nationen werden sich dem Weltpolizisten USA anschließen. Und die Armee des Irak wird ihren Heiligen Krieg für Husseins Expansionsgelüste bis zum letzten Blutstropfen ausfechten. Die Mutter aller Schlachten ist vorprogrammiert.

Und wieder werden Waffen aus Deutschland den Tod für unzählige Soldaten und noch wesentlich mehr Zivilisten bringen. Wie so oft werden sich Armeen auf den Schlachtfeldern gegenüberstehen, die mit Waffen ein und derselben Herstellerfirma ausgerüstet sind, die ihren Sitz in Baden-Württemberg, Bayern oder einem anderen Bundesland dieser Republik hat.

Ich habe keinen direkten Einfluß auf das Geschehen am Golf, das bleibt den Mächtigen vorbehalten. Aber ich habe die Möglichkeit, meinen Teil dazu beizutragen, daß Aufklärung geleistet wird – Aufklärung, wer die High-Tech-Werkzeuge geliefert hat. Vielleicht kann ich damit helfen, daß zukünftig weniger oder irgendwann einmal keine deutschen Mordwerkzeuge mehr in die Krisen- und Kriegsgebiete exportiert werden. Mit Sicherheit kann ich dazu beitragen, daß die Händler des Todes sich öffentlich rechtfertigen müssen, denn ich habe das Wissen, um anzuklagen.

Noch vor den Weihnachtsfeiertagen gelingt es mir, eine Mappe vorzulegen, in der ein erster Einblick in die Exporte von Waffen, Rüstungs- und Dual-Use-Güter baden-württembergischer Firmen in die gesamte Golfregion gewährt wird. Bewußt habe ich mich nicht nur auf das Feld der Waffentransfers konzentriert, sondern auch den Bereich der Dual-Use-Güter – also zivil wie militärisch einsetzbarer Produkte – erfaßt, da diese einen beachtlichen Bestandteil unserer Exporte ausgemacht haben.

Kaum daß wir die erste Übersicht veröffentlicht haben, setzt der große Run ein: Interessierte Einzelpersonen, Friedensgruppen wie Medienvertreter überhäufen unser Friedensbüro und die grüne Landesgeschäftsführerin Inge Leffhalm mit Anfragen. Schneller, als mir lieb ist, stoße ich an die Grenzen meiner Kapazitäten: Medien wie Friedensbewegte haken nach, schließlich wollen sie mehr Material, bevor sie sich an die entsprechenden Unternehmen wenden. Mir bleibt gar nichts anderes übrig, als mir auch die Weihnachtszeit mit Rüstungsexporten und Waffensystemen zu versüßen. Eine derartige Arbeit ließe sich während der Schulzeit nicht erstellen, dazu sind die Nächte zu kurz.

Ich erhalte breite Unterstützung von den befreundeten Organisationen: Elfriede Samo vom Stuttgarter AK Frieden und Wolfgang Berger vom Tübinger »Verein für Friedenspädagogik« helfen bei der Zusammenstellung. Die Kampagne »Produzieren für das Leben – Rüstungsexporte stoppen« in Idstein und die BUKO-Kampagne »Stoppt den Rüstungsexport« in Bremen schließen die letzten Lücken mit fehlenden Einzelinformationen. Das Ergebnis der Fleißarbeit ist die Katastrophe pur: In der Broschüre wird eine nimmer enden wollende Litanei der wichtigsten Exporte aus dem militärischen Musterländle dokumentiert – 170 Seiten, ausschließlich bezogen auf die Golfregion. Die Rüstungs- und Dual-Use-Exporte unserer Firmen sind ein Spiel ohne Grenzen, was nicht weiter verwundern kann in einer Republik, die sich rühmt, Exportweltmeister zu sein.

Die Sammlung ist, wie sich schnell herausstellt, von immenser Bedeutung und dient Friedens-, Menschenrechts- und Dritte-Welt-Gruppen in den kommenden Monaten als Handhabe für eine Vielzahl von gewaltfreien Aktionen vor den Werkstoren der Exporteure des Todes.

Die Narrenzünfte bangten um ihr liebstes Kind: »Am 15. Januar läuft bekanntlich das Ultimatum an den irakischen Diktator Saddam Hussein, seine Truppen aus Kuwait abzuziehen, ab. In Oberndorf... laufen aber die Vorbereitungen zur Fasnet schon auf Hochtouren. Überlingen hat bereits seine Narrenkonzerte abgesagt, die rheinischen Karnevalsgesellschaften wollen auf ihre Rosenmontagsumzüge verzichten, und vielerorts bekräftigen Zünfte, keine Fasnet zu feiern, wenn es tatsächlich zu militärischen Auseinandersetzungen kommen sollte.« Noch war die Fastnachtsschlacht nicht entschieden, verschiedenen Zunftmeistern war zum Feiern zumute: »Meine Meinung ist klipp und klar – solange die Bundeswehr nichts mit der Sache zu tun hat, machen wir auch Fasnet«, und ein anderer meinte: »Wenn die Deutschen nicht beteiligt sind, werden wir nichts absagen.«[6] Wir waren beteiligt – auf ganz andere Art. Die Zünfte steckten zurück – dieses eine Mal zumindest.

Frieden schaffen mit deutschen Waffen

> »Ich laß mir den Krieg von euch nicht madig machen. Es heißt, er vertilgt die Schwachen, aber die sind auch hin im Frieden. Nur der Krieg nährt seine Leut besser.«
>
> *Bertolt Brecht:* Mutter Courage[7]

»Bei folgenden baden-württembergischen Firmen besteht der dringende Verdacht, direkt oder indirekt Waffen, Rüstungsgüter, Dual-Use-Güter bzw. Teile davon in die Krisenregion Naher Osten (einschließlich Irak, Türkei, Ägypten, Libyen) geliefert zu haben.« Es folgt eine Auflistung der Namen von exakt 50 Firmen mit der Angabe des Stammsitzes – kaum ein Unternehmen von Rang und Namen im Musterländle fehlt. Das Infoblatt endet mit deftigen Aufforderungen: »Boykottieren Sie diese Unternehmen. Kaufen Sie keine Waren von Firmen, die ihr Geschäft mit dem Tod machen.«[8] Verantwortlich für diesen Aufruf, in dem auch konkrete Aktionen vom Leserbrief bis hin zu Mahnwachen vor Werkstoren vorgeschlagen werden – zeichnet der grüne Landesverband. Der Boykottauf-

ruf hat zu internen Diskussionen geführt, schließlich ist es juristisch problematisch, zu einem Firmenboykott aufzurufen. Wenn einige der Firmen gegen den Aufruf prozessieren und vor Gericht recht bekommen sollten, dann kann die Aktion teuer enden. Schon deshalb haben wir uns für die Formulierung des »dringenden Verdachts« entschieden.
Manche der Firmen schweigen zu den gegen sie erhobenen Vorwürfen, ganz wenige können die gegen sie erhobenen Vorwürfe entkräften, so daß wir sie in einer zweiten Auflage herauslassen. Die meisten Unternehmen reagieren wie erwartet: Wir haben keine Waffen gefertigt, sondern höchstens Teile davon. Und die haben wir auch nicht in den Nahen Osten geliefert, sondern an die andere Firma XY oder an die Bundeswehr. Und was die damit machen, geht uns nichts an. Wir sind uns von vornherein darüber im klaren, daß mit dem Boykottaufruf die landesweite Gegenkampagne nach dem Motto »Mein Name ist Hase« einsetzen wird. Auch ist logisch, daß die Firmen kaum mit Einbußen zu rechnen haben – der Kauf von Waffensystemen ist für Privatpersonen unmöglich. Ein echter Umsatzrückgang von fünf oder mehr Prozent wird also nicht zu erzielen sein. Problematischer wird es höchstens für die Unternehmen, die auch auf dem zivilen Markt aktiv sind und beispielsweise elektrische Geräte anbieten, wie AEG, Bosch oder Siemens. Auch sind wir uns dessen bewußt, daß wir eigentlich die falsche Abteilung des Unternehmens treffen.
Genaugenommen steht hinter dem Boykottaufruf eine ganz andere Zielrichtung: Es gibt nichts Schlimmeres für eine Firma, als daß der gute Ruf des Hauses ramponiert wird. Und genau da trifft der Aufruf voll ins Schwarze und erzielt Wirkung.

Die folgenden Wochen sind gespickt mit Vorträgen und Aktionen über die Verwicklung unserer Industrie in den Krieg am Golf. Anders als sonst bleibt für die Organisatoren keine Zeit, die Veranstaltungen bis ins Detail auszutüfteln. Alles wird kurzfristig geplant und durchgeführt – Spontaneität ist Trumpf.

Da rufen Studenten aus der Stuttgarter Universität an: Ein kritischer Professor hat seine Lehrzeit zur Verfügung gestellt, vierhundert Studentinnen und Studenten verfolgen den Vortrag über die Verwicklung der deutschen Rüstungsindustrie in den Krieg am Golf und löchern mich mit allen möglichen Detailfragen. Grüne Orts- und Kreisverbände haben die Infomappen erhalten und wollen ein Podiumsgespräch zwischen dem Geschäftsführer eines der angeprangerten Unternehmen und mir.

Typisch ist, daß sich die Firmen verweigern; die Diskussionsveranstaltung findet dennoch große Publikumsresonanz. Friedensinitiativen veranstalten Schweigestunden und Blockaden vor Werkstoren. Ich soll teilnehmen und die lokalen Medien informieren. Viele Firmen stehen vor Ort kräftig unter dem Druck einer äußerst kritischen Öffentlichkeit – dieses erste Ziel ist erreicht, zumal diese und andere Boykottlisten weithin zitiert werden. Im Europaparlament zählt der Freiburger Abgeordnete Wilfried Telkämper alle diejenigen deutschen Firmen auf, die zum damaligen Zeitpunkt im Verdacht stehen, Teile für die ABC-Waffenproduktion an den Irak geliefert zu haben. Die Liste umfaßt vier Seiten.[9]

Auch über Presseerklärungen versuche ich auf den Skandal aufmerksam zu machen, daß auf bundes- wie landespolitischer Ebene erneut ganz gezielt vom eigentlichen Kern der Sache abgelenkt wird: »Niemand will die wirklichen Namen nennen, niemand greift die Heiligen Kühe an, niemand rüttelt am Fundament – alles läuft wie gehabt.«

Am meisten ärgert mich, daß Bundeswirtschaftsminister Möllemann Erfolge feiert, die keine sind: So sei es innerhalb kürzester Zeit gelungen, die »notwendigen gesetzlichen Regelungen vorzubereiten«, um illegale Waffentransfers zu verhindern. Dabei ist Möllemann einer der maßgeblichen Exportförderer in der Republik gewesen: Als Präsident der Deutsch-Arabischen Gesellschaft hat er ebenso wie als Wirtschaftsminister aktiv die Rüstungsexportpolitik in den Nahen Osten gefördert: »Ich habe für Sicherheitszusammenarbeit mit und Waffenexporte nach Saudi-Arabien plädiert.«[10] Möllemanns Motto: »Leo muß man auf arabisch von rechts nach links lesen – Oel!«[11] Seine Lobbypolitik für die Waffenschieber in Nadelstreifen wirkte sich indirekt bis in die Kontrollbehörden hinein aus: So seien »unwissentlich in den letzten zehn Jahren Rüstungsexporte an Irak im Wert von knapp 1,3 Milliarden genehmigt« worden. »Unwissentlich«, sagt der Minister.[12]

Kein Vertreter der Bundesregierung gesteht ein, daß weit über 90% der Exporte von Waffen, Rüstungs- und Dual-Use-Gütern in die Golfregion legal, also mit Genehmigung des Bundesamts *für* Wirtschaft erfolgt sind. Waffenexport sei ein »Element der Friedensförderung«, sagt Exportminister Möllemann. Wie gehabt inszenieren die Verantwortlichen das Theaterstück »Die saubere Weste – unter Mitwirkung einiger schwarzer Vorzeigeschafe«.

In Baden-Württemberg hat die Staatsanwaltschaft ganz wenige Unternehmen wie Imhausen in Lahr oder die Stuttgarter TS Engineering ausfindig gemacht. Dabei soll das Schauspiel der Regierungspolitiker lediglich von der eigenen Mitschuld ablenken: Nicht die illegalen Exporte sind das zentrale Problem, sondern die fast ausschließlich legal erfolgenden Waffentransfers in Spannungsgebiete.

In meiner Presseerklärung kann ich mich nicht bremsen, was sich im nachhinein als sinnvoll herausstellt, denn die Presse druckt die herbe Erklärung in großer Aufmachung, teilweise als Leitartikel auf der jeweiligen Landesseite: »Nach diesen Gesetzesverschärfungen wird der Stern von Daimler-Benz weiterhin blutrot über fast allen Krisen- und Kriegsgebieten leuchten. Nach diesen Gesetzesverschärfungen kann der Kampfhubschrauber BO-105 von MBB in der sogenannten ›zivilen‹ Version in die Golfregion exportiert werden. Die Bewaffnung liefert dann wieder die Schweizer Firma Oerlikon-Bührle. Nach diesen Gesetzesverschärfungen kann die 27-mm-Tornado-Bordkanone der Oberndorfer Firma Mauser weiterhin über Großbritannien in die Golfregion exportiert werden. Alles bleibt beim alten.« Die Erklärung endet mit der gepfefferten

Feststellung: »Bei der Rüstungsindustrie werden nach diesen Gesetzesverschärfungen die Sektkorken knallen, denn die Waffen ›Made in Baden-Württemberg‹ werden auf den zukünftigen Schlachtfeldern in allererster Front im tödlichen Einsatz sein.«[13]

Ich komme kaum zum Luftholen. Am 9. Februar trifft sich der Grüne Landesvorstand in einem abgelegenen Schwarzwaldwinkel mit Mitgliedern der Landtagsfraktion, um über die Zustimmung zu Waffenlieferungen für das unter irakischem Scud-Beschuß stehende Israel zu streiten. An diesem Tag wird eine konventionell bestückte Scud-Rakete über Tel Aviv von Patriot-Abwehrraketen abgeschossen, der herabfallende Sprengkopf verletzt 26 Menschen.[14] Ich hetze zwischendurch nach Stuttgart, um auf der dortigen Anti-Golfkriegsdemonstration einen Redebeitrag zu halten. »Boykottieren statt bombardieren«, so meine Forderung. Bis zu diesem Tag haben die Alliierten bereits über 40 000 Einsätze fliegen lassen, die Hälfte davon sind Kampfeinsätze gewesen. Die Zahl der Toten wird Anfang Februar mit rund einhunderttausend Menschen angegeben. Ein zurückgekehrter US-Luftwaffenpilot beschreibt den Feldzug der B 52-Bomber: »Sie bomben ihnen die Seele aus dem Leib«.[15] Dabei sind die Deutschen längst zur Kriegspartei geworden: Tag für Tag rollen die Munitionszüge in die norddeutschen Verladehäfen. Die Bundeswehrlager sind klammheimlich bis auf den sogenannten »Verteidigungsvorrat« geräumt worden, die deutsche Munition bombt Bagdad zusammen. Verteidigungsminister Stoltenberg spricht davon, daß die Bomben, Raketen und Ersatzteile den Alliierten nur »leihweise« überlassen werden. Diese Aussage ist mehr als zynisch.[16]

19. Der Tod ist ein Meister aus Deutschland

Mit Daimler an die Front, mit Heckler ins Grab

> »Der Fall Imhausen war ein klarer Verstoß gegen die Gesetze. Entsprechend haben die Gerichte dies ja auch abgeurteilt. Der Fall Imhausen ist betrüblich, aber nicht typisch für die deutsche Industrie.«
>
> *Heinrich Weiss,* Präsident des Bundesverbandes der Deutschen Industrie[1]

Der Versuch, eine eigene Rüstungsindustrie aufzubauen, ist in den Staaten des Nahen Ostens zumeist gescheitert, einzig Israel und die Türkei können »Erfolge« vorweisen, der Iran sowie der Irak versagten. So bleiben diese Länder weiterhin auf Rüstungstransfers aus den High-Tech-Waffenschmieden der Industriestaaten angewiesen. Die Bundesrepublik Deutschland hat gerade im Bereich der Rüstungstechnologien – dazu zählen der Anlagenbau, die Lieferung von Spezialteilen oder der Ausbildungsbereich – eine wichtige Rolle gespielt. Die bedeutendsten irakischen Projekte sind federführend von bundesdeutschen Firmen koordiniert worden.[2]

Die Fälle illegalen Transfers von Rüstungsgütern und militärischem Know-how machen aber nur einen verschwindend geringen Prozentsatz nichtgenehmigter Transaktionen aus (was nicht heißt, daß die Folgen im Einzelfall nicht auch katastrophal sein können). Typischer ist da schon die legale Lieferung von Großwaffensystemen, die in Kooperation mit anderen Ländern hergestellt werden, wie beispielsweise der MRCA Tornado (Multi Role Combat Aircraft, eine Kooperationsentwicklung der *Panavia* Aircraft GmbH, zu der MBB, Aeritalia und British Aerospace gehören. Allein vom Tornado sind knapp eintausend Maschinen in den verschiedenen Varianten produziert worden.[3] Am 27. März 1986 landen die ersten der insgesamt 72 Tornado-Flugzeuge auf der Luftwaffenbasis im saudischen Dharan und dienen seither der Royal Saudi Air Force – auch beim Kampf der Alliierten gegen den Irak. Die Endmontage der Flugzeuge findet in England statt, so daß die deutsche Exportgesetzgebung außer Kraft gesetzt und das Endverbleibszertifikat auf Großbritannien ausgestellt ist.[4] Rechtzeitig zum zweiten Golfkrieg können dann stärkere Triebwerke und eine beim Foxhunter-Radar verbesserte Version in die F 3-Version eingebaut werden: »Mehr Leistung auf kurzen Distanzen«, so die freudige Feststellung der Piloten. Begrenztes Pech für die Oberndorfer Waffenschmiede, denn auf die linke Mauser-Kanone wird verzichtet – die rechte darf im Golfkrieg weiterschießen.[5]

Auch der leichte Jagdbomber Alpha Jet, hergestellt von der Daimler-Tochter Dornier und dem französischen Luftwaffenkonzern Dassault-Breguet, hat sich zu einem beliebten Exportprodukt entwickelt: Belgien, Marokko, Nigeria, Kamerun, Togo und die Elfenbeinküste zählen nach Recherchen des Weilheimer Friedensforschungsinstitutes zu den Empfängerländern, ebenso der Golfstaat Katar. Portugal und die Türkei sollen die bei der Luftwaffe ausgemusterten Maschinen erhalten. Ägypten stellt das Flugzeug gleich in Lizenz her. Wieder erfolgt die Endmontage beim Kooperationspartner, so daß die deutschen Exportgesetze bei den Exporten in die Spannungsgebiete nicht greifen.

Schlimmer noch: Wie Peter Kurt Würzbach, Parlamentarischer Staatssekretär beim Bundesverteidigungsministerium, eingestehen muß, haben sozialliberal sowie christlichliberal geführte Bundesregierungen auf ein Vetorecht bei Exporten des Kooperationspartners verzichtet. So gibt es »einen Vertrag zwischen Deutschland und Frankreich, der dieses Vetorecht nicht vorsieht«. Zudem hätte die britische Regierung seit Ende der siebziger Jahre darauf gedrungen, »daß zwischen Großbritannien und uns ein ähnlicher, an Frankreichs Vereinbarungen gemessener Vertrag hergestellt wird«. Die Verhandlungen, so führt der CDU-Staatssekretär nach der Kritik aus den Reihen der sozialdemokratischen Bundestagsfraktion genüßlich aus, seien »noch unter dem Kanzler Schmidt eingeleitet« worden und hätten »im Mai 1983 in einer Vereinbarung den Niederschlag« gefunden. Nunmehr gebe es lediglich noch Konsultationsverfahren – ein Freifahrschein also für alle seitherigen Rüstungsexporte deutsch-britischer und deutsch-französischer Koproduktionen in die Krisengebiete weltweit.[6]

Die oftmals unterstellte Lieferung von 30 Alpha Jets in den Irak hat die Friedrichshafener Firma Dornier dagegen dementiert, dafür aber einen anderen Vorwurf bestätigt, den ich in meiner Golfkriegsbroschüre weiterverbreitet habe. Mit Schreiben vom 21. Oktober 1983 wendet sich die Militär-Abteilung der irakischen Botschaft in Bonn an Dornier in München. Darin werden von Oberst Basam A. K. Askar, Verteidigungsattaché, die letzten organisatorischen Fragen einer Reise von Nachwuchsmilitärs geklärt, der sich bei Dornier für die »gute Zusammenarbeit« bedankt.[7]

Die Antwort der Firma auf die Vorwürfe ist erfreulich offen: »Im Bereich Training/Logistik wurde zwischen 1983 und 1985 in Zusammenarbeit mit der Carl-Duisberg-Gesellschaft ein Ausbildungsprogramm durchgeführt.« Beim Fachpraktikum »Elektrotechnik und Flugzeugbau« nahmen auch Militärs aus dem Irak teil: »Teilnehmer waren 25 irakische Praktikanten (Angehörige der Luftwaffe).«[8]

Auch der Münchner Luftwaffenkonzern MBB, heute ebenfalls (als Teil der DASA) ein Tochterunternehmen der Daimler-Benz AG, hat Großwaffensysteme u. a. in die Golfregion geliefert: Der Bo-105-Helikopter ist in Bahrain wie auf seiten des Irak im Einsatz, nach Firmenbekunden sind die Bo-105 bei der spanischen Rüstungsschmiede CASA mit Schweizer Kanonen bestückt worden.[9]

Schokolade für Saddams Republikanische Garde

»Laborgeräte und Produktionsmaschinen von Janke & Kunkel werden überall dort eingesetzt, wo Materialien miteinander vermischt werden.«

René Stiegelmann, Geschäftsführer von Propex, der IKA-Labortechnik, der IKA-Maschinenbau und der IKA-Works in Cincinnati[10]

Manch Badener leidet gemeinhin unter dem Umstand, daß die württembergische Machtzentrale es verstanden hat, die wirtschaftlichen Weichen zugunsten des schwäbischen Landesteiles zu stellen. Und manch badischer Firmenleiter scheint sich an die fast aussichtslos erscheinende Aufgabe gemacht zu haben, mit den Dealern von Daimler in Stuttgart-Möhringen gleichzuziehen.
Nach dem Motto »Klasse statt Masse« bemühen sich einige einfallsreiche Geschäftsführer im badischen Stammland, zumindest in puncto Originalität und Einfallsreichtum einiges zu bieten. (Nach der Verwaltungsreform gehören auch Mauser und Heckler & Koch zum Regierungsbezirk Freiburg, was manchen Schwaben gegen den Strich geht – manchem Badener im übrigen auch.)

Der Fall des agilen Hippenstiel-Imhausen im Badischen Lahr ist dabei eher atypisch, die Ausnahme im alltäglichen Geschäft der Gemischtwarenhändler vom Rhein. Typisch dagegen sind die unzähligen, wenig spektakulären, weil legalen Exporte von Maschinen aller Art, die nur dann kurzzeitig öffentliches Interesse erwecken, wenn im Empfängerland Krieg ausbricht.
Ein Beispiel: Von einem ehemaligen Mitarbeiter der Firma IKA-Maschinenbau Janke & Kunkel GmbH in Staufen erfahre ich, daß Propex, der eigentumsrechtlich getrennte militärische Ableger des Unternehmens, Mischmaschinen in den Irak, aber auch an den Iran, an Pakistan, Korea und Jugoslawien geliefert hat. Die Firma

preist die Vorzüge ihres Exportproduktes: »The IKA-Planetron in use worldwide for many years offers apart from its well-known good mixing and kneading properties a high degree of safety and technical know-how.«
Ich setze mich mit der »Umweltliste« vor Ort in Verbindung, die der Firma schon länger auf der Spur ist und bisher lediglich unbefriedigende Antworten von Geschäftsführer René Stiegelmann erhalten hat. Die örtliche Zeitung greift die RIO-Informationen mit Interesse auf: »Bei den Lieferungen in den Irak ging es wohl nicht um Teig und Schokolade«, so der Titel des umfassenden Berichts.[11]
Das Problem der zivil wie militärisch verwendbaren Dual-Use-Güter ist so alt wie der Maschinenbau selbst und tatsächlich schwer zu lösen. Die Grenzen zwischen nichtmilitärischer und militärischer Nutzbarkeit sind, zumal für Außenstehende, oftmals schwer zu ziehen, so daß eine tatsächliche Kontrolle nur bedingt möglich ist. In manchen Fällen verrät der Adressat den wirklichen Verwendungszweck, insbesondere dann, wenn es sich um ein Verteidigungsministerium oder ein rüstungsproduzierendes Unternehmen handelt. Doch selbst bei optimalen Exportkontrollgesetzen bedarf es der Selbstüberwachung der Firmen – eine Firmenethik, die es bisher in den wenigsten Fällen gibt.
Der Bürgermeister der Stadt, Karl-Eugen Graf von Hohenthal, reagiert wie die meisten seiner Spezies. Nach »Rüstungslieferungen an den Irak und den Iran« befragt, antwortet der Graf: »Soweit ich informiert bin, haben sie keine Rüstung geliefert, sondern die Firma stellt Mischgeräte her.« Kleine Laborgeräte, so der Bürgermeister, seien keine Rüstungslieferungen. Der Reporter vom Freiburger Alternativsender Radio Dreyeckland hakt kritisch nach: Die Firma sei in Staufen bislang recht positiv behandelt worden, wenn »es darum ging, Gelände für die Firma zu erschließen«. Das, so der Radioreporter, mute angesichts solcher Rüstungsgeschäfte doch seltsam an. Graf von Hohenthal läßt das Argument nicht gelten: »Der Anteil beträgt nach Aussagen der Firma jetzt noch 6%. Insofern ist es keine Rüstungsfirma.«[12] Ist sie eben doch: Es gibt

kein bundesdeutsches Unternehmen, das zu einhundert Prozent von der Rüstung lebt. Im Gegenteil, die meisten Unternehmen haben einen Militäranteil von unter zehn Prozent.

Die Lieferung von Dual-Use-Gütern wie die der Staufener Mischmaschinen stellt eine der schwierigsten Aufgaben der Exportkontrolle dar. Schwerlich läßt sich eine Grenze ausloten; die deutsche Industrie hat in den vergangenen Jahrzehnten daraus die Schlußfolgerung gezogen, fromm und frei in alle Welt zu liefern. Für das, was danach mit den Dual-Use-Gütern im Ausland geschieht, haben sich bislang höchstens einige kritische Journalisten oder Friedensbewegte interessiert. Dabei hat sich schon zu Beginn des ersten Golfkrieges gezeigt, was die Manager bei Daimler-Benz unter Dual-Use-Gütern verstehen: Mitglieder der »Kampagne gegen Rüstungsexport« entdecken im Hamburger Hafen 80 Lkws. Die Fahrzeuge besitzen einen sandfarbenen Tarnanstrich, verfügen über eine Schießluke, das NATO-Kreuz sowie eine schmale Bereifung zur Eindämmung der Minengefahr. Verladen auf der »Iran Gheyamat« sollte die Ladung an den iranischen Kriegshafen Bandar 'Abbas verschifft werden, Empfänger sind die iranischen Revolutionswächter im Ministry of SEPAH. Formal handelt es sich um eine zivile Lieferung, Kriegswaffen fehlen. De facto ist es ein Rüstungsexport, denn es ist kaum anzunehmen, daß die Militärs im Iran die Fahrzeuge umbauen, um später die Staufener Schokolade zu transportieren. Auf eine Nachfrage der Freundinnen und Freunde vom Kampagnenbüro in Idstein teilt der damalige Wirtschaftsminister Dr. Haussmann mit, daß diese »Fahrzeuge auch bei Berücksichtigung ihrer Ausstattung nicht ausfuhrgenehmigungspflichtig« seien.[13]

Weniger schüchtern als die Süßigkeitenmixer von Propex ist eine Firma in meiner Heimatstadt: »Ihr Trumpf aus unserer Hand« ist der Slogan, mit dem Litef für seine Elektronikbestandteile in den Großwaffensystemen Pz Kampfwagen, Gepard, Marder und der Pz Haubitze in der militärischen Fachpresse wirbt.[14] International einen Namen gemacht hat sich die Firma mit ihren »Trägheitsnavigationssystemen«, die sich »an Bord von Schiffen in 20 Nationen« befinden.[15] Die Zahl spricht für sich, denn das Standardargument »Wir liefern nur an NATO-Staaten« fällt damit flach. Verständlicherweise schweigt sich die Firma gerne über die Staaten aus, an deren Marine die Elektronikbestandteile exportiert wurden. Pech für Litef ist, daß uns ein Mitarbeiter des Unternehmens zur Zeit des zweiten Golfkrieges eine Übersicht zuspielt, die Spengkraft besitzt: »Von J. Moodderman« ziert den Kopf der langen Liste vom 8. Januar 1986, in der 47 Lieferbeispiele der PL-41-Navigationsgeräte detailliert aufgeführt sind. Eingebaut wurden diese beispielsweise in Kriegsschiffe der indonesischen, der thailändischen, der südafrikanischen oder der chilenischen Marine. Ein Blick in die Menschenrechtsbibel von amnesty international verrät einiges über den damaligen Stand der Demokratie in den genannten Ländern. Auch die Golfregion ist vertreten: Israel und die Türkei sind gleich reihenweise aufgeführt.[16]

Gehörigen Druck erhält das Unternehmen während des Golfkriegs durch Blockadeaktionen vor dem Werkstor, an der Geschäftspolitik hat sich bis zum heutigen Tage jedoch wenig geändert: So liefert Litef den Missionsrechner für die kampfwertgesteigerte Fighter-Version des Tornado.[17] Und »gemessen an der Gerätezahl ist das Freiburger Elektronikunternehmen Litef Deutschlands führender Ausrüster im deutschen Anteil des Europäischen Jagdflugzeugprogramms EFA«.[18]

Nichtsdestotrotz hat Bonn der Firma in den vergangenen Jahren kräftig unter die Arme gegriffen: Eine von dem Emmendinger Rüstungsexportspezialisten Bernhard Faltin erstellte Bundestagsanfrage brachte ans Licht, daß Litef bei Forschungsgeldern kräftig abgesahnt hat: »Die Firma Litef GmbH hat in den letzten zehn Jahren (1980 bis 1989) aus dem Einzelplan 30 des Bundeshaushaltsplans (BMFT) Mittel in Höhe von 13,4 Mio. DM erhalten.«[19]

Jetzt wird auch klar, warum sich die Firma ihre Politikerinnen und Politiker warmhält: »Zum traditionellen vorweihnachtlichen Jahresempfang hatte die Firma Litef in die baden-württembergische Landesvertretung in Bonn gebeten.« Dort hat sich eine gesellige Runde getroffen, so daß der stellvertretende Geschäftsführer Klaus Ehler »neben Frau Staatsminister Ursula Seiler-Albring zahlreiche Abgeordnete des Deutschen Bundestages, den Koordinator für Luft- und Raumfahrt, Staatssekretär Dr. Erich Riedl, das Präsidium des Bundesamts für Wehrtechnik und Beschaffung, das Top-Management der Hauptabteilung Rüstung im Bundesministerium für Verteidigung und viele weitere Vertreter von Heer, Luftwaffe und Marine, Geschäftspartner und Freunde begrüßen konnte«. Insgesamt 450 Gäste haben sich versammelt, die andächtig dem Gastredner Dr. Riedl folgen. Dieser »würdigte den besonders erfolgreichen Kurs des Unternehmens«. Der stellvertretende Litef-Geschäftsführer nutzt die Gelegenheit, einige Weihnachtswünsche zu äußern – einer liegt ihm ganz besonders am Herzen: So möge der Jäger 90 in Produktion gehen. Ehler erntet »anhaltenden Beifall« und hinterher gibt es »ausreichend Gelegenheit zum Gedankenaustausch bei hervorragendem Essen und Trinken aus dem ›Ländle‹«.[20]

Jagd auf die Heilige Kuh

> »Die europäische Harmonisierung der Exportkontrollen erweist sich jetzt – kurz vor dem Inkrafttreten am 1. März 1993 – als Luftnummer.«
>
> *Erhard Heckmann,* Wehrtechnikexperte[21]

Ohne die unzähligen Lieferungen von Waffen, Rüstungs- und Dual-Use-Gütern aus der Sowjetunion, aus Brasilien, Frankreich oder der Bundesrepublik wäre Saddam Hussein ein größenwahnsinniger Regent mit vergeblichen Ambitionen auf ein irakisches Großreich geblieben. So aber konnte der Irak – dank des ausländischen Know-hows und modernster Waffensysteme – eine alliierte

Streitmacht herausfordern, die sich einer Armee gegenübersah, die teilweise über exakt dieselben Waffen verfügte wie sie selbst – von französischen AMX-Panzern und Mirage-Kampfflugzeugen bis hin zu den selben Daimler-Benz-Militärtransportern und Heckler & Koch-Handfeuerwaffen. Die Oberndorfer Firma hat die Region fest im Griff: G 3-Gewehre sind in Bahrain, Dschibuti, Jordanien, im Libanon, in Katar und den Vereinigten Arabischen Emiraten (VAE) nachweisbar, im Iran, in Saudi-Arabien und der Türkei werden sie in Lizenz gefertigt. Die Maschinenpistole MP 5 ist bei Polizei- und Militäreinheiten in Bahrain, Dschibuti, Iran, Jordanien, Katar und den VAE im Einsatz, die Lizenzfertigung erfolgt in Saudi-Arabien und der Türkei. Damit nicht genug: H & K-Maschinengewehre schießen in Katar und in den VAE, H & K-Nahkampfpistolen werden in Katar, Saudi-Arabien und den VAE benutzt.[22] Die tagtägliche Schizophrenie der Kriege des 20. Jahrhunderts liegt nicht zuletzt darin, daß die Soldaten beiderseits der Front mit Daimler-Fahrzeugen ins Kriegsgebiet gefahren werden. Dabei verfügen der Iran wie der Irak über Daimler-Militärfahrzeuge in riesigen Mengen.[23] Auf dem Schlachtfeld – gemeinhin als »kill-box« bezeichnet – treffen sie auf eine gegnerische Armee, die ihrerseits über G 3-Gewehre in immens hohen Stückzahlen verfügt. In der Schlacht findet das gegenseitige Morden mit den G 3-Schnellfeuergewehren statt, die Leichen werden anschließend mit Daimler-Fahrzeugen weggekarrt.

Zweifelsohne ist es uns zur Zeit des zweiten Golfkrieges gelungen, den Diskussionsprozeß in vielen Orten anzustoßen oder voranzubringen. Die Dispute halten noch monatelang an, selbst als dieser Krieg längst beendet ist. Es ist auffällig, daß im folgenden halben Jahr viele Initiativen aus Orten der Rüstungsproduktion Vorträge und Podiumsveranstaltungen mit RIO-Vertretern ausrichten. Die Pressesprecher der Unternehmen kneifen weiterhin, obwohl wir den Veranstaltern jeweils mehrere Termine anbieten, um den Firmenvertretern die Teilnahme zu erleichtern.

Es gibt nur ganz wenige Ausnahmen zu nennen, wie Geschäftsführer Dr. Hartmut Krone von Buck in Neuenburg oder Dr. Paul Schinhofen, Pressesprecher bei der Porsche AG in Stuttgart-Zuffenhausen. Porsche sieht sich selbst gerne als zivilen Autoproduzenten, verdient aber »Vom Sportwagen bis zum Panzer« – so der Titel eines Firmenporträts aus der Fachzeitschrift *wehrtechnik*, der belegt, daß Porsche fast ausnahmslos an allen deutschen Panzerentwicklungen beteiligt gewesen ist. Gesamtkonzept wie Konstruktion des Fahrgestells des Kampfpanzers Leopard 1 hat Porsche vollständig übernommen.[24] Das Unternehmen setzt auch heute noch auf die Beteiligung bei verschiedenen Panzerentwicklungen, die dann im Porsche-Entwicklungszentrum Weissach getestet werden. Schinhofen ist das Thema sichtlich unangenehm. So flüchtet er sich in die Aussage: »In fünf bis sechs Jahren wird Porsche nichts mehr mit der Rüstung zu tun haben.« Der Saal der Zuffenhausener Zehntscheuer ist gut gefüllt gewesen. Die Hoffnung des Porsche-Pressesprechers auf das kurze Gedächtnis der Anwesenden dürfte sich nicht bewahrheiten.[25] Bis zum heutigen Tag deutet nichts darauf hin, daß Porsche – dann als eines der ganz wenigen Unternehmen – tatsächlich konvertiert und die Rüstungsproduktion, wie versprochen, bis 1996 oder 1997 völlig einstellt. Die monatliche militärische Patentschau verrät über Porsche weiterhin nichts Gutes.[26]

Eines zumindest, und das ist längst nicht ausreichend, haben die Exportskandale vom libyschen Rabta bis zum irakischen Samarra in Deutschland bewirkt – die Erkenntnis des gesteigerten Einsatzes zivil wie militärisch verwendbarer Güter: »Dabei war zu berücksichtigen, daß Dual-Use-Güter im Hinblick auf die Verwendung in sensitiven Projekten in der Dritten Welt erheblich an Bedeutung zugenommen haben.« Die Exportgesetzgebung ist partiell verschärft worden: »Die neuen gesetzlichen Bestimmungen unterwerfen immer mehr Produkte, Anlagen, Fertigungsunterlagen und Knowhow, die bisher nicht zu den sonstigen Rüstungsgütern gezählt wurden, sondern zum genehmigungsfreien Bereich gehörten, einem strengen und aufwendigen amtlichen Genehmigungsverfahren.«[27]

Die Behauptung von Hartmut Bebermeyer, bis 1993 Ministerialdirigent im Bundeswirtschaftsministerium, klingt konsequenter, als sie ist. Schon heute wird wieder kräftig an den Exportgesetzen gesägt. Es ist nur eine Frage der Zeit, bis diese begrenzten Exportverschärfungen weiter verwässert und die Länderliste H, die den Export und den Betrieb militärischer Anlagen sowie die Vergabe von Fertigungsanlagen in Staaten wie China, Iran und Irak, Saudi-Arabien oder Südafrika verbietet, ausgehebelt werden. Tief blicken läßt die Antwort des baden-württembergischen Wirtschaftsministers Dieter Spöri auf einen Antrag der SPD-Fraktion: »Grundlage ist die Länderliste H, die seit der 17. Verordnung zur Änderung der Außenwirtschaftsverordnung (AWV) vom 29. Januar 1992 34 Länder umfaßt, für die diese Beschränkungen gelten. Davor waren es 54 Länder.«[28] Die Bundesregierung ist bis zum heutigen Tage noch nicht einmal bereit, die Zahlen über alle real erfolgenden Rüstungsexporte zu veröffentlichen.

Die Heilige Kuh »Rüstungsexport« wird weiterhin mit der Fliegenpatsche und dem Schmetterlingsnetz durch die fetten Weiden der Gewinnmaximierung gejagt. Auch auf europäischer Ebene herrscht Chaos statt Konsequenz. Selbst Erhard Heckmann, langjähriger Chefredakteur des Lobbyblatts *wehrtechnik*, staunt über die europäische Anarchie: »Nachdem der Rüstungsbereich trotz verbaler Kraftakte der EG-Kommission schon frühzeitig ausgeklammert wurde, bleibt von der gigantischen europäischen Harmonisierung nur eine neue Ausfuhrliste (Dual Use), die angeblich zu 95 Prozent abgestimmt und in jedem Land in ähnlicher Weise in Kraft treten soll. Sie existiert allerdings erst in einem etwa 500seitigen Entwurf.«[29] Kommentar überflüssig.

Meine seitenschwere Golfkriegsbroschüre, die allein die Verwicklung der baden-württembergischen Waffenschmieden in Rüstungstransfers mit dem Nahen Osten auflistet, könnte mittlerweile ohne großen Aufwand in einer zweiten Auflage bei doppeltem Umfang neu aufgelegt werden – das Musterländle läßt sich auch nach der geänderten Gesetzgebung in seinem Exportdrang kaum bremsen.

20. Auf dem Schlachtfeld der Sprache

Herren über Leben und Tod

»Das ist kein Krieg der UNO.«
UNO-Generalsekretär Perez de Cuellar
am 1. Februar 1991

27. Februar 1991. Die Fernsehbilder vom Rückzug der irakischen Armee gehen um die Welt. Viele Iraker müssen in ihren Fahrzeugen sterben, als die US-Angriffe fortgesetzt werden, obwohl der Krieg längst entschieden ist. Die politische Führung erwägt laut Colin Powell, die Angriffe einstellen zu lassen. Norman Schwarzkopf reagiert gereizt: Auch wenn der Irak nicht länger bereit sei, seine Nachbarn zu bedrohen, so würde es laut Lagebeurteilung »noch immer teuflisch viele Panzer geben«. Schwarzkopfs Vorschlag ist von absoluter Gefühllosigkeit geprägt: »Ich will, daß die Luftwaffe weiterhin Konvois bombardiert, die sich am Euphrat stauen, wo die Brücken gesprengt sind. Ich will den Bodenangriff morgen bis zum Meer weiterführen und alles, was sich auf unserem Weg befindet, völlig zerstören.« Solche Entscheidungen bedeuten den Tod Hunderter unschuldiger Menschen. »Sie sind sich im klaren«, fährt Schwarzkopf fort, »daß, wenn wir morgen nacht aufhören, der Bodenkrieg fünf Tage gedauert haben wird? Wie finden Sie das: der ›Fünf-Tage-Krieg‹?« General Powell antwortet lachend: »Klingt gut.«

In Washington läuft derweil ein erbitterter Streit über das mutwillige Töten. Schwarzkopf hätte am liebsten bis zum letzten feindlichen Soldaten weitergemordet: »Ich hätte die nächsten sechs Monate gerne damit zugebracht, das irakische Militär zu vernichten.« Noch bleiben wenige Stunden, bis der US-Präsident vor die Fernsehkameras treten wird, um das Ende des Krieges zu verkünden. Norman Schwarzkopf fordert General John Yeosock zu weite-

ren Militärschlägen auf: »Ich ermutige Sie, bis dahin mit Ihren Apache-Hubschraubern so viel zu zerstören wie irgend möglich.« Erneut ruft Powell bei Schwarzkopf an und teilt mit, daß der Präsident das Kriegsende um 21 Uhr Washingtoner Zeit verkünden wird. Damit will er den Erfolg vor einem Millionenpublikum auskosten: »Aber wir hören nicht vor Mitternacht auf«, denn »so wird es ein Hundertstundenkrieg«. Schwarzkopf ist zufrieden: »Sie wußten wirklich, wie man ein geschichtsträchtiges Ereignis präsentiert.«[1]
Darüber, wie viele Menschen um der runden Zahl willen ihr Leben lassen mußten, liegen keine offiziellen Angaben vor. Der Schriftsteller Kurt Tucholsky hat die Herren über Leben und Tod in einer vergleichbaren Situation wie folgt beschrieben: »Da gab es vier Jahre lang ganze Quadratmeilen Landes, auf denen war der Mord obligatorisch, während er eine halbe Stunde davon entfernt ebenso streng verboten war. Sagte ich Mord? Natürlich, Mord. Soldaten sind Mörder.«[2]
Worin liegt der Unterschied zwischen damals und heute? Dieser Krieg geht einhundert Stunden, der damalige hat vier Jahre gedauert.

Vom Morden mit Worten

> »Vielleicht haben wir in der Begeisterung über High-Tech-Waffen aus den Augen verloren, daß der Krieg Menschenleben fordert.«
> *Norman Schwarzkopf*[3]

Militär ist die Inkarnation organisierter Gewalt. Ihre Fachsprache offenbart unbefangenen Leserinnen und Lesern einen erschreckenden Fundus gewalttätigen, oftmals makabren Vokabulars. In seiner Autobiographie bietet der US-Oberbefehlshaber Norman Schwarzkopf – der seinen »linken Arm dafür gegeben hätte«, wenn die US-Luftwaffe in Vietnam nur halb so gut gewesen wäre wie im zweiten Golfkrieg – einige eindrucksvolle Beispiele derartiger militärischer Denkmuster und verbaler Ausdrucksformen: Sein Vokabular reicht von der vollständig vernichteten »Straße des Todes« bis hin zur »killbox«, dem Zielquadrat auf dem Bildschirm, in welchem die feindlichen Soldaten von den Truppen der Alliierten zusammengetrieben wurden.[4] Der Fundus militärischen Einfallsreichtums scheint schier unerschöpflich: Wer nicht am Kampf teilnehmen muß, trägt die »tango uniform«, der traurige Soldat wird als »unhappy teddy« bezeichnet, »zero in« meint das Anpeilen des Zieles kurz vor dem Abschuß in der »KZ«, der Planquadrate in der »killing zone«, während »double kill« mit dem Abschuß zweier Flugzeuge bei einem Einsatz eine besonders erfolgreiche Aktion verspricht.[5] Beim »friendly fire«, dem versehentlichen Töten von Soldaten der eigenen Seite, zuckt selbst ein Norman Schwarzkopf zusammen: »Ich verabscheue diesen Begriff.«[6]

Ihren unrühmlichen Höhepunkt erreicht verbale Gewalt in der Rüstungswerbung. Mit entsprechend makabren Slogans werden bei optischer Untermalung die Vorzüge martialischer Todesprodukte angepriesen. Werbung für Waffen in militärischen Fachzeitschriften, zu deren Adressaten gewöhnlicherweise nicht unsereins, sondern die Repräsentanten der Verteidigungsministerien und Armeen in aller Welt zählen, präsentiert sich ohne jegliche moralische Schranken: Das Kampfflugzeug Tornado fliegt imposant »Unterm Zaun durch ... bei jedem Wetter«, versteht sich – auch nach der tödlichen Katastrophe von Ramstein.[7]

Gerade in Zeiten weltweit sinkender Verteidigungsetats nimmt der Druck auf die Rüstungsindustrie zu, den reduzierten Bedarf im Investitionsbereich für die Armee des eigenen Landes durch verstärkte Waffenexporte auszugleichen. In der Folge werden die Werbeseiten für die High-Tech-Killerprodukte »kreativer« als je zuvor dargeboten. Schließlich verkündet die Gruppo Augusta sichtlich stolz, sie produziere »Creative Technology«.[8] Sarkastisch wird die Angelegenheit in dem Moment, da sich die Todesindustrie als Bewahrer des Friedens präsentiert. Der größte italienische

Luftfahrt- und Elektronikkonzern Alenia Defense Systems schreckt nicht davor zurück, sich in ganzseitigen Werbeanzeigen als Friedensapostel schlechthin darzustellen: »We protect peace«.[9]
Nach dem Sieg der Alliierten im zweiten Golfkrieg hat sich die Branche in den internationalen Fachzeitschriften neue Schwerpunkte gesetzt: Allein im »Desert Storm Almanach« der Zeitschrift *Military Technology* begegnet den Lesern ein schier unerschöpflicher Quell sprühenden Militärgeistes: Die GEC Ferranti aus Kalifornien weiß, was Sache ist: »Strike fast, strike hard, strike once, day or night with Tiald«, gemeint ist der militärisch erfolgversprechende Einsatz der von der Firma entwickelten Laserwaffe Tiald. Die Euromissile G.I.E., an der die Daimler-Benz-Tochter MBB und die französische Aerospatiale je zur Hälfte beteiligt sind, droht unmißverständlich: »The aggressor will come off badly!«, wozu ihre Roland-Rakete eingesetzt werden soll. Die US-amerikanische Grumman plant, »not ever again to fight without a Joint Stars kind of system«, und präsentiert zur erfolgreichen Bekämpfung von militärischen Bodenzielen eine Landkarte mit den Rückzugslinien der irakischen Truppen aus Kuwait.[10] Damit auch jeder weiß, auf wessen Rat er zu hören hat, empfiehlt die französische Firma Aerospatiale »Just ask heroes of the Storm«. Diese haben dann, glaubt Mann den Helden des zweiten Golfkrieges, eine ganze Palette von Handfeuerwaffen bis hin zu Panzerabwehrwaffen zu verkaufen. Die englische Firma Hunting Engineering dagegen setzt voll auf den »Airfield Attack« mit »total air superiority«, preist das »precision bombing« und verspricht eine »highly successful campaign«. Damit auch die letzten Zweifel potentieller Kunden überwunden werden, wird ein hoher Militär zitiert, der einen »maximum damage« bei geringem Aufwand verspricht. In Text und Bild werden dann zur Verkaufsförderung die Vorteile der von der Hunting Engineering hergestellten Hades-Rakete aufgezeigt und deren Kriegseinsatz anschaulich untermalt. Zu guter Letzt verweist die Firma, was in der Branche allgemein Usus ist, auf ihren Stand bei der nächsten Air Show. Dabei hat sich nach der Schlacht um das Öl von Kuwait eine Etikette als besonders werbewirksam

Seit dem zweiten Golfkrieg werben US-amerikanische Waffenschmieden offensiv für ihre »erfolgreich« im Irak erprobten High-Tech-Produkte. (Anzeige auf der Umschlagrückseite der Sonderausgabe »Desert Storm Almanach« von *Military Technology* 6/1991)

erwiesen: Eingesetzt von den multinationalen Kampfeinheiten und deshalb »Battle-tested« verspricht die US-amerikanische Magellan Systems Corporation ihren Kunden effiziente Kommunikationsgeräte. Die Leute verstehen ihr Geschäft.

»Schachmatt« – der Feind ist besiegt, dank Mercedes-Benz. Das zumindest suggeriert das in Computergraphik über den wuchtigen Militärfahrzeugen schwebende Schachspiel. Und wer es immer noch nicht glaubt, soll durch den Mercedes-Slogan »Nothing can match experience« eines Besseren belehrt werden. Die Daimler-Strategen wissen das weltweit gute Renommee des größten bundesdeutschen Rüstungskonzerns zu nutzen. Untermalt wird die gespenstische Szenerie in einer Spezialausgabe der *Nato's Sixteen Nations* über die US-amerikanische Verteidigungsindustrie durch das Umfeld einer Sandwüste.[11] Diese gilt seit den Golfkriegsschlachten der Alliierten gegen Husseins Nationalgarde als das Symbol für den Sieg schlechthin. Auch auf dem bundesdeutschen Werbemarkt schlägt die Public-Relations-Abteilung der Mercedes-Benz-Nutzfahrzeuge voll zu. Schließlich erfordert der militärische Einsatz »Fahrzeuge, die auch im schwersten Gelände ihren Auftrag erfüllen«. Deshalb sind diese »für extreme Belastungen entwickelt worden« und »verrichten bei vielen Armeen seit Jahrzehnten erfolgreich ihren Dienst«.[12] Um welche Armeen es sich dabei handelt und wie dieser Auftrag aussieht, verschweigt die Firma geflissentlich.
Werbung für Rüstungsgüter wie Kriegswaffen steht in krassem Gegensatz zur Präambel sowie zu Artikel 26 (1) des Grundgesetzes. Dort wird die Verantwortung der Bundesrepublik Deutschland für den Frieden in der Welt betont; Handlungen, die das friedliche Zusammenleben der Völker stören, sind verfassungswidrig. Dabei suggeriert Rüstungswerbung, der Einsatz von Waffen sei ein legitimes und erfolgversprechendes Mittel zur Konfliktlösung. Die Antwort der Friedensbewegung muß eine Kampagne zum Verbot dieser Art von Werbung sein, um den rüstungsproduzierenden und -exportierenden Firmen ein maßgebliches Medium zu entziehen.[13]

Grüne Wortgefechte um defensive Offensivwaffen

»Angesichts der durch den Golfkrieg veränderten Weltlage muß auch der Grundsatz ›Keine Waffen in Spannungsgebiete‹ neu überdacht werden.«

Dr. Erich Riedl,
Parlamentarischer Staatssekretär im Bundeswirtschaftsministerium[14]

In der Bundesrepublik führt der zweite Golfkrieg die Friedensbewegung wie die christlichen Kirchen, Sozialdemokraten wie Grüne in die innere Zerreißprobe. Die Fernsehbilder verstärken tagtäglich das Feindbild eines Saddam Hussein, der vor keinem Mittel zurückschreckt, um sein Ziel zu erreichen. Amnesty international dokumentiert im Jahresbericht 1991 grausamste Menschenrechtsverletzungen an kuwaitischen Gefangenen: »Den Aussagen ehemaliger Gefangener zufolge kam es routinemäßig und weit verbreitet zu Folterungen. Zu den berichteten Foltermethoden zählten ... das Brechen von Gliedmaßen; Verbrennungen mit Zigaretten an Körper und Augen; das Herausdrücken der Augen; Elektroschocks; sexuelle Übergriffe sowie Scheinhinrichtungen.« Dabei sollen im August 1990, dem Monat der völkerrechtswidrigen Annexion Kuwaits, »etwa 120 Soldaten und Offiziere der irakischen Armee hingerichtet worden sein, weil sie nach vorliegenden Berichten ihre Beteiligung an der Invasion Kuwaits verweigert hatten«.[15]
Derweil ist aber auch *Die Schlacht der Lügen*, wie der in New York lebende Journalist John R. MacArthur das Gemetzel im nachhinein nennen wird, in vollem Gange: Im Gegensatz zum Vietnam-Krieg ist beim zweiten Golfkrieg keine Berichterstattung von den realen Geschehnissen möglich – die Wahrheit findet auf den Schlachtfeldern statt. Die Berichterstattung in den Medien wird zur »Wahrheit« der Militärs und die Debatte um die Lieferung von Patriot-Raketen an Israel sowie der Streit um den Vorwurf des Antiamerikanismus zum Schlachtfeld der Friedensbewegung.[16]

Im zweiten Golfkrieg vergleichen deutsche Intellektuelle, wie Hans Magnus Enzensberger, Hussein mit Hitler und unterstellen dem irakischen Volk eine »anthropologisch ausgeweitete Todessehnsucht«. Wolfgang Pohrt wünscht sich die Friedensdemonstranten gar hinter Gitter, er fordert Israel zum Präventivschlag gegen den Irak auf.[17]

Bei den Grünen werden heftig wie selten zuvor verbale Attacken lanciert und Gegenschläge gestartet. Renommierte Grüne lassen sich von dem Gedanken leiten, Israel brauche angesichts der Scud-Angriffe den militärischen Schutz von Patriot-Raketen. Dabei verfügt Israel selbst über eine der bestfunktionierenden Rüstungsindustrien und liegt seit Jahren an der Spitze der Waffenlieferanten der Dritt-Welt-Länder.[18]

Das hindert sechs Abgeordnete sowie dreizehn Mitarbeiterinnen und Mitarbeiter der grünen Landtagsfraktion in Baden-Württemberg nicht daran, einen Brief an Heinz Galinski, den damaligen Vorsitzenden des Zentralrats der Juden in Deutschland, zu verfassen, in dem sie schreiben: »Auch deutsche Hilfe zur Abwehr irakischer Scud-Raketen kann in dieser lebensbedrohlichen Situation nicht verweigert werden. Wir begrüßen deshalb die Entscheidung der Bundesregierung, das ›Patriot‹-System dem Wunsch der israelischen Regierung gemäß nach Israel zu liefern.« Diese Entscheidung sei ihnen, so die Verfasser des Briefes, »nicht leicht gefallen«, denn die Ablehnung militärischer Mittel zur Austragung politischer Konflikte sei ein wesentliches Grundelement grüner Politik. »Wir sehen jedoch, daß es Situationen geben kann, denen dieses Prinzip nicht gerecht wird ...«[19] Die Tür zur »Politik der Ausnahmen« ist aufgestoßen.

Die Landtagsabgeordneten tappen damit voll in die Falle der Bundesregierung. Diese hat, entgegen jeglicher militärischer Realitäten, behauptet, deutsche Patriot-Raketen böten Israel den gewünschten Schutz vor den irakischen Scud-Schlägen. Die Bundesregierung nutzt in Wirklichkeit die Gelegenheit, Israel die Waffensysteme zu liefern, die ansonsten immensen öffentlichen Protest hervorgerufen hätten. Daß dabei en passant die gewaltfreie Friedenspolitik der von ihr ungeliebtesten Oppositionspartei ausgehebelt werden kann, nimmt sie mit Zufriedenheit zur Kenntnis.

Als Landesvorstandsmitglied verfasse ich einen Offenen Brief, den auch zwei Abgeordnete der Landtagsfraktion sowie friedenspolitisch engagierte Parteimitglieder unterzeichnen: »Eine der zentralen Säulen Grünen Selbstverständnisses ist die Gewaltfreiheit, an der nunmehr kräftig gesägt wird. Der Brief an Heinz Galinski ist zudem absolut einseitig an den Interessen Israels orientiert. Die historische Schuld der Deutschen kann nicht durch Waffenexporte behoben werden.« Würde man der »gleichen unsinnigen Logik« des Schreibens der sechs Abgeordneten folgen, so müsse man angesichts des derzeitigen Bombardements nie gekannten Ausmaßes auf die Zivilbevölkerung des Irak »auch den Export von Patriot-Raketen zum Schutz der irakischen Kinder, Frauen oder alten Menschen fordern«.[20] In diesen Tagen gehen erste Meldungen durch die Presse, welche die Folgen der Flächenbombardierungen mit den B 52-Bombern aufzeigen: »Die Irakis kriegen die Hölle ab«, verkündet ein US-Pilot, und ein anderer GI spricht davon, es gelte, endlich den Gegner »weichzuklopfen«.[21] Im Herbst 1993 veröffentlicht Pulitzer-Preisträger Rick Atkinson, »daß ein Luftwaffenstratege vorgeschlagen hatte, irakische Chemiewaffenfabriken mit ›kleinen Atomsprengköpfen‹ auszuschalten«. Auch die während des Krieges erhobenen Behauptungen, Napalm sowie Luftdruckbomben dienten lediglich zum Abfackeln ölgefüllter Feuergräben und zum Sprengen irakischer Minenfelder, stellt sich als purer Propagandavorwand heraus: »Nach Auskunft von US-Militärs wurden beide Waffentypen direkt gegen irakische Soldaten gerichtet, mit verheerender Wirkung.«[22]

In den Medien findet die grüne Auseinandersetzung um »Waffen für Israel« breiten Widerhall, ist es doch damals noch überraschend, daß sich Teile der Partei für Waffenexporte aussprechen. Das Patriot-Problem wird auf die nächste Landesversammlung vertagt.

Im Landtag von Baden-Württemberg ist es schon in der Woche vor dem Galinski-Brief zum doppelten Skandal gekommen: Als Erwin Teufel zum neuen Ministerpräsidenten gekürt werden soll – Lothar Späth ist über seine vielfache Unterstützung seitens der Rüstungsfirmen Daimler-Benz und SEL gestolpert –, halten die beiden Abgeordneten Christine Muscheler-Frohne und Jürgen Rochlitz ein Transparent hoch: »Bei jeder Waffenschieberei ist Baden-Württemberg dabei«. Dieses erregt nicht nur die Gemüter konservativer Regierungsvertreter – auch Grünen-Fraktionschef Rezzo Schlauch entschuldigt sich beim Ministerpräsidenten und den Landtagskollegen der anderen Fraktionen.[23]

Der pazifistisch gesinnte Teil der Grünen, zu dem ich mich zähle und der sich noch in der Mehrheit befindet, lehnt Waffenlieferungen generell ab. Nicht, weil diese – wie im Falle Israels – in ein Kriegsgebiet erfolgen und den »vitalen Interessen« der Bundesrepublik Deutschland gerecht werden sollen. Ich bin der festen Überzeugung, daß Waffenlieferungen keines der Probleme lösen und sich die Friedensbewegung zudem unglaubwürdig macht, wenn sie einen Schönwetterpazifismus pflegt, der da heißt: In friedlichen Zeiten setze ich auf nichtmilitärische Lösung, wenn irgendwo ein Krieg tobt und Menschen bestialisch gemordet werden, dann müssen sogenannte Verteidigungswaffen zum Schutz der Menschenrechte geliefert werden.

Diese Rechnung geht nie auf, im Falle der Patriot-Lieferungen gleich mehrfach nicht: Defensive Waffensysteme gibt es de facto nicht. Diese sogenannten »Defensivwaffen« dienen in der Logik der Generäle lediglich dazu, offensive Militärschläge abzufangen, um eigene Angriffe zu starten (oder wie im Falle Israels, von den Alliierten ausführen zu lassen). Dabei ist die Debatte um die Lieferung sogenannter »Defensivwaffen« so alt wie der Streit um Waffenexporte und weist auch im Bundestag eine lange Tradition auf.[24]

Gerade gegen die Stationierung von US-Patriots in der Bundesrepublik hat sich die Friedensbewegung in den vergangenen Jahren vehement gewehrt, konnte aber nicht verhindern, daß diese beispielsweise im baden-württembergischen Wertheim aufgestellt wurden. Die Kriegsgewinnler – der offizielle Begriff lautet »Unterauftragnehmer« – sitzen in der gesamten Republik: die heutigen Daimlertöchter AEG-Telefunken und Dornier, Siemens, das Bodenseewerk Gerätetechnik, ANT, Diehl, MAN, Philips und viele andere mehr. Ganz nebenbei sind die von Raytheon in den USA entwickelten Boden-Luft-Raketen (Slogan »Patriot. Built to take out today's air threats. And tomorrow's«) auch geeignet, gegnerische Ziele am Boden bis in eine Entfernung von 150 Kilometern anzugreifen – der Südlibanon läßt grüßen.[25]

Rein technisch sind die deutschen Patriot-Raketen – im Gegensatz zu den US-amerikanischen – nicht in der Lage gewesen, Scud-Angriffe abzuwehren. Aber auch die US-amerikanischen erweisen sich als Serienflop: In den wenigsten Fällen gelingt es, den Scud-Sprengkopf zu zerstören, die meisten Toten gibt es, als eine getroffene Scud in ein Lagerhaus in Saudi-Arabien stürzt und 28 GIs tötet.

Bei dem Scheingefecht der Patriot-Debatte hat die Bundesregierung anderes im Sinn: Sie will den Israelis Waffen ganz anderer Art liefern, was sich durch die öffentliche Diskussion um deutsche Waffenlieferungen auch ganz gut verwirklichen läßt: Israel erhält neben den Propaganda-Patriots auch Hawk- und Roland-Raketen, ABC-Spürpanzer des Typs Fuchs sowie zwei U-Boote, die von HDK in Kiel gebaut werden sollen. Alle diese Waffensysteme sind Teil einer Militärhilfe in Höhe von einer Milliarde DM.[26]

Der Disput der baden-württembergischen Grünen gipfelt in einer Kampfabstimmung über die Position zum zweiten Golfkrieg bei der Landesversammlung im März 1991 in Freiburg. Befürworter militärischer Hilfe für Israel sehen keinen Weg »zwischen einer gesinnungsethischen pazifistischen Position und einer pragmatischen Lösung«.[27]

Unser Gegenantrag löst heftige Wortgefechte aus: »Die Grünen wären überflüssig, wenn sie sich selbst in dieser Frage noch als gespalten und zerrissen präsentieren würden und gleichzeitig für und gegen Waffenexporte in die Golfregion, für und gegen deutsche

Truppen am Golf wären.« Daß dieser Krieg von amerikanischer Seite aus gewollt ist, belegen Unterlagen der US-Geheimdienst- und Streitkräfteausschüsse sowie eine Studie des Washingtoner Instituts für internationale Wirtschaft, die besagen, daß das gegen den Irak verhängte Wirtschaftsembargo »das mit Abstand wirksamste des gesamten Jahrhunderts« ist. Eine tatsächliche Lösung des Konflikts kann unserer Ansicht nach nur durch »eine umfassende Nahost-Friedenskonferenz, an der alle beteiligten Staaten der Region sowie Non Government Organizations (NGO), insbesondere die PLO als Repräsentantin des Staates Palästina, die KurdInnen sowie andere religiöse und ethnische Minderheiten teilnehmen sollen«, erreicht werden. Unser achtseitiger Antrag basiert auf der Säule der Gewaltfreiheit: »Pazifismus ist nicht naiv, sondern rational begründbar die einzig adäquate Antwort zur Konfliktlösung einer zivilisierten Gesellschaft im ausgehenden 20. Jahrhundert: Die Erkenntnis, daß Krieg im Zeitalter der Massenvernichtungsmittel völlig untauglich ist, daß er immer und überall – auch als ›Heiliger‹ oder ›Gerechter Krieg‹ – nichts anderes als Barbarei ist, hat der Verlauf des Golfkrieges bewiesen.«[28]
Am Ende müssen wir unseren Antrag, der vielen zu radikal erscheint, zugunsten eines abgeschwächten, in der Sache jedoch auch tragbaren Papiers zurücknehmen. Dieses haben Georg Habs-Hoffschrör und ich als Kompromißvorschlag eingebracht. Und wie erhofft, gelingt es uns, die Mehrheit der Delegierten von der Schizophrenie der Forderung nach Waffenlieferungen und der Gefahr des Sicheinlassens auf die militärische Logik zu überzeugen.[29]
Dennoch ziehe ich an diesem Wochenende unter Protest meine erneute Kandidatur für den Landesvorstand zurück. Strukturpolitische Entscheidungen wie die Aufhebung der Trennung von Amt und Mandat sowie die Personalentscheidungen zum Geschäftsführenden Landesvorstand zeugen von einem Kurs der Anpassung und lassen eine Politik der gesellschaftlichen Veränderung immer schwerer erscheinen. Ich bin nicht gewillt, eine derartige Entwicklung zu

verantworten: »Unser inhaltlicher Grundkonsens muß radikal sein, denn das gnadenlose Wirtschaftswachstum, das mörderische Gefälle zwischen Arm und Reich, die Unkontrollierbarkeit der Macht, bedeuten eine weltweite Bedrohung.« Ich fordere »handfeste Reformvorschläge der Partei, die auf eine neue Entwicklungslogik abzielen – eine Logik, die wegführt vom Weiter, Schneller und Immer-mehr«.[30] Diesen Grundkonsens sehe ich mit der Freiburger Landesversammlung nachhaltig gefährdet.

21. Sozialethisch gerechtfertigter, strafrechtlich verwerflicher Drucktäter

Angriffsziel Protée

»›Protée‹ ist französisch und bedeutet ›Proteus‹. Proteus ist ein weissagender griechischer Meergreis, der sich in alle möglichen verschiedenen Gestalten verwandeln kann. ›Protée‹ klingt wie eine Kurzform von ›protégé‹, was soviel bedeutet wie ›Schutzbefohlener‹.«

Flugblatt von Thilo Weichert

Das Frühstück im Freien fand ohne Edouard Manet statt, erregte aber ebenso die öffentliche Aufmerksamkeit wie vor 128 Jahren. Schließlich hatten es die Freundinnen und Freunde gewagt, sich einer ganzen Armada entgegenzustellen. »Rund 10 300 Soldaten, davon rund 600 deutsche Soldaten, dazu 1500 Rad- und 500 Kettenfahrzeuge sowie 46 Luftfahrzeuge, davon 40 Hubschrauber« sollten Krieg simulieren, wie die Auskunft von Staatssekretär Willy Wimmer auf eine parlamentarische Anfrage der Lahrer Bundestagsabgeordneten Luise Teubner verriet. Schließlich könnten »nur funktionsfähige und einsatzbereite Streitkräfte den ihnen gestellten politischen Zweck erfüllen«.[1] Schutzbefohlen war das Land westlich des Rheins, und in der Interpretation des französischen Verteidigungsministers Chevènement bedeutete das: »Herrenberg ist Angriffsziel«.[2] Das Gefechtsfeld des Großmanövers umfaßte große Teile Südbadens und Südwürttembergs und reichte bis weit auf die Schwäbische Alb. Dabei war – wie der Heidelberger Landtagsabgeordnete Reinhard Bütikofer per Anfrage herausfand – Protée lediglich eines von »sieben Großverbandsübungen (mit jeweils über 2000 Soldaten) der verbündeten Streitkräfte und der Bundeswehr«. In diesem Jahr rollten nicht nur »Protée« und »Magenta«, sondern

Friedensbewegte blockieren französisches Militär

„Protée – Nee!" Mit dieser Parole protestierten in Freiburg etliche Dutzend Anhänger der Friedensbewegung gegen das Manöver „Protée" der französischen Streitkräfte in der Bundesrepublik, das am Wochenende anlief. Auf der Bundesstraße 31 blockierten sie eine Militärkolonne, die ins Manöver ziehen wollte. Die Polizei mußte die Straße räumen, um den Fahrzeugen die Weiterfahrt zu ermöglichen. **Foto: dpa**

Mit Verspätung in die Schlacht gezogen

Grüne blockieren Militärkonvoi

Polizei räumt Schwarzwaldstraße für Manövertruppen und prüft Verdacht auf Nötigung

„Rien ne va plus" - nichts geht mehr, hieß es am Freitag abend für den ersten Konvoi französischer Militärfahrzeuge, der von der Vauban-Kaserne aus in das Großmanöver „Protée" fahren wollte. Doch schon im Stadtgebiet war vorläufig Schluß mit dem geplanten Ausrücken: Etwa 40 Mitglieder der Friedensbewegung und der Grünen hatten die Militärs in der Schwarzwaldstraße abgepasst und sprangen mit Transparenten auf die B 31, als der Konvoi auftauchte. Die Polizei rückte an und räumte die blockierte Fahrspur. Mit eineinhalbstündiger Verspätung konnten die Soldaten schließlich ins Manöver ziehen.

Freitag abend, 22 Uhr, an der Schwarzwaldstraße, Ecke Sternwaldstraße: „Die kapitulieren doch nicht", meint Jürgen Grässlin, Mitglied des Grünen-Landesvorstandes · skeptisch. ... 21 Uhr warten die Grün... Militärko...

und harren der Dinge, die da kommen. Die kommen in Form von Mannschaftswagen der deutschen Polizei, rund 40 Beamte entsteigen den Wagen, nachdem die französische Gendarme... ...tte. Die ...

springen die Polizisten diesmal auf die Demonstranten zu, zerren, schleifen und tragen die Hartnäckigsten an den Straßenrand. Während die Soldaten wieder anfahren können, werden diesmal die Personalien einiger Blockierer festgestellt.

Mit auf der Straße standen mit Rose Glaser und Barbara Schoeren-Boesch zwei Landtagsabgeordnete, mit Georg Habs und Jürgen Grässlin zwei Mitglieder des Landesvorstandes und mit Jür... Maier ein Bundesvorstän... ...ben die Grü...

Am 17. September berichten Zeitungen bundesweit von der gewaltfreien Blockadeaktion gegen die deutsch-französische Kriegsübung »Protée«. Christoph Besemer, Georg Habs-Hoffschrör und Jürgen Grässlin werden wegen »Nötigung« verurteilt. (Bild: *Stuttgarter Zeitung*, Foto: © dpa; Text: *Badische Zeitung*, © Michael Knauer)

auch der »Eiserne Vorhang« und der »Schwere Amboß« über das Musterländle hinweg.[3]
Durch penetrantes Nachhaken an verschiedenen Stellen war es uns gelungen, detaillierte Protée-Einsatzpläne zu erhalten. Wir waren bestens darüber informiert, wann und wo die Militärs zu welcher Zeit Feindesland besetzen würden.
Im Landesvorstand planten wir, die Aktionen der Militärs kreativ zu begleiten, auch Mitglieder der Landtagsfraktion sagten ihre Unterstützung zu, um diese absurde Gefechtsübung des II. Französischen Korps zu verhindern. Die grüne Landtagsabgeordnete Christine Muscheler-Frohne tüftelte die »phantasievollen Manöverbehinderungen« auf der Ostseite des Schwarzwaldes aus, Thilo Weichert war der Chef de cuisine auf westlicher Seite – frei nach dem Motto des Böblinger Aktivisten Bernd Carle: »Französische Köche sind uns lieber als französische Soldaten«.[4] Das Frühstück im Freien fand – zur Verwunderung der Invasoren – an den beschaulichsten Plätzen statt, »rein zufällig« dort, wo die Militärs ihre Zelte aufschlagen wollten.

Ich habe französischen Käse eingekauft, Baguette und Vin rouge. Ausgiebig belieben wir zu speisen, nur der Ort des Dîners ist überraschend – die Freiburger Vauban-Kaserne zählt zu den Lokalen, die unsereins bei Befriedigung gaumaler Gelüste gewöhnlich meidet. Diesmal aber verzehren wir – vor dem Haupttor residierend – mit Genuß die köstlichen Produkte aus französischen Landen und geben nebenher Radio-Interviews als Vorgeschmack auf weitere Delikatessen.
Als einige Militärfahrzeuge an der Kaserne vorbeirattern, versperren wir kurzzeitig die Straße, danach aber kehrt trügerische Stille ein: Statt des erwarteten Großaufmarschs der Militärs, welche nach unseren Informationen von der Kaserne aus an diesem Tag zum Großangriff auf den Schwarzwald losschlagen sollen, herrscht Ruhe an der Front. Das Problem des Standorts Vauban ist, daß die Kaserne mehrere Ausgänge hat und zudem abseits der Hauptver-

bindungsstraße Richtung Feindesland liegt. So beschließen wir kurzerhand einen Standortwechsel und begeben uns zur B 31, in Freiburg »Schwarzwaldstraße« genannt. Hier muß die Kolonne durchkommen, gleichgültig welche Route sie wählen wird.
Unsere Taktik geht auf: Kurz nach 22.00 Uhr überschlagen sich die Ereignisse.

»Rien ne va plus«, beschreibt Redakteur Michael Knauer von der *Badischen Zeitung* die Aktion auf der Bundesstraße 31.[5] Dort haben wir die rechte Fahrbahnseite versperrt: »Alle sind willkommen, aber ohne Waffen« prangt auf einem riesigen Transparent, en français, versteht sich. Die Militärmaschinerie steht still, links fließt der zivile Verkehr, eine optimale Konstellation. Die französischen Militärs reagieren gelassen, sie haben die deutsche Polizei gerufen und harren deren Amtshilfe.
Diese kommt schneller, als uns lieb ist, zur Überraschung aller werden die rund vierzig Friedensbewegten, darunter die Landtagsabgeordneten Rose Glaser und Barbara Schroeren-Boersch, Jürgen Maier vom grünen Bundesvorstand sowie Georg Habs-Hoffschrör und ich an den Straßenrand gedrängt. Der erste Militärkonvoi rattert fürs Vaterland gen Schwarzwald, die Polizei jubiliert – während wir bereits die zweite Kolonne anhalten. Diesmal ist die Blockade perfekt, denn rechts sitzen wir, links stoppt der Fahrer eines französischen Militär-Lkws und legt somit sämtlichen Verkehr hinter ihm lahm. »Nötigung« ist der juristendeutsche Begriff für das, was der Herr Soldat da vollführt.
Der Polizei ist derweil der Humor abhanden gekommen. Mir nicht, denn ich frage die beiden Polizisten, die mich wegräumen sollen, ob ihnen meine achtzig Kilo zu viel seien. Die Herren müssen sich konzentrieren und tragen mich liebevoll zur Seite.
Anders ergeht es meinem Landesvorstandskollegen Georg Habs-Hoffschör einige Minuten später. Der Heidelberger Arzt wird malträtiert: Er hat sich ein zweites Mal auf die Fahrbahn gelegt und wird von einem Polizeibeamten an Haaren und Hemd gepackt und

von der Fahrbahn geschleift. Offizielle Begründung des Ordnungshüters für seinen ruppigen Einsatz: Er habe Georg Habs-Hoffschrör retten wollen, sonst wäre er von dem vor ihm stehenden Fahrzeug überrollt worden. Es ging wohl mehr um die körperliche Ertüchtigung als um die Logik.
Die symbolische Demonstration der Friedensbewegung dauert gerade mal zehn Minuten, genug, um bundesweit für Aufsehen zu sorgen. Das dpa-Foto meines Abtransportes – ein süffisant grinsender Häuptling Sitting Bull, der von zwei verbissen dreinblickenden Polizisten durch die Lande getragen wird – findet sich in den folgenden Tagen bundesweit in Zeitungen.
Verhindern können wir das Manöver nicht, was uns von vornherein klar gewesen ist. Verhindern können wir auch nicht, daß »in der Nacht zum Samstag in Hüfingen eine Autofahrerin gegen einen quergestellten Militärlastwagen prallte. Die Frau wurde schwer verletzt ins Krankenhaus gebracht.«[6] Aber in den folgenden Tagen melden die Medien die frohe Botschaft aus Bonn und Paris: »Wir haben die Zahlen heruntergeschraubt und die Luftunterstützung sogar total abgesagt«, so Presse-Offizier Colonel Breg. Offizielle Begründung ist natürlich nicht die Vielzahl der Aktionen frühstücksbewegter Antimilitaristen, sondern die Absicht, »das Manöver für die Bevölkerung erträglich zu gestalten«.[7] Von den 8000 Soldaten der in Freiburg stationierten dritten Division dürfen 3000 Frieden und Freiheit zu Hause üben.[8]
Warum aber hat Mann dann Protée nicht gleich abgeblasen und die Generäle zum Aggressionsabbau in überdimensionierte Sandkästen gesteckt, wo sie mit dem Schäufelchen Krieg spielen können?

Zwei Monate später erhalte ich den Strafbefehl. Die Vorwürfe sind herb: »Der Beschuldigte und seine Mittäter haben gewußt und gewollt, daß eine Weiterfahrt der Fahrzeuge nur bei Inkaufnehmen schwerer Verletzungen oder des Todes der Demonstrationsteilnehmer möglich gewesen ist und die Fahrzeugführer so in ihrer freien Willensbetätigung erheblich beeinträchtigt wurden.« Das Verfahren verspricht unterhaltsam zu werden.[9]

Die Gewalt gewaltloser Sitzblockaden

> »Bei unbotmäßigen Demonstrationen versteht die Staatsanwaltschaft in Freiburg keinen Spaß: Mit aller Härte des Gesetzes versucht sie jeden Schritt politischer Querköpfe neben das rechtlich Erlaubte zu ahnden. Doch die Richter spielen da glücklicherweise nicht immer mit.«
>
> Kommentar in der *Badischen Zeitung*[10]

Christoph Besemer, Koordinator der Werkstatt für gewaltfreie Aktion, hatte es böse erwischt. Obwohl er lediglich als Vermittler zwischen den Demonstranten und der Polizei agierte, kannte Richter Witulski kein Pardon. Als »Mittäter« habe er den »gemeinsamen Tatplan« unterstützt: »Zur Annahme der Mittäterschaft ausreichend sind beispielsweise bewußtes Bestärken im Tatwillen (BGH St 16, 14) durch eine vorbereitende Handlung (BGH St 14, 123) oder Teilnahme an einer Vorbereitungshandlung (BGH St 11, 271), durch nur psychische und verbale Unterstützung (BGH GA 84, 287). Sämtliche dieser Kriterien liegen beim Angeklagten vor.«[11]
Das Urteil ließ eine fatale Schlußfolgerung zu: Alle diejenigen, welche eine Manöverblockade der Friedensbewegung »psychisch oder verbal« unterstützten, mußten sich von nun an der Mittäterschaft schuldig machen.
Justitia hat wieder einmal bewiesen, daß sie den Schwarzen Star auf dem rechten Auge durch eine überoptimierte Sehschärfe auf dem linken auszugleichen vermag.

Ich brauche mir keine Sorgen zu machen und kann weiterhin ruhig schlafen: Nach der harten Verurteilung von Christoph Besemer – der weder ein Transparent gehalten noch selbst blockiert hat – ist es eine logische Konsequenz, daß Georg Habs-Hoffschör und mich die ganze Gerechtigkeit der deutschen Justiz noch härter treffen muß.
Dabei können meine läppischen zehn Blockade-Minuten doch

nicht dafür ausschlaggebend sein, ein deutsches Gericht derart intensiv zu beschäftigen. Selbst der Freiburger Gemeinderat hat sich mehrheitlich »entschieden« gegen die Gefechtsübung gewandt: Es mute »befremdlich« an, daß die französischen Streitkräfte es für nötig hielten, angesichts weltweiter Entspannung ein Manöver abzuhalten.[12] Die Sache stinkt vielmehr nach politischer Justiz, zumal Richter Hofstetter nach Abschluß der Ermittlungen bei der Staatsanwaltschaft angefragt hat, »ob das Verfahren wegen des nicht vorhandenen öffentlichen Interesses eingestellt werden könnte«. Staatsanwalt Maier jedoch stellt sich stur und pocht auf eine harte Verurteilung.
Dementsprechend offensiv gehe ich die Sache an – kein Kuschen im stillen Kämmerlein, sondern Pressekonferenz mit Presseerklärung zwei Tage vor der Verhandlung: »Bei den Freiburger Protée- und Golfkriegsprozessen geht es nur scheinbar um die Erfüllung des Gesetzes. Der Kern des Problems liegt in der politischen Fragestellung: Wie gehe ich mit den Menschen um, die es als PazifistInnen wagen, der staatlichen und militärischen Ordnungsmacht konsequent mit gewaltfreien Mitteln zu begegnen?« Im Mittelpunkt steht die Frage der Verwerflichkeit legitimen Handelns: »Geht es dem Gericht bei dem Prozeß am 12. 2. 1992 vor allem um die Verurteilung der beiden Angeklagten mit dem Ziel, die ›Abschreckungspolitik im Gerichtssaal‹ fortzuführen, dann wird der ohnehin fragwürdige Nötigungsparagraph § 240 StGB mit der widersinnigen Begründung einer ›verwerflichen Nötigung‹ angewandt. Spielen die konkreten Nahziele, die achtenswerten Fernziele unter Berücksichtigung der politischen Veränderungen in Europa sowie die realen Vorgänge am 14. 9. 1990 eine maßgebliche Rolle, so wird das Gericht freisprechen müssen.«[13]

Von verschiedensten Seiten, Gewerkschaften wie Parteivertreterinnen und -vertretern erhalten wir durch Presseerklärungen breite Unterstützung. Der DGB-Kreisvorsitzende Peter Dreßen stellt fest: »Mit dem gewaltfreien Protest haben die Beteiligten nichts anderes

getan, als dem weitverbreiteten Mißbehagen Ausdruck zu geben, das in der Bevölkerung gegen Militärmanöver herrscht.«[14]
Europaparlamentarier Wilfried Telkämper erklärt sich »mit den Blockadeteilnehmern solidarisch«: »Wenn im Prozeß gegen Jürgen Grässlin ein Schuldspruch wegen des Tatbestandes der ›psychischen und verbalen Unterstützung‹ erfolgen sollte, dann müßte die Staatsanwaltschaft auch gegen uns Politiker und alle Kriegsgegner und Blockadeunterstützer wegen ›verbaler Unterstützung‹ ermitteln. Die Ablehnung von Manövern ist Ausdruck des demokratischen Bewußtseins, daß Kriege keine Probleme lösen, daß die Erbfeindschaft zwischen Deutschen und Franzosen vorbei ist.«[15]
Angelika Beer vom grünen Bundesvorstand sieht in dem »Manöver eine besondere Provokation für die Friedens- und Ökologiebewegung«.[16] Und Landesvorstandssprecherin Dagmar Dehmer prangert an, daß die »baden-württembergische Justiz noch immer keinen vernünftigen Umgang mit friedlichen Blockaden« gefunden hat.[17] Aus dem Landtag meldet sich Rose Glaser und fragt konsequent: »Warum greift die Justiz nun einzelne heraus und macht z. B. vor Gemeinderatsmitgliedern und Abgeordneten halt?«[18]
Der Freiburger SPD-Bundestagsabgeordnete Gernot Erler plädiert für »eine Einstellung der Verfahren«, denn das Manöver Protée sei »schon damals ein Anachronismus« gewesen. »Nachträglich haben sich auch Politiker von solchen Großübungen abgesetzt, wie kürzlich der damalige französische Verteidigungsminister Chevènement.«[19] Dieser hat, als ich ihn bei einer Veranstaltung in Freiburg mit kritischen Fragen überhäuft habe, Protée als »Pfadfinderspiel« bezeichnet, was angesichts der vielen Unfälle mit teilweise schwerverletzten Menschen eher zynisch klingt. Als ich Chevènement nach der Veranstaltung anschreibe und um eine differenziertere Stellungnahme bezüglich Protée bitte, erhalte ich eine ebenso banale wie verharmlosende Antwort: Die französischen Streitkräfte seien auf dem Boden der Bundesrepublik stationiert, um deren Schutz zu gewährleisten, und diese Mission sei von Erfolg gekrönt.[20]

Der Richter hat schon vorsorglich einen größeren Saal gechartert, und doch droht dieser auch nicht auszureichen, so viele Friedensfreundinnen und -freunde sind mitgekommen.
Georg und ich haben mit unseren Verteidigern zwei Juristen auf unserer Seite, die uns äußerst engagiert und fachkundig vertreten. Für mich hat Dr. Udo Kauß die Vertretung übernommen, ein Jurist, der in der Humanistischen Union aktiv ist, die die deutsche Justiz kritisch begleitet. Und doch braucht sich um uns niemand Sorgen zu machen – wir beide sind viel zu oft im politischen Gefecht gestanden, um uns beunruhigen zu lassen. Im Eingangsplädoyer legen Georg und ich jeweils unseren biographischen Werdegang ausführlich dar und erklären unsere Beweggründe.
Diese liegen bei mir auch in der Analyse des Zieles von Protée: »Seit Jahren habe ich öffentlich auf die Gefahr hingewiesen, daß im sogenannten ›Verteidigungsfall‹ durchaus die Situation auftreten könnte, daß taktische französische Atomwaffen auf deutschem Territorium zum Einsatz gebracht werden und nachrückende französische Truppen Deutschland als Schlachtfeld betrachten würden. Um dies zu üben, war ›Protée‹ durchaus geeignet. Und wo sollte dies besser geschehen, als in der potentiellen ›battle zone‹, wie die Militärs die Kampfzone nennen?« Dabei hat der französische General de Broca längst ausgesprochen, was deutsche Militärs gemeinhin lieber verschweigen: »Bei solchen Manövern üben wir gemeinsame Operationen, die wir im Gefecht ausführen müßten, wenn Bundeswehr und französische Armee zusammen kämpfen würden.« Auf deutschem Territorium, versteht sich. Meine Befürchtungen sind nicht aus der Luft gegriffen: In Maily-le-Camp und in Swippes ist bereits mit der Aufstellung der ersten mobilen atomar bestückten Kurzstreckenraketen vom Typ Hades begonnen worden. Ich gehe näher auf die französische Atomwaffenpolitik ein und erläutere die Politik der Abschreckung »in alle Richtungen«, ehe ich auf das Großmanöver des vergangenen September zu sprechen komme. Dabei liegt mir vor allem am Herzen, aufzuzeigen, daß Protée kein Einzelfall gewesen ist, sondern nur ein Glied in der

Kette intensivierter deutsch-französischer Militärkumpanei. So wird in diesen Tagen der Sitz der deutsch-französischen Brigade von Böblingen ins badische Müllheim verlegt. Tausende von Soldaten sollen auf die Stationierungsorte Donaueschingen, Immendingen und Müllheim verteilt werden, wobei die Einheiten – nach Aussagen der Militärs – mit den »modernsten Waffen ausgerüstet« sein sollen.

Dieser fatalen Aufrüstungspolitik setze ich mein Lebensprinzip der Gewaltfreiheit entgegen: von der Erziehung der Kinder ohne gewaltsame Strafe über die vegetarische Ernährung bis hin zum politischen Einsatz für eine gerechtere Weltwirtschaftsordnung.

Der Prozeß nimmt seinen Lauf, und je länger die Zeugenbefragung läuft, desto konfuser und widersprüchlicher äußern sich die befragten Polizisten. Mein Eindruck verstärkt sich, daß Richter Hofstetter eine gemäßigte Linie verfolgt. Der Hardliner sitzt mir gegenüber: Staatsanwalt Maier wird, angesichts der Entwicklung, immer mißmutiger. Stunde um Stunde zieht sich die Verhandlung in die Länge. Bei den Friedensbewegten, die den Prozeß konzentriert verfolgen, ist aufgrund der Dauer ein ständiger Wechsel festzustellen – doch immerzu treffen andere Freundinnen und Freunde ein, die Ränge bleiben voll besetzt.

In meinem Schlußplädoyer gehe ich auf die beschämenden Urteile vergangener Jahre ein, in denen gewaltfreie Blockierer der militärischen Todesmaschinerie mit formaljuristischen Argumenten bestraft worden sind. Da die Patt-Entscheidung des Bundesverfassungsgerichts mit vier zu vier Stimmen die alte Auslegung des Nötigungsparagraphen bestätigt hat, können die Richter weiterhin die als berechtigt anerkannten Fernziele unberücksichtigt lassen.[21] Doch Richter sind in ihrer Entscheidung unabhängig und dürfen ihre eigene Auslegung einbringen. So verweise ich auch auf die wenigen Positivbeispiele von Richtern, die das Rückgrat aufgebracht haben, freizusprechen. In meinem Plädoyer dränge ich – in Abwägung des Zieles einer Welt ohne Waffen und Militär, des

Mittels der gewaltfreien Aktion und der Folgen einer kurzzeitigen Verkehrsbehinderung – auf Freispruch.
Die Manöverbilanz von Protée ist übel: 21 Verkehrsunfälle, zwei Schwer- und neun Leichtverletzte, zudem ein Sachschaden von 520 000 DM.[22] Deshalb gehörten nunmehr andere auf die Anklagebank: »Nach meinem Verständnis stehen heute die falschen Leute vor Gericht. Nicht diejenigen gehören zur Rechenschaft gezogen, die auf die drohenden Gefahren aufmerksam gemacht haben, sondern diejenigen, die für die menschenverachtenden und naturzerstörenden Kriegsübungen verantwortlich sind!« Konkret seien das diejenigen, »die bei der Manöverübung Protée mit ihren Militärfahrzeugen eine immense Zahl von Unfällen verursacht und Menschenleben gefährdet haben. Warum«, so meine kritische Frage, »muß sich hier nicht der französische Oberbefehlshaber rechtfertigen, der am 14. September 1990 den Befehl zum Ausrücken der Militäreinheiten gab? Warum klagen Sie heute nicht die Verteidigungsminister Frankreichs und der Bundesrepublik Deutschland an, die die deutsch-französische Kriegsübung Protée zu verantworten haben?«

»Die Angeklagten haben sich so gemäß § 240 StGB wegen Nötigung strafbar gemacht, indem sie einen anderen durch Drohung mit einem empfindlichen Übel zu einer Unterlassung nötigten, wobei die Androhung des Übels zu dem angestrebten Zweck als verwerflich anzusehen ist.« Verständlicherweise hätte ich mir ein anderes Urteil gewünscht. Die politischen und gesellschaftlichen Ziele wurden als bedeutungslos erkannt, die Fernziele außer acht gelassen. »Das von den Angeklagten verwendete Nötigungsmittel (Drohung mit einem empfindlichen Übel) ist ... sozialethisch zu mißbilligen.«[23]
Trotz dieses in der Sache enttäuschenden Urteils ist ein Teilerfolg errungen, schließlich hat Richter Hofstetter – in unübersehbarem Gegensatz zu seinem Amtskollegen Witulski – die Geldstrafen von jeweils 20 Tagessätzen für Georg und mich lediglich als »Verwar-

nung mit Strafvorbehalt« ausgesprochen. Richter Hofstetter hat sich an die herrschende Auslegung gehalten, beim Strafzuspruch bewegt er sich aber an der untersten Sanktionsschwelle. Georg und ich sind als psychische Drucktäter verurteilt, einer Bestrafung dennoch enthoben. Unter einer Bedingung – keine weitere Blockade innerhalb eines Jahres.

Das Urteil wird allseits kritisch kommentiert, jedoch auch mit Erleichterung aufgenommen. Mein Verteidiger, Rechtsanwalt Dr. Udo Kauß, stellt treffend fest: »In solchen Fällen geht es der Staatsseite nicht ums Recht, sondern ums Rechthaben. Staatlicherseits soll bei noch so milden Strafen allein durch die Tatsache der Verurteilung Andersdenkender gezeigt werden, daß politischer Widerstand nicht umsonst zu haben ist und man besser die Finger davon lassen soll. Das Strafrecht dient als Vehikel für diese staatliche Botschaft aus dem Nähkästchen des Obrigkeitsstaates.«

Gustav Schnepper, Jurist vom grünen Kreisverband Breisgau-Hochschwarzwald – in dem auch ich seit einiger Zeit aktiv bin – erwartet, »daß die Staatsanwaltschaft Freiburg endlich davon Abstand nimmt, gewaltfreie Aktionen gegen militärische Übungen als Nötigungsgewalt zu kriminalisieren«.[24] Schlußkommentar des *Badische-Zeitung*-Redakteurs Martin Hug: »Die Staatsanwaltschaft blieb stur, wollte keine Nachsicht zeigen. Mit dem Argument, den Nötigern Gleichbehandlung widerfahren lassen zu müssen, hielt die Behörde an ihrem Willen fest. Dabei geht es offenkundig ums Prinzip. Und das ist – ebenso offenkundig – kein juristisches, sondern ein politisches.«[25]

Selbstanzeigen als Kampagne

»Denk-Prozesse kann man nur gewinnen.«
Birgit Berg,
Wortwerkstatt Poesie & Politik

Für Richter Witulski kommt diese Art der Verurteilung einer öffentlichen Ohrfeige gleich – die Richter befinden sich im Richtungsstreit. Schließlich ist die Urteilslage nunmehr konfus: Da verurteilt der eine Richter den Angeklagten, welcher ausschließlich vermittelnd tätig war, zu einer wesentlich härteren Strafe als ein anderer Richter diejenigen, die tatsächlich blockiert haben.
Bei unseren Treffen zur Planung der weiteren Vorgehensweise beschließen wir, das Urteil gegen Christoph Besemer zu politisieren und rufen zur Unterstützung einer Selbstanzeigenkampagne auf: »Die in dem Urteil vorkommende Ausweitung des Nötigungstatbestandes soll auf diese Weise karikiert und ad absurdum geführt werden«, so Benedikt Mechler vom Unterstützerkreis.[26]
Tatsächlich gelingt es, über 40 Friedensbewegte – darunter neun Freiburger Gemeinderatsmitglieder der Grünen und der Linken Liste – zur Selbstanzeige zu bewegen, in der es – Bezug nehmend auf die Urteilsbegründung der »psychischen und verbalen Unterstützung« – heißt: »Auch ich selbst müßte dann zur Verantwortung gezogen werden, da ich mindestens eines der Kriterien für die Mittäterschaft erfülle. Deshalb erstatte ich hiermit Selbstanzeige, da ich mich nach einer solchen Rechtsprechung ebenfalls strafbar gemacht hätte!«
Die Kampagne endet erfolgreich, die Staatsanwaltschaft Freiburg stellt die Verfahren mit der gleichlautenden Begründung ein, es hätten sich »keine genügenden tatsächlichen Anhaltspunkte für den Anfangsverdacht einer Straftat« ergeben. Damit distanziert sie sich deutlich vom Besemer-Urteil.[27]

Von RIO nach RIB

»15 x Streß, Spaß, Arbeit, Waten in Papierschnipseln, heiße Diskussionen um Inhalte und die Deidsche rechtschraibunk, 15 x Wut, Zorn, Gefühle der Ohnmacht und Hilflosigkeit angesichts der Anhäufung von Problemen, aber auch das Gefühl, in kleinen Schritten vorwärtszukommen, Stein des Anstoßes zu sein, uns selbst und anderen Mut zu machen! Und jetzt soll das alles zu Ende sein?«

Selbstauflösung des
Schwarzwälder Friedensforums[28]

Der Protée-Prozeß lag gerade einen Monat hinter uns, da ließ uns die neue Konstellation zielstrebig ein größeres Projekt verwirklichen, als wir es mit der Friedenszeitschrift und der damaligen RIO-Gründung in Oberndorf angepackt hatten. Zum einen waren wir durch den Golfkrieg gezwungen gewesen, uns intensiver mit den Machenschaften nicht nur dreier, sondern über einhundert rüstungsproduzierender Unternehmen im süddeutschen Raum auseinanderzusetzen. Zum anderen war meine Familie schon 1991 in unsere Heimatstadt Freiburg umgezogen, und ich folgte nach einem anstrengenden Jahr wochenendlichen Pendelns im Sommer 1992. Knapp zehn Jahre mit alljährlichen Versetzungsanträgen hatten dazu geführt, daß mich das Schulamt endlich in die automobile Erreichbarkeit Freiburgs versetzte.
Dort reifte die Idee, das angehäufte Wissen nicht nutzlos verpuffen zu lassen und endlich auch die fachliterarischen Quellen professionell auszuwerten. Entgegen der weithin geläufigen Annahme, Angaben zur Rüstungsproduktion seien sonderlich schwer zu erlangen, braucht man sich als Interessent lediglich die zehn wichtigsten militärischen deutsch- und englischsprachigen Fachzeitschriften zu abonnieren – und schon stehen der Friedensbewegung die bedeutendsten Daten zur Verfügung.

Allerdings war klar, daß ich dieses Projekt, das in meinem Kopf schnell Konturen annahm, nicht als Einzelaktivist verwirklichen konnte. Auch die Strukturen durften nicht länger auf dem Prinzip von Zufall & Zeitvertreib basieren. So sprang ich über meinen eigenen Schatten und gründete mit vielen Freundinnen und Freunden zusammen meinen ersten Verein.

Die dpa-Meldung des Freiburger Korrespondenten Dr. Konrad Watrin rauschte durch den Blätterwald, verschiedene Exklusiv-Beiträge in landes- und bundesweit erscheinenden Tageszeitungen rundeten das positive Presseecho ab. Mit Interviews von der Gründungsversammlung berichteten Radiosender von dem Projekt eines neuen Friedensbüros.
In der *Stuttgarter Zeitung* bilanzierte Andreas Müller die bisher geleistete Arbeit: »In letzter Konsequenz wollte man die alteingesessenen Traditionsbetriebe zwingen, ihre Produktion ganz auf zivile Güter umzustellen. Soweit ist es, natürlich, noch nicht. Doch die RIO-Initiativen brachten die Unternehmen gehörig in Bedrängnis.«[29] Die Berliner *tageszeitung* wies auf die Ziele hin: »Ausdrücklich geht es RIB nicht nur um illegale Rüstungsexporte, denn 95 Prozent aller Rüstungsexporte erfolgen mit Genehmigung der Kontrollbehörden.«[30] Und Martin Hug von der *Badischen Zeitung* wies auf einen der zentralen Arbeitsschwerpunkte hin – »den Jäger 90 zu verhindern«.[31]
Bei der Gründungsversammlung zeichnete sich bereits breite Unterstützung aus der Friedens- und Dritte-Welt-Bewegung ab. Am weitesten angereist aber waren Friedensfreunde aus Luxemburg: die Burma-Kenner Ulla und Claude Müller.
In den neuen RIB-Vorstand wurden erfahrene Friedensaktivisten gewählt: der ehemalige Bundestagsabgeordnete und Lateinamerikaexperte Walter Schwenniger, Jugoslawienfachmann Tobias Pflüger und der Gewerkschafter Andreas Braun aus Tübingen, sowie die Freiburger Crew mit Alexander Spermann als Konversionsfachmann, meiner Frau Eva als Finanzexpertin und mir, dazu die

Oberndorfer Friedensfrau Gabi Müller. Mit dem Theologen Norbert Greinacher und der grünen Bundesvorstandsfrau Angelika Beer konnten wir gleich zwei renommierte Persönlichkeiten als Mitglieder aufnehmen.

Der Start also war gelungen, in den kommenden Monaten sollte es darum gehen, den Verein auf finanziell gesicherte Beine zu stellen und die inhaltliche Arbeit voranzubringen. »Weil Daimler-Benz, Heckler & Koch, Litef und Imhausen RIB immer noch nicht unterstützen, ziehe ich die Konsequenzen«, so unser Mitgliedsformular, und weil wir uns als unabhängige Organisation nicht an eine Partei binden wollten, waren wir auf neue Mitglieder angewiesen, welche die stetig steigenden finanziellen Aufwendungen tragen sollten.

Uns allen aber war für den programmierten Dauerstreß der Einheitslohn gewiß, der allen RIB-Mitarbeiterinnen und RIB-Mitarbeitern bis zum heutigen Tage garantiert zusteht: Das Lob des Vorstands und der Genuß vieler Erfolge. Meine Familie beliebt die Sache bei jeder unpassenden Gelegenheit auf den Punkt zu bringen: Die Anti-Export-Arbeit ist dein Hobby.

Das *Schwarzwälder Friedensforum* wollten wir nicht auflösen, ohne uns nicht wenigstens von unseren über die Jahre hinweg treuen Leserinnen und Lesern zu verabschieden. Außenstehende mochte das Selbstauflösungsschreiben seltsam anmuten, für uns aber hingen Erinnerungen an unzählige Stunden des gemeinsamen Kampfes dran, die wir mit verbissener Arbeit alleine sicherlich nicht durchgestanden hätten: Mehr als die 4 733 Tassen Kaffee, die 66 Hefezöpfe, die 122 Liter Bier, das 1 schwäbische Weinschorle für Gabi, die 1073 Liter badischen Weins oder die 74 leichenfreien und 53 kadaverhaltigen Pizzen und eben fünfzehn Redaktionswochenenden – so die Angaben im Faltblatt – hatte uns die anfängliche inhaltliche Solidarität zu Freunden werden lassen. Bunkel, Lothar, Tatjana, Urte, Jutta, Gabi und ich bildeten den harten Kern, andere waren sporadisch eingesprungen, wenn es klemmte. Dennoch war dies kein Projekt, das wie so viele leider sang- und klanglos versandete, sondern mit der RIB-Gründung wurden unsere Abonnenten aufgefordert, beim neuen Friedensverein Mitglied zu werden – und viele folgten dem Aufruf.

Weniger die Heilige Kuh des Rüstungsexports als einen ganz realen Wiederkäuer ließ der schwarze Bote im Kreis Rottweil zur RIB-Gründung durch die Medien treiben. Statt des Berichts über das neue Friedensbüro lag den Oberndorfer Zeitungsvertretern das Treiben einer Kuh im Kreis Calw am Herzen: »Bauer wollte Kuh retten – tot«.[32] Über die Konstituierung des neuen Vereins schrieb die Oberndorfer Monopolzeitung kein Wort. Die Umstellung von RIO zu RIB, vom Rüstungs-Informationsbüro Oberndorf zum Rüstungs-Informationsbüro Baden-Württemberg, mußte ohne die Mithilfe der Meinungsmacher aus der Waffenstadt vollzogen werden. Gerüchte besagten, daß die Lokalredaktion des *Schwarzwälder Boten* das Ausbleiben von Sensationsnachrichten befürchtete – eine Angst, die wir alsbald den Oberndorfern nehmen konnten.

22. Der Tag, an dem ich die Militärmaschinen lieben lernte

Mesut Dündar grüßt Deutschland

»Die Bundesregierung hat sich von der türkischen Regierung wiederholt ausdrücklich versichern lassen, daß deutsche Waffen vertragsgemäß nicht im Rahmen der Terrorismusbekämpfung verwendet werden.«

Ursula Seiler-Albring, Staatsministerin im Auswärtigen Amt[1]

Wenn türkische Militäreinheiten Dörfer in Kurdistan dem Erdboden gleichmachen, dann befindet sich eine Waffe im Einsatz, die uns allen bestens bekannt ist: das Schnellfeuergewehr G 3 »Made in Turkey«. In internationalen Fachzeitschriften *Military Technology* und *Nato's Sixteen Nations* wirbt der Lizenznehmer Makina ve Kimya Endustrisi Kurumu (MKEK) aus Ankara neben dem G 3 auch für »the all-purpose machine gun«, die MG 3 von der Düsseldorfer Rheinmetall GmbH.[2] Die MKE-Hochglanzwerbebroschüre, in der die gesamte Produktionspalette präsentiert wird, ist verkaufsfördernd gleich in deutsch und englisch verfaßt.[3]
Das ganze Ausmaß der deutsch-türkischen Connection im Handfeuerwaffenbereich belegt *Jane's Infantry Weapons*: Für die »Turkish forces, and for export« fertigt die Firma zudem noch die H & K-Maschinenpistole MP 5.[4]
Im April 1992 versuche ich auf dem Wege einer Bundestagsanfrage an detailliertere Angaben zur MP 5-Lizenzvergabe heranzukommen. Staatssekretär Riedl reagiert: »Die MP 5-Lizenzvergabe an die Türkei erfolgte 1983, diejenige für das Schnellfeuergewehr G 3 an die Türkei im Jahr 1967.«[5] Doch für die Produktionsrate interessiert sich Bonn wenig: »Die Bundesregierung hat keine Informatio-

nen über die Stückzahl der bei MKE gefertigten Maschinenpistolen vom Typ MP 5.« Derweil weiß MKE das deutsche Know-how bestens zu nutzen: Bis zu 40 000 G 3-Gewehre werden pro Jahr vom türkischen Lizenznehmer gefertigt, genug um das G 3 zur Standardwaffe der türkischen Streitkräfte werden zu lassen.[6]
Spannend ist, daß die Vergabe der MP 5-Lizenz nach 1982 erfolgte. Dementsprechend müssen Endverbleibserklärungen abgeschlossen worden sein, während MKE laut *Jane's* »for export« produziert. Dem widerspricht der Parlamentarische Staatssekretär: »Der von der Firma Heckler & Koch mit dem türkischen Unternehmen MKE abgeschlossene Lizenzvertrag sah eine Produktion für den Eigenbedarf vor.« Die Tragikomödie des Bonner Polittheaters ist wieder einmal bestens inszeniert, der Staatssekretär wählt – wohl nach einer Vielzahl von Exporten aus der Türkei – bewußt die Zeitstufe des Präteritums.
Das Morden mit der MP 5 kann also – in der Türkei wie in den Drittländern, an welche die Maschinenpistole weiterexportiert worden ist – munter weitergehen. Aufgrund der Tatsache, daß zwischen dem Lizenzgeber H & K und dem Lizenznehmer MKE »eine privatrechtliche Vereinbarung« getroffen worden ist, verfügt die Bundesregierung »über keine rechtlichen Möglichkeiten, die Rücknahme der Lizenz zu erzwingen«. Das kurdische Blut wird weiterhin fließen, so wie die Einnahmen an Heckler & Koch geflossen sind. Dabei wäre die Rücknahme der G 3-Lizenz theoretisch möglich. Doch noch nie hat irgendeine Bundesregierung eine vergebene G 3-Lizenz zurückgezogen – warum sollten sie auch: Die Lizenzvergaben lagen immer im »vitalen Interesse« der deutschen Christ- & Sozialdemokraten.

Die Türkei zählt traditionell zu den größten Günstlingen bundesdeutscher Rüstungstransfers.[7] Klassisches Argument für die Unterstützung per NATO-Verteidigungshilfe ist die »Stärkung der Länder an der Südflanke des Bündnisgebietes, die aufgrund ihrer Haushaltssituation nicht in der Lage sind, ihren Verteidigungsauf-

Das von MKEK in der Türkei in Lizenz gefertigte G 3 gehört zu den Standardwaffen der türkischen Armee im Einsatz gegen die Menschen in Türkisch-Kurdistan. (Anzeige in *Military Technology* 11/1990)

trag ohne fremde Hilfe zu erfüllen«. Der Gesamtwert des an den NATO-Partner gelieferten bzw. zugesagten Materials sowie der erbrachten Dienstleistungen beläuft sich auf 5 Milliarden DM, so die Auskunft des Parlamentarischen Staatssekretärs im Bundesverteidigungsministerium, Bernd Wilz.[8] Allein im Jahr 1992 wurden der Türkei für die 18. Tranche 68,2 Millionen DM vor allem für Modernisierungsprogramme von Luftwaffe und Heer bereitgestellt. Während des zweiten Golfkrieges hatte Bundeskanzler Kohl der türkischen Regierung zusätzlich ein Materialhilfeprogramm in Höhe von 1,5 Milliarden DM zugesagt, das jedoch am 26. März 1992 unterbrochen wurde.[9] Die öffentlichen Proteste in bezug auf den unübersehbaren Einsatz der deutschen Waffen durch die türkischen Streitkräfte gegen Kurden waren zu laut geworden. Der Lieferstopp währte nicht lange: Exakt zwei Monate später wurden die Rüstungsexporte wieder aufgenommen. Die Protestwellen waren längst abgeebbt, obwohl der Kampf zwischen dem türkischen Militär und den Guerilleros der marxistisch orientierten PKK weitertobte.

So trocken diese Angaben über die deutschen Waffenlieferungen klingen, so fatal sind die Folgen für die Menschen in Türkisch-Kurdistan. RIB-Mitglied Alexander Kauz wird bei einem Kurdistan-Aufenthalt übel mitgespielt: »Die Türken trieben die Kurden, darunter auch mich, von einer Seite zur anderen und ließen sie dann in die nächste Straße laufen. Danach veranstalteten die Sicherheitskräfte eine Orgie der Gewalt. Auch ich wurde brutal zusammengeschlagen.«[10]

Am 18. und 20. August 1992, nur drei Monate nachdem die Bundesregierung der Wiederaufnahme der Waffenlieferungen an den NATO-Verbündeten zugestimmt hatte, bestätigten Augenzeugen den Einsatz deutscher Panzer im kurdischen Ort Sirnak. Am 6. September wurde der Kurde Mesut Dündar durch türkische Sicherheitskräfte getötet: Sie banden den verletzten PKK-Guerillero mit einem Abschleppseil an einen BTR-60-Panzer der Nationalen Volksarmee aus der ehemaligen DDR – geliefert nach der Wende – und schleiften ihn zu Tode: »Zum Schluß wird den kurdischen

Bauern des Dorfes Seyh Degirmenci eine Leiche zur Schau gestellt. Die Mörder prahlten mit den toten Opfern. So wird jeder und jede enden, die sich gegen den türkischen Staat erheben.«
Wenige Monate zuvor hatte der deutsche Außenminister Klaus Kinkel bei seinem Besuch in Ankara geäußert: »Wir schätzen die Fortschritte der Türkei auf dem Gebiet der Menschenrechte.« Und der Außenamtssprecher Hans Schumacher zeigte »vollstes Verständnis« dafür, daß sich die Türkei gegen terroristische Angriffe zur Wehr setze.[11] Volker Rühe holte sich dagegen bei seinem türkischen Amtskollegen eine böse Abfuhr. Der deutsche Verteidigungsminister wollte erreichen, daß keine deutschen Waffen mehr in Türkisch-Kurdistan stationiert werden dürften und war deshalb nach Ankara geflogen. Sein türkischer Amtskollege Nevzat Ayaz ließ Rühe abblitzen: Ein besserer Informationsaustausch sei erwünscht, weitere Maßnahmen kämen jedoch »nicht in Frage«.[12] Ayaz lehnte eine Stationierung der deutschen Waffen »außerhalb des Krisengebietes in Südostanatolien« definitiv ab. Rühe kam ins Schlingern und trat den Rückzug an: »Darüber haben wir überhaupt nicht gesprochen.«[13] Hilfloser kann ein Verteidigungsminister beileibe nicht agieren.

Der gute Stern in Kurdistan

> »Das Aufklärungsgeschwader 52 der Bundesluftwaffe, stationiert im südbadischen Bremgarten, trägt den Namen ›Immelmann‹. Denselben Namen trug das Luftwaffengeschwader, das am 1. September 1939 mit anderen Verbänden die polnische Stadt Wielun bombardierte – die Opfer waren ausschließlich Zivilisten (ca. 1200 Menschen).«
>
> *Luise Teubner,* Bundestagsabgeordnete[14]

Es ist ein Zufall, daß wir RIB in Freiburg gegründet haben, und es ist ein Zufall, daß die Bundeswehr in der Nähe von Freiburg Militärmaschinen stationiert hat, die jetzt in die Türkei exportiert werden sollen. Doch diese Kombination zweier Zufälle verpflichtet zum Handeln, denn die türkische Luftwaffe soll im Rahmen des Materialhilfeabkommens III Phantom-Maschinen geschenkt bekommen – 46 Militärflugzeuge RF-4E-Phantom aus dem südlich von Freiburg gelegenen Bremgarten sowie aus Leck bei Flensburg. Und wieder stellt sich heraus, daß die Daimler-Benz AG voll im Geschäft ist: Die Münchner DASA, teilmilitärisches Tochterunternehmen des Rüstungskonzerns aus Stuttgart-Möhringen, verdient an dem bis 1994 laufenden Exportgeschäft durch »die Grundinstandsetzung und lebensdauerverlängernde Maßnahmen« rund »50 Millionen DM aus türkischen Haushaltsmitteln«. So die Antwort auf eine Bundestagsanfrage, die Paul Russmann von »Ohne Rüstung Leben« in Zusammenarbeit mit RIB erstellt und die Achim Schmillen vom Büro der Bundestagsabgeordneten Vera Wollenberger eingebracht hat. Die Bundesregierung stuft die Daimler-Aktivitäten als undramatisch ein, schließlich handle es sich »nicht um kampfwertsteigernde, sondern um kampfwerterhaltende Maßnahmen«.
Dabei ist die türkische Luftwaffe gerade auf die Phantom in der Aufklärungsversion angewiesen, denn sie besitzt bereits 87 Fighter-Versionen, jedoch lediglich acht Aufklärer.[15] Als Teil der türkischen

Militärmaschinerie sind die Aufklärungsflugzeuge bestens geeignet, den Kampf des türkischen Militärs gegen die Bevölkerung in Türkisch-Kurdistan zu unterstützen: Mit ihnen können beispielsweise sämtliche »Bodenbewegungen« von der Luft aus überwacht werden. Gleichzeitig möchte das türkische Militär seine Schlagkraft steigern. So hat der türkische Verteidigungsminister Nevzat Ayaz in einem *wehrtechnik*-Interview erklärt, eines der Modernisierungsprogramme der türkischen Luftwaffe sei speziell auf das »Kampfwerterhaltungs- und großflächige Kampfwertsteigerungsprogramm« für die Phantom-Fighter-Version zugeschnitten.[16]
Das Auswärtige Amt macht es sich da wesentlich einfacher mit der Frage nach der bisherigen Einschätzung der Angriffe seitens der türkischen Armee auf die kurdische Bevölkerung: »Die Bundesregierung betrachtet die Handlungen der türkischen Sicherheitskräfte in der Südosttürkei und im Nordirak nicht als ›friedensstörende Handlungen‹ im Sinne des Kriegswaffenkontrollgesetzes.« Angesichts des gnadenlosen Mordens mit deutschen Waffen ist diese Aussage gnadenlos zynisch.[17]

Es hat mich einen ganzen Tag gekostet, die verschiedenen Meinungen in Worte zu fassen, die von allen mitgetragen werden können. Doch die Mühe hat sich gelohnt, denn am Ende stehen genau die Organisationen und Einzelpersonen unter der Presseerklärung, welche ich unbedingt für die gemeinsame Aktion gewinnen will: Richard Ackva, Vorsitzender der Idsteiner Kampagne »Produzieren für das Leben – Rüstungsexporte stoppen«, Christel Schütte vom Bundeskongreß entwicklungspolitischer Aktionsgruppen aus Bremen, Angelika Beer vom Bundesvorstand der Grünen und der Freiburger SPD-Bundestagsabgeordnete Gernot Erler, Mitglied des Verteidigungsausschusses, erheben zusammen mit RIB massive Vorwürfe wegen des bevorstehenden Phantom-Exports: »Die Bundesregierung, insbesondere die Minister Klaus Kinkel und Volker Rühe, verstrickten sich immer tiefer in den Völkermord an den Kurden. Die türkische Militär- und Sicherheitsmaschinerie versucht seit Jahren, ganze Landstriche zu entvölkern, und zerstörte hierzu Hunderte von Dörfern willkürlich.« Aufgrund der vielzähligen Augenzeugenberichte können wir verschiedene Vorfälle der vergangenen Wochen genau benennen. Dabei ist, so unser Vorwurf, die »Reaktion der Bundesregierung beschämend und bestürzend: Sie schweigt gegenüber dieser Form von Staatsterrorismus und versteckt sich hinter den offiziellen türkischen Vertuschungs- und Ablenkungsmanövern.« Gernot Erler legt Wert darauf, die Sitzung des Verteidigungsausschusses vom 23. September einzubeziehen, in der Verteidigungsminister Rühe das »losgelöste Agieren« türkischer Sicherheitskräfte eingestanden hat. Unsere Schlußfolgerung: »Menschenrechte werden für deutsche und europäische Wirtschaftsinteressen in Kurdistan mit Füßen getreten.«[18]

Die gemeinsame Presseerklärung stößt bundesweit auf große Aufmerksamkeit. So berichtet Jürgen Metkemeyer von der *Frankfurter Rundschau* auf der Titelseite über die »scharfe Kritik« an der Bonner Export- und Menschenrechtspolitik.[19] Der erste Schritt ist getan, jetzt gilt es, den Widerstand vor Ort mitzuorganisieren.

Phantom-Export ist Beihilfe zum Mord

> »... daß die Stadt Kulp seit drei Tagen von Sicherheitskräften eingeschlossen und mit den achträdrigen deutschen Panzern, mit Mörsern und aus Hubschraubern angegriffen wird.«
>
> *Eilige Presseerklärung einer deutschen Delegation aus Vertretern der IG Medien (Bundesvorstand) und Rechtsanwälten aus Diyarbakir*[20]

Die Gründung einer »Aktionseinheit gegen den Export von Phantomflugzeugen« stellt sich als kompliziertes Unterfangen dar. Im Aktionsbündnis arbeiten Türkei- und Kurdistan-Gruppen, Friedens- wie Menschenrechtsorganisationen, Kirchenvertreter, die

Grünen sowie RIB mit. Dabei gehen die Vorstellungen über die Art des Widerstandes – gewaltfrei oder nicht – und die Art der Öffentlichkeitsarbeit weit auseinander. Auch die Frage der Widerstandsformen der PKK wird kontrovers beurteilt.

Schließlich gelingt es doch, eine gemeinsame Gründungsplattform zu verabschieden, welche die Basis für unsere Aktionen bildet: »Wir wollen hier vor Ort möglichst breiten Protest und Widerstand entwickeln und rufen dazu auf, sich an der Kampagne der Aktionseinheit zu beteiligen. Wenn wir internationale Solidarität ernstnehmen, müssen wir jetzt konsequent und energisch gegen die geplanten Lieferungen der Phantom-Kriegsflugzeuge aus Bremgarten an die Türkei Formen des gewaltfreien Widerstandes entwickeln.«[21]

Wir wissen, daß wir schnellstens handeln müssen, denn die ersten 13 Phantom-Flugzeuge sollen Anfang November direkt in die Türkei fliegen, um dort als Ersatzteillager für die bereits in der Türkei vorhandenen Phantom-Maschinen zu dienen. Die weiteren 33 Militärmaschinen sollen von Dezember an in die Türkei geflogen werden, nachdem sie bei Messerschmitt-Bölkow-Blohm in Ottobrunn bei München umgerüstet worden sind. Realistisch gesehen ist es ein aussichtsloses Unterfangen, diesen Export noch verhindern zu wollen. Die Chancen sind theoretischer Natur – dennoch kämpfen wir.

Die Taktik der Bundesregierung besteht im Abwiegeln: Sie versucht die Bedeutung des Waffenexports in das Spannungsgebiet Türkei herabzuspielen, schließlich handle es sich lediglich um Aufklärungsmaschinen. Wir lassen uns bewußt nicht auf das Ablenkungsmanöver ein, über die militärischen Möglichkeiten der Kampf- oder Aufklärungsversion zu diskutieren. In jedem Fall sind die Flugzeuge Teil einer Militärmaschinerie, »die den Tod von Menschen in Kurdistan zum Ziel hat«, so die Aussage der Gründungsplattform.

Der FDP-Bundestagsabgeordnete Jürgen Koppelin hat schon im Mai darauf hingewiesen, daß türkische Militärinspekteure bei einem Besuch der BRD ihr besonderes Interesse am Vorhandensein von Bombenauslösevorrichtungen bezeugt haben.[22]

Das Aktionsbündnis wird aktiv: Frühmorgens werden vor dem Tor der Flugstaffel Aufrufe an die Soldaten verteilt. Wir sprechen die Piloten direkt an, in der Hoffnung, bei ihnen Zweifel wecken zu können: »Wir fragen Sie: Wie sind die türkischen Militäreinsätze, gerade der türkischen Luftwaffe, auf die kurdischen Gebiete des Nordirak mit Artikel 51 der UN-Charta, dem Recht auf Selbstverteidigung, vereinbar? Können Sie als Bundeswehrsoldat verantworten, daß in anderen Regionen der Welt das Völkerrecht mit Füßen getreten wird? Können Sie sich vorstellen, Ihren Verfassungsauftrag nicht besser dadurch zu erfüllen, indem Sie sich weigern, die Phantom-Flugzeuge in die Türkei zu überführen?« In dem Flugblatt werden die Piloten zur »Nichterfüllung des Flugauftrages in die Türkei« aufgefordert.
Rolf Müller, leitender Redakteur der *Badischen Zeitung*, veröffentlicht nach einem Pressegespräch einen Bericht, der nicht nur in Bremgarten für immense Unruhe sorgt: »Mit Ballons, Flugblättern und einer Resolution im Kreistag wollen die Gegner der Exportpläne den Flug der Maschinen in die Türkei stoppen.«[23] Am selben Tag erscheint – nach zweiwöchiger organisatorischer Vorarbeit von RIB – die halbseitige Zeitungsanzeige »Stopp aller Waffenexporte in die Türkei!« Es ist uns gelungen, bundesweit über einhundert Organisationen und Einzelpersonen aus der Friedens-, Menschenrechts- und Dritte-Welt-Bewegung, Kirchen- und Gewerkschaftsvertreter als Unterstützer zu gewinnen. Auch Bundestagsabgeordnete der drei Oppositionsparteien im Bundestag und mehrere Landtagsabgeordnete rufen zu Aktionen gegen den Waffenexport auf. Wieder wählen wir scharfe Worte, um Wirkung zu erzielen: »Wir verurteilen die Zustimmung der CDU/CSU/FDP-RegierungsvertreterInnen im Auswärtigen Ausschuß sowie im Verteidigungsausschuß und fordern diese auf, den neuerlichen Waffenexport in ein Krisengebiet sofort zu widerrufen.«[24]
Im Kreistag versucht die grüne Fraktionsvorsitzende Bärbel Mielich für ihre Resolution gegen den Export der Phantommaschinen eine Mehrheit zu gewinnen, doch selbst die SPD lehnt die Resolution

ab.[25] Die baden-württembergischen Grünen dagegen unterstützen in Stuttgart-Bad Cannstatt einstimmig eine von mir eingebrachte Resolution, in der auch beschlossen wird, im Landtag eine Aktuelle Stunde zum Thema »Export von Waffen aus Baden-Württemberg in die Türkei« zu beantragen.[26]

Wilfried Telkämper, als Europaparlamentarier ein engagierter Friedens- und Dritte-Welt-Aktivist, leistet derweil Unterstützung ganz anderer Art: Er läßt Tausende von Plakaten mit dem Bild einer attackierenden Phantom-Maschine drucken. Diese hängen alsbald in vielen Orten der Region und fordern: »Keine deutschen Waffen in die Türkei«. Als Kontaktadresse für Nachfragen ist die von RIB angegeben – mit fatalen Folgen, denn die Reaktionen sind heftig: Im RIB-Büro türmen sich die Anfrageberge, die unsere nimmermüde Mitarbeiterin Ginger Edwards-Menz in Tag- und Nachtarbeit abzubauen versucht. Über Wochen hinweg sind wir alle mit Arbeit überhäuft – und wir hoffen, daß diese Zeit sinnvoll investiert ist.

Vom Verteidigungsauftrag zum Massenmord

> »Wir liefern Waffen von einer Demokratie in eine andere.«
>
> *Oberst Uwe Focke,* Kommandeur des Aufklärungsgeschwaders 51 in Bremgarten[27]

Im Aktionsbündnis beschließen wir, direkt mit den Entscheidungsträgern in Bremgarten Kontakt aufzunehmen. Als ich Oberst Focke anrufe, reagiert dieser zögerlich. Er verspreche sich nicht viel von dem Gespräch, so sein Hinweis. Dennoch kann er das Gesprächsangebot unsererseits nicht ausschlagen.

Mitte November kommt es zu dem Meinungsaustausch, bei dem wir ausloten wollen, ob Focke ein Hardliner ist oder doch versteckte Zweifel an der Richtigkeit des Waffenexports hegt. Bevor wir auf dem Gelände der Immelmänner eintreffen, ereignet sich bereits der erste Vorfall: Journalist Michael Knauer, der über das Treffen berichten will, wird am Portal abgewiesen – Presse unerwünscht. Auch wir werden reserviert begrüßt. Nur kurzzeitig bröckelt die Fassade aus kalter Höflichkeit, als RIB-Mitglied Ralf Barkow beiläufig von seiner früheren Dienstzeit bei der Staffel erzählt. Die Freundlichkeit der Militärs ist von kurzer Dauer, denn Ralf ist nicht gewillt, seine kritischen Fragen für sich zu behalten. Die Soldaten erweisen sich erwartungsgemäß als verlängerter Arm des Verteidigungsministeriums: So seien die Verhältnisse in der Türkei demokratisch, deutsche Waffen kämen in der Türkei nicht zum Einsatz. Als ich Oberst Focke das Telkämper-Plakat und eine Kopie des Titelbildes der in der Türkei erscheinenden Zeitung *Özgür Gündem* mit der Fotoserie der Ermordung des Kurden Mesut Dündar überreiche, reagiert er wie die Bonner Leierkastenabteilung: Menschenrechtsverletzungen würden in der Türkei nicht vorkommen. Was zählt, ist der Verteidigungsauftrag, Massenmord existiert nicht.[28]

Das Gespräch bringt uns nicht weiter: Oberst Focke weicht keinen Millimeter von der Linie der Regierungspolitik ab. Dennoch glauben wir im nachhinein, daß es notwendig war. So können wir uns nicht vorwerfen, wir hätten nicht den Versuch des Dialogs unternommen. Redakteur Michael Knauer berichtet auf der Landesseite über das Gespräch und kann sich dabei einer ironischen Bemerkung nicht enthalten: »Einen Journalisten der *Badischen Zeitung*, der vor Ort erschien und das Gespräch verfolgen wollte, wies der Kommandant ab.«[29]

Jetzt aber ist klar, daß die Zeit des Redens vorbei ist – das Aktionsbündnis beschließt zu handeln.

Jahrelang habe ich mich geärgert, wenn die Phantom-Maschinen mit höllischem Krach im Tiefflug über unser Haus gedonnert sind, die Luft für Frieden und Freiheit verpestend. Wie schon zu Studentenzeiten wohnen wir mehr als zehn Kilometer nördlich von Bremgarten und doch in der Verlängerung der Einflugschneise, so

daß wir an Schönwettertagen den Bomberlärm voll auskosten müssen.
Jahrelang habe ich geschimpft und geflucht, jetzt aber steht die Welt kopf: Mit jedem Tag freue ich mich mehr über die Kriegsmaschinen über uns, freue mich, wenn die Phantom-Bomber die Rheinschiene entlangröhren. Schließlich ist dies das untrügliche Zeichen, daß sie noch da sind, noch nicht in die Türkei exportiert sind, noch nicht eingesetzt werden zur Sicherung der Südostflanke der NATO – gegen die Feinde der türkischen Armee, die Menschen in Türkisch-Kurdistan.

23. Aktions»tag« der Menschenrechte

Fluchtgründe schaffen: Rüstungsexporte fördern

> »Die Grünen sind die Partei, die die Fluchtursachen bekämpft, und die CDU ist eine Partei, die die Flüchtlinge bekämpft.«
>
> *Reinhard Hackl,* Landtagsabgeordneter Baden-Württemberg[1]

Die Aufregung ist künstlich, aber heftig, vor allem der Abgeordnete Gundolf Fleischer sieht sich und seine Partei völlig mißverstanden: »Waffen sind doch nur für die Außengrenzen!« Wichtig sei vielmehr, daß man »in der jetzigen, im Wandel begriffenen Situation in der Türkei« bei einer »dialogorientierten Politik« bleibe – Waffen als Sprachrohr der Völker, zweifelsohne eine einfallsreiche Interpretation der Möglichkeiten zwischenstaatlicher Kommunikation. Deshalb sei es auch »pure Demagogie, wenn man hier die Behauptung der Beihilfe gegenüber dem deutschen Adressaten aufstellt«.
Genau das aber hat der Reinhard Hackl getan, der unser Informationsmaterial ausgewertet und die RIB-Ideen aufgegriffen hat. Seine Schlußfolgerungen sind prägnant: »Die Türkei steht auf der Liste der Herkunftsländer der Asylbewerber auf dem dritten Platz«, schließlich liefere man Waffen an eine »Regierung, die ohne Rücksicht auf Verluste Bombenangriffe auf die Zivilbevölkerung fliegt«. Der Friedrichshafener SPD-Abgeordnete Norbert Zeller fordert deshalb: »Deutschland soll, anstatt Waffen zu liefern – dazu zähle ich auch die bevorstehende Lieferung von Granaten und Flugzeugen – materielle Hilfe leisten.« Konkret, wie man sich das seitens der Sozialdemokratie öfters wünschen würde, meint Zeller: »Wir brauchen nicht den Export von Granaten, Phantom-Flugzeugen oder Panzern, wir brauchen den Export von Krankenhäusern, Schulen, Maschinen und Werkzeugen.«[2]

Trotz dieser treffenden Worte stimmt die SPD anschließend mit den Fraktionen von CDU und FDP für eine gegenüber dem Dringlichkeitsantrag »Fluchtgründe beseitigen: Rüstungsexporte stoppen!« von Reinhard Hackl, Fritz Kuhn und Monika Schnaitmann deutlich entschärfte Fassung. Darin wird nicht mehr auf den Stop des Phantom-Exports, sondern lediglich auf Maßnahmen gedrängt, damit »die durch die Bundesrepublik Deutschland gelieferten Waffen nicht zum Einsatz im Inneren« verwendet werden.
Auch auf Landesebene läuft dasselbe Trauerspiel, das die drei Altparteien im Bundestag seit Jahr und Tag inszenieren.[3]

Ballons gegen Kampfflugzeuge

»Ich bitte Sie, nehmen Sie die Ballons runter.«
Freundliche Aufforderung des Einsatzleiters der Polizei[4]

Wir hatten uns überlegt, welcher Tag geeignet wäre, bundesweit auf den Export der Phantom-Flugzeuge aufmerksam zu machen. Die Antwort war schnell gefunden: Was konnte den Zusammenhang zwischen Waffenlieferungen und Menschenrechtsverletzungen besser symbolisieren als eine Aktion am 10. Dezember, dem internationalen »Tag der Menschenrechte«?
Wieder setzte ich mich mit unseren Partnerorganisationen zusammen, wieder beteiligten sich die Anti-Export-Kampagnen in Idstein und Bremen, wieder Gernot Erler und Angelika Beer. Diesmal aber konnten wir den Unterstützerkreis noch erweitern – um den Bundesvorsitzenden von medico international, Hans Brandscheidt, und um Christian Ramm von terre des hommes.
Mit unserem öffentlichen Aufruf »Stoppt die menschenverachtenden Waffenexporte in die Türkei!« wollten wir erreichen, daß sich möglichst viele Menschen direkt an die Politiker in Bonn und die Verantwortlichen bei den Flugstaffeln in Bremgarten und Leck

wenden sollten. Dazu hatte ich die Telefonnummern all derer ermittelt und angegeben, die direkt in den Waffendeal verwickelt waren.[5]
Alle beteiligten Organisationen veröffentlichten das zweiseitige Schreiben am Tag zuvor, jetzt ging es nur noch darum, in Bremgarten Farbe zu bekennen: »Ballons gegen Phantom-Flugzeuge« hieß die Devise.

Die Ballons hängen orangerot leuchtend in der Einflugschneise der Immelmänner, allerdings in bewußt niedriger Höhe: Wir wollen die anwesenden Polizisten nicht provozieren und schon gar nicht das Leben der Piloten gefährden. Diese allerdings donnern gnadenlos über uns hinweg, die Bundeswehr zeigt Flagge.
Auch wenn wir an diesem eisigkalten Herbsttag nur ein halbes Hundert Menschen sind – die meisten sind bei der Arbeit –, sind eine Vielzahl von Medienvertretern an Ort und Stelle. Ein Radioreporter witzelt süffisant, es seien wohl mehr Medienvertreter als Demonstranten anwesend. Tatsächlich zeigt sich auch an diesem Tag, daß die Zeit der Massenaufmärsche der Friedensbewegung vorbei ist. Wir müssen uns darauf einstellen, mit wenig Leuten große Wirkung zu erzielen – das gelingt uns an diesem Tag. Verschiedene Radiosender berichten live, Zeitungen am kommenden Morgen: »Federführend für diese von gnadenloser Skrupellosigkeit zeugende Entscheidung, Waffen in das Bürgerkriegsland Türkei zu liefern, ist das Auswärtige Amt unter der Leitung von Außenminister Klaus Kinkel.«[6] In meiner Rede nenne ich die Schuldigen: »Die Exporteure des Todes sitzen am Kabinettstisch.«
An diesem Tag packt mich die Wut, denn ein Beschäftigter der Flugstaffel hat angedeutet, daß mittlerweile gerade noch sechs Phantom-Maschinen in Bremgarten stationiert sein sollen. Alle anderen Flugzeuge seien inzwischen auf einen anderen bundesdeutschen Flugplatz bzw. direkt in die Türkei geflogen worden. Mittlerweile ist auch klar geworden, warum Bonn trotz der bundesweiten

10. Dezember 1992 in Bremgarten: Am »Tag der Menschenrechte« führt die »Aktionseinheit gegen den Phantomexport« eine Ballonaktion in der Einflugschneise des Aufklärungsgeschwaders »Immelmann« durch, um die Waffenlieferung in die Türkei zu verhindern. (Foto: © Jürgen Grässlin)

Protestwelle nicht von dem Export in das Bürgerkriegsland abweicht: Wie sehr die türkische Regierung an der Lieferung der Phantom-Maschinen interessiert ist und die Militärflugzeuge benötigt, zeigt sich überdeutlich in deren Stellungnahme zur Unterzeichnung des Vertrages über den Kauf von Fregatten in der BR Deutschland. Laut Aussage des Parlamentarischen Staatssekretärs im Bundeswirtschaftsministerium, Dr. Erich Riedl, drohen die türkischen Gesprächspartner massiv mit der Verweigerung eines Auftrages in Höhe von 700 Millionen DM für die bundesdeutsche Werftenindustrie – falls keine »planmäßige Überführung der Phantom-Aufklärungsflugzeuge« erfolge. Diese unverhohlene Drohung, verbunden mit dem Verlust weiterer Arbeitsplätze in der norddeutschen Werftenindustrie, setzt die Bundesregierung nachhaltig unter Druck. Arbeitsplätze sind Wählerstimmen. Menschenleben spielen eine sekundäre Rolle beim lukrativen Fregattengeschäft mit der Türkei.[7]

Mit diesem Tag startet RIB eine weitere Protestaktion, auf die ich in Bremgarten hinweise: »Am Tag der Menschenrechte rufen wir alle Bürgerinnen und Bürger auf, unsere heute beginnende bundesweite Musterbriefaktion an Außenminister Kinkel zu unterstützen.« Ich habe noch einen letzten Funken Hoffnung, auf das Exportgeschäft Einfluß nehmen zu können: »Noch befindet sich ein Großteil der Phantom-Maschinen in der Bundesrepublik, noch können wir ihren Export durch breiten öffentlichen Protest verhindern!«

Die Proteste vor Ort gehen weiter. In zwei Pflugschar-Aktionen dringen Holger Jänicke, Eray Eryazici, Katrin Knobloch und Konni Link, Aktivisten des Mutlanger Carl-Kabat-Hauses, in das Gelände der Immelmann-Staffel ein, besprühen die Tore mit Aufforderungen wie »Stoppt das Morden« und zementieren verschiedene Hangars zu.[8] Ein Jahr später werden die vier Friedensarbeiter dafür vom Staufener Amtsrichter Epple zu Geldstrafen in Höhe von bis zu 60 Tagessätzen verurteilt. Gesetzestreue geht über Proteste gegen Völkermord.[9]

Bundesregierung auf der Anklagebank

»Ich habe mir sehr überlegt, ob ich auf einen Brief dieser Art, in dem Sie mir ein Ultimatum stellen, überhaupt antworten soll. Ich lasse mich in keiner Weise davon beeindrucken, daß Sie meine Stellungnahme ggf. in der Presse veröffentlichen werden.«

Karl Stockhausen,
CDU-Bundestagsabgeordneter
aus Korbach/Hessen[10]

Gerd Poppe und Vera Wollenberger schlagen Alarm: »Mit Wissen und Billigung der Bundesregierung und unter offensichtlicher Täuschung der Öffentlichkeit« seien Rüstungslieferungen an die Türkei erfolgt.[11] Die Antwort der Bundesregierung auf eine von Ursula Jaerich vom Büro Poppe unter RIB-Mithilfe erstellte Bundestagsanfrage läßt das Schlimmste befürchten: »I am pleased to inform you that the Government of the Republic of Turkey, too, shares the views expressed in your letter and the understanding expressed therein. The Government of Turkey, in this context, recalls the new strategic concept of the Alliance as agreed in Rome on November 7, 1991 inter alia para 13 of it.«[12] Diese Aussage des türkischen Außenministers Hikmet Cetin ist Sprengstoff pur. Das Auswärtige Amt hat Hikmet Cetin angeschrieben und darauf gedrängt, »daß die türkischen Streitkräfte Waffen und Geräte, die von der Regierung der Bundesrepublik Deutschland im Rahmen der militärischen Hilfsprogramme geliefert werden, ausschließlich in Übereinstimmung mit dem NATO-Vertrag verwenden«.[13]
Genau das hat Hikmet Cetin nunmehr versichert. Das Problem liegt darin, daß die Staats- und Regierungschefs auf der NATO-Tagung am 7. und 8. November 1991 in Rom ein neues »Strategisches Konzept« vereinbart haben. Und das lautet in Artikel 13: »Sicherheitsinteressen des Bündnisses können von anderen Risiken berührt werden, einschließlich der Verbreitung von Massenvernichtungs-

waffen, der Unterbrechung der Zufuhr lebenswichtiger Ressourcen sowie von Terror- und Sabotageakten.«[14] Diese Formulierung ist ein Freibrief für das türkische Militär, deutsche Waffen gegen »Terroristen« einzusetzen, und als solche definiert die Regierung der Türkei die kurdische PKK. Unmißverständlich äußerte sich der türkische Verteidigungsminister Nevzat Ayaz im November 1992 gegenüber seinem deutschen Amtskollegen bei dessen Ankara-Visite: Artikel 13 der neuen NATO-Strategie rechtfertige den Einsatz von Waffen, die von den Verbündeten geliefert worden sind, gegen Terror- und Sabotageakte.[15]

Poppe und Wollenberger schließen daraus: »Somit wird die Hilfe an die Türkei in Höhe von mehreren Millionen Mark zur Anti-Terroristen-Hilfe«.

Die Idee ist einfach, aber wirkungsvoll: Ich formuliere einen Musterbrief an die 37 »Ordentlichen Mitglieder« des Verteidigungsausschusses. Darin werden nicht nur der Sachverhalt des geplanten Phantom-Exports sowie die Menschenrechtslage in der Türkei aufgezeigt, sondern auch Fragen nach dem persönlichen Abstimmungsverhalten gestellt – mit der Bitte um sofortige Antwort. Wir verschicken den Musterbrief samt Hintergrundmaterial und einer Adressenliste aller Mitglieder des Verteidigungsausschusses als »Urgent action« im RIB-Rundbrief an Hunderte von Gruppen und Interessierten.[16]

Dabei sind wir, wie sich alsbald herausstellt, von der falschen Annahme ausgegangen, der Verteidigungsausschuß habe den Export der Großwaffensysteme bewilligt. Dr. Fritz Wittmann, der Vorsitzende des Verteidigungsausschusses, stellte richtig, daß der Ausschuß lediglich »über die weitere Entwicklung der Zusammenarbeit mit der Türkei unterrichtet« worden ist. »Die Federführung für Grundsatzfragen der Gewährung von Verteidigungshilfe und für den Abschluß von bilateralen Regierungsabkommen liegt beim Auswärtigen Amt.« Damit ist endgültig geklärt, daß der eigentliche Hauptverantwortliche nicht Volker Rühe, sondern Klaus Kinkel heißt.

Dr. Wittmann scheint sich der Brisanz der Türkei-Exporte und der extrem negativen Außenwirkung auf das Erscheinungsbild einer vermeintlich »christlichen« Partei durchaus bewußt zu sein. Der Münchner Bundestagsabgeordnete tritt den Rückzug an: Zukünftig stünde »die wirtschaftliche und kulturelle Zusammenarbeit« im Vordergrund.[17] Rüdiger Wolf von der »Arbeitsgruppe Verteidigungspolitik« der CDU/CSU-Fraktion stimmt dem zu: Die Bundesregierung intensiviere »die Zusammenarbeit und den Erfahrungsaustausch, zum Beispiel über moderne Methoden der Menschenführung«.[18] Wie immer diese aussehen mag – es scheint sich doch eine begrüßenswerte Entwicklung abzuzeichnen.
Warum aber müssen die Phantom-Maschinen dann noch unbedingt ausgeliefert werden?

Schnell zeigt sich, wie effektiv das Mittel des Musterbriefes ist: Viele Menschen, die die Hintergründe des Rüstungstransfers bislang kaum gekannt haben, diesen aber ablehnen, kopieren das Schreiben und schicken es an eines oder mehrere der Mitglieder des Verteidigungsausschusses. Dazu kommt, daß erneut verschiedene Zeitungen bundesweit unsere Idee aufgreifen: Die *Frankfurter Rundschau* weist wieder auf der Titelseite auf unsere Aktivitäten hin und veröffentlicht den Wortlaut des »Protestbriefs« in voller Länge.[19]
Die Parlamentarier von SPD, Bündnis 90/Die Grünen und der PDS/Linke Liste sprechen sich in ihren Antworten eindeutig und vehement gegen den Phantom-Export aus, die Regierungsvertreter dagegen sorgen sich auf ihre Art um die Menschen in Kurdistan: Den Abgeordneten Karl Stockhausen aus dem hessischen Korbach »macht es sehr betroffen, was in der Türkei geschieht«. Deshalb hat er »in der Abstimmung im Verteidigungsausschuß dafür gestimmt, bestimmte Verteidigungswaffen an die Türkei zu liefern«. Der Brief endet mit dem Satz: »Ihre einseitige Betrachtungsweise kann ich nur bedauern.«[20]
Als einzige Fraktion hält es die FDP für angebracht, die Musterbriefe erst gar nicht zu beantworten. Die Ignoranz ist nachvollziehbar,

würden solche Antwortschreiben doch dem Ansehen der Liberalen Schaden zufügen. Schließlich sind die Vertreterinnen und Vertreter der FDP die Hauptverantwortlichen für den bundesdeutschen Waffenexport: Die Partei kontrolliert über Klaus Kinkel das Außenministerium, beherrscht mit Jürgen Möllemann und seinem Nachfolger Günter Rexrodt das für die Exportkontrolle zuständige Wirtschaftsministerium und »beantwortet« über die Staatsministerin im Auswärtigen Amt, Frau Ursula Seiler-Albring, die kritischen Türkei-Anfragen im Bundestag.

Von nun an jagt eine Hiobsbotschaft die nächste. Zwei Wochen nach unserer Ballonaktion meldet die *Turkish Daily News* den Vertragsabschluß über die Fertigung zweier Fregatten mit einem deutschen Konsortium. Wert des Beschaffungsauftrags: mindestens 510 Millionen Mark.[21] Eine der beiden Fregatten soll in der türkischen Staatswerft Gölcük gebaut werden, die Lenkwaffenfregatte der Meko-200-Klasse sichert die Arbeitsplätze bei Thyssen, Rheinmetall und Blohm & Voß.[22] Baubeginn der Fregatten ist das Jahr 1994 – dann nämlich, wenn alle Phantom-Maschinen in der Türkei sind.

Rechtzeitig zum Weihnachtsfest erhält Oberst Uwe Focke, Kommodore des Aufklärungsgeschwaders Immelmann in Bremgarten, das Bundesverdienstkreuz am Bande. Generalmajor Eberlein, der die Auszeichnung verleiht, lobt Focke, der »stets den Kontakt zur Bevölkerung und zu den Verantwortlichen in der Region gesucht und damit wesentlich zum gegenseitigen Verständnis zwischen Militär und ziviler Bevölkerung beigetragen« habe.[23]

In unserer Bundestagsanfrage zu »Menschenrechtsverletzungen in der Türkei« läßt Frau Seiler-Albring endgültig die Katze aus dem Sack. Wir haben nachgehakt, aus welchen Gründen die Bundesregierung – laut Pressemeldungen – die zugesagte Lieferung von Panzerhaubitzen, Flakgeschützen, Pionierpanzern, Brückenlegepanzern und Raketen an die Türkei zurückgezogen habe. Die Antwort des Auswärtigen Amtes ist vernichtend: »Die Bundesregie-

rung hat die Zusage der Lieferungen nicht zurückgezogen. Wie der Bundesminister der Verteidigung, Volker Rühe, gegenüber dem Verteidigungsausschuß des Deutschen Bundestages bestätigt hat, sollen die Lieferungen in Einzelpaketen schrittweise, kontrolliert und konditioniert wieder aufgenommen werden.«[24]
RIB verfügt über eine Aktie der Daimler-Benz AG. Und genau diese gibt uns das Recht, auf den Jahreshauptversammlungen Anträge zu stellen und diese auch zu begründen. Am 26. Mai 1993 gehen wir – gemeint ist der »Dachverband der Kritischen AktionärInnen Daimler-Benz« – erneut in die Offensive. Als Aktionär habe ich den Antrag gestellt, den Gewinn aus dem Phantomdeal in Höhe von 53 Millionen DM – den Daimler-Benz über das Tochterunternehmen MBB einfährt – humanitären Organisationen wie medico international und amnesty international zur Verfügung zu stellen. Mit dem Geld soll der Wiederaufbau in Türkisch-Kurdistan finanziert werden.[25]
Die Stellungnahme der Verwaltung läßt keine Zweifel aufkommen, was sie von dieser humanitären Aktion und der Rüstungsexportpraxis ihres Konzerns hält: »Der Vorstand bekräftigt seine Aussage, daß Entwicklung und Produktion und Vertrieb von verteidigungstechnischen Gütern vor dem Hintergrund der grundgesetzlich festgelegten Verpflichtung zur Landesverteidigung und im Rahmen der verteidigungspolitischen Notwendigkeiten grundsätzlich geboten und moralisch gerechtfertigt sind.«[26]
Der Phantom-Export läuft, unsere Einflußmöglichkeiten sind weitgehend ausgeschöpft. Es ist müßig, darüber zu spekulieren, ob es uns – als großes bundesweites Aktionsbündnis – gelungen wäre, den Export in der Frühphase zum Scheitern zu bringen, wenn die türkischen Regierungsvertreter nicht die Korvetten-Handbremse gezogen hätten. Uns allen ist einmal mehr vor Augen geführt worden, daß wirtschaftliche und militärische Interessen allemal über das Leben von Menschen gehen. Die türkische Luftwaffe setzt derweil ihre Phantom-Fighter sowie F-104-Maschinen sowie Kampfhubschrauber vom Typ »Kobra« bei ihren Kämpfen in

Ostanatolien gegen die kurdische Bevölkerung ein, was Bonn nicht daran hindert, den Phantom-Export ungeniert fortzuführen.[27]

Nach mehr als einem halben Jahr bezieht Staatssekretär Dieter Kastrup vom Auswärtigen Amt Stellung: »Die Bundesregierung hebt ... hervor. Die Bundesregierung hofft ... Die Bundesregierung hat entschieden ...« – The same procedure as every year. Dennoch bleibt der Lichtblick, daß die Verteidigungshilfe »ab 1995 ganz eingestellt« wird – insofern hat die Hackl-RIB-Initiative Aufklärung gebracht.[28] Die Einstellung erfolgt wohlgemerkt nach 31 Jahren, denn seit 1964 erhält die Türkei »ohne Unterbrechung« diese NATO-Hilfe in Höhe von mehr als 6 Milliarden DM.[29] Mittlerweile ist das türkische Militär in der Lage, dank deutschem und US-amerikanischem Know-how die Waffen in Lizenz selbst herzustellen, die für den Bürgerkrieg benötigt werden.
Wir haben derweil die letzte aller Möglichkeiten ausgeschöpft und erstatten – zusammen mit anderen Organisationen wie medico international, dem BUKO sowie verschiedenen Anwälten – »Strafanzeige wegen Unterstützung des Völkermordes und Aggressionskrieges« gegen »bundesdeutsche staatliche Stellen und Verantwortliche, insbesondere im Wirtschafts-, Außen- und Verteidigungsministerium, Rüstungsbetriebe und Einzelpersonen«. RIB-Mitglied Holger Rothbauer, versierter Jurist in Fragen des Rüstungsexports und langjähriger Mitarbeiter der SPD-Bundestagsfraktion, vertritt mit der knapp einhundertseitigen Anzeigeschrift unsere Auffassung, daß dem Vernichtungsfeldzug der türkischen Militärs gegen die Menschen in Türkisch-Kurdistan den Tatbestand des Völkermords erfüllt.[30]
Wird das Verfahren eröffnet, dann sitzt nicht nur die Bundesregierung auf der Anklagebank.

IV. Teil: Pazifismus in den Zeiten der Kriege

24. Partei in der Zerreißprobe

Volker Rühe lobt Helmut Lippelt

> *Carl-Ludwig Thiele (F.D.P.):* »Herr Kollege Breuer, können Sie folgender Aussage zustimmen, die der Länderrat Bündnis 90/Die Grünen am Wochenende getroffen hat: ›In Fällen wie Bosnien-Herzegowina kann allerdings nicht jeder Einsatz von Zwang und Gewalt von vornherein ausgeschlossen werden, um im Sinne einer Notwehr und Nothilfe das nackte Überleben der Menschen zu sichern.‹«
> *Paul Breuer (CDU/CSU):* »Ich kann dem vollständig zustimmen.«
> *Aktuelle Stunde des Deutschen Bundestags*[1]

Volker Rühe würdigte die Leistungen seines Luftwaffenoffiziers. Mit seinem Nachrücken in den Bundestag wurde dem Brigadegeneral nicht nur die Entlassungsurkunde ausgehändigt, sondern auch ein dickes Lob seines obersten Dienstherrn zuteil: Er sei sich dessen gewiß, daß »Sie sich als Mitglied des Deutschen Bundestags und des Verteidigungsausschusses im Sinne der Streitkräfte und der Sicherheit unseres Landes weiter einsetzen werden«. Auch die Lobby-Zeitschrift *wehrtechnik* hatte Löbliches zu bieten: Der Offizier habe sich nach Kräften »für die Interessen der Soldaten« eingesetzt.[2]
Das Lob war aus Sicht der Militärs durchaus berechtigt. Manfred Opel, Mitglied der Schleswig-Holsteiner SPD, hatte in den vergangenen Jahren immer wieder bewiesen, daß er Friedenspolitik stets als militärische Sicherheitspolitik verstanden hatte.

Conny Jürgens trieb den Offizier in die Enge: »Die SPD behauptet doch auch immer, sie wolle Menschenrechte verteidigen. Aber wenn es hart auf hart kommt, dann kneifen Sie, Herr General.«

Manfred Opel wußte sich zu wehren: »Wir kneifen nicht. Es geht vielmehr darum, sinnvolle Aktionen zu unterstützen. Sie machen es sich zu einfach. Wenn Sie eine militärische Lösung wollen, müssen Sie den Preis nennen, den Sie zu zahlen bereit sind. Der ist ungeheuer hoch, wenn Sie auf breiter Front intervenieren.« Die parlamentarische Geschäftsführerin aus Hamburg gab sich nicht zufrieden, sie forderte militärisches Eingreifen: »Ich will, daß diese grausamen Menschenrechtsverletzungen gestoppt werden und daß dann der Konflikt politisch gelöst wird. Dazu muß die Möglichkeit für Politik erst einmal wiederhergestellt werden. Deshalb wollen wir eine Debatte anregen, die unsere Bundesregierung dazu bringt, sich bei der UNO für eine Intervention einzusetzen.«[3]

Um keine Mißverständnisse aufkommen zu lassen: Conny Jürgens ist nicht Parlamentarische Staatssekretärin im Bundesverteidigungsministerium, sie ist eine ehemalige Aktivistin der Friedensbewegung und nunmehr parlamentarische Geschäftsführerin der Fraktion Grün-Alternative Liste (GAL) in Hamburg.

Keine Podiumsdiskussion ist gefährlicher als die mit einem Kontrahenten, der die eigenen Quellen zu nutzen weiß. Und kein Mittel ist in der öffentlichen Diskussion wirksamer als das, den politischen Gegner für sich sprechen zu lassen. Bundesvorstandsmitglied Helmut Lippelt, seines Zeichens einer derjenigen, die in den vergangenen Wochen den Boden grüner Gewaltfreiheit kilometerweit verlassen haben, bekommt diese Erfahrung deutlich zu spüren.[4]

Der Saal ist gefüllt, allerdings etwa zur Hälfte mit Leuten, deren Einstellung schwer auszumachen ist, wie die Veranstalter meinen. Die Diskussionsleitung hat dem Gast aus Hannover den Vortritt gelassen, was mir sehr entgegenkommt. Helmut ist im ehemaligen Jugoslawien gewesen, in Belgrad hat er sich mit Oppositionsvertretern getroffen und weiß von deren Erfahrungen zu berichten. Er schildert die schlimmsten Menschenrechtsverletzungen. Angesichts der Berichte von Vergewaltigungen und Folterungen packt mich die

kalte Wut. Seltsamerweise zielt mein erster Gedanke auf den Einsatz von Militär. Ich zwinge mich, mein Gehirn einzuschalten.
Ich kenne Helmut aus verschiedenen Podiumsveranstaltungen in den vergangenen Jahren und weiß seine Ernsthaftigkeit und Glaubwürdigkeit zu schätzen. Bei dem heutigen Streitgespräch agiere ich vorsichtig. Mit seiner immensen politischen Erfahrung gehört er zu den Menschen, die ein außerordentlich gut entwickeltes Feeling für die Stimmung einer Versammlung haben. Und er weiß, daß die Veranstalter des Abends, grüne Friedensleute aus dem Kreisverband Rastatt, auf gewaltfreien Lösungen bestehen. Trotz alledem kann er nicht umhin, immer wieder die Notwendigkeit militärischer Aktionen einzufordern.
Wir haben vereinbart, daß die offene Diskussion erst nach meinem Eingangsstatement beginnen soll. »Meine Damen und Herren, es freut mich sehr, daß Sie mich heute zum Kongreß ›Gestiegene deutsche Verantwortung und die aktuelle Bundeswehrplanung‹ eingeladen haben. Sie kennen mich, mein Name ist Rühe, Volker Rühe.« Ich setze eine todernste Miene auf. Die Reaktion der Anwesenden schwankt zwischen humorvollem Grinsen und verständnislos fragenden Blicken. »Ich bin drei Jahre lang Generalsekretär der CDU gewesen, bevor ich mich in die Niederungen des Verteidigungsministeriums herabbegeben habe. Als erste Nagelprobe habe ich den Jäger 90 abgesäbelt, ein Produkt aus den Zeiten des Kalten Krieges. Wirklich völlig unnötig. Ich habe mich auf der Hardthöhe und gegen die Rüstungslobby durchgesetzt. Wir brauchen jetzt nur noch den Eurofighter 2000.« Das Lächeln der Anwesenden wird breiter. Trotz des ernsten Abendthemas lassen sich die Zuhörer für Satire gewinnen. Es folgt eine präzise Abhandlung über die Folgen der deutsch-deutschen Vereinigung und der Auflösung der Warschauer Vertragsorganisation, verschiedene Bürgerkriege sowie die Ursachen des Versagens der Vereinten Nationen im Balkankrieg. Garniert wird die Analyse durch ausgewählte Zitate höchster deutscher Generalität, die allesamt vor einem militärischen Eingreifen in den Krieg auf dem Balkan gewarnt haben. Helmut

Lippelt hat sich genüßlich zurückgelehnt und schmunzelt amüsiert. In derselben zackigen militärischen Tonlage wechsele ich zu den Zitaten grüner Prominenz über, und Helmuts Lächeln gefriert, je länger ich – diesmal selbst süffisant grinsend – den positiven Erkenntnisprozeß bei den Grünen lobe. So langsam geht dem Bundesvorstandsmitglied das Spiel zu weit. Er erkennt meine Absicht und versucht einzuhaken: »Das kannst du aber ...«

Ich unterbreche ihn barsch. »Herr Lippelt, ich wußte gar nicht, daß wir uns duzen. Aber vielleicht, wenn Sie sich in Ihren Positionen noch den letzten Rest auf mich zubewegen, dann könnten wir heute abend bei einem Glas Bier auf das ›Du‹ anstoßen.« Die Lacher sind längst gewonnen, Helmut gibt auf und erträgt's mit Fassung.

»So, Herr Lippelt, kommen wir doch mal zu dem, was ich im *Spiegel* von Ihnen lesen durfte. Wirklich, äußerst erfreulich.« Ich zitiere aus dem vor mir liegenden Interviewtext: »›Reiner Pazifismus‹ reicht Ihnen nicht mehr. Deshalb fordern Sie ›ein internationales Gewaltmonopol, etwa beim UNO-Sicherheitsrat‹. Und da Sie die Vergewaltigungslager militärisch befreien wollen, weist Sie der *Spiegel* zu Recht darauf hin, daß Sie dazu ›Hunderttausende von Soldaten‹ bräuchten.« Helmut schweigt. »Doch damit nicht genug, Herr Lippelt. Als deutscher Verteidigungsminister habe ich mich doch sehr gefreut, daß auch Sie nicht länger am ›Prinzip der Gewaltfreiheit‹ festhalten und ›notwendigerweise ein Berufsheer‹ fordern. Bravo, Herr Lippelt, wirklich ein Schritt nach vorne.«[5]

Ich bin gnadenlos. Anstatt meinen Parteifreund aus Niedersachsen aus der peinlichen Situation zu befreien, in die ich ihn ganz gezielt hineinlanciert habe, halte ich eine Zeitschrift in die Höhe. Das Titelbild zeigt drei Soldaten mit Kalaschnikows. »*loyal, das deutsche wehrmagazin* ist unsere Bundeswehr-Hauszeitung. Kennen Sie sicherlich alle. Auf Seite 1 finden Sie einen Beitrag, der Ihr Herz erfreuen dürfte. Da spricht unter der Überschrift ›Umdenken bei den Grünen‹ ein Herr Lippelt von der Notwendigkeit eines Heeres. Aber das, Herr Lippelt, ist unter uns gesagt doch etwas zu niedrig gegriffen, mit ›weniger als 100 000 Mann‹.[6] Nun, das regeln wir auch noch. Lassen Sie mich zu einem kurzen Resümee kommen: Die Bundeswehr muß umstrukturiert werden. Für unsere Einsätze out of area brauchen wir speziell ausgebildete Soldaten, wir nennen diese Einheiten Krisenreaktionskräfte. Vielleicht haben Sie selbst Interesse, Herr Lippelt?« Ich werfe ihm einen fragenden Blick zu.

Als wir uns knapp zwei Stunden später tatsächlich beim Bier zusammensetzen, hat mir Helmut längst verziehen. Schließlich wollte ich ihm nicht übel mitspielen, sondern demonstrieren, wie gefährlich es ist, sich auf militärische Denkmuster einzulassen.

Eindringlich weise ich ihn nochmals darauf hin, welche bedenklichen, weil militaristischen Sätze ich aus seinem Antrag für die bevorstehende Länderratssitzung gestrichen haben will, er weigert sich noch immer. Dennoch dürfte er im Kopf doch einiges aus Baden-Baden mitgenommen haben, denn wenige Tage später stimmt er im Länderrat, dem höchsten beschlußfassenden Gremium zwischen den Parteitagen, genau diesen Streichungen zu.

In später Nacht ruft mich Christa Caspari aus Karlsruhe an. Der Länderrat, dem sie angehört, hat endlich getagt. Sie hätte nichts Inhaltliches zu sagen brauchen, der Ausgang der Abstimmung war dem Tonfall ihrer Stimme zu entnehmen – Zufriedenheit, vielleicht auch Genugtuung. »Es hat geklappt, phänomenal!«[7]

Die Hardliner um den Europaabgeordneten Graefe zu Baringdorf, den Bremer Senator Ralf Fücks und die Bündnis-90-Abgeordnete Vera Wollenberger haben sich im Länderrat die Zähne ausgebissen, die humanitäre Militärintervention in Bosnien muß vorerst ohne offiziellen grünen Segen auskommen. Auch Achim Schmillen, der heimliche Bündnis-90-Obmann im Verteidigungsausschuß, ist mit seiner Forderung nach Einmischung im Interesse der Menschenrechte chancenlos geblieben. Die Delegierten scheinen sich dessen bewußt gewesen zu sein, daß im Falle einer Zustimmung jeder Krieg weltweit zu einer Einmischung von außen verpflichtet hätte – militärisch versteht sich. Es gibt keinen Krieg ohne schlimmste

Menschenrechtsverletzungen. Krieg ist die Menschenrechtsverletzung schlechthin.

Helmut Lippelts Engagement zeitigte einen wichtigen Erfolg: Seine »unabweisbare moralische Forderung«, daß den Menschen, »die von mörderischen Banden dem Verhungern überantwortet werden, Lebensmittel durchgebracht werden müssen«, hat Aufnahme gefunden. Allerdings muß Helmut an einem entscheidenden Punkt klein beigeben: Sein Anhängsel »notfalls mit militärischer Bedeckung« ist gestrichen worden – remember Baden-Baden. Wunder gibt es immer wieder, selbst bei den Grünen. Der Länderrat hat eine wichtige Entscheidung gefällt, die Weichen für die Beschlüsse auf der Länderebene sind in die richtige Richtung gestellt.

Im Haus der Fraktionen hat sich die Hälfte der Landesfürsten versammelt, einzig Kaiser Fritz Kuhn verabschiedet sich kurzerhand. Der Landesvorstand bricht wie vereinbart den vorherigen Tagesordnungspunkt ab und kommt sofort zur Sache.[8]

»Du hast uns einen Brief geschrieben. Wir haben in deinem Sinne darauf reagiert und den Tagesordnungspunkt ›Krieg im ehemaligen Jugoslawien‹ für die Landesversammlung aufgenommen.« Die Vorstandssprecherin Dagmar Dehmer spielt auf meinen wütenden Protestbrief an. Ich habe dem Landesvorstand vorgeworfen, die Entwicklung auf dem Balkan »glattweg ignorieren zu wollen«.[9] Immerhin – das Schreiben hat dazu geführt, daß der Bürgerkrieg das erstdiskutierte Schwerpunktthema auf der Kehler Landesversammlung sein soll. »Du bist Antragsteller, willst du anfangen?«

Ohne Umschweife lege ich los, wobei ich allerdings bewußt auch mein inneres Ringen um meine pazifistische Position in den vergangenen Wochen darstelle. In der Sache verhalte ich mich defensiv, schließlich ist es ein altbekanntes Spiel solcher Diskussionen, vorliegende Anträge erst einmal kaputtzureden, selbst wenn man kein eigenes Papier verfaßt hat. Ich verweise auf die Defizite, von der unzureichend dargestellten Verantwortung der Bundesrepublik, die sie mit ihrer voreiligen Anerkennungspolitik auf sich geladen hat, über den zu unpräzise formulierten friedensbewahrenden Peace-keeping-Auftrag der Blauhelme bis hin zum Problem, daß die Strategien zur Durchsetzung eines Embargos völlig unklar geblieben sind. Erst danach lege ich betont sachlich die Chancen einer an nichtmilitärischen Mitteln orientierten Politik der Einmischung dar. Diese Vorgehensweise ist erfolgreich: Die sonst üblichen persönlichen Angriffe unterbleiben weitgehend, wie die anschließende Diskussion zeigt. Einzig der Freiburger Landtagsabgeordnete Dieter Salomon sprüht vor Polemik: »In dem Antrag geht es dir doch nur darum, deinen Standpunkt zu retten und nicht darum, das Morden in Jugoslawien zu beenden.« Ich verkneife mir einen Kommentar.

Der inhaltliche Konflikt bricht nichtsdestotrotz in voller Schärfe aus. Landesvorstandsmitglied Cem Özdemir spricht sich nachdrücklich für die Lieferung von Waffen an Bosnien aus. Das Waffenembargo sei aufzuheben, das Flugverbot könne nur militärisch durchgesetzt werden. Überraschend wird er vom Stellvertretenden Fraktionssprecher Rezzo Schlauch heftig gerügt. Der meint jedoch seinerseits, im ehemaligen Jugoslawien sei »die Situation mit unserer Konfliktlösung nicht mehr durchzusetzen«. Reinhard Bütikofer, Heidelberger Landtagsabgeordneter, sinniert ausgiebig über die Vorzüge einer Militärintervention unter UN-Regie, deren vermeintlichen Erfolg andere Diskussionsteilnehmer weitgehend abstreiten. Für ihn steht weniger die Frage im Vordergrund, wieviel Tote es dabei geben würde, er scheint an einer schnellen Lösung interessiert.

Ich stelle fest, daß ich mich im Gegensatz zu früheren Diskussionen nicht mehr über einen derartigen Standpunkt aufrege. Angesichts meiner Wut während der Golfkriegsdebatten wundere ich mich über meine innere Wandlung – die Jugoslawiendiskussion hat uns alle verändert.

Dennoch ist es dringend notwendig, alle diese teilweise fast militaristischen Argumentationsweisen Fall für Fall zu widerlegen. Schließlich zeigt sich die Hilflosigkeit vieler Anwesender nicht zuletzt an ihrer Flucht in die Palette von Militäraktionen auf niederer Ebene. So müßten humanitäre Konvois militärischen Begleitschutz erhalten, auch seien militärisch gesicherte Schutzzonen einzurichten. Genau davor habe ich mit dem Hinweis auf die systemimmanente Eskalation gewarnt. Es gibt kein Gegenargument – und das zeigt sich in der Diskussion ein weiteres Mal –, das die militärische Logik des Krieges widerlegen kann.

Was realistischerweise bleibt, ist die Wahl zwischen den Extremen: Zivile Einmischung oder militärische Intervention. Die Befürworter der letzteren Variante nehmen für sich in Anspruch, das Morden rasch zu beenden und die KZ-artigen Lager umgehend befreien zu können. Zumindest der Krieg würde dann ein Ende gefunden haben. Genau das aber bezweifle ich nachhaltig. In der neueren Menschheitsgeschichte hat keine Intervention den Erfolg gebracht, den sich die Besatzungsmächte davon versprochen hatten. Von Vietnam bis Afghanistan, Interventionen haben die Konflikte geschürt und nicht beendet. Auch Hitler konnte nur mit den Opfern von Dresden bis nach Hiroshima und Nagasaki gestoppt werden, ganz abgesehen davon, daß die Alliierten nicht unbedingt aus humanitären Gründen in Deutschland einmarschiert sind. Und was wäre, wenn die UN-Truppen sich nach der Besetzung aus dem ehemaligen Jugoslawien zurückziehen würden? Ich bleibe dabei: Mit militärischen Mitteln ist kein Konflikt zu lösen und wird auch nie einer zu lösen sein.

Selbst militärische Schutzzonen würden nur zu endlos langen Grenzen führen, an denen kriegerische Aktionen vorprogrammiert sind. Und wer will garantieren, daß die Flüchtlinge die Reihen der serbischen Aggressoren lebend überwinden würden? Wer die Entsendung humanitärer Konvois mit bewaffnetem Begleitschutz in das Bürgerkriegsgebiet fordert, muß deren Beschuß miteinkalkulieren. Wer Panzer einsetzen will, muß auch mit deren Vernichtung rechnen. So nachvollziehbar die humanitären Aspekte dieser Aktionen auf den ersten Blick erscheinen, so falsch sind sie. Und wer die militärische Durchsetzung des Flugverbots über Bosnien oder gar selektive Angriffe auf militärische Ziele fordert, muß gleichzeitig eingestehen, daß er für das Leben der Blauhelmeinheiten dann keinerlei Garantie mehr übernehmen kann. Schließlich würden Militärs, die zuvor gezeigt haben, wie gnadenlos sie Menschenrechte mit Stiefeln treten, in einem solchen Fall dann auch nicht vor standrechtlichen Exekutionen von UN-Soldaten zurückschrecken. Alles in allem beinhaltet auch eine Militäraktion auf allen Ebenen unterhalb einer Intervention das Risiko einer rasanten Eskalation. Der erste zusammengeschossene Militärkonvoi wird die Stimmen derer mehren, die eine sofortige Intervention fordern. Die ersten auf einem Dorfplatz exekutierten Blauhelmsoldaten werden einen weltweiten Aufschrei nach sich ziehen. Spätestens im Wiederholungsfall wird es keinen gewaltfreien Ausweg aus diesem Dilemma mehr geben, der große Militärschlag wäre eine Frage von Stunden. Dann aber muß sogar der Flächenbrand einkalkuliert werden, von Sprengstoffanschlägen in aller Welt bis hin zu einer Ausweitung des Krieges auf die Nachbarländer Serbiens. Selbst das Gespenst eines Dritten Weltkrieges scheint dann nicht mehr absurd, zumal Boris Jelzin in diesen Tagen von einem Schleudersitz aus regiert. Die Befürworter militärischer Lösungen sind Gefangene einer Logik, die keinen Ausweg aus den Gesetzen des Krieges offenbart.

Diese Diskussion hat gezeigt, wie verunsichert die Grünen – und nicht nur sie – nach der Auflösung der Blockkonfrontation und dem Aufkommen immer neuer Bürgerkriege sind. Wie leicht ist es doch für viele von ihnen gewesen, ihren Pazifismus zu einer Zeit zu pflegen, da kaum eine Gefahr bestand, sich mit seinen Konsequenzen auseinandersetzen zu müssen. Jetzt rächt es sich, daß die Friedensbewegung die Zeit nicht genutzt hat, sich rechtzeitig auf die Ära nach dem Kalten Krieg einzustellen. Vielleicht sind wir alle zu überrascht gewesen, wie schnell die Blockkonfrontation ein Ende gefunden hat.

Verschärfend kommt in diesen Tagen für viele der Anwesenden hinzu, daß einige von ihnen in den vergangenen Wochen nicht mit dem öffentlich geäußerten Vorwurf fertig geworden sind, angesichts der furchtbaren Menschenrechtsverletzungen im ehemaligen Jugoslawien zu versagen. Im Ergebnis sind frühere Friedensbewegte zu Befürwortern eines militärischen Eingreifens geworden. Daß dabei auch andere Positionen fallen müssen, wie die Forderung eines Waffenproduktions- und Waffenexportverbots oder die Abschaffung der Bundeswehr, scheint für viele eine zu vernachlässigende Größe zu sein.

An diesem Abend trennten wir uns im Dissens: Reinhard Bütikofer will seine Ideen zur Notwendigkeit gestufter Militäraktionen bis hin zu seinen UN-Interventionsplänen in Antragsform gießen, die weitere Antragslage ist noch unklar. Dennoch steigen Christa Caspari und ich beruhigt in den Intercity. Nach dem Beschluß des Länderrates und der doch widersprüchlichen Argumentationsweise der Militärbefürworter sowie der überraschend klaren Unterstützung seitens anderer Landesvorstandsmitglieder sind wir uns sicher, daß die Landesversammlung unserem Antrag zustimmen wird.
In Erinnerung soll mir auch der Redebeitrag von Irmgard Zecher bleiben. Sie war als einzige in der Runde Kriegsteilnehmerin, betroffen von den Greueln aus der Zeit des zweiten Weltkriegs. Aus diesen Erfahrungen heraus kam sie zu dem Schluß, daß Militäreinsatz immer der falsche Weg sei. Vielleicht fehlen uns heute mehr Menschen vom Schlag einer Irmgard Zecher?

Zerreißprobe der Grünen

»Die Debatte über die Militärintervention als letztes Mittel dient immer wieder dazu, sich vor konkreten nichtmilitärischen friedenserhaltenden, -schaffenden oder lebensrettenden Maßnahmen zu drücken.«

Uli Beer-Bercher, Landesvorsitzender der Deutschen Friedensgesellschaft Vereinigte KriegsdienstgegnerInnen[10]

Nichts ist beschämender als das Gefühl absoluter Hilflosigkeit angesichts grausamster Menschenrechtsverletzungen. Das Wissen, daß in diesem Augenblick Frauen vergewaltigt werden, daß Menschen verstümmelt und barbarisch getötet werden, bringt selbst festgefügte Weltanschauungen ins Wanken. Das Suchen nach pazifistischen Lösungen ist die öffentliche Erklärung, zum Handeln bereit zu sein, aber je nachdem auch das Eingeständnis, keine schnelle Lösung auf der Hand zu haben. Es sei hier dahingestellt, ob die Behauptung, militärische Lösungen versprächen schnellere Hilfe, realistisch ist. Sicher ist nur, daß die gewaltsame Lösung von Konflikten weder eine Lösung als solche, geschweige denn der humanere Weg ist. Wohl aber kann es sein, daß die gewaltsame Befreiung von Vernichtungslagern, wie sie auf dem Balkan eingerichtet worden waren, einzelnen Menschen Freiheit gebracht hätte. Sicher ist aber auch, daß niemand von uns angesichts des Versagens aller Institutionen und Denkmodelle frei von Zweifeln ist.

»Der Krieg im ehemaligen Jugoslawien hat mich an meiner pazifistischen Grundhaltung zweifeln lassen, mein Verständnis von Gewaltfreiheit ins Wanken gebracht.« Die Landespresse wird meine Zweifel – zu denen ich mich offen bekenne – weithin zitieren. Der Journalist Thomas Schwara reagiert überrascht: »Das Eingeständnis des Grünen Jürgen Grässlin trifft die meisten Delegierten auf dem Parteitag der Südwest-Grünen am Wochenende in Kehl unvorbereitet. Denn Grässlin gehört nicht zu jenen Mitgliedern, die in zwei Anträgen militärische Mittel und Waffenlieferungen ins Auge fassen, um dem Völkermord in Bosnien-Herzegowina ein Ende zu bereiten. Vielmehr hat er den Gegenantrag formuliert.«[11]

Für viele, die meine engagierten und immer von der Richtigkeit der eigenen Argumentation überzeugten Auftritte erlebt haben, müssen solcherlei Selbstzweifel tatsächlich seltsam anmuten. Doch mir ergeht es nicht anders, als jedem anderen auch: Die schrecklichen Bilder, welche uns über die Medien erreichen, müssen uns den eigenen Standpunkt in Frage stellen lassen. Aber, so frage ich mich, was ist, wenn wir den Militärschlag auf dem Balkan unterstützen?

Wie immer bin ich in allen Debatten selbst mein härtester Gegner. Nur wenn ich vor mir selbst bestehen kann, bin ich stark genug, die Angriffe der politischen Gegner erfolgreich abzuwehren. Und nur, weil ich mir auch im Vorfeld der Landesdelegiertenkonferenz selbst vor Augen gehalten habe, in welches Fahrwasser wir alle geraten, wenn wir uns auf die Argumentationskette militärischen Denkens und Handelns einlassen, habe ich die Gefühle überwinden können, die auch in mir nach Gegengewalt schreien. Allein die Tatsache, daß derzeit rund 49 Kriege weltweit toben, ist unvorstellbar.[12] Die Menschenrechtslage hat sich nach Aussage von Volkmar Deile, dem Generalsekretär der deutschen Sektion von amnesty international, weltweit verschlechtert: »Die großen Probleme wie soziales Elend und Hungersnöte, Kriege, Bürgerkriege und ökologische Katastrophen nehmen weiterhin zu, verursachen unermeßliches menschliches Leiden und Fluchtbewegungen weltweit. Auch diese Entwicklungen sind von schweren Menschenrechtsverletzungen begleitet.« Natürlich stellt sich auch amnesty international die Fragen, die nicht nur die Grünen, sondern auch die anderen Parteien, die Dritte-Welt-, Friedens- und Menschenrechtsbewegung, die Kirchen und Gewerkschaften erschüttern.[13]

Der Antrag ist konsequent und somit umstritten: Mit seiner Annahme sprechen wir uns »unmißverständlich gegen jegliche Form der Unterstützung einer militärischen Intervention oder militärischer Aktionen auf niederer Ebene im Bürgerkrieg im ehemaligen Jugoslawien aus. Die Forderungen nach Waffenlieferungen lehnen wir grundsätzlich ab. Militärs und Waffen lösen keines der Probleme und schaffen dafür nur neue.«
Ich stelle unseren Antrag den rund 250 Delegierten aller baden-württembergischen Kreisverbände vor und versuche sie auch für die Verpflichtung zu gewinnen, bei Aktionen ziviler und humanitärer Einmischung mitzuhelfen. Drei Kampagnen soll der Landesverband initiieren bzw. mittragen: die massive Unterstützung der Friedensbewegung in den Gebieten der kriegsführenden Parteien, die Durchführung humanitärer Kampagnen sowie die Organisation der Flüchtlingsaufnahme.[14]
Die Gegenreaktion ist entsprechend heftig und dennoch ungewöhnlich. In den vergangenen Jahren haben wir uns immer wieder verbissen und aggressiv gestritten. Diesmal gehen die Meinungen auseinander wie kaum jemals zuvor – und doch hören wir einander zu, gehen aufeinander ein, tolerieren die Einstellung des anderen. Gleichgültig wie die Abstimmung ausgehen wird, gesiegt hat der zwischenmenschliche Umgang, selbst in der Politik. Die Zeiten der plakativen wie falschen Lagermentalität von Pazifisten gegen Bellizisten, der Gesinnungsethik gegen die Verantwortungsethik scheinen endlich aufgebrochen.[15]

Mit diesem Antrag gebe ich eine Position auf, die ich jahrelang öffentlich vertreten habe: Wir verlangen von der UNO »die Durchführung eines konsequenten und ggf. mit polizeilichen Mitteln durchgesetzten Embargos«. Die Forderung beinhaltet das Eingeständnis, daß zumindest Polizeieinheiten vonnöten sind, um das Embargo an den Staatsgrenzen durchzusetzen. Die Totalblockade wird von Friedensforschern wie Dieter S. Lutz als »effektiv« bei »relativ geringem Risiko« eingeschätzt: »Dies gilt um so mehr für

Staaten – wie Serbien und Bosnien-Herzegowina –, deren Wirtschaftskraft bei hoher Arbeitslosigkeit gering und deren Abhängigkeit vom Import strategischer Güter wie Erdöl groß ist.«[16] In der *Frankfurter Allgemeinen Zeitung* war bereits zuvor deutlich festgestellt worden, daß Serbien bei einer konsequenten »Ölsperre nach zehn Tagen zusammenbrechen« würde.[17] Auch wenn der Zeitraum als zu kurz bewertet werden muß, scheint doch klar, daß das Druckmittel Totalembargo wirkt.

Erst später tauchen Zweifel an dieser Frage auf: Eine Delegation des Landesverbandes, die nicht zuletzt aufgrund der Beschlüsse dieser Landesversammlung zustande kommt, sammelt Erfahrungen bei ihrer Reise nach Serbien, Kroatien und Slowenien: »Am interessantesten für uns war die ablehnende Haltung der serbischen Oppositionellen zum Handelsembargo, das gegen Serbien verhängt ist.« Kroatische Oppositionelle stellen dagegen die Forderung auf, über Kroatien ein Handelsembargo zu verhängen. RIB-Vorstand Tobias Pflüger kommt deshalb zu dem Schluß, »daß es nur gerecht und konsequent wäre, gegen Serbien und Kroatien, die beiden (in)direkten Aggressoren dieses Krieges, jeweils ein Handelsembargo zu verhängen. Verhindert hat das im Falle Kroatiens bisher die Bundesregierung.«[18]

Wie chaotisch die Situation derzeit ist, beschreibt Martin Jung aus Tübingen, der Mitorganisator der Reise, welche durch drei Waffenembargo-Länder geführt hat: »Nicht ein Zollbeamter wollte unser Gepäck sehen. Allen UN-Resolutionen zum Trotz wird das Waffenembargo bis heute nicht in die Praxis umgesetzt. Eine wirksame Kontrolle der fünfzig in die Nachfolgestaaten Jugoslawiens führenden Grenzübergänge wäre möglich, wenn einige hundert zusätzliche Zollbeamte unter UNO-Mandat eingesetzt würden.« Dafür besteht gegenüber »Restjugoslawien« ein Totalembargo, wobei für Lebensmittel und Medikamente Ausnahmegenehmigungen beantragt werden können – allerdings drei Monate im voraus. »Dadurch«, so Martin Jung, »werden Hilfslieferungen praktisch unmöglich gemacht«.[19]

Der Heidelberger Jurist Thomas Groß, bis zu dieser Landesversammlung Mitglied des Landesvorstandes, nennt drei fundamentale Unterschiede zwischen Militär und Polizei: In einem demokratischen Rechtsstaat wird der Einsatz der Polizei durch parlamentarische Gesetze geregelt und von unabhängigen Gerichten kontrolliert. UN-Truppen dagegen unterstehen einem oligarchischen Sicherheitsrat und keiner Gerichtsbarkeit. Bester Beweis dafür ist die folgenlose Niederlage der USA vor dem Internationalen Gerichtshof aufgrund der Verminung der Häfen Nicaraguas.
Zum zweiten sind Polizeimaßnahmen gegen einzelne Personen zu richten, der Auftrag des Militärs besteht im Besiegen oder Vernichten eines kollektiven Gegners, wobei die Zahl der getöteten Zivilisten in den heutigen High-Tech-Feldzügen die der Soldaten um ein Vielfaches übersteigt. Zum dritten ist die Polizei verpflichtet, bei Straftaten einzuschreiten, die Entscheidung der Militärs hängt direkt oder indirekt vom »Gutdünken des amerikanischen Präsidenten ab«. Die Großsche Schlußfolgerung lautet: »Die globalen Beziehungen müssen so strukturiert werden, daß ein Interessenausgleich mit demokratischen Mitteln gefunden und durch verbindliche Regeln abgesichert werden kann.« Zielsetzung muß die Abschaffung aller Armeen sein.[20]
Wie differenziert wir mit dieser Diskussion verfahren müssen, zeigt nicht zuletzt der Einsatz des Bundesgrenzschutzes »als kasernierte truppenpolizeiliche Formation«, welche die klare Trennung zwischen der Polizei als innerer Ordnungsmacht und dem Militär als »Garant territorialer Integrität« aufhebt.[21] Die eigentliche Aufgabenverteilung zwischen Militär und Polizei ist eindeutig, Überschneidungen sind gefährlich. Eines der klassischen Kennzeichen von Diktaturen ist der innerstaatliche Einsatz von Militär, beispielsweise zur Bekämpfung der Opposition.
Um das Waffen- und Rohstoffembargo gegen die Aggressoren auf dem Balkan durchzusetzen, sehe ich keine andere Möglichkeit, als den Einsatz von Polizeieinheiten innerhalb und an den Grenzen der Nachbarländer. Diese Position und die Tatsache, daß unser Antrag,

eingebracht von der Landesarbeitsgemeinschaft Frieden (LAG), den Einsatz von UN-Blauhelmeinheiten – ausschließlich mit Peace-Keeping-Auftrag im Sinne des Special Committee on Peacekeeping[22] – befürwortet, führt auf der Landesversammlung zu der Konstellation, daß erstmals in der Geschichte der baden-württembergischen Grünen nicht die LAG Frieden den eigentlichen pazifistischen Antrag einbringt, sondern mein Freund Harry Block vom Karlsruher Kreisverband – eine Block-Konfrontation, die keine ist. Die Forderung – »Eine grüne gewaltfreie Außenpolitik verzichtet grundsätzlich auf die Androhung und den Einsatz militärischer Gewalt« – wird auch von mir nachhaltig unterstützt. Dissens aber besteht in der Frage, ob es eine positive Funktion von UN-Blauhelmsoldaten geben kann und ob polizeiliche Mittel – zum Beispiel gegen Versuche gerichtet, das Waffenembargo zu brechen – vonnöten sind. Tatsächlich hat die Jugoslawien-Diskussion alte »Fronten« aufgebrochen und völlig neue Konstellationen geschaffen.

Aus Patriot-Befürwortern in der Golfkriegsdebatte sind »Waffen-für Bosnien«-Befürworter geworden: »Wenn also das Waffenembargo gegen Bosnien-Herzegowina gelockert wird, dann nur gezielt zur Selbstverteidigung mit Defensivwaffen, um schlicht und einfach das Überleben dieser Menschen zu sichern.«[23] Cem Özdemir, Biggi Bender, Reinhard Bütikofer und andere haben ihre Ankündigung wahrgemacht und sich – neben einem Katalog durchaus sinnvoller humanitärer Maßnahmen – tatsächlich auf die Kohlsche Forderung einer begrenzten Aufhebung des Waffenembargos eingelassen.[24] Die Antragsteller müssen jedoch schnell erkennen, daß für derlei Forderungen an diesem Tag keine Mehrheiten vorhanden sind – der Antrag wird bei deutlicher Ablehnung verworfen. Aber auch Harry Blocks Antrag bleibt chancenlos.[25]

Es kommt, wie nicht anders zu erwarten, zur Finalrunde zwischen unserem Antrag der LAG Frieden und dem von Rudi Hoogvliet und anderen, in welchem die Antragsteller »eine Politik der Einmischung durch die internationale Staatengemeinschaft« befürworten, gegebenenfalls auch mittels Militär: »Auch die Integration militärischer Mittel in die Strategie der zivilen Konfliktlösung kann in diesem Fall nicht kategorisch abgelehnt werden.«[26]

Winne Hermann, Kandidat für den Posten des Sprechers des Landesverbandes, begründet unseren Antrag in der Schlußrunde. Er war im Vorfeld der Landesversammlung massiv von seinem Stuttgarter Kreisverband angegriffen worden. Nach zweistündiger Debatte entscheidet sich die Mehrheit der Delegierten zugunsten unseres Antrags – wie erwartet mit einem deutlichen, aber nicht überragenden Ergebnis von 97 zu 67 Stimmen.

Letztendlich nimmt das Bekenntnis der Partei zur Gewaltfreiheit nachhaltigen Einfluß auf die in den beiden folgenden Tagen stattfindenden Landesvorstandswahlen: Die bisherige Sprecherin Dagmar Dehmer, die sich für die »Einbeziehung militärischer Lösungen« ausspricht, wird abgewählt, und Barbara Graf, Befürworterin einer »konsequent pazifistischen Grundhaltung«, ihre Nachfolgerin. Winne Hermann wird im Amt bestätigt, die beiden anderen Unterstützer Christa Caspari und Jürgen Rochlitz werden neu gewählt.[27]

Im Juni fährt eine Grüne-Promidelegation ins Krisengebiet Bosnien-Herzegowina. Mit dabei ist der alte und neue Sprecher des Landesverbandes Winne Hermann, der sich in seiner Meinung bestärkt sieht: »Die UNO darf niemals Kriegsteilnehmer werden.«[28]

Pazifistische Hoffnung

> »Ob die Kriegstreiber und nekrophilen Machos, die gefährlichen Vereinfacher in Kirchen, Medien und Staatenbünden noch rechtzeitig zur Besinnung kommen, ob sich in der ›Risikogesellschaft‹ der ›Krieg der Geschwindigkeiten‹ oder das ›Prinzip Verantwortung‹ gegenüber der Mit- und Nachwelt, ob sich die Partnerschaft der Geschlechter, Rassen, Kulturen und Kontinente durchsetzen, ist ungewiß.«
>
> *Eva Quistorp,* Mitglied im Europaparlament[29]

Der *Spiegel* mußte wieder einmal als Sprachrohr für diejenigen herhalten, die dem Pazifismus abgeschworen und sich in militärisches Denken geflüchtet hatten: Der Bremer Umweltsenator Ralf Fücks diffamierte die Friedensbewegung als »Ohne-mich-Bewegung«, die sich in einer »komfortablen Idylle« einrichte. Verschiedene grüne Promifrauen forderten militärisches Eingreifen – darunter auch Eva Quistorp, die im Jahr zuvor Soldaten noch als »nekrophile Machos« diffamiert hatte: Es reiche nicht mehr, Lieder zu singen, helfen würde »die militärische Intervention und Waffen für Bosnien«.[30]

Im Endeffekt hatten Quistorp & Co. Erfolg, der Länderratsbeschluß vom Juni des Jahres konnte in ihrem Sinne revidiert werden. Der kommissarische Länderrat beschloß in Bonn, daß »dem Prinzip der Gewaltfreiheit, an dem als Handlungsorientierung ungebrochen festgehalten wird, mit dem Schutz der Menschenrechte ein gleichrangiges Prinzip zur Seite gestellt« werde. Der Europaabgeordnete Friedrich Graefe zu Baringdorf und die baden-württembergische Landtagsabgeordnete Biggi Bender brachten die Vorlage zur Abstimmung, in der es auch heißt, daß im Falle Bosnien-Herzegowinas »nicht jeder Einsatz von Zwang und Gewalt von vornherein völlig ausgeschlossen werden kann«. Der Baringdorf-Bender-Antrag erhielt zwei Drittel der Stimmen.[31]

Stimmen aus der Friedensbewegung deuteten mögliche Konsequenzen aus dem Länderratsbeschluß an: »Diese Argumentationsschiene setzt damit ausdrücklich auf eine unnachgiebige ›Politik der Stärke‹ und die ›Logik der Abschreckung‹.«[32]
Im nachhinein bekamen es die Länderratsmitglieder selbst mit der Angst zu tun, als sie folgenden Satz – den sie zuerst mit abgestimmt hatten – anschließend wieder gestrichen haben wollten: »Eine generelle Einsatzoption für die Bundeswehr darf es nicht geben, aber humanitäres Eingreifen im Rahmen der Vereinten Nationen muß in Einzelfällen nach einer parlamentarischen Abstimmung möglich sein.« Quo vadis Grüne?

Noch ist die Auseinandersetzung in der Schwebe, noch korrigiert die bündnis-grüne Basis auf Landes- und Bundesversammlungen die Beschlüsse der Parteispitze und der Gremien grüner Politprofis. Und manche grünen Repräsentanten fühlen sich zu Recht mißinterpretiert. Die aus der Anti-Rassismus-Bewegung kommende Europaabgeordnete Claudia Roth, die selbst wiederholt in die Bürgerkriegsregionen gefahren ist, hat bei einer Veranstaltung in Freiburg die Gefahr der Funktionalisierung ihrer Aussagen bekannt: »Wir haben festgestellt, wie vorsichtig wir sein müssen und wie groß der Grad der Funktionalisierung von Jugoslawien in der bundesdeutschen Politik und in der Zwischenzeit auch in unserer Partei ist.«[33]
Noch hofft die Friedensbewegung auf die Partei, die einst mit dem Anspruch angetreten ist, ihre parlamentarische Vertretung zu sein und beste Chancen hat, diesen Anspruch zu verlieren. Viele grüne Repräsentantinnen und Repräsentanten haben nicht verstanden, daß es »ein bißchen Pazifismus« nicht gibt und daß Menschenrechte nicht mit der Macht der Panzer freigeschossen werden können. Doch die Gefahr ist groß, daß die Partei der Kriegsdienstverweigerer ihre Funktion in der Parteienlandschaft endgültig verliert. Eine der zentralen Aufgaben ist es immer gewesen, die SPD auf erträgliche Positionen zu verpflichten. Im Bereich der Friedens- und Sicherheitspolitik hieße das unter anderem zu verhindern, daß die

SPD Kampfeinsätzen der Bundeswehr out of area zustimmt. Jetzt aber scheint der Punkt erreicht, wo die Grünen sich mitschuldig machen am Umschwenken der SPD. Der CDU/CSU-Bundestagsabgeordnete Paul Breuer hat den Länderratsbeschluß der Grünen bei der Aktuellen Stunde dazu gebraucht, um die SPD bloßzustellen: »Ich stelle sogar fest, daß diese Aussage von Bündnis 90/Die Grünen mittlerweile dazu geeignet ist, die SPD in die völlige Isolation hineinzutreiben.« Die Vertreter der Regierungskoalition applaudieren, Paul Breuer resümiert: »Meine Damen und Herren Kollegen von der SPD, Ihre Lage ist doch folgendermaßen zu beschreiben: Es gibt in Europa keine sozialdemokratische oder sozialistische Partei, für die Ihre Position verständlich ist. Ich kenne keine.«[34]

Wann endlich nimmt die Partei Bündnis 90/Die Grünen wieder ihren eigenen Anspruch ernst, und wann erkennt sie selbst, daß nichtmilitärische Lösungen die einzig logische Antwort auf eine Welt der Gewalt sind? Die Hoffnung vieler Friedensbewegter ist offen ausgesprochen: »Wir als PazifistInnen würden uns wünschen, daß es weiter eine Partei gibt, die eine eigenständige, gewaltfreie Alternative zur etablierten Politik des ›ein bißchen Frieden‹ gibt.«[35]

25. Reuters Apfelschuß via Singapur

Der Mercedes unter den Maschinenpistolen

> »Die Firma Heckler & Koch hat keine Waffen der Typen MP 5 SD oder MP 5 K nach Jugoslawien geliefert. Wir haben keine Erkenntnis darüber, ob Waffen unserer Firma auf eine andere Weise nach Jugoslawien gelangt sind und wie dies geschehen sein könnte.«
>
> *Andrea Franke,* Pressesprecherin Heckler & Koch[1]

Im ehemaligen Jugoslawien tobte der schlimmste Bürgerkrieg seit dem Ende des Zweiten Weltkriegs, dennoch feierte das Narrenvolk ausgelassen die traditionell höchsten Feiertage Oberndorfs. Schließlich bestand nach den unmißverständlichen Unwillensäußerungen der christlichen Generalität keine Gefahr, daß deutsche Jungs in NATO-oliv den Kampf für die Muselmanen auf dem Balkan führen mußten.

Zum Ausgleich hatten andere längst dafür gesorgt, daß deutsches Know-how auf dem Balkan zum Einsatz kam – gerechtigkeitshalber auf verschiedenen Seiten. Erstes renommiertes Opfer war ein Journalist: »Kriegsopfer sind auch Menschen, die sich gegen den Krieg engagieren wie der Jugoslawien-Korrespondent der *Süddeutschen Zeitung,* Egon Scotland. Er wurde am 26. Juli erschossen.« Die Meldung ging Mitte 1991 durch die Medien. Als das ARD-Politmagazin *Monitor* ein Vierteljahr später die näheren Umstände meldete, erregte der Fall Scotland nochmals Aufsehen: »Die Kugel drang mit ungeheurer Wucht durch den Scheinwerfer und den Motorraum bis in das Fahrzeuginnere und traf Scotland tödlich, ein Hochgeschwindigkeitsgeschoß vom seltenen Kaliber 5,45, abgefeuert aus einem Spezialgewehr, einer Kalaschnikow AK 74, die in der DDR gebaut wurde.«[2] *Monitor*-Redakteur Jo Angerer veröffentlichte kurz darauf einen umfassenden Bericht, in dem er die Hintergründe noch näher beleuchtete: Von der AK-Serie der Kalaschnikow seien seit 1985 in russischer Lizenz in Wiesa in der damaligen DDR bis zu 200 000 der Handfeuerwaffen gefertigt worden. »Viele der AK 74-Gewehre gelangten über Ungarn nach Jugoslawien, obwohl das Gewehr offiziell nicht für den Export gebaut wurde.«[3]

Der Kalte Krieg zwischen West- und Ostdeutschland, zwischen NATO und Warschauer Pakt wurde auf den Schlachtfeldern des Balkans fortgeführt: »Erste Hinweise fanden wir in einem Zeitungsbericht über serbische Milizionäre, im Foto deutlich zu erkennen: eine Heckler & Koch-MP. Auch bei kroatischen Verbänden finden sich immer wieder Heckler & Koch-Maschinenpistolen der Typen MP 5 K und MP 5 SD.« Das Foto zeigt den Angriff der Militäreinheit in bewaldetem Gelände, die MP 5 K, weithin als »Mercedes unter den Maschinenpistolen« bezeichnet, befindet sich in Schußposition.[4] Die Kürzel stehen für »Kurz« und »Schalldämpfer«, Waffen, die uns bestens bekannt sind: Die K-Version hat Heckler & Koch in den Schießkoffer eingebaut, die SD-Version ist unter anderem in einem thailändischen Gefängnis zu Exekutionen eingesetzt worden. Daß H & K-Waffen auf den jeweils verfeindeten Seiten zum Einsatz kommen, ist alltäglich.

Frau Franke faxt ihre Antwort an den *Monitor*-Redakteur Mathias Werth: »Die von Ihnen angegebenen MP 5 mit den Nummern 1 321 665 sowie 1 321 705 stammen nicht aus dem Hause Heckler & Koch, sondern aus einer Lizenzfabrikation. Wir wissen deshalb nicht, wer der Empfänger dieser Waffe war.« Wohlwissend, wie schlecht die Firma dastünde, wenn die wahren Hintergründe bekannt würden, schweigt die H & K-Pressesprecherin darüber, daß die Einnahmen aus den MP 5-Lizenzvergaben an die Oberndorfer Mutterfirma fließen. Frau Franke muß eingestehen, daß H & K »in der Vergangenheit geschäftliche Beziehungen zu der Belgrader Firma Univerzal gepflegt« habe. Die Kontakte seien aber unbedeutend gewesen: »Es wurden, jeweils mit Genehmigung, einige Jagdwaffen geliefert.«[5]

Neben H & K gerät auch eine zweite deutsche Firma ins Kreuzfeuer der Kritik – MBB, heutiges Tochterunternehmen der Daimler-Benz AG: »Und in Siegerpose präsentiert dieser Tschetnik uns stolz seine MBB-Panzerfaust vom Typ Armbrust. Erbeutet habe er sie.« Auch die Baulosnummer 78-88 ist in den *Monitor*-Bildern zu erkennen. Anschließend werden kroatische Freischärler mit der MBB-Armbrust gezeigt. Die Todesspirale von Verkauf und Weiterverkauf, von Export und Einsatz, von Mord und Waffenbeute dreht sich.

Die Panzerfaust ist eine äußerst effektive Killerwaffe: Auf 300 Meter durchschlägt sie in eineinhalb Sekunden 30 cm dicken Stahl, ist bestens geeignet für den Kampf unter besonderen Gefechtsfeldbedingungen (»particulary suited for combat under special conditions«), um dabei das feindliche Fahrzeug zu vernichten (». . . suited to targeting a vehicle at its weaker points«).[6] Die MBB-Antwort auf den Vorwurf gleicht der von H & K: »Wir wissen über die Lizenzvertragsregelung, daß ›Armbrust‹ zu keinem Zeitpunkt an Jugoslawien exportiert wurde.«[7] Von Tobias Pflüger auf der Daimler-Hauptversammlung zum Panzerfaustexport angesprochen, antwortet Edzard Reuter unmißverständlich: Die in Jugoslawien aufgetauchten MBB-Armbrustwaffen stammten »nach unserer Kenntnis – wir haben das geprüft – aus Singapur. Sie sind damals ordnungsgemäß im Rahmen der gesetzlichen Erlaubnisse nach Singapur geliefert worden. Was danach mit ihnen geschehen ist, können wir heute beim besten Willen nicht mehr nachvollziehen.«[8] Das Eingeständnis des Oberhäuptlings scheint im Stamme der Daimlers große Konfusion hervorzurufen. Denn auf gezieltes Fragen des Tübinger RIB-Vorstands nach den Vorkehrungen zur Verhinderung des Weiterexports an Drittstaaten, verweist die Daimler-Verwaltung auf die von Bonn verlangten Endverbleibserklärungen: »Eine Belieferung von Jugoslawien via zum Beispiel Singapur mit ausfuhrgenehmigungsfreier Ware wäre ein Verstoß gegen das von der UN gegen Jugoslawien verhängte Embargo gewesen, scheidet also ebenfalls aus.«[9] Jetzt verkehrt sich die Aussage von Günter Ogger, bei Daimler gebe es »viel zu viele Häuptlinge und zu wenige Indianer« ins Gegenteil.[10] Denn die verschiedenen Indianer-Abteilungen tanzen um verschiedene Lagerfeuer. So erhält Tobias Pflüger, als er auf die Widersprüchlichkeiten hinweist, eine dritte Variante vorgesetzt: »Im Falle der Armbrust handelte es sich um eine Lizenzvergabe, die ab Mitte der siebziger Jahre« stattgefunden haben soll. Die erforderliche Genehmigung habe vorgelegen, dagegen seien »Endverbleibsbescheinigungen bzw. Reexportverpflichtungen nicht verlangt« worden.[11] Chaos allerorten.

Das Bundesinnenministerium weiß derweil Fakten zu nennen: Die Zahl der Kriegsflüchtlinge aus der Kriegsregion des ehemaligen Jugoslawien habe sich gegenüber dem Vorjahr auf über 74 000 verdreifacht.[12]

Tim van Beveren bringt Heckler & Koch weiter in Bedrängnis. Monatelang hat sich der Journalist aus Köln im Kriegsgebiet aufgehalten, mit den kämpfenden Einheiten gesprochen und sich deren Waffen näher angeschaut. Ein junger Serbe zeigt ihm seine brandneue MP 5-Maschinenpistole: »Very good. Better than a Kalashnikov. Good quality. Made in Germany.« Zur Bestätigung zeigt er die deutsche Beschußnummer. Später, so van Beveren, habe er auch in Bosnien serbische Freischärler mit H & K G 3-Scharfschützengewehren angetroffen. Auch diese Erkenntnis ist nicht neu, denn das Waffenmagazin *Interavia Defense Review* hat bereits im März 1990 – entgegen der Bonner Unkenntnis – berichtet, die MP 5 sei eine Standardwaffe der jugoslawischen Armee und der Polizeieinheiten. Die Handfeuerwaffen sollen in den achtziger Jahren vom staatlichen Einkäufer SDPR in Belgrad erworben worden sein. Allerdings sei der Code der Gewehrnummern sehr unterschiedlich, manche Gewehrläufe trügen den Stempel »Made in Germany«. Im März 1992 verkündet Frau Franke endlich nähere Informationen und teilt Tim van Beveren mit, daß die im jugoslawischen Bürgerkrieg eingesetzten MP 5 aus der britischen Lizenzfertigung in Enfield stammen würden. Die Pressesprecherin mußte allerdings eingestehen, daß Oberndorf Gewehrläufe nach Enfield geliefert habe, was den entsprechenden Stempel der auf dem Balkan aufgetauchten Waffen erkläre.[13]

Um Licht ins Dunkel dieser diffusen Aussagen zu bringen, setze ich den Royal-Ordnance-Sprecher Andrew Jeacock in Nottingham unter Druck und drohe, gegebenenfalls Schritte gegen die Tochterfirma H & K in Oberndorf zu ergreifen.[14] Royal Ordnance reagiert prompt, jedoch äußerst verschlossen: »It is the Company's police not to provide to third parties details of its business such as those requests.« Kein Anschluß unter dieser Nummer, mein Schreiben werde an H & K in Oberndorf weitergeleitet, dort landet es in der Schublade der Pressesprecherin.[15]

In Bonn fragt der SPD-Bundestagsabgeordnete Hans Martin Bury nach, und die Bundesregierung ist bereit, erste Einzelheiten kundzutun: »Die Firma Heckler & Koch lieferte Anfang der achtziger Jahre und zuletzt noch einmal im Jahre 1987 Rohre der MP 5 nach Großbritannien.« Die Lieferungen, so Staatssekretär Dr. Johann Eekhoff, seien genehmigt gewesen. Interessant ist auch die Auskunft, daß der 1972 abgeschlossene MP 5-Lizenzvertrag ein Exportverbot für Länder des Warschauer Pakts enthalten habe.[16] Eine später eingebrachte Frage von Hans Martin Bury bringt uns auch einen kleinen Schritt weiter: »Wie beurteilt die Bundesregierung die Aussage des Pressesprechers von Royal Ordnance in Großbritannien, daß ›Enfield only have produced parts for the MP 5, and that it would have been up to Oberndorf where they were shipped‹?«[17] Dem SPD-Parlamentarier ergeht es nicht besser als uns auch: »Die Bundesregierung sieht es nicht als ihre Aufgabe an, Äußerungen von Firmensprechern zu kommentieren.« Außerdem habe die Bundesregierung Lieferungen von MP 5 nach Jugoslawien »niemals genehmigt«, so die Rückmeldung des Parlamentarischen Staatssekretärs Dr. Heinrich Kolb vom Wirtschaftsministerium.[18]

Als klar wird, daß die Maschinenpistolen Vermerke des Ulmer Beschußamtes tragen, verfasse ich eine Kleine Anfrage, die das Büro

Vera Wollenberger einbringt. Auch diesmal enthalten die Antworten lediglich die Bestätigung bereits bekannter Fakten. Auf meine Frage, ob es zutreffe, daß die »MP 5-Gewehrläufe (Rohre) aufgrund technischer Mängel bei der britischen Serienfertigung in Oberndorf getestet wurden«, antwortet Dr. Erich Riedl: »Die Aussage trifft zu.« Auch den Beschuß in Ulm bestätigt der Staatssekretär: »Nach den deutschen Rechtsvorschriften ist der Beschußtest mit Überdruck zur Gewährleistung der Funktionssicherheit bei jedem einzelnen Gewehrlauf erforderlich.«[19]

Der Nürtinger Journalist Rainer Nübel erklärt die Enfield-Jugoslawien-Connection nach einem Gespräch mit einem H & K-Insider: »In England dürften, anders als in Deutschland, Kriegswaffen exportiert werden.«[20]

Heckler & Koch hat klugerweise längst vorgesorgt und die britische »Heckler & Koch Limited« als Vermittlungsbüro gegründet. Und an den britischen Lizenznehmer Royal Ordnance ging nicht nur die besagte MP 5-Lizenz, sondern bereits im Jahre 1970 auch eine G 3-Lizenz. Der Waffenexperte Michael Lehmann, ehemals selbst H & K-Beschäftigter, behauptet, daß Lieferungen – zerlegte Waffen und Maschinen zu deren Herstellung – über das englische H & K-Tochterunternehmen abgewickelt und von Saudi-Arabien bezahlt worden seien: »Die Lieferung erfolgte in einzelnen Bausätzen, und um dann letzten Endes die Gewehre wieder zu montieren, gebrauchsfähig zu machen, sind ja Maschinen notwendig, sind Geräte notwendig und letzten Endes auch Facharbeiter notwendig, die dazu in der Lage sind.«[21]

Vieles ist bisher ungeklärt geblieben. Vor allem die Frage, woher die G 3-Schnellfeuergewehre kommen, mit denen auf dem Balkan gemordet wird, ist unbeantwortet: Am wahrscheinlichsten scheint eine Lieferung aus der griechischen Lizenzfabrikation bei den Hellenic Arms zu sein. Die Puzzlearbeit muß weiter betrieben werden.

Anfang des Jahres 1993 ermitteln deutsche Behörden in 180 Fällen wegen des Verdachts auf Embargobruch gegen Serbien und Montenegro, allein fünfzig Ermittlungsverfahren sind eingeleitet worden. »Immer häufiger« würden bei den Serben MP 5-Maschinenpistolen auftauchen. Im April des Jahres ermittelte die Zollfahndung bereits in 243 Fällen.[22]

Gegen Heckler & Koch aber wird kein Verfahren eingeleitet: »Wir stehen nicht auf der Abschußliste«, meint die H & K-Pressesprecherin.[23] Recht hat sie, denn alle diese Exporte waren vom Bundesamt *für* Wirtschaft genehmigt worden.

Die Zeitungsmeldung las sich so, als sei der Papst unbefleckt schwanger und suche nach einer geeigneten Abtreibungsklinik: »Die Firmengruppe der Heckler & Koch GmbH (HK), Oberndorf/Neckar, hat die Planung und die Beschaffung der Ausrüstung für die Umstellung des russischen Rüstungsbetriebs Formanta, Katschkanar bei Swerdlowsk, auf eine zivile Produktion übernommen.«[24]

Jedem anderen Unternehmen hätte ich ein solches Projekt zugetraut, nicht aber H & K. Wieder einmal bestätigte sich die Erkenntnis, daß die Oberndorfer Waffenfirma immer für einen Gag gut war – im Guten wie im Schlechten. Am besten war dabei noch die Tatsache, daß bei Formanta zukünftig rund 100 000 Staubsauger vom Band gehen sollten. Staubsauger statt Handfeuerwaffen, Gewehrläufe gegen den Hausstaub, Schalldämpfer für ein gesundes Raumklima. Grimms Märchenstunde wurde schnell aufgeklärt: Nicht die Rüstungsabteilung auf dem Lindenhof, sondern die Zivilabteilung des Maschinen- und Anlagenbaus war für das Projekt zuständig. Die »Sorge« war also unberechtigt gewesen, die H & K-Waffenproduktion weiterhin gesichert.

Kein Jugendschutz für Söldnermagazine

> »Looking back I can honestly say I prefer being napalmed by the Russians, rocketed by the Sandinistas, mortared by the Burmese or on the receiving end of incoming from the NVA, to jousting with bloodsucking attorneys.«
>
> *Robert K. Brown,* Soldier of Fortune (SOF)[25]

Martin Himmelheber kommentierte die Unterstützung für ein Söldnermagazin durch Werbegelder von Heckler & Koch auf seine Art. Er übersetzte auszugsweise den Beitrag über einen Kampfeinsatz von Söldnern in Panama. Der Artikel befand sich auf exakt der Seite, auf der das halbseitige H & K-Inserat für die Pistole P7 M8 9 mm abgelichtet war: »Einen Sekundenbruchteil später feuerte ich meine Pistole in den Kopf des Beifahrers. Ich fühlte mich, als ob ich in Zeitlupe wäre, als ich das kleine rote Loch in seiner Schläfe erscheinen sah. Eine halbe Sekunde später feuerten meine Leute aus ihren automatischen Waffen eine volle Runde in das eh schon zerstörte Fahrzeug.«

Danach holte er sich die H & K-Pressesprecherin an die Leitung. Andrea Franke hatte einen schlechten Tag. Ansonsten die Freundlichkeit in Person, wurde sie immer mürrischer, je penetranter der Redakteur nachhakte. »Ich habe Ihnen schon vorher gesagt, daß ich zu der Frage überhaupt nichts sagen kann und auch nicht sagen möchte, weil unsere amerikanische Tochterfirma völlig unabhängig von uns so etwas macht. Und dabei wollen wir es eigentlich auch ganz gern belassen.« Der Redakteur des Senders Radio Neckarburg brachte die Sache auf den Punkt: »Aber da steht dick und fett ›Heckler & Koch‹ drunter!« Je länger Andrea Franke zur Stellungnahme gezwungen wurde, desto tiefer verstrickte sie sich in widersprüchliche Aussagen. »Unsere Firma in Amerika heißt natürlich auch Heckler & Koch.« Die Zwischenfrage war berechtigt: »Und ist eine Tochterfirma?« »Sie ist keine

Tochterfirma. Sie ist eine Tochter von Royal Ordnance, genauso wie wir auch eine Tochter von Royal Ordnance sind.« Sekunden zuvor hatte die Pressesprecherin noch das Gegenteil davon behauptet. Den Redakteur interessierte noch eine entscheidende Frage: »Und Sie haben keinerlei Einfluß auf die Art von Werbung, die diese Tochter in Amerika betreibt?«

Die Antwort sprach für sich: »Hätten wir sicherlich nicht, wenn wir's überhaupt wollten!« »Sie möchten also gar nicht da drauf Einfluß nehmen, daß also ausgerechnet bei *Soldier of Fortune* geworben wird?« Der H & K-Pressesprecherin reichte es endgültig: »Ich habe Ihnen gerade eben schon gesagt, daß ich diese Frage nicht beantworten möchte. Und ich finde es etwas unfair, daß Sie sie mir trotzdem stellen.« Der Redakteur hob nochmals auf den schlechten Ruf des Söldnermagazins ab und meinte, keine Antwort sei auch eine Antwort. Lapidar verweigerte die H & K-Repräsentantin jede weitere Aussage: »Richtig!«[26]

Knapp ein halbes Jahr später sollte die Firma erneut mit dem Problem konfrontiert werden. Diesmal aber zählten keine Ausreden.

Ich starte den Versuch, das Problem an seiner Wurzel zu packen. Die Lösung würde darin bestehen, ein Verkaufsverbot für die gesamte Republik zu erreichen, was schon einmal für einen begrenzten Zeitraum gelungen ist. Laut Bescheid vom April 1990 hat die Bundesprüfstelle für jugendgefährdende Schriften das Söldnermagazin für »die Dauer von 12 Monaten« in die Liste der jugendgefährdenden Schriften aufgenommen. Damit ist einem Antrag des Bayerischen Landesjugendamtes stattgegeben worden, in dem deftig, aber treffend festgestellt wird, daß die Zeitschrift das gewaltsame Austragen von Konflikten »heroisiere«. Außerdem entspreche »die Gesamtaussage einer massiven Gewaltverherrlichung«. Das Zwölfer-Gremium der Prüfstelle ist dem Antrag gefolgt: Die Zeitschrift sei geeignet, »Kinder und Jugendliche sozialethisch zu desorientieren«.[27]

Die Auseinandersetzung um die H & K-Werbeanzeigen hat mich auf die Idee gebracht, selbst einen Antrag auf Indizierung dieser kriminellen Zeitschrift zu stellen. Ich rufe kurzerhand Frau Monssen-Engberding an, die Vorsitzende der Bonner Kontrollbehörde. Sie scheint dem Gedanken offen gegenüberzustehen, weist mich aber darauf hin, daß ich mich an das Jugend- und Sozialamt wenden solle, das sei im Gegensatz zu mir antragsberechtigt. Auch der dort zuständige Referent zeigt sich interessiert, so daß ich ihm in den kommenden Monaten jeweils die neueste SOF-Ausgabe zuschicke, die ich über die Freunde in Karlsruhe und Mannheim erhalte.

Ginger, unsere amerikanische Büromitarbeiterin, hat derweil von ihren noch in den Staaten lebenden Eltern einen Zeitungsbericht zugesandt erhalten, in dem die weitere Existenz von *Soldier of Fortune* gänzlich in Frage gestellt wird. Gegenüber der Zeitschrift werden Schadensersatzforderungen in Höhe von 4,3 Millionen Dollar gestellt.[28]

Der Hintergrund zeigt, um welche Art von Magazin es sich bei dieser Zeitschrift handelt: In einem SOF-Werbeinserat hatte der 37jährige professionelle Söldner Michael Savage seine Dienste als Leibwächter, Kurier und für Spezialaufgaben angeboten: »Gun for hire: 37-year-old professional mercenary desires jobs. Vietnam veteran. Discrete and very private. Body guard, courier, and other special skills. All jobs considered . . .«

Anfang des Jahres 1985 beschloß Bruce Gastwirth seinen Geschäftspartner Richard Braun umzubringen, unterstützt von seinem Kollegen John Horton Moore. Doch dreimal scheiterten sie bei ihren Mordversuchen. Als sie in *Soldier of Fortune* die Savage-Anzeige entdeckten, nahmen sie Kontakt mit dem Vietnam-Veteranen auf. Am 26. August 1985 fuhren sie, zusammen mit einem weiteren Begleiter namens Sean Trevor Doutre, nach Atlanta, wo sie Braun und dessen 16jährigen Sohn überfielen. Dourte schoß verschiedene Male, verwundete Braun und erschoß den wehrlosen Geschäftsmann durch zwei Schüsse in den Hinterkopf. Alle vier Delinquenten wurden verhaftet und zu Gefängnisstrafen verurteilt.

Brauns Söhne aber verklagten das Söldnermagazin *Soldier of Fortune*, schließlich hatte dieses das Inserat veröffentlicht und die Kontakte hergestellt, die zur Ermordung ihres Vaters notwendig gewesen waren.[29]

Die Chancen, daß die Berufung beim Obersten Gerichtshof nicht zugelassen wird und die bereits erfolgte SOF-Verurteilung Gültigkeit erlangt, stehen gut. Man darf hoffen, daß das Söldnermagazin dann aufgrund der immensen Entschädigungszahlungen ganz eingestellt werden muß. Gleichgültig, ob unser Antrag bei der Bonner Bundesprüfstelle oder der Prozeß in den USA zu einem Knock-out für die Zeitschrift führen sollte, für uns wäre allemal ein Grund zum Feiern gegeben.

26. In a world of compromise …

Kein Tag der offenen Tür

»Geben Sie mir Brot zu essen. Wo kann ich Geld verdienen? Geben Sie mir Arbeit, geben Sie mir andere Arbeit!«

Ein ›ausgesperrter Mitarbeiter‹ von Heckler & Koch im Interview mit Martin Himmelheber von Radio Neckarburg[1]

»Wo schläfst du? Schaust du mir zu? Weil ich dich will …« Deutsche Volksmusik der Spitzenklasse. »Wo schläfst du? Schaust du mir zu? Weil ich dich will …«
Die Musik wird ausgeblendet. »Heute früh, um Viertel vor sieben, war einiges los vor dem Haupttor von Heckler & Koch in Oberndorf. Die Friedensbewegung und ein großes Aufgebot an Medienvertretern hatten sich dort eingefunden.« Kettengerassel. »Was machen Sie jetzt an dem Tor?« Martin Himmelheber, hauptamtlicher Redakteur des Lokalsenders Radio Neckarburg, will es genau wissen. Einer der Aktivisten gibt bereitwillig Auskunft: »Wir schließen jetzt die Fabrik Heckler & Koch, weil hier Waffen geliefert werden, legal und illegal«, die Stimme flattert, »und weil diese Waffen töten. Unter anderem jetzt im Krieg im ehemaligen Jugoslawien.«
Der Sprecher bohrt weiter. »Sie machen da eine dicke Kette herum. Ist das nur symbolisch, oder ist das tatsächlich zu?« Die Antwort läßt keine Zweifel offen: »Die Tore hier sind tatsächlich zu.«

Das haben die H & K-Mitarbeiter in der dreiundvierzigjährigen Geschichte des Unternehmens noch nicht erlebt. Die meisten mochten bereits an die kommenden Arbeitsstunden oder an das bevorstehende Wochenende gedacht haben. Keinesfalls aber daran,

Rien ne va plus – Nichts geht mehr. Am 19. März 1993 verketten Friedensdemonstranten das Werkstor von Heckler & Koch, um auf den Einsatz von H&K-Waffen im Krieg im ehemaligen Jugoslawien aufmerksam zu machen. (Foto: © Jürgen Grässlin)

was sie erwartet, als der Firmenbus an diesem noch diesigen Freitagmorgen auf dem Lindenhof vor dem westlichen Werkstor anhält. Die grünlackierten Lastwagen vermitteln auf den ersten Blick den Eindruck, als halte eine Polizeieinheit den Haupteingang bewacht. Der Übertragungswagen mit der gewaltigen Antennenschüssel und die zahlreich vertretene Reporterschar, bewaffnet mit ihren schußbereiten zoombestückten Kameras, verraten, daß es sich hier nicht um eine unangekündigte Durchsuchungsaktion, sondern um ein Geschehen von größerem öffentlichen Interesse handeln muß. Das Bild, das sich den Arbeitern bietet, läßt die letzten Anflüge von Müdigkeit mit einem Schlag verschwinden, schließlich hat die Gruppe von knapp dreißig Aktivisten ganze Arbeit geleistet. An großen orangeleuchtenden Gasballons befestigt, überspannt ein acht Meter langes Transparent mit der Aufschrift »Deutsche Waffen finden ihr Ziel – für die Opfer kein Asyl – Sagt Nein!« das Werkstor. Das Schiebetor ist mit langen Tischen zugestellt, um die sich die Gruppe versammelt hat.

Während die ersten Arbeitnehmer eintreffen, machen sich einige der Demonstranten zielstrebig an die Arbeit und verschließen vor laufenden Kameras die metallene Drehtür des Haupteingangs mit einer schweren Eisenkette. In Sekundenschnelle ist der Zugang versperrt, ein Durchkommen unmöglich. »Deutsche Waffen, deutsches Geld morden mit in aller Welt.« Der lautstarke Sprechgesang konfrontiert die Arbeitnehmer unüberhörbar mit den Machenschaften ihrer Brötchengeber.

Für einen Außenstehenden besitzt die Aktion lediglich symbolischen Charakter, schließlich müssen die Männer höchstens hundert Meter laufen, um das Werksgelände durch einen Seiteneingang zu betreten. Dennoch wirkt die Attacke zutiefst verletzend. Hier geht es um mehr als um einen kleinen Umweg. Der Angriff zielt auf das, was sich hinter der Absperrung abspielt und wozu die Arbeitnehmer ihren Teil beitragen. Und wer den Ehrenkodex eines Rüstungsarbeiters kennt, weiß, daß dieser Schlag sitzen muß.

Noch ist es kalt an diesem Frühlingsmorgen, die Stimmung aber brodelt, und als die ersten Beschäftigten an der Eisenkette zerren, droht sie überzukochen.

»Bitte bleiben Sie hier. Wir möchten eine Anzeige gegen die Firma Heckler & Koch aufgeben.« Frank Eyssen legt die Selbstsicherheit eines Medienprofis an den Tag. Auf den Gesichtern der Oberndorfer Polizisten zeichnet sich ungläubiges Erstaunen ab. Gerufen vom H & K-Werksdienst, sind sie gekommen, die vermeintlichen Querulanten schnellstmöglich zum Abbruch der Aktion zu zwingen. Die Firmenzufahrt muß freigegeben werden, die Besetzung verstößt gegen das Rechtsempfinden eines jeden ordentlichen Bürgers. Die Polizisten warten nur auf das Erscheinen der H & K-Geschäftsleitung, welche zur Räumung ihrer Firmenzufahrt auffordern wird. Der Rechtsbruch muß ein Ende finden, Aufnahme der Personalien, Strafanzeige gegen die Rechtsbrecher.
Völlig unerwartet sehen sich die Uniformierten unserer Aufforderung gegenüber, geduldig warten zu sollen. »Bitte bleiben Sie hier, wir brauchen Sie noch für die Entgegennahme der Anzeige gegen Heckler & Koch.« Natürlich hat keiner der Polizisten gehen wollen. Mit einem Schlag verkehrt sich die Situation ins Gegenteil. Urplötzlich sitzt die Firma auf der Anklagebank. Und nach dem Ende der Pressekonferenz sollen die Oberndorfer Polizisten die Anzeige gegen die Firma entgegennehmen. Die Taktik geht auf. Anstatt wie befürchtet zu räumen, stehen die konsterniert dreinblickenden Uniformierten auf der Straße, ungeduldig von einem Bein auf das andere wippend.
Frank begrüßt die Pressevertreter im Namen der Trägerorganisationen.[2] Alles ist generalstabsmäßig organisiert. Ich lege los, als sei es selbstverständlich, genau vor dem H & K-Haupttor die Geschichte dieses Unternehmens anzuprangern: »Seit dem Jahr 1811 werden in Oberndorf Waffen hergestellt. Seither sind die Oberndorfer Bürger stolz darauf, die besten Handfeuerwaffen in Deutschland herzustellen und in alle Welt zu exportieren. Seit mehr als vier Jahrzehnten hat die Firma Heckler & Koch ihren weltweiten Siegeszug im Hand-

feuerwaffenbereich angetreten: Kaum ein Krieg oder Bürgerkrieg findet ohne H & K-Waffen statt. Oftmals stehen sich die verfeindeten Armeen mit exakt denselben H & K-Waffen gegenüber. Der Aufstieg von H & K ist mit dem Blut unzähliger Toter geschrieben worden. In einer von RIB erstellten Bundestagsanfrage mußte die Bundesregierung eingestehen, daß sie ›für G 3-Gewehre bis 1988 für über 80 Länder Ausfuhrgenehmigungen erteilt‹ hat. Keine bundesdeutsche Firma exportiert Kriegswaffen in mehr Länder als H & K – Heckler & Koch ist nach der Zahl der Empfängerländer ›Deutscher Rüstungsexportmeister‹.« In aller Ruhe verlese ich unsere RIB-Presseerklärung. Bewußt habe ich Satz für Satz niedergeschrieben, denn es ist klar, daß ein falsches Wort zur Strafanzeige führt. Üble Nachrede, firmenschädigendes Verhalten, Ersatzansprüche in gigantischer Höhe – für uns sind derartige Vorwürfe nichts Neues. Bei meinen Ausführungen lege ich besonderes Gewicht auf die britische H & K-Niederlassung in Enfield. Aus der britischen Lizenzfabrikation gelangten Handfeuerwaffen ins ehemalige Jugoslawien, nachdem deren Läufe beim Beschußamt in Ulm beschossen worden sind: »G 3-Gewehre wie MP 5-Maschinenpistolen sind heute bei den verfeindeten Bürgerkriegsparteien im Balkankrieg im Einsatz. Das Morden im ehemaligen Jugoslawien läuft – auch dank der von H & K entwickelten Waffen – auf Hochtouren.«

Tobias Pflüger beleuchtet diesen Punkt anschließend noch intensiver. Zudem weist er auf eine Verbindung hin, die neuen Zündstoff in sich birgt: die traditionell guten Söldnerkontakte ins Kriegsgebiet. Die berüchtigte Neonazi-Söldnertruppe »Schwarze Legion« der sogenannten Ostmiliz ist bekannt durch ihre kompromißlose Linie, keine Gefangenen zu machen. Tobias Pflüger und Martin Jung befürchten – wie sie in ihrem Buch *Krieg in Jugoslawien* (RIB-Reihe »Wir produzieren Flüchtlinge«, Band 1) schreiben –, daß ein ehemaliger NVA-Offizier die Truppe anführt. Schon im Frühjahr 1992 hat der damalige Staatssekretär im Bundesinnenministerium, Hans Neusel, bestätigt, daß rund 30 deutsche Militärausbilder in Kroatien aktiv sind.[3]

Während der gesamten Pressekonferenz sind die Gesichter der Polizisten wie versteinert. Noch immer meldet sich kein Vertreter des H & K-Managements, auch die ansonsten so agile Pressesprecherin bleibt verschwunden. Dennoch bin ich mir dessen bewußt, daß unsere Aktion von einer Sekunde zur anderen beendet sein kann. Innerlich verspüre ich eine tiefe Zufriedenheit darüber, daß ich an diesem Ort meine Abscheu vor dem G 11 und der firmeneigenen Werbung kundtun kann: »Seit Jahren engagiert sich die Friedensbewegung, damit das mit Unterstützung der Bundesregierung entwickelte Gewehr G 11 nicht in Serie geht. Die laut *The Times* aus London ›präziseste Tötungsmaschine der Welt‹ soll nach dem Willen der H & K-Geschäftsleitung weltweit zum Nachfolgemodell des G 3 werden. Der G 11-Werbeprospekt, der die optimale ›Wirkung auf Weichziele‹ propagiert, zeigt die Skrupellosigkeit dieser Firma.«
An diesem Morgen aber liegt der Schwerpunkt auf einem anderen Sachverhalt. Wir wollen das Engagement von H & K in den USA sowie deren Werbeinserate im Killerblatt *Soldier of Fortune* anprangern: »Seit 1991 bietet das US-amerikanische Tochterunternehmen, die Heckler & Koch Inc. in Chantilly, Kampfkurse zur Steigerung der Exportquoten an. Dabei wird auch ein intensives Kopfschußtraining durchgeführt. Im gnadenlosesten aller Söldnermagazine, *Soldier of Fortune*, wirbt die H & K mit dem Slogan: ›In a world of compromise, some don't.‹« Da das Kürzel »Inc.« – eindeutiges Indiz für die Kopfschuß-Training-Firma aus den USA – fehlt, muß die Oberndorfer Waffenfirma der eigentliche Auftraggeber sein. Ich beende mein Statement mit der Forderung: »Die Geschichte von H & K ist die Geschichte unzähliger verstümmelter und ermordeter Menschen. Kompromisse gegenüber einer solchen Firma sind nicht länger angebracht. Wir fordern die Bundesregierung auf, die an die Firma Heckler & Koch erteilten Genehmigungen zur Produktion und zum Export von Waffen nach Paragraph 7 des Kriegswaffenkontrollgesetzes (KWKG) zu widerrufen bzw. nach Paragraph 6 ganz zu versagen.« Ich habe mir, in ganz anderem Sinne, den Slogan

der Firma zu eigen gemacht: In einer Welt voller Kompromisse bleiben manche hart.

Beim Interview mit Roger Horné von der Deutschen Fernsehnachrichten Agentur und den lokalen Radiosendern gebe ich mich bewußt zurückhaltend: »Es ist auch klar, daß die MP 5, eine Maschinenpistole, die Heckler & Koch entwickelt hat, in Jugoslawien im Einsatz ist.« Schließlich ist nicht eindeutig geklärt, ob die H & K-Handfeuerwaffen, die im Balkankrieg zum Morden eingesetzt werden, tatsächlich vom Lindenhof stammen. Wir müssen sehr vorsichtig sein. Wichtiger erscheint mir, daß die per Satellitenwagen über N-TV live an die Frühstückstische der Republik gesendete Übertragung die Botschaft enthält: Deutsche Waffen sind auf kroatischer wie serbischer Seite im Einsatz. Für die Opfer spielt es dabei keine Rolle, ob die Waffen aus der englischen, portugiesischen oder griechischen Lizenzfertigung bzw. direkt aus Oberndorf stammen.

Wie immer bei solchen Aktionen bleiben die Fronten klar gezogen. Viele Oberndorfer Arbeitnehmer sehen keinen anderen Broterwerb als den in der Waffenfertigung. Währenddessen bezieht eine Mitstreiterin aus Tübingen im Interview klar Stellung zu den Folgen dieser Kriegsproduktion: Sie fühlt sich angewidert von dem »Mitleidsspektakel im Fernsehen mit Krokodilstränen. Und auf der anderen Seite werden von deutschem Boden irgendwie immer noch Waffen in Kriegsgebiete geliefert. Andererseits werden dann den Opfern die Türen und Tore verschlossen.« Die Diskussionen, die sich dennoch bei derartigen Aktionen entwickeln, zeigen die unterschiedlichen Wahrnehmungen. Direkt auf seine Meinung zu der Aktion angesprochen, hält ein H & K-Mitarbeiter dagegen: »Sie wissen aber, daß andere auch Waffen herstellen. Gehen Sie da auch hin?« Die Friedensaktivistin gibt contra: »Was vor unseren Türen ist, um das muß ich mich kümmern. Ich wohne in Tübingen, von daher ist Heckler & Koch die nächstgelegene Firma.«

Es steht außer Frage, daß der Diskussionsprozeß durch solche Aktionen neu entflammt, und zweifelsohne werden die Arbeitnehmer ganz direkt mit den Folgen ihres Handelns konfrontiert. Die Tatsache, daß es an diesem Tag allein drei dpa-Meldungen sowie eine Vielzahl von Fernsehberichten über die medienträchtige Aktion gibt, wird von den Organisatoren als großer Erfolg eingeschätzt. Es wäre allerdings eine Illusion zu glauben, daß ein solcher Anstoß schon ausreicht. Die Friedensbewegung muß sich gleichzeitig auch an der Ausarbeitung von konkreten Modellen zur Umstellung der militärischen auf eine sinnvolle zivile Fertigung beteiligen. Aktionen dieser Art sind jedoch ein ausgesprochen effektives Mittel, den Druck auf alle Beteiligten massiv zu erhöhen – auch wenn genau dies von den Gewerkschaftern vor Ort immer wieder heftigst bestritten wird. Die Reaktion jedenfalls kam prompt, allerdings nicht aus der H & K-Chefetage auf dem Lindenhof.

Diesmal aber gelingt Horst Schwegler – seines Zeichens Repräsentant des DGB und der SPD in Oberndorf – ein krönender Höhepunkt ungebrochener Schaffenskraft. Der *Schwarzwälder Bote* titelt seinen Leserbrief in unser aller Sinn: »Jetzt ist Solidarität gefragt«. Danach wird unter dem Eindruck steigender Arbeitslosigkeit losgeknüppelt: »Schon allein deshalb kann man für derartige Demonstrationen kein Verständnis haben, weil diese unweigerlich zu weiterem Abbau von Arbeitsplätzen führen, ohne daß dafür nur ein neuer ziviler Arbeitsplatz geschaffen wird. Aber gerade das wollen die Veranstalter mit derartigen Demonstrationen bewirken, daß noch weitere Arbeitsplätze vernichtet werden.« Der Leserbrief könnte von darniederliegenden Rüstungsbetrieben als Mustervorlage an ihre Belegschaft verschickt werden. In einer fast demagogischen Art werden hier Feindbilder aufgebaut und Sündenböcke abgestempelt.[4]

Derartige diffamierende Agitationen gibt es überall, wo sich Menschen vor den Realitäten abschotten. Und dort, wo es jemand wagt, den Finger in die Wunde zu legen, wird ganz unsolidarisch hingelangt, werden die Opfer zu Tätern gemacht. Schuld sind die Pazifisten und nicht die Kriegstreiber, die den letzten Winkel der Erde erschließen, um ihre Todesprodukte bei irgendeinem Diktator unterzubringen. Daß dabei auch ein gewerkschaftlich organisierter Betriebsratsvorsitzender und gestandener Sozialdemokrat wie Horst Schwegler zu denen zählt, die die große Keule schwingen, ist das Überraschende daran.

Doch die Schweglers gibt es überall. Menschen, die die Entwicklung glattweg verschlafen haben, die weiter vor sich hinwursteln, als habe es den Zusammenbruch des Warschauer Paktes und die deutsch-deutsche Vereinigung nicht gegeben.

... some don't

»Just below the nose, a shot to this area could easily end up in the mandible – aim instead for the brain cavity. In most instances the brain stem will be crushed by temporary cavitation from the bullet into the brain cavity.«

Bericht über die optimale Einschußstelle einer Kugel im menschlichen Kopf,[5]
Soldier of Fortune, August 1993

Besonders ärgerlich sind die Mißerfolge, mit denen man am allerwenigstens gerechnet hat. Diese Auskunft trifft mich völlig unerwartet. »Die Zeitschrift wird nicht indiziert!« Ich bin ziemlich sprachlos. Die Vorsitzende der Bundesprüfstelle hat einen Behördenton an sich, den ich aus früheren Telefonaten mit ihr nicht kenne. Dennoch läßt sie sich nicht anmerken, wie sie persönlich zu der Entscheidung steht. »Es müssen acht Beisitzer dafür sein.« Ich gewinne meine Fassung wieder und versuche nachzufassen, wie so ein Beschluß zustande kommen kann. Frau Monssen-Engberding läßt die Katze nicht aus dem Sack. Erst auf mein massives Nachhaken deutet sie den eigentlichen Grund an: »Das Freiburger Stadtjugendamt soll erst einmal einen ordentlichen Antrag schreiben. Die Begründung war zu dünn!« Wütend erkundige ich mich nach Klagemöglichkeiten, von denen die Vorsitzende der Bonner Behörde jedoch abrät.[6] Erfolgversprechender sei es, einfach einen neuen Antrag zu stellen, schließlich wechsle die Zusammensetzung des Zwölfer-Gremiums. Als ich Tage später die Begründung für die Antragsablehnung lese, packt mich die Wut. Die beantragte Indizierung von »Soldier of Fortune« ist abgelehnt worden, weil »es nur in geringem Ausmaß vertrieben wird«. Was vor drei Jahren noch gegolten hat, wird diesmal bestritten: »Ansonsten konnte sich das Zwölfer-Gremium nicht zu der Auffassung mit der erforderlichen Mehrheit durchringen, daß der Inhalt der Zeitschriften auf Kinder und Jugendliche den Eindruck erwecken könnte, der Krieg werde hier verherrlicht oder verharmlost.« Letzterem kann ich selbst beipflichten, mit Verharmlosung hat das Magazin wenig am Hut. Dafür ist es gespickt mit brutalsten Kriegsberichten von den Schlachtfeldern der neunziger Jahre. Bis ins Detail hinein werden die heroischen Aktionen professioneller Killer geschildert. Das Gremium, das sich aus Vertretern der Jugendverbände, der Kirchen bis hin zur Lehrerschaft und dem Buchhandel zusammensetzt, betont sogar, daß »die Zeitschriften ein Medium für ehemalige Söldner« seien. Anstatt daraus die einzig sinnvolle Konsequenz zu ziehen, wird auf den hohen Preis verwiesen, der für Jugendliche »den Erwerb anderer Medien sinnvoller« erscheinen lasse. Die Inkonsequenz dieser Argumentation belegt nicht zuletzt die Tatsache, daß das Söldnermagazin drei Jahre zuvor noch teurer gewesen und dennoch verboten worden ist.

Ein Grund für den Erfolg meiner friedenspolitischen Betätigung hat schon immer in meiner Penetranz gelegen. Erfolge lassen sich oft genug erst nach zähem Ringen feiern. So habe ich mir vorgenommen, einen weiteren Antrag an die Bundesprüfstelle in die Wege zu leiten, zumal mir im Jahr 1993 weitere Militärzeitschriften in die Hände gefallen sind, deren Inhalt ich als massive Gewaltverherrlichung ansah. Scheinbar lassen sich diese Kampfblätter an deutschen Kiosken doch bestens verkaufen. So schildert das *Combat and Survival Magazine* in aller Ausführlichkeit das Errichten von »Deadfall Traps«.[7] Diese tödlichen Fallen würden, daran ließen die Photographien und detailgetreuen Zeichnungen keinen Zweifel, zum bestialischen Tod des Gegners führen.

Auch verfolgen wir den anderen Weg um so konsequenter weiter – die Strafanzeige gegen H & K, welche Frank Eyssen bei der Aktion vor dem Werkstor der Firma verlesen hat. Diese ist mittlerweile von unserem Freiburger Rechtsanwalt, Udo Kauß, überprüft und erweitert worden. Bereits die Oberndorfer Fassung hat die Aufforderung an die Staatsanwaltschaft Rottweil beinhaltet, wegen des Verdachts der Unterstützung einer kriminellen Vereinigung ein Ermittlungsverfahren gegen H & K einzuleiten.

Schließlich stelle das Magazin keine herkömmliche Zeitschrift dar, sondern sei »ein Informationssystem zur Förderung des Söldner-Unwesens«. Durch die Schaltung von Anzeigen in *Soldier of Fortune* bildeten »die Verantwortlichen von H & K als dessen deutsche Unterstützer eine auch nach deutschem Recht strafbare kriminelle Vereinigung«. Die Begründung entwickelt die vollendete Pracht deutscher Juristenblüten: »Diese Vorschrift soll die erhöhte kriminelle Intensität erfassen, die in einer festgefügten Organisation ihren Ausdruck findet, die kraft der ihr innewohnenden Eigendynamik eine erhöhte Gefährlichkeit für wichtige Rechtsgüter der Gemeinschaft in sich birgt. Diese ist dadurch begründet, daß eine kriminelle Vereinigung den einzelnen Beteiligten die Begehung von Straftaten erleichtert und bei ihnen das Gefühl persönlicher Verantwortung zurückdrängt.

Weiter macht sich H & K einer Straftat gem. § 109 f. StGB schuldig, die das Werben eines Deutschen zugunsten einer ausländischen militärischen Einrichtung – und das sind die Söldnerorganisationen – unter Strafe stellt.« So furchtbar sich das Rechtsanwaltsdeutsch anhört, so interessant wird der Entscheid der Rottweiler Staatsanwaltschaft über die Eröffnung des Verfahrens sein.[8]

Erfolge feiern heißt die Devise, auch wenn es sich um eine Positiventscheidung handelt, die auf der anderen Seite des großen Teichs gefallen ist. Dort nämlich haben die Söhne des ermordeten Richard Braun ihren Prozeß gegen *Soldier of Fortune* gewonnen, der Einspruch gegen die Berufung am Obersten Gerichtshof ist abgelehnt worden. Der SOF-Repräsentant Robert Brown sprüht Gift und Galle: *Soldier of Fortune* sei vom »Obersten Gerichtshof vergewaltigt, aber nicht aufgespießt« worden. In einem offenen Brief, der ebenfalls in der Mai-Ausgabe 1993 erscheint, bedankt sich Herausgeber Robert Brown bei der Leserschaft, den Werbefirmen – zu denen auch die H & K Inc. zählt –, den Ausstellern und den Spendern an den Omega First Amendment Legal Defense Fund, der die Zeitschrift vor dem Konkurs bewahrt hat. Ausschlaggebend für den zähneknirschenden Jubel der SOF-Fans ist sicherlich auch die Reduzierung der ursprünglichen Summe von über 12 375 000 auf 4 373 000 Dollar. Brown gibt sich trotz der herben Niederlage optimistisch: »SOF magazine will remain in business.«[9]
Tatsächlich bieten die aktuellen SOF-Ausgaben wieder Erlebnisberichte vom Allerfeinsten – bevorzugt makabre Söldnerstorys aus Kroatien und Bosnien.[10] Aber auch Abhandlungen über die kinetische Energie, die durch ein Schußprojektil im Körper des menschlichen Opfers freigesetzt wird, ist Gegenstand ausführlicher Betrachtungen. So werden Tips gegeben, an welcher Stelle der Menschen die größte Effizienz erzielt wird: Direkt unter die Nase gezielt, könne die Kugel lediglich im Unterkiefer ankommen. Der Schütze solle besser auf die Hirnhöhle zielen, meistens werde dann der Hirnstamm zerschmettert.[11]
Fast überflüssig ist zu erwähnen, daß aktuelle wie historische Entwicklungen der Oberndorfer Waffenfirmen Mauser und Heckler & Koch in der SOF-Berichterstattung ihren würdigen Platz finden. Dabei haben es den SOF-Schützen vor allem die Pistolen der beiden deutschen Waffenschmieden angetan.[12]
Wehmütig erinnert sich James Kilpatrick in seinem SOF-Gastkommentar an alte Zeiten. Die Zeitschrift dürfe nicht eingehen,

schließlich erscheine sie seit 1975 – derzeit in einer monatlichen Auflage von rund 100 000 Exemplaren weltweit.[13]
Fast müßig ist zu erwähnen, daß einer der Inserenten auch in dieser Ausgabe wirbt: »It's called the USP (Universal Self-loading Pistol).« Slogan dieser Firma: »In a world of compromise, some don't.«[14]

Vier Monate später erhält unsere Freude über den harten US-Gerichtsentscheid gegen *Soldier of Fortune* einen deftigen Dämpfer, denn die Rottweiler Staatsanwaltschaft breitet wieder einmal ihren Schutzschirm über die Waffenschmiede vom Lindenhof aus. Unserer Anzeige gegen H & K wegen der Unterstützung einer kriminellen Vereinigung durch die Inserate in *Soldier of Fortune* wird »keine Folge gegeben«: »Zureichende tatsächliche Anhaltspunkte liegen in keiner Weise vor«, ein »strafrechtlich relevantes Verhalten« sei nicht erkennbar. Die Begründung erscheint vordergründig: So sei keine kriminelle Vereinigung »im räumlichen Geltungsbereich des Grundgesetzes« vorhanden, auch keine Teilorganisation von *Soldier of Fortune*. Laut Impressum werde die Zeitschrift vom Soldier of Fortune Magazine Inc. Boulder, Colorado/USA, herausgegeben, und die Preisangaben würden lediglich in US-Dollar, Kanadischen Dollar und Englischen Pfund angegeben. Daß die Zeitschrift an vielen Bahnhofskiosken in Deutschland jeden Monat für 16,– DM von Möchtegernrambos aller Altersklassen gekauft wird, interessiert die Staatsanwaltschaft nicht im mindesten.
Zu guter Letzt erfährt die Oberndorfer Waffenschmiede in Sachen SOF-Werbung sogar breite Rückendeckung: »Schließlich kann allein darin, daß eine Annonce für Produkte der Firma Heckler & Koch GmbH in dem Magazin *Soldier of Fortune* erscheint, noch keine Werbetätigkeit für einen fremden Wehrdienst i. S. § 109 StGB gesehen werden.« H & K darf also weiterhin ungestraft in einem der weltweit brutalsten Söldnermagazine inserieren – dank dem Rottweiler Staatsanwalt Beiter.[15]

27. Anfrage nur unter VS-NfD – Vertraulicher Erfolg

G 11 durch die Hintertür?

»Aus diesen Gründen wurde die Entwicklung auf dem erreichten Konstruktionsstand qualifiziert abgeschlossen; weitere Haushaltsmittel werden für das Vorhaben nicht aufgewendet.«
Bernd Wilz, Parlamentarischer Staatssekretär[1]

Frühjahr 1993. Ich führe wieder einmal meinen Kampf mit dem guten Renommee von RIB. Die Infostelle läuft derart gut, daß uns tagtäglich viel zu viele Briefe und Anfragen erreichen – wir arbeiten hart am Rande unserer physischen Grenzen. Irgendwann einmal – wenn ich Zeit habe – werde ich einen Antrag auf Verlängerung meiner täglichen Arbeitszeit auf 48 Stunden stellen. Fragt sich nur, wo diesmal die Genehmigungsbehörde sitzt. Im Gegensatz zu den Rüstungsexporteuren werden wir wohl keine Genehmigung erhalten.
Ein Tag mit unzähligen Anrufen, darunter einer von Otfried Nassauer aus Hamburg. Otfried gehört zu den Menschen, die man zu einem Fachreferat einladen kann, ohne ihm zuvor das Thema mitzuteilen. Inzwischen hat sich Otfried in Berlin »BITS« aufgebaut – ein Friedensbüro, das die Kapazitäten des unseren um ein Vielfaches übersteigt.
»Habe etwas für dich.« – »Heckler?« – »Klar doch.«
Als Norddeutscher neigt Otfried zu schwäbisch-spartanischer Wortwahl. In wenigen Sätzen teilt er mir mit, daß es deutliche Hinweise auf die Anschaffung neuer Handfeuerwaffen für die zukünftigen Krisenreaktionskräfte der Bundeswehr gebe. Kurz darauf erhalte ich Otfrieds Telefax mit detaillierten Angaben, dank unseres Archivs kann ich kurzerhand rund zwanzig differenzierte

Fragen in den PC hämmern, wobei ich mir das verdutzte Gesicht des Staatssekretärs vorstelle, der diese Fragen zähneknirschend über sich ergehen lassen muß. Allein aus der Fragestellung wird klar sein, daß wir über Informationen verfügen, die unbequem sind. Eine halbe Stunde später sind auch Otfrieds Ergänzungsvorschläge eingegeben.
Es soll unsere erste Anfrage werden, die wir über die SPD-Bundestagsfraktion einbringen.

Auf »Gegenkurs« – so das Motto einer seiner Veranstaltungsreihen – befindet sich der Freiburger SPD-Bundestagsabgeordnete und Obmann der sozialdemokratischen Bundestagsfraktion im Unterausschuß für Abrüstung und Rüstungskontrolle.[2] Aber er ist auch nicht aus Porzellan gebaut, der gebürtige Meißener Gernot Erler. Im Gegenteil: Er nennt Mißstände beim Namen.
Im Falle der Aktion »Restore Hope« verweist er auf die vordergründige Humanität, mit der die Militärintervention in Somalia der Öffentlichkeit »verkauft« wurde: »Die mediale Vorbereitung des erneuten Kreuzzugs des Guten war perfekt. Monatelang schaute ein schreckerstarrtes Fernsehpublikum Abend für Abend in die Augen verhungernder somalischer Kinder.« Erler kann die Situation in einem Land sehr genau einschätzen, in das die Soldaten der industrialisierten Welt zum Einsammeln jener Waffen ans Horn von Afrika geschickt werden, die von ihren Regierungen zuvor für ungutes Geld verscherbelt worden sind: »Die Situation ist wirklich grotesk. Denn Somalia ist ein Spätopfer des Kalten Krieges. Vollgestopft mit Waffen aus Ost und West (allein aus dieser Richtung kam Gerät von mehr als 20 Milliarden Dollar).« Verlogen daran, so der verteidigungspolitische Sprecher der SPD-Bundestagsfraktion, ist zudem die Tatsache, daß »wir« nach der blutigen Waffensammelaktion »noch Dankbarkeit einklagen«.[3] Tatsächlich hat sich Somalia – gerade auch im Handfeuerwaffenbereich – mit der Vielfalt des Weltmarkts eingedeckt: die 9-mm-Sterling-Maschinenpistole kommt aus Großbritannien, die 9-mm-Uzi aus Israel und die 9-mm-Beretta

aus Italien. Auch bei den Gewehren herrscht Multikultur: die M 14 und die M 16 kommen aus den USA, die Kalaschnikows aus der ehemaligen Sowjetunion, die SAR 80 aus Singapur und die G 3 aus deutschen Landen – oder aus einem der Lizenzländer.[4]

Auch das Bundesverteidigungsministerium liefert ein Highlight seines Wirkens: Als Gernot Erler kurz vor Weihnachten 1990 Nahrungsmitteltransporte für die Hungernden in Liberia fordert, läßt ihm Staatssekretär Willy Wimmer ausrichten, daß eine konkrete Aussage zu einem Flugzeugeinsatz nach Liberia »durch die hohe Beanspruchung der Lufttransportkräfte im Zusammenhang mit dem Golf-Krieg« nicht getroffen werden könne.[5] Bomben auf den Irak statt Brot für Liberia. Das Geheuchel von Humanität dieser Bundesregierung bricht wieder einmal wie ein Kartenhaus in sich zusammen.

Erler geht auf Gegenkurs, hakt nach und erhält von Willy Wimmer eine Antwort, die blamabler nicht sein könnte: »Das Auswärtige Amt«, laut Wimmer für humanitäre Hilfen im Ausland zuständig, »hat auf Anfrage mitgeteilt, daß ein dringendes Bundesinteresse für Hilfsgütertransporte nach Liberia vor dem Hintergrund der bisher schon erbrachten Leistung der Bundesrepublik Deutschland in Höhe von 7,1 Millionen DM nicht bejaht werden kann.«

Spannend ist zudem die Wimmersche Antwort auf die Erler-Forderung nach humanitärer Hilfe für Somalia. Diese erfolgte wohlgemerkt vor dem medienträchtigen Showdown der Vereinten Nationen: »Für Somalia wird zwar ein dringendes Bundesinteresse gesehen; jedoch können vom Auswärtigen Amt nach Abwägung der gesamten Anforderungen keine Mittel zur Verfügung gestellt werden.«[6] Erlers treffende Antwort: »Beim Golfkrieg aber, für den wir 18 Milliarden DM hingeblättert haben, spielte Geld keine Rolle. Und so ist es auch bei der deutschen Militärbeteilgung an ›Restore Hope‹. Richtige Außenpolitik fängt erst da an, wo Soldaten marschieren – aber solche mit Schießbefehl, nicht nur blaubehelmte Peacekeeper! Die schwarz-rot-goldene Fahne soll endlich auch dort wehen, wo im Scheinwerferlicht der Weltmedien echtes Heldentum geboren wird.«[7]

Die zentrale Fragestellung heißt: Wird das G 11 für die Krisenreaktionskräfte angeschafft, oder müssen unsere Jungs den Globus mit herkömmlichen Handfeuerwaffen befrieden? Den Fragenkatalog ergänzen wir ganz nebenbei, um Auskünfte über die weiteren Ausrüstungen der deutschen Interventionseinheiten – von der neuen Pickelhaube bis hin zur Tarnbekleidung – zu erhalten.
In der Oberndorfer Ecke schlägt der Journalist Dieter Kleibauer von der *Schwäbischen Zeitung* voll zu: Durch verschiedene Beiträge wird die Brisanz der von RIB erstellten und von Gernot Erler sowie 28 Fraktionskollegen eingebrachten Anfrage betont. Schließlich hängt das Wohl und Wehe des größten Arbeitgebers in der Region von der Entscheidung der Hardthöhe ab. Die Zeichen für eine Entscheidung zugunsten des G 11 stehen günstig, zumal *Die Zeit* gleichzeitig darauf hingewiesen hat, daß der deutschen Waffen-Exportwirtschaft »rosige Zeiten« bevorstünden.[8]
Auch wir fiebern der Antwort der Bundesregierung entgegen, schließlich hängt von der Bonner Entscheidung ab, ob ein Jahrzehnt antimilitaristischer Arbeit erfolgreich abgeschlossen werden kann oder ob wir in Zukunft als zur Passivität verdammte Beobachter analysieren müssen, wann und wo das G 11 zum Einsatz gekommen ist.

Vom Sieg des Sisyphus

»BMVg – ParlKab – teilt mit, daß die Anfrage nur unter VS-NfD beantwortet werden kann und deshalb nicht veröffentlicht werden darf.«
Arbeitsgruppe Sicherheitsfragen,
SPD-Bundestagsfraktion[9]

Freude schöner Götterfunken, Wilz im Delirium. Es gibt wenige Sätze, die mich mit mehr Genugtuung erfüllt haben als die des Parlamentarischen Staatssekretärs Bernd Wilz, dem Nachfolger von Willy Wimmer. Zehn Jahre habe ich mich mit den Machenschaften der Oberndorfer Waffendealer beschäftigt. Zehn lange Jahre hat Sisyphus den Stein hinaufgeschunden, sich am Ziel seiner Träume geglaubt, um dann doch von weiteren Waffenexporten »Made by Heckler & Koch« und neuen »erfolgreichen« Testreihen des G 11 erfahren zu müssen. Dieser Kampf der tausend Sisyphus-Steine war hart. Und je länger wir gekämpft haben, desto deutlicher hat sich gezeigt, daß ein tatsächlicher Rüstungsexportstopp nur über die Verhinderung weiterer Waffenproduktion laufen kann.

Endlich sind wir am Ziel angelangt, Bernd Wilz will die Wunderwaffe nicht: »Das Konzept G 11 wird nach den der Bundesregierung vorliegenden Informationen durch die Firma nicht weiter verfolgt. Eine Serienfertigung ist nicht geplant.«[10] Diese Sätze sind Gold wert, ein Jahrzehnt des Kampfes ist von Erfolg gekrönt. Immer wieder hat die Bundesregierung offengehalten, ob die Serienfertigung des G 11 nun aufgenommen oder unterlassen wird. Doch die heutigen Aussagen lassen keine weiteren Zweifel zu: Das G 11 ist gestorben – endgültig.

Ich verbringe Stunden damit, die Antwort aus dem Verteidigungsministerium an einen ausgewählten Kreis von Journalisten weiterzufaxen. Deren Interesse resultiert nicht zuletzt aus der Tatsache, daß ich mich über die Jahre hinweg bei ihnen gemeldet habe, um auf den jüngsten Skandal im Rüstungsexportbereich oder ein weiteres sinnloses Aufrüstungsprojekt aufmerksam zu machen. Diesmal aber kann ich Positives vermelden: Das G 11 ist tot, nach offizieller Version gescheitert an technischen Problemen – und nicht an der friedenspolitischen Entwicklung. Dabei hat die Herstellerfirma noch im April 1990 sichtlich stolz verkündet: »Das Gewehr G 11, das für die Bundeswehr entwickelt wurde, hat jetzt alle technischen Erprobungen bestanden.«[11] Mit Sicherheit hätte Volker Rühe an diesem Tag lieber zutiefst befriedigt einen erfolgreichen Abschluß des G 11-Projektes und die Anschaffung der Killerwaffe für die Krisenreaktionskräfte verkündet. Statt dessen vermelden Zeitungen wie die *Frankfurter Rundschau* genüßlich das »Aus für Sturmgewehr G 11«.[12]

Stimmt die Version aus dem Bundesverteidigungsministerium, dann ist genau das eingetreten, wovor Waffentechniker schon seit langem warnten: Die Bundesregierung hat auf eine völlig futuristische Waffentechnik gesetzt, die entgegen aller offiziellen Verlautbarungen nicht verwirklichbar ist – die hülsenlose Gewehrmunition. So verweist Bernd Wilz nunmehr darauf, daß sich »trotz eines anfänglich erfolgsversprechenden Entwicklungsverlaufes« herausgestellt habe, daß »der angestrebte Technologiesprung noch nicht erreichbar war«.

Wie nicht anders zu erwarten, vermeidet die Hardthöhe jeglichen Hinweis darauf, wie lange bornierte Bonner Beamte gebraucht haben, diesen Tatbestand zu erkennen, welcher die Bundesbürger letztendlich Abermillionen Steuermark gekostet hat. Genau dieser Umstand interessiert dafür die Medien ganz besonders. So hakt Matthias Ebel vom Südwestfunk in Baden-Baden bei seinem Interview gezielt nach: »Das heißt hundert Millionen für den Ofen?« Ich bestätigte mit einem deutlichen Hinweis auf die Verantwortlichen: »Diese einhundert Millionen sind in den Sand gesetzt. Eine unglaubliche Summe, mit Abstand das teuerste Gewehr der Welt.«[13]

Genauso schizophren wie die Summe der sinnlos verpraßten Millionen erscheint mir das blamable Resultat von eineinhalb Jahrzehnten unnützer militärischer Entwicklungsarbeit: Nach dem letzten Konstruktionsstand wurden sechs G 11 hergestellt, »von denen sich drei bei der Firma Heckler & Koch und drei im Bereich der Bundeswehr befinden«. Würde man diese Rechnung auf einen einfachen Nenner bringen, so könnte man feststellen, daß jedes dieser sechs Sturmgewehre rund fünfzehn Millionen DM gekostet hat. Nicht auszudenken, welche sinnvollen zivilen Entwicklungen mit dem Geld hätten finanziert werden können.

Auch den SWF-Reporter stört diese maßlose Verschwendung von Steuergeldern in einer Zeit, da Sozialabbau mit fehlenden Finanzmitteln begründet wird: »Gab es denn unüberbrückbare technische Probleme, oder woran hat es letztendlich gelegen?« Meine Antwort zielt nicht ausschließlich auf die bekannten G 11-Mängel: »In den letzten Jahren hat die Firma immer gesagt, diese technischen Probleme seien zu lösen. Und das Bundesverteidigungsministerium hat diese Darstellung übernommen. Ich würde auch sagen: Was gelaufen ist in den letzten vier bis sechs Jahren, war eine bewußte Täuschung der Öffentlichkeit, von seiten des Verteidigungsministeriums, wie von seiten von Heckler & Koch. Denn es war frühzeitig erkennbar, daß diese Waffe, die völlig neuartig in ihrer Konstruktion ist, letztendlich nicht erfolgreich abgeschlossen werden kann.« Matthias Ebel läßt nicht locker und erkundigt sich nach dem Interesse des Verteidigungsministeriums, was mir die Chance eröffnet, die gängige Politik der Rüstungssubventionierung anzuprangern: »Das Interesse könnte darin liegen, sich die einzige Firma in der Republik zu erhalten, die Handfeuerwaffen in größerer Stückzahl und hoher Qualität herstellt. Hätte man Heckler & Koch in den letzten Jahren nicht subventioniert, gäbe es die Firma heute nicht mehr.«

Für H & K steht dennoch ein Hintertürchen offen, auch wenn Bernd Wilz verspricht, die Entwicklung sei »auf dem erreichten Konstruktionsstand qualifiziert abgeschlossen«, »eine Serienfertigung nicht geplant« und zudem würden keine weiteren Haushaltsmittel für das Vorhaben aufgewendet. Die G 11-Entwicklung ist im Auftrag des Bundes erfolgt und H & K mittlerweile in den Besitz von Royal Ordnance übergegangen, dennoch verfügt die Oberndorfer Waffenfirma »über das Recht zur Vergabe von Lizenzen«. Diese Antwort hat Gernot Erler schon im Mai 1991 bei einer Fragestunde im Bundestag erhalten.[14] Und genau darin liegt noch heute der springende Punkt verborgen: Ein Unternehmen, das über das Know-how verfügt, an einem Produkt weiterzubasteln, das zum weltweiten Kassenschlager werden könnte, hat von sich aus ein massives Interesse, technische Mängel zu beheben. Der neue H & K-Geschäftsführer Wolfgang Nürnberger, Nachfolger von Walter Lamp, jedenfalls »sieht für das G 11 selber noch eine Chance in der Nato«.[15]

Für H & K ist es ein unsäglicher Gedanke, nach einer 17jährigen Entwicklungszeit vor dem Nichts zu stehen. Da könnte dem Unternehmen jeder Interessent gerade recht kommen – Hauptsache, die Kasse stimmt. Die letztendliche Entscheidung wird dann wieder in Bonn liegen, schließlich kann die Vergabe einer Lizenz untersagt werden. Doch daß von christlich-liberaler Regierungsseite aus keinerlei Bremsklötze zu erwarten sind, ist hinlänglich bekannt.

Knarren und Kleidung für kommende Kriege – Krisenreaktion à la Haute Couture

> »Die Bundeswehr muß auf Dauer in der Lage sein, sich auch an friedensschaffenden Einsätzen zu beteiligen, wenn die Vereinten Nationen dazu aufrufen.«
>
> *Verteidigungsminister Volker Rühe*[16]

Deutsche Jungs wollen ins Ausland, schließlich sind wir wieder wer. Dabei liegt unserem Verteidigungsminister das Wohl und Wehe seiner Untergebenen am Herzen. Man stelle sich nur vor, die Helden marschierten vor der versammelten Weltpresse in Libyen oder auf dem Kaukasus ein und sie trügen noch immer die angerosteten Gewehre aus den Heckler-Gründungszeiten und die Mode aus den verstaubten Achtzigern. So hat sich das Verteidigungsministerium Gedanken über die beste Bewaffnung und modernes Styling gemacht – mit ersten Erfolgen, wie man sieht:
Die neue Kampfbekleidung »für den Einsatz in extremen Klimazonen« wollte die Bundeswehr »bei befreundeten Nationen« beschaffen. Der deutschen Modeindustrie mag diese Entscheidung ein Dorn im Auge sein, auch wenn sich der Soldatendreß »an den neuesten Erkenntnissen der Bekleidungsphysiologie und Ergonomie« orientiert. Und wenn wir unsere Jungs ins Ausland schicken,

sollte doch wenigstens das Äußere stimmen – Kleider machen bekanntlich Leute.

Auch die Pickelhaube soll für die Krisenreaktion effizienter gestaltet werden. Die Braunschweiger Firma Schuberth-Helme brüstet sich in einem NATO-Magazin mit dem Hinweis, daß sie seit 1931, also noch vor und während der Zeit des Nationalsozialismus, militärische Helme hergestellt habe.[17] Die Klientel scheint damit positiv beeinflußbar zu sein. »For ›The Bundeswehr‹ Schuberth has developed the new generation af aramide composite helmets.« Der G 11-Werbeprospekt läßt grüßen – dort hat Heckler & Koch die Fähigkeiten der neuen Wunderwaffe gerühmt: »Die Durchschlagsleistung bei harten Zielen ist so hoch, daß ein Stahlhelm deutscher Fertigung (NATO-Teststandard) auf Entfernungen bis 600 m mit dem Weichkerngeschoß durchschlagen wird.« Darüber, wie es nach dem »Killbox«-Beschuß in dem Helm des »Weichziels« aussehen würde, hat die Firma sicherlich keine Untersuchungen angestellt.

Überhaupt wird mir an diesem Punkt wieder einmal die ganze Schizophrenie bewußt, die unsere Möchte-gern-in-aller-Welt-Großmächtler befallen hat. Auf der einen Seite haben sie sich jahrelang gerühmt, die weltweit beste Handfeuerwaffe entwickeln zu wollen, welche einen Stahlhelm »deutscher Fertigung« auf eine immense Entfernung hin durchschlagen könne. Das Prädikat »Made in Germany« impliziert dabei höchste Qualität beim Helmdurchschuß. Auf der anderen Seite protzen sie mit der Erfindung eines neuen leichten Aramid-Stahlhelmes, dessen besondere Eigenschaft in der Gewährleistung des allerbesten Schutzes vor ballistischen Geschossen liegen muß.

Staatssekretär Bernd Wilz aber hat anderes im Kopf: Ihm schwebt kein leichter Helm, sondern der bereits eingeführte »Gefechtshelm aus Aramid« vor. Dessen Schutzwirkung gegen Splitter sei im Beschußversuch erfolgreich getestet worden. Stolz verkündet das Bundesverteidigungsministerium den Erfolg: »Dabei wurden die Projektile durch den Aramidhelm bei Auftreffgeschwindigkeiten

gestoppt, bei denen der herkömmliche Stahlhelm durchschlagen worden wäre.«
Wahrlich, allesamt stolze Leistungen deutscher Entwicklungstechnik. Einmal mehr ist es uns gelungen, innovatives Denken zum Wohle der Menschheit einzusetzen: Die Gastgeber in der Dritten Welt werden die deutschen Soldaten in ihren formvollendeten Helmen, ihrem modischen Make-up, dem Topdreß und den vorzüglichen Handfeuerwaffen entsprechend zu begrüßen wissen.

»Die Staatsanwaltschaft Rottweil hat gegen den früheren kaufmännischen Leiter der Waffenfirma Heckler & Koch in Oberndorf/Neckar Anklage erhoben.«[18] Mit dieser scheinbar sensationellen Meldung der Deutschen Presse-Agentur wird das mitgeteilt, was wir seit Jahren behaupten und die Firma immer bestritten hat – illegale Exporte im Hause H & K. »Ihm wird vorgeworfen«, so die Staatsanwaltschaft Rottweil, »er habe veranlaßt, daß entgegen dem Kriegswaffenkontrollgesetz im Jahre 1987 mindestens 1118 Maschinengewehre ohne Genehmigung durch die zuständigen Behörden an eine Tochterfirma in Großbritannien ausgeführt wurden.« Der Fall ist, wie verschiedene andere, seit langem bei der Staatsanwaltschaft anhängig. Über die Jahre hinweg habe ich mich wiederholt mit den zuständigen Pressereferenten in Verbindung gesetzt. Unser Archiv enthält derweil eine ansehnliche Akte mit Gesprächsprotokollen. Doch die stereotypen Dialoge haben jeweils in die Sackgasse geführt: »Es wird noch ermittelt« und »In dieser Sache kann ich keine Stellungnahme abgeben«.[19]
Auch die vielzähligen Versuche, über Anfragen von Landtags- und Bundestagsabgeordneten eine Beschleunigung der Ermittlungen zu bewirken, sind allesamt gescheitert: ». . . kann ich Ihnen bestätigen, daß bei hiesiger Staatsanwaltschaft ein Ermittlungsverfahren gegen Verantwortliche der Firma Heckler & Koch anhängig ist.« Diese Ermittlungen, so Staatsanwalt Fiedler, sind aufgenommen worden, denn der »Staatsanwaltschaft Rottweil wurde aus der Presse bekannt, daß in Italien ein Schiff mit Waffen von angeblich deutscher

Produktion gestoppt wurde«.[20] So hatte die *Frankfurter Rundschau* gemeldet, daß der unter der Flagge von Quatar laufende Frachter 23 Seeleute und 17 Offiziere an Bord hatte, als er die italienische Hafenstadt Savona anlief. »Die Offiziere erwiesen sich mehrheitlich als Angehörige der irakischen Kriegsmarine.« Die rund 350 Maschinengewehre waren in Liverpool an Bord genommen worden.[21] Als die Bundestagsabgeordnete Christa Vennegerts zwei Jahre später nachhakte, lautete die Antwort von Staatsanwalt Dr. Mansperger wie gehabt: »Das Ermittlungsverfahren ist noch nicht abgeschlossen.«[22] Und die zuständigen Regierungsvertreter schlossen den Reigen der Totalblockierer: »Die Bundesregierung sieht sich nicht in der Lage, Auskünfte zu staatsanwaltschaftlichen Ermittlungsverfahren zu erteilen.«[23] Jede andere Antwort wäre sensationell gewesen.

So kam es, wie es kommen mußte: »Es wurden von der Staatsanwaltschaft weitere Ermittlungen gegen Verantwortliche der Firma Heckler & Koch geführt. Dabei war zu beachten, daß Straftaten nach dem Kriegswaffenkontrollgesetz in fünf Jahren verjähren, sofern nicht eine Unterbrechung – wie im angeklagten Fall – erfolgt.« Im Ergebnis traf unsere Prognose zu hundert Prozent zu: Andere Verfahren, welche zu einer Verurteilung der Waffenschieber vom Lindenhof führen mußten, wurden aufgrund ihrer Verjährung eingestellt. Die Staatsanwaltschaft hatte sich selbst ins Abseits gestellt: »Ein Verfahren, das Sicherstellungen von Heckler & Koch-Waffen im Jahre 1982 im Libanon – es handelte sich um G 3-Gewehre – zum Gegenstand hat, wurde wegen Verjährung eingestellt«, so die Rottweiler Staatsermittler elf Jahre nach dem Delikt. Damit nicht genug: »Gleiches gilt für eine Sicherstellung von Maschinenpistolen MP 5 im Jahre 1985 in Costa Rica, die angeblich für die ›Contras‹ in Nicaragua bestimmt waren.« Zudem sollen »nach Untersuchungen des Iran-Contra-Ausschusses in den USA nach Nicaragua Maschinengewehre, darunter auch Heckler & Koch-Waffen und Schnellfeuergewehre G 3 an die ›Contras‹ geliefert worden sein« – das war 1986. In diesem Zusammenhang seien auch

»Bausatzlieferungen von Oberndorf nach Großbritannien zur Tochterfirma bekannt, jedoch war mit der für eine Anklageerhebung notwendigen Sicherheit« nicht nachzuweisen, daß die Gewehre kriegswaffengeeignet waren. So bleibt die Staatsanwaltschaft permanent in der Rolle eines hilflosen Beobachters der Szenerie. Selbst die Sicherstellung von H & K-Waffen in der ehemaligen DDR »unterliegt der Verjährung«: »Dabei sollen 1985 Bausätze an die englische Tochterfirma und von dort vollständige Waffen unter Einschaltung eines weiteren Waffenhändlers an eine ›KoKo‹-Firma geliefert worden sein.«
Schalck-Golodkowski & Co. lassen grüßen.
Waffenschieber müßte man sein. Da steigt die Party noch Jahre nach der Tat.

In dem einen Fall aber hat sich Walter Lamp, H & K-Geschäftsführer von 1976 bis 1992 und heute Geschäftsführer der H & K-Holding, doch zu ungeschickt angestellt: »Der Beschuldigte deklarierte die Lieferung von Komplettwaffen (Maschinengewehren) als bloße Zulieferung von angeblich unvollständigen Bausätzen zur Waffenproduktion englischer Firmen. In Wahrheit lieferte er die kompletten Waffenteile mit Ausnahme des Schlagbolzens.«[24] Die 1. Große Strafkammer des Landgerichts Rottweil eröffnet das Hauptverfahren: »Die Anklage geht weiter davon aus, die Waffen seien in einzelnen Teilen, deren Ausfuhr vom Wirtschaftsministerium nach dem Außenwirtschaftsgesetz genehmigt worden war, über einen Zwischenhändler an die in England ansässige Tochterfirma von Heckler & Koch, die Heckler & Koch U.K. Limited, exportiert worden. Diese habe die einzelnen Waffenteile – unter Verwendung anderweitig beschaffter und nicht mitgelieferter Schlagbolzen – zusammengesetzt und über Italien in die Vereinigten Arabischen Emirate ausgeführt.« Von diesem Vorgang, so Richter Thoma vom Rottweiler Landgericht, habe der Geschäftsführer gewußt, sich jedoch keine Genehmigung nach dem Kriegswaffenkontrollgesetz eingeholt.[25]

Wenige Tage vor der Verhandlung jage ich eine gesalzene RIB-Presseerklärung an die Medien im Kreis Rottweil heraus: »Wenn am 4. November 1993 die Hauptverhandlung gegen den langjährigen Geschäftsführer der Waffenfirma Heckler & Koch, Herrn Walter Lamp, eröffnet wird, dann sitzt zu Recht einer der Hauptverantwortlichen für die Machenschaften dieser Waffenschmiede auf der Anklagebank. Doch diese Anklage wegen des illegalen Exports von fast vollständigen Maschinengewehren stellt lediglich die Spitze des Eisberges dar.«[26]

Bereits am zweiten Verhandlungstag bricht der Angeklagte völlig überraschend zusammen, wird von einem Notarzt behandelt und in eine Klinik eingeliefert.

Dabei dürfte er das, was er am ersten Verhandlungstag erlebt hat, noch mit einem inneren Schmunzeln zur Kenntnis genommen haben. Wohl kaum jemals zuvor in der Rüstungsexportgeschichte der Bundesrepublik ist die Hilflosigkeit der Kontrollbehörden eindrucksvoller dokumentiert worden. Die vielen Zeugen aus dem Bundeswirtschaftsministerium und dem Bundesamt für Wirtschaft (dem heutigen Bundesausfuhramt) präsentierten ein unüberbietbares Bild völliger Überforderung. Stereotype Dialoge, wie der zwischen dem leitenden Richter Siegfried Haase und dem Zeugen Ziemer vom Bundesamt für Wirtschaft, ziehen sich über Stunden hinweg hin:

Haase: »Wenn ich das richtig verstehe, haben sie nur überprüft, ob das Formular richtig ausgefüllt war? Irgendeine Kontrolle ist nicht erfolgt.«

Ziemer: »Das war bei der Masse nicht möglich!«

Haase: »Das war also mehr eine statische Tätigkeit?«

Ziemer: »Wir mußten uns auf die Firmen verlassen!«

Unser Hinweis mit dem vor dem Landgericht aufgespannten schwarz-rot-goldenen Protesttransparent – »Den Tod bringen Waffen aus Deutschland« – erfährt im Lamp-Prozeß eine Bestätigung, wie sie düsterer nicht hätte sein können.[27]

Die Krisenreaktionskräfte unserer Bundeswehr kümmert solcherlei Malheur wenig. Das Ergebnis der sogenannten »Truppenversuchsmuster« steht zwar offiziell noch nicht fest, doch ein deutsches Unternehmen von Rang und Namen bemüht sich intensiv um die Gelder für die neuen leichten Sturm-, Scharfschützen- und Maschinengewehre: Heckler & Koch. Die Bundesregierung zeigt trotz der H & K-Machenschaften keinerlei Skrupel, die Oberndorfer Skandalfirma weiterhin nach Kräften zu subventionieren. Beginnend im Jahr 1995 werden die Krisenreaktionskräfte mit Handfeuerwaffen bestückt, wobei bis Anfang des neuen Jahrtausends insgesamt allein 25 986 Sturmgewehre beschafft werden sollen. Die Bundeswehr jammert dennoch, daß »keine ausreichenden Stückzahlen zur Verfügung gestellt werden können«. Deshalb müßten »Prioritäten bei der Infanterie und infanteristisch eingesetzten Soldaten gesetzt werden«, also den Einheiten, die zukünftig die deutsche Ehre auf den Schlachtfeldern verteidigen dürfen.[28] Auskunft darüber, um welche Waffen es sich dabei handeln sollte, verweigert die Hardthöhe. Dabei findet sich die Antwort zeitgleich zur aktuellen Anfrage an anderer Stelle: Die Bundeswehrhauszeitung *Soldat und Technik* publiziert, was Wilz wissentlich verschweigt. So komme »das HK 50 der Firma Heckler & Koch in Frage, das in konventioneller Bauweise die Leistungsanforderungen an ein vorzügliches Gewehr erfüllt«.[29]

Beim sogenannten »Kölner Frühstück« haben sich Attachés und Verbindungsoffiziere aus 18 Nationen in der Domstadt getroffen, um sich mit den aktuellsten Informationen aus der Abteilung Heeresrüstung des Heeresamtes zu bewaffnen. Dabei wird für das »Gefecht der verbundenen Nationen« mehr »Interoperationalität« gefordert und prognostiziert, daß das Heer in der Gefechtsstandtechnik »einen beträchtlichen Sprung nach vorne« machen wird. Bei der Bestückung der Gebirgsbrigaden taucht auch ein anderer altbekannter Name auf: Diese Einheiten sollen mit dem Lkw »Wolf« von Mercedes-Benz ausgestattet werden. Für den Kampf stehen das Gewehr G 36, Nachfolger des berüchtigten G 3, sowie das Maschinengewehr MG 36 auf dem Wunschzettel der Generäle.

Wenn alles nach Plan verläuft, dürfte die Existenz der H & K-Waffenproduktion durch die HK 50-Beschaffung – von den Militärs eben G 36 genannt – gesichert sein.

Oktober 1993. In Somalia führen sich US-Amerikaner bei der UNO-Mission »Unosom« wie Kolonialherren auf, vollziehen eine Strafaktion nach der anderen und schlachten reihenweise Zivilisten ab. »Was als humanitärer Einsatz begann, hat sich in eine groteske Verfolgungsjagd zur Ergreifung des Generals Aidid verwandelt«, so ein Bericht des *Spiegel*, der das Geschehen am Horn von Afrika auf den Punkt bringt: »Die UNO-Streitmacht ist zur Besatzungsmacht geworden, die auch vor Massakern nicht zurückschreckt – und so die Rebellion erst recht schürt.«[30]
In Belet Huen, dem Stationierungsort der Bundeswehreinheiten, ermorden kanadische UN-Soldaten einen somalischen Zivilisten: »Kanadier, die dort vor der Bundeswehr stationiert waren, schossen Ahmed Afraho Arush an, als er zu fliehen versuchte, und richteten ihn dann aus nächster Nähe regelrecht hin.«[31]
Die Hardthöhe sorgt sich – nicht ohne Hintergedanken – um die passende Bewaffnung für kommende Gefechte deutscher Einheiten. Schließlich lautet die neue Parole: »Wir müssen kämpfen können und wollen, wenn wir kämpfen müssen«, so Helge Hansen. Die »neuen Risikobereiche« sieht der Heeresinspekteur in der ehemaligen Sowjetunion, im Nahen Osten und eben in Afrika. Da mag der Somalia-Einsatz eine optimale Vorbereitung für zukünftige Aufgaben darstellen, zumal nach Ansicht Hansens »mehr unter besonderen Einsatzgebieten ausgebildet werden« soll. Dazu gehören, wie der Heeresinspekteur explizit erwähnt, auch »extreme Klimabedingungen«.[32] Oder wie der Kommandeur der deutsch-französischen Brigade, Helmut Neubauer, zu sagen pflegt: »Die Pflicht der Soldaten, treu zu dienen, ist nicht auf das Territorium der Bundesrepublik beschränkt.«[33]
Am 26. November 1992 verschaffte Verteidigungsminister Volker Rühe den »Verteidigungspolitischen Richtlinien« Gültigkeit, in

denen Deutschland »seine legitimen nationalen Interessen« betont, die auf den »vitalen Sicherheitsinteressen« der deutschen Politik beruhen.[34]

Bei der Vorstellung des neuen Bundeswehrplans '94 hat Volker Rühe nachhaltig auf »die Beschaffung neuer Handfeuerwaffen mit dem NATO-Kaliber 5,56 Millimeter« gedrängt.[35] Daß dabei vor allem die »neuen Aufgaben der Bundeswehr (insbesondere UN-Einsätze)« gemeint sind – zweifelsohne »Out-of-area-Kampfeinsätze« der Krisenreaktionskräfte – macht die Zeitschrift *wehrtechnik* bei ihrer Vorstellung der neuen H & K-Handfeuerwaffen deutlich, wenn sie zwei Kriterien vorgibt: »Als Kaliber kommt nur die Patrone 5,56 x 45 mm in Frage. Dies stellt zusätzliche Forderungen an die Handwaffen, insbesondere bei Gewicht, Eignung für bestimmte Klimazonen und Reichweite.« Alle diese Kriterien, daran läßt *wehrtechnik*-Autor Cord Rather keinen Zweifel, erfüllt die neuentwickelte Waffenfamilie von Heckler & Koch – von der Pistole bis hin zum leichten Maschinengewehr – am besten. Gelobt wird schon heute die »Verbesserung der Trefferausbeute« beim Gewehr G 36 im Vergleich zum herkömmlichen G 3.[36]

Nichts Neues also im Westen. Zwar brechen mit der Neuorientierung der Hardthöhe die bisherigen Zielvorstellungen der beiden H & K-Geschäftsführer Wolfgang Nürnberger und Tony Lamper wie ein Kartenhaus in sich zusammen. Diese hatten nämlich darauf spekuliert, daß die Technologie des G 11 »auch auf andere Handfeuerwaffen übertragen« und ein neues leichtes Maschinengewehr auf G 11-Basis gebaut werden könne.[37] Doch diesen »Verlust« werden die Herren Nürnberger und Lamper verschmerzen können, wenn die Firma über die neuen Faust- und Handfeuerwaffen der Bundeswehr im Geschäft bleibt. Denn somit gilt weiterhin – auch ohne das G 11 – weltweit das Motto: »Feuer frei für Waffen ›Made in Oberndorf‹«.

28. Im Prinzip ein unmißverständliches »Jein« – die Realität der ungebremsten Rüstungsexporte

Freiheit für Imhausen – Kinkel in den Knast?

»Schafe sind im allgemeinen schmuddelig weißgrau. Ab und an sind sie allerdings auch schwarz. Ein solches schwarzes Schaf, aus Tierschutzgründen natürlich aus Holz, hat in diesen Tagen seinen Weg ins Auswärtige Amt angetreten.«

die tageszeitung, Berlin[1]

An keiner Stelle des Kriegswaffenkontroll- oder des Außenwirtschaftsgesetzes werden sie griffig definiert, und doch spielen sie eine maßgebliche Rolle bei der Praxis der Rüstungsexporte – die sogenannten »vitalen Interessen«. Der Grundgesetz-Artikel 26 (2) sowie das Außenwirtschaftsgesetz (AWG) und das Kriegswaffenkontrollgesetz (KWKG) mit ihren jeweiligen Ausführungsbestimmungen ermöglichen – bei entsprechendem politischem Willen – das Verbot fast aller Waffentransfers in Nicht-NATO-Länder. Doch unsere Politiker haben in den »Politischen Grundsätzen« – zuletzt verabschiedet von der SPD-Bundesregierung 1982 und gültig bis zum heutigen Tag – ein riesengroßes Scheunentor offengehalten: »Der Export von Kriegswaffen (nach KWKG und AWG genehmigungspflichtig) wird nicht genehmigt, es sei denn, daß aufgrund besonderer politischer Erwägungen Ausnahmen allgemeiner Art festgelegt werden oder im Einzelfall vitale Interessen der Bundesrepublik Deutschland für eine ausnahmsweise Genehmigung sprechen.« »Vitale Interessen« sind »außen- und sicherheitspolitische Interessen unter der Berücksichtigung der Bündnisinteressen.«[2] Auf gut Exportdeutsch: Die Länder Lateinamerikas, Afrikas, des Nahen Ostens bis nach Südostasien wurden und werden mit deutschen Waffen vollgepumpt, weil die Bonner Koalition westlich orientierte Regime stützen möchte. Daß sich mit der Rüstungsproduktion auch Arbeitsplätze halten lassen, die ansonsten schlichtweg überflüssig wären, nimmt die große Exportkoalition in Bonn dankbar mit.

Warum diese von der SPD-Bundesregierung verfaßten Politischen Grundsätze von 1982 bis zum heutigen Tage nicht geändert worden sind, ist offensichtlich. Die zuvor gültige Regelung von 1971 hat eine klare Formulierung enthalten: »Als ein weiterer Beitrag zur Sicherung des Friedens in der Welt soll der Export von Kriegswaffen in die Länder außerhalb des atlantischen Bündnisses grundsätzlich unterbleiben.« Und bezüglich der Krisenregionen hieß es noch 1971: »Länder in Spannungsgebieten (Festlegung durch das Auswärtige Amt): Keine Kriegswaffen. Auch Genehmigungen für sonstige Rüstungsgüter sind zu versagen, wenn eine Störung des friedlichen Zusammenlebens der Völker oder eine erhebliche Störung der auswärtigen Beziehungen der Bundesrepublik Deutschland zu befürchten ist.«[3] Der Begriff der »Spannungsgebiete« ist 1982 gestrichen worden, seither ersetzt eine vage gehaltene Rahmenbedingung die ehemals strikte Vorgabe: »Es sieht so aus, als wenn die Exportregeln liberalisiert wurden, um den Export in außer-europäische Regionen für die Zukunft zu erleichtern«, so die Expertin Landgren-Bäckström des Stockholmer Friedensforschungsinstituts SIPRI.[4]

Völlig unmißverständlich hat der CSU-Abgeordnete Rudolf Kraus die Politik der liberal-konservativen Bundesregierung bei einer Aktuellen Stunde vor dem Deutschen Bundestag auf den Punkt gebracht: »Wer jedoch mit befreundeten Staaten wirtschaftliche Beziehungen unterhalten will, aber zugleich denselben Staaten Geräte für ihre äußere und innere Sicherheit verweigert, der wird nicht lange als Geschäftspartner akzeptiert. Darin liegt die wirtschaftspolitische Bedeutung dieser Frage.«[5]

Die Bonner Politik ist nicht nur unehrlich, sie ist auch leicht durchschaubar: Um von der Tatsache abzulenken, daß fast alle bundesdeutschen Waffenexporte mit Genehmigung des Bundesamts für Wirtschaft erfolgt sind, wird mit Zeigefingern auf die vermeintlichen »schwarzen Schafe« gedeutet. Damit soll von den Realitäten abgelenkt werden: Die »Schwarzen Schafe« finden sich eben nicht nur bei der Imhausen Chemie, bei Rheinmetall, Heckler & Koch oder der Salzgitter-Industriebau – vielmehr sitzen sie am Kabinettstisch in Bonn oder in führenden Positionen der Rüstungsindustrie bzw. der Bundeswehr, denn rund 95% aller Waffentransfers erfolgen legal.[6]

Die Friedensbewegung hat in den vergangenen Jahren nach Möglichkeiten gesucht, diesen düsteren Sachverhalt entsprechend öffentlich zu würdigen. Im Dezember 1992 versuche ich eine Idee umzusetzen, welche in den kommenden Jahren dazu beitragen kann, den Blick in die richtige Richtung zu lenken: der Preis des »Schwarzen Schafes«. Dieses sollen die Anti-Rüstungsexportbüros der Friedens- und Menschenrechtsbewegung am Ende eines jeden Jahres an diejenige Persönlichkeit oder Organisation vergeben, welche »sich in besonders nachdrücklicher und engagierter Weise für die Steigerung bundesdeutscher Rüstungsexporte eingesetzt, Waffentransfers an menschenrechtsverachtende Regime oder in Bürgerkriegsländer ermöglicht hat«.[7]

Als ich die Freundinnen und Freunde vom BUKO in Bremen, von »Ohne Rüstung leben« in Stuttgart und vom Idsteiner Kampagnenbüro anrufe, stimmen diese sofort zu. Kurz vor Weihnachten macht eine Meldung bundesweit die Runde: »Klaus Kinkel, Bundesaußenminister, wurde mit dem ›Schwarzen Schaf‹ ausgezeichnet.«[8] In unserer Begründung »würdigen wir die erfolgreichen Bemühungen des Außenministers der Bundesrepublik Deutschland im Jahre 1992 um die Aufhebung des Lieferstopps deutscher Waffen in die Türkei. Herr Kinkel begründete seinen Einsatz damit, daß die geographische Lage des Bürgerkriegslandes Türkei keine Aufrechterhaltung des Boykotts zulasse.« Ein wichtiger Punkt ist natürlich auch die Lieferung der 46 Phantom-Aufklärungsflugzeuge in das Bürgerkriegsland Türkei, bei dem das Auswärtige Amt federfüh-

rend wirkt. Aber auch die »Wiederaufnahme bundesdeutscher Wirtschaftsbeziehungen mit der Volksrepublik China«, für die sich der Außenminister Kinkel trotz der Massaker vom Juni 1989 auf dem »Platz des Himmlischen Friedens« stark gemacht hat, verhelfen Klaus Kinkel zum Gewinn des Preises. Unsere Begründung – die bundesweit aufgegriffen wird – trifft: »Mit der Verleihung des ›Schwarzen Schafes‹ bescheinigen wir Herrn Klaus Kinkel eine erstaunliche Skrupellosigkeit in bezug auf Waffenlieferungen, selbst in Bürgerkriegsländer. Bei gleichzeitigem permanentem Einfordern von Menschenrechten gelingt es Herrn Kinkel immer wieder, die Öffentlichkeit von seinen Großmachtgelüsten abzulenken. Diese Fähigkeiten machen Herrn Kinkel zu einem der bedeutendsten Botschafter deutscher Militär- und Wirtschaftsinteressen ›in and out of area‹.«[9]
Ute Schäfer, bei der Kampagne in Idstein zuständig für die Öffentlichkeitsarbeit, schickt dem Außenminister im Auftrag aller Gruppen das Modell des »Schwarzen Schafs«. Dieser aber antwortet nicht – wen wundert's?[10]

Der Bundessicherheitsrat ist der Ausschuß der Bundesregierung, in dem die zentralen Fragen der Sicherheitspolitik, »insbesondere auf allen Gebieten der Verteidigung sowie der Abrüstung und der Rüstungskontrolle«, erörtert und entsprechende Regierungsentscheidungen vorbereitet werden. Alle brisanten Entscheidungen über Waffenexporte werden vom Bundessicherheitsrat entschieden. Zu dessen ständigen Mitgliedern zählen der Bundeskanzler als Vorsitzender, der Bundesverteidigungs-, der Außen-, der Innen-, der Finanz- und der Wirtschaftsminister. Genau diese Herren sind auch für die schlimmsten Rüstungstransfers der vergangenen Jahre – insbesondere in den Nahen Osten oder nach Südostasien – verantwortlich zu machen.[11] Mit Wissen und Billigung des Bundessicherheitsrats und der Kontrollbehörden sind Armeen von Staaten in Spannungsgebieten mit deutschen Waffen versorgt.
Derweil hat Jürgen Hippenstiel-Imhausen, der Geschäftsführer der

Imhausen Chemie GmbH im badischen Lahr, Bestandteile für die Giftgasproduktion in Libyen geliefert und dabei rund 90 Millionen DM verdient. Dabei sollen die Steuerfahnder bisher lediglich 30 Millionen DM auf die Spur gekommen sein, um 24 Millionen DM werden sich die staatlichen Fahnder noch mit den Rechtsverdrehern von Hippenstiel-Imhausen herumstreiten müssen. Und »nach wie vor wuchert der Imhausen-Komplex weiter«, so Hilmar Höhn, Redakteur der *Badischen Zeitung*, der in akribischer Recherche den Mantel des Schweigens um das Imhausen-Konsortium zu lüften versucht.[12]
Jürgen Hippenstiel-Imhausen hat seine viereinhalb Jahre – die zweifelsohne viel zu knapp bemessen waren – abgesessen und dabei bestens verdient. Warum aber hat der Lahrer Geschäftsführer hinter Gitter müssen, während unsere Oberexporteure im Bundessicherheitsrat unfromm, aber frei weiterexportieren dürfen? Die Antwort ist so einfach wie logisch: Hippenstiel-Imhausen hat die Gesetze übertreten, die Vertreter des Bundessicherheitsrats haben sich die Gesetze und Verträge geschaffen, die ihre Machenschaften legalisieren.

Vereinzelt zeichnen sich in den neunziger Jahren aber auch Lichtblicke ab: Seit dem Ende des Kalten Krieges ist der internationale Waffenexport – aufgrund des Devisenmangels in den Importländern – von 45,0 (1983) auf 18,4 (1992) Milliarden Dollar zurückgegangen.[13] Bereits im Dezember 1991 hat die UNO-Vollversammlung mit überwältigender Mehrheit die Einrichtung eines Registers für konventionelle Waffen beschlossen. Lediglich der Irak und Kuba haben sich enthalten, der Exportgigant China hat an der Abstimmung nicht teilgenommen.[14] Manche UN-Mitgliedsstaaten kommen der eingegangenen Verpflichtung nur zögerlich nach, dennoch sieht Herbert Wulf, wissenschaftlicher Mitarbeiter für Fragen der Abrüstung bei der UN, erste Erfolge: »Alles in allem ist die Berichterstattung positiver ausgefallen als Skeptiker befürchtet hatten. Durch die Erfassung der meisten Transfers sind gute Voraussetzungen für die Erweiterung des UNO-Waffenregisters geschaffen.«

Der Bericht der Bundesrepublik wird insofern gelobt, als er »aufschlußreicher und detaillierter« sei als der britische, französische oder amerikanische.[15] Das allerdings ändert nichts an der Tatsache, daß die Bundesrepublik – nicht zuletzt auch aufgrund der Exporte der NVA-Waffen – weiterhin in der absoluten Spitzengruppe rangiert. Auch in der Bundesrepublik gibt es immer wieder zaghafte Hoffnungsschimmer, wenn ein Export – wie der Milliardenauftrag von U-Booten und Fregatten aus Taiwan – vom Bundessicherheitsrat abgelehnt wird.[16] Dann aber proben die Rüstungslobbyisten in der CDU/CSU-Bundestagsfraktion den Aufstand – selbst gegen den sonstigen Oberexporteur Kinkel: Dieser habe sich mit seiner Fernost-Politik »in eine Sackgasse verrannt«.
Der Außenminister, aufgeschreckt durch die bundesweiten Negativ-Schlagzeilen, wechselt in diesem Fall die Fronten. In seiner ungewohnten Rolle als Exportblockierer wird er auch aus den eigenen Reihen kräftig unter Druck gesetzt: Die Bundesregierung – gemeint ist Kinkel – »schweigt zur Rüstungsexpansion Rotchinas und sagt nein zur Modernisierung der veralteten Marine Taiwans«, so FDP-Parteifreund Wolfgang Lüder. Der CDU-Abgeordnete Günter Klein, Wortführer einer Gruppe von 125 Bundestagsabgeordneten der Regierungskoalition, welche einen Antrag »zur Öffnung der deutschen Politik gegenüber Taiwan« unterzeichnen, weist auch gleich den Weg aus dem Dilemma: »Ausnahmen« seien möglich, wenn sie »im vitalen nationalen Interesse« lägen, was bei Taiwan der Fall sei, schließlich würden auch die sicherheitspolitischen Interessen der Bundesrepublik Deutschland verletzt – in Südostasien wohlgemerkt.
Erst jetzt läßt »Christ«demokrat Günter Klein die Katze aus dem Sack: So vergebe die Bundeswehr frühestens in zehn Jahren neue Aufträge, deshalb müsse »das Tal gefüllt werden durch ausländische Aufträge«.[17] Der Bremer Bundestagsabgeordnete weiß ganz genau, daß er damit selbst den Boden der Politischen Grundsätze verläßt. Dort nämlich heißt es ausdrücklich: »Beschäftigungspolitische Gründe dürfen keine ausschlaggebende Rolle spielen.«[18] Konse-

quent fordert der »Club 125« eine grundsätzliche Neudefinition der eingeschränkten Waffenexportpolitik.
Auch in den Regionen der Rüstungsproduktion fühlt man sich durch die Exportgesetze eingeschränkt: »Es ist nicht hinzunehmen, daß wehrtechnische Aufträge für deutsche Firmen verschlossen bleiben, während die Engländer und die Franzosen Geschäfte machen«, so Volker Kauder aus dem Heckler & Koch-Wahlkreis Rottweil-Tuttlingen, der die Endverbleibsklausel für Staaten in Europa gleich ganz gestrichen sehen möchte.[19] »Konkret geht es ihm hierbei um Ausfuhrerleichterungen für die Firma Heckler & Koch in Oberndorf«, so der Kommentar einer Zeitung vor Ort.[20] Kauder setzt damit die bewährte Tradition fort, die der FDP-Rüstungsfanatiker Martin Grüner aus Schramberg – der Nachbarstadt Oberndorfs – eineinhalb Jahrzehnte intensiv gepflegt hat: Als Staatssekretär im Bundeswirtschaftsministerium bildete er von 1972 bis 1987 das Bindeglied zwischen seinen Waffenfirmen im Kreis Rottweil und den Exportförderern in Bonn. Bei diesen konnte H & K zum Deutschen Rüstungsexportmeister und Grüner als Staatssekretär zur »rechten Hand bei den Bundesministern für Wirtschaft« aufsteigen, wie er seine Funktion selbst definierte.[21]
Der Skandal der jahrzehntelangen deutschen Rüstungsexportpraxis liegt in der Tatsache begründet, daß die als Ausnahmeregelung gedachte Formulierung der »vitalen Interessen« zur Regel geworden ist. Anfang der neunziger Jahren avancierte Deutschland – entgegen allen Proklamationen einer »restriktiven Rüstungsexportpolitik« – zum drittgrößten Waffenlieferanten weltweit.[22] Exportkrösus sind die USA, bis vor kurzem gefolgt von Rußland, das seinen Anteil innerhalb zweier Jahre auf knapp ein Fünftel gesenkt hat. Im Jahr 1991 hat die Bundesrepublik den Bronzerang eingenommen – gefolgt von China, Frankreich und Großbritannien.
Doch die eigentliche Blamage folgt im Oktober 1993: »Deutschland ist auf Platz zwei der Waffenlieferanten aufgerückt«, so die Sensationsmeldung aus der *Frankfurter Rundschau.* Nach erstmaliger Veröffentlichung des Waffenregisters der Vereinten Nationen »nimmt

Deutschland bei den Exporten hinter den USA und vor Rußland den zweiten Platz ein«.[23] Professor Edward Laurance, Co-Direktor des Programms für Non-Proliferationsstudien am Monterey Institute of International Studies, und Herbert Wulf, Geschäftsführer des Duisburger Instituts für Frieden und Entwicklung (INEF), weisen in ihrer Analyse auf die fatale Rolle des Exportduos hin: »Vor allem die USA und Deutschland exportieren Waffen an andere NATO-Länder. Auch der Nahe Osten war weiterhin eine zentrale Empfängerregion.« Deutschland gehört (im Gegensatz zu vielen anderen der siebzig Länder, die offizielle Angaben zu den 1992 erfolgten Rüstungsexporten machten) zu den Staaten, die in allen sieben erfaßten Waffenkategorien vertreten sind.[24] Mittlerweile, so Laurance und Wulf, exportiert Deutschland jedes zehne Großwaffensystem weltweit und liegt, was die Zahl der »großkalibrigen Artillerie« angeht, sogar international unangefochten auf Platz 1.

In Europa nimmt die Bundesrepublik, laut Angaben von SIPRI, souverän die Vorreiterrolle ein: 41% der Waffenausfuhren aus der Europäischen Gemeinschaft stammen aus diesem unserem Land.[25] Mit dem EG-Binnenmarkt fallen auch die letzten innereuropäischen Rüstungsexportschranken: Damit »kann ein einzelner Staat die noch vorhandenen wenigen Exportkontrollen gegenüber seinen Partnerstaaten nicht mehr ausüben«, so das ansonsten wirtschaftsfreundliche *Handelsblatt*.[26] Angesichts des vorprogrammierten »Europa der Waffenhändler« sind Aktivitäten, wie die des Freiburger Europaabgeordneten Wilfried Telkämper, zum Scheitern verurteilt. Als Vizepräsident des Europäischen Parlaments forderte Telkämper bereits 1991 eine Enquête-Kommission in Sachen Waffenhandel: »Ich denke, daß eine Enquête-Kommission eines Parlaments ein geeignetes Mittel sein kann, um nicht nur Vergangenes aufzuklären, sondern auch Vorschläge zu erarbeiten, wie auf legislativer Ebene dem ›Geschäft mit dem Tod‹ ein Riegel vorgeschoben werden kann.«[27]

Die Zeichen des zusammenwachsenden Europas stehen dagegen auf Rüstungskooperation und Militarisierung der Außenpolitik.

Angesichts des (leider nur begrenzt) schrumpfenden Auftragsmarktes sind die rüstungsproduzierenden Unternehmen zur europäischen Koproduktion bei der Entwicklung neuer High-Tech-Waffen gezwungen. Kleine und mittelständische Unternehmen überleben den Konkurrenzkampf – im Gegensatz zu den Großkonzernen – kaum. Heckler & Koch ist dabei lediglich ein Beispiel von vielen. Sie nehmen Massenentlassungen vor und werden von den Giganten geschluckt. Dennoch stehen die rüstungsfertigenden Unternehmen von Daimler-Benz bis Heckler & Koch weiterhin in den Startlöchern, um bei einer besseren Auftragslage sofort wieder verstärkt in die Rüstungsproduktion und den Waffenexport einzusteigen.
Im Maastrichter Vertrag ist die gemeinsame Außen- und Sicherheitspolitik als dritte »Säule« der Europäischen Union festgeschrieben. Die europäischen Militärmächte versuchen sich derzeit an der Wiederbelebung einer Organisation, deren Ziele lange Jahre von der NATO übernommen wurden – der Westeuropäischen Union (WEU). Diese kann – ausgestattet mit dem neuesten und »besten« Kriegsgerät – die Aufgaben erledigen, die in der NATO aufgrund der strukturell bedingten Vorgaben nicht oder nicht schnell genug ausgeführt werden können.

Die Bundesregierung ist derweil bestrebt, einen ständigen Platz im UN-Sicherheitsrat zu ergattern. Vielleicht sollte man ihr empfehlen, auf die SIPRI-Rüstungsexportstatistik zu verweisen, um dieses Ziel zu erreichen.[28] Dann wird man auch in New York erkennen müssen, daß Deutschland im Konzert der Weltwaffenexporteure darüber mitentscheiden sollte, wann und wo die eigenen Waffen wieder einzusammeln sind.
Bleibt nur noch die Frage, warum unsere Regierungspolitiker nicht ehrlich mit dem Tatbestand umgehen, daß ihnen wirtschaftliche, politische und militärische Interessen – eben die vitalen Interessen der Bundesrepublik Deutschland – bis zum heutigen Tage wichtiger sind als die Wahrung der Menschenrechte und die Verwirklichung der Demokratie in den Ländern der Dritten Welt?

Für eine Bundesrepublik ohne Armee

> »Wir wollen eine Außenpolitik der Selbstbeschränkung, wir wollen den Ausstieg aus der nationalen Machtpolitik. Wir sind überzeugt, daß die Durchsetzung einer ökologisch-solidarischen Weltfriedensordnung nur mit dem Einsatz ziviler Mittel erreicht werden kann.«
>
> *Ludger Volmer,* Bundesvorstandssprecher[29]

Die deutsche Außen- und Sicherheitspolitik steuert – geht es nach dem Willen der Bonner Regierungskoalition – zielstrebig in die Katastrophe. Nicht genug damit, daß wir auf dem unrühmlichen Treppchen der Weltwaffenexporteure stehen – deutsche Machtpolitiker von Kinkel bis Kohl fordern mehr: Statt zur demokratischen Reform der UNO beizutragen, strebt Deutschland einen Sitz als ständiger Vertreter im UN-Sicherheitsrat an. Um »Verantwortung zu übernehmen«, sollen das Grundgesetz geändert werden und deutsche Soldaten außerhalb des NATO-Territoriums kämpfen dürfen. Statt tatsächliche Abrüstungsschritte im eigenen Land einzuleiten, wird qualitativ aufgerüstet. Der Verteidigungshaushalt rangiert auch in diesem Jahr wieder in schwindelerregender Höhe: Mit rund 48 Milliarden DM ist noch immer das Ausgabenniveau von 1986 – also das zu Zeiten des Kalten Krieges – erreicht und soll sich auch in den kommenden Jahren in demselben Umfang bewegen.[30] Mit dem Jäger 90 (neuerdings in Eurofighter 2000 umgetauft), mit dem Panzerabwehrhubschrauber 2, dem NATO-Hubschrauber NH 90 und dem Future Large Aircraft (FLA) werden neue Großwaffensysteme entwickelt und – geht es nach dem Willen der Bonner Koalition – auch produziert.[31]

Wenn wir – die Friedensbewegung, die Gewerkschaften, die Kirchen, die parlamentarische Opposition – dieser Entwicklung nicht mit Vehemenz entgegentreten, dann stehen wir Ende des Jahrtausends vor dem Scherbenhaufen deutscher »Sicherheits«-politik.

Ein Silberstreif parteipolitischer Natur zeichnet sich am Horizont ab. Schon im Vorfeld der durch die Länderratsentscheidung notwendig gewordenen Außerordentlichen Bundesversammlung von Bündnis 90/Die Grünen scheint die Entwicklung positiv zu verlaufen. Bei den vielzähligen Veranstaltungen vor dieser Sonder-BDK habe ich den Eindruck gewonnen, daß sich in den Orts- und Kreisverbänden massiver Unmut über den mit den urgrünen Prinzipien der Gewaltfreiheit und des Pazifismus brechenden Beschluß des Länderrats – des höchsten Gremiums zwischen den Parteitagen – breitgemacht hat. Beim Streitgespräch »Menschenrechte mit Gewalt schützen?« mit der Bündnis-90-Abgeordneten Vera Wollenberger, das auf Einladung des Heidelberger Kreisverbandes stattfindet, treten die altbekannten Gegensätze offen zu Tage. Vera setzt bei der Diskussion um die Hilfe für die Menschen in Bosnien-Herzegowina schlußendlich auf militärische Lösungen. Meine eindringliche Mahnung zur zivilen Konfliktlösung scheint dennoch ihre Adressaten zu erreichen: Bei den anschließenden Delegiertenwahlen setzen sich (wie auch in den meisten anderen Kreisverbänden) Bewerberinnen und Bewerber durch, die nichtmilitärische Einmischung befürworten.[32]

Aber auch bei den Sozialdemokraten, auf deren Podien ich in diesen Tagen wiederholt referiere und diskutiere, ist der Streit über die Blauhelm-Frage voll entbrannt. Und wie bei den Grünen steht in SPD-Orts- und Kreisverbänden eine kritische Basis gegen die Planungen der obersten Parteiführung auf, dem gesellschaftlichen Rechtsrutsch nachzugeben. Die Grundgesetzänderung zugunsten der Teilnahme von Bundeswehrsoldaten an Kampfeinsätzen der Vereinten Nationen soll verhindert werden. So bekennt der Stuttgarter Arbeitskreis Frieden in einem Antrag an den bevorstehenden SPD-Bundesparteitag klar Farbe: Auf Blauhelm-Kampfeinsätze solle »grundsätzlich verzichtet« werden.[33]

Nichtsdestotrotz: Auch Peace-keeping-Einsätze der Blauhelme sind lebensbedrohlich: Am 14. Oktober 1993 wird zum ersten Mal ein deutscher Blauhelmsoldat umgebracht, erschossen von zwei Kambodschanern in Phnom Penh. Sollte die Bundes-SPD die Position der Friedensbewegung verraten, in der Blauhelmfrage umkippen und einer Grundgesetzänderung zugunsten von UN-Kampfeinsätzen zustimmen, dann wird der Tod von Alexander Arndt nur der Anfang einer fatalen Entwicklung gewesen sein.

Der Abstimmungsmarathon ist gnadenlos: Von den rund zwanzig Anträgen fallen gleich in der ersten Runde knapp die Hälfte der Anträge unter den Tisch – darunter nicht nur diejenigen, die explizit die Hintertür zu Militäreinsätzen als letztem Mittel des Eingreifens in einen Krieg offenlassen. Den gemeinhin fälschlicherweise als »friedensschaffenden« Maßnahmen bezeichneten militärischen Interventionsformen – welche vor allem der Bündnis-90-Abgeordnete Gerd Poppe vehement einfordert – wird in einer Deutlichkeit eine Absage erteilt, welche kaum einer der über fünfhundert Delegierten erwartet haben dürfte: Lediglich 46 Gegenstimmen finden sich in der Schlußabstimmung zusammen. Die »humanitäre Intervention« – in sich selbst schon ein Anachronismus – muß ohne die Bündnis-Grünen stattfinden.[34] Aber auch diejenigen, die wie Hubert Kleinert und Joschka Fischer für die UNO »über Boykott- und Embargomaßnahmen hinaus Mittel und Formen operativen Zwangs« – dazu zählen in letzter Konsequenz eben wieder militärische Interventionsformen – fordern, gehen sang- und klanglos unter.[35]

Am Ende wird mit der überwältigenden Zustimmung zu dem Antrag des Bundesvorstandssprechers Ludger Volmer – zu dessen Erstunterzeichnern auch ich zähle – angenommen. Ludger ist es gelungen, aufzuzeigen, daß »Gewaltfreiheit und Menschenrechte« sich ergänzende friedenspolitische Grundlinien sind. Die Grünen setzen auf eine konsequente Zivilisierung der deutschen Außenpolitik. Der UNO werden Formen und Mittel nichtmilitärischen operativen Zwangs zugestanden: »Wir fordern die Weiterentwicklung nichtmilitärischer Sanktionsmaßnahmen. Handelsembargos, die Einstellung des Zahlungsverkehrs, die Aufhebung der Währungskonvertibilität, das Einziehen von Auslandsvermögen ... und Blockaden treffen jeden Aggressor ins Mark.« Allerdings muß »die UNO zu diesem Zweck ihre Legitimationsdefizite durch eine umfassende Reform abbauen. Die Entscheidungen der Vollversammlung müssen aufgewertet werden, im Sicherheitsrat müssen statt einzelner Großmächte Vertreter aller Großregionen einen Sitz bekommen.«[36]

An diesem Tag zeigt sich auch, wie verärgert die vielen Friedensfreunde über den Putsch der Bündnis-90-Vertreter im Länderrat sind. Als die Bundesvorstandssprecherin Marianne Birthler fordert, ihre Position als Minderheitenvotum an den Volmer-Antrag anzufügen, findet sie keine Rückendeckung, was ich falsch finde. Schließlich zählt der Minderheitenschutz zu unseren höchsten Werten. Doch zu sehr ist die grüne Basis durch das ungehemmte Vorpreschen der »humanitären Intervenierer« verprellt worden.

Auch auf Landesebene findet der Dauerkonflikt ein – zumindest vorläufiges – Ende. Bei der baden-württembergischen Landesdelegiertenkonferenz von Bündnis 90/Die Grünen übernimmt der Landesvorstand meinen Änderungsantrag zur »Zivilisierung statt Militarisierung der europäischen Außen- und Friedenspolitik«. Darin werden die Einleitung »radikaler Schritte zur Abschaffung der Bundeswehr, ein vollständiges Rüstungsexportverbot und die Konversion der Rüstungsindustrie« als Voraussetzung zur Wende in der deutschen Militärpolitik gefordert, was in den Landesmedien Widerhall findet.[37] Der Journalist Stefan Hupka berichtet: »Die Forderung nach Abschaffung der Bundeswehr fand in Schwäbisch Gmünd ohne Gegenrede Aufnahme in das zentrale Europa-Papier, das bei nur zwei Gegenstimmen angenommen wurde. ›Dafür hätte es vor einem Jahr noch keine Mehrheit gegeben‹, strahlte Jürgen Grässlin, Wortführer des wiedererstarkten streng pazifistischen Flügels der Partei.«[38]

Ob bei diesem Ergebnis von rund 98% Ja-Stimmen für den Gesamtantrag noch von einem pazifistischen »Flügel« gesprochen werden kann, sei dahingestellt. In jedem Falle herrscht nach

Monaten allgemeiner Verunsicherung – niemand wußte die Beschlußlage der Partei mehr einzuschätzen – nunmehr Klarheit. Nach der eindeutigen Festlegung auf die Gewaltfreiheit hat die Partei die Chance, die Interessen der Friedensbewegung in die Parlamente zu tragen.

So provokativ die Forderung nach einer »Bundesrepublik ohne Armee« für manch einen Kämpfer der Stahlhelmfraktion auch klingen mag: Welches Argument könnte die verzweifelten Legitimierungsversuche für die weitere Existenz der Bundeswehr besser ad absurdum führen, als das von den »sicheren Drittstaaten«? Die De-facto-Abschaffung des Rechts auf politisches Asyl wurde damit begründet, daß wir rundum von Staaten umgeben seien, die als demokratisch und sicher gelten. Wenn dem so ist, dann ist die Bundeswehr so überflüssig wie ein Kropf.

Nachwort:
Nur Utopisten sind Realisten

»Ich wiederhole aber – das ist insbesondere an Sie, Herr Grässlin, gerichtet –: Wir sind jederzeit bereit, dieses Gespräch wieder aufzunehmen. Bitte setzen Sie sich doch einmal mit Herrn Schrempp in Verbindung, oder er wird es mit Ihnen tun.«

Edzard Reuter, Vorstandsvorsitzender der Daimler-Benz AG, Hauptversammlung 1993[1]

Dieses Buch eines zivilen Einmischers soll eine Ermutigung für all diejenigen sein, die nicht länger schweigen, sondern die handeln und sich einmischen wollen. Pazifismus ist eine Form konsequenten Denkens und aktiven Handelns.

Die Politik der Gewaltfreiheit definiert die Welt nicht als Reparaturbetrieb nach dem Motto: Laßt uns warnen vor den Gefahren militärischer Gewalt, und wenn es denn knallt, sind wir die ersten, die nach ihr rufen. Dabei wird dieser Ruf nach militärischen Lösungen immer dann laut, wenn schnelle Lösungen gefunden werden sollen. Genau die kann das Militär nicht versprechen, wohl aber eine medienwirksame Friedhofsruhe.

Pazifismus stärkt präventives Denken, sucht nach Lösungen, die Kriege verhindern und nach deeskalierenden Maßnahmen, wenn Kriege toben. Auf keinen Fall aber – und das wird fälschlicherweise selbst von linken Intellektuellen unterstellt – sind Pazifisten zur Passivität verdammt. Im Gegenteil: Der bundesdeutschen Friedensbewegung ist es gelungen, zu Zeiten des Krieges im ehemaligen Jugoslawien mehr Flüchtlinge bei Familien unterzubringen, als die Bundesregierung ihrerseits versorgt hat. Und im Gegensatz zur Bundesregierung hat die Friedensbewegung – eingestandenermaßen mit ihren begrenzten Mitteln – sehr wohl versucht, die demokratische Opposition in den Bürgerkriegsregionen auf dem Balkan zu stärken.

Dieses Buch befaßt sich ernsthaft mit einem einzigen Glied in der Kette der Gewalt und der möglichen Deeskalation: dem Rüstungsexport. Dieses Segment ist eines der zentralen, wenn nicht das zentralste. Die wenigsten Staaten verfügen über eine eigene Rüstungsindustrie, sie sind auf den Import von Waffen angewiesen, brauchen die Kalaschnikows, M-16 und G 3, die Leopard- oder Leclerc-Panzer, die Tornados, Mirages und F-18, um ihren Machtgelüsten Geltung zu verschaffen. Dabei sind allen voran die USA, Deutschland und Rußland voll im Geschäft. Doch stellen wir uns einmal vor, die Bundesrepublik Deutschland – die Nummer zwei unter den Weltwaffenexporteuren – erklärte den Verzicht. Wirtschaftlich wäre das beileibe keine Katastrophe, politisch aber ein unglaublich positives Signal.
Das wirtschaftspolitische Scheinargument, Rüstungsproduktion und -export würden eine technologische Spitzenstellung auf dem Weltmarkt sichern, bricht in sich zusammen, wenn man die Realität kennt: Japan, die größte zivile Wirtschaftsmacht neben den USA und Deutschland, fehlt in den Statistiken der Rüstungsexportgiganten. Dafür greift die japanische Justiz hart durch: Für ein unerlaubtes Waffengeschäft hat das Wirtschaftsministerium (Miti) in Tokio die Japan Aviation Electronics Industry Ltd. mit einem achtzehnmonatigen totalen Exportverbot belegt.[2]
Doch der gesetzliche Weg ist nur ein zweiter Schritt. Was wir brauchen, ist in erster Linie eine moralisch integre Politik neuer vitaler Interessen – wie das vitale Interesse an der Achtung und Wahrung der Menschenrechte. Eine »Politik aus der Sicht der Opfer« kann dieses Umdenken bewirken.[3]

Oft habe ich mich gefragt, ob es nicht sinnvoller wäre, in die Dritte Welt zu gehen, um dort zu helfen. Aber ich bin hier geblieben, weil ich für mich erkannt habe, daß unsere Arbeit dort am effizientesten wirkt, wo wir das Übel an der Wurzel packen können. Mit unserem kleinen Friedensbüro ist uns in kurzer Zeit ein erstaunlich fruchtbarer Beitrag zur Vernetzung der Friedens-, Menschenrechts- und Dritte-Welt-Bewegung gelungen.

Wir wissen, daß wir noch am Anfang dieses Weges stehen, die eigentliche Aufgabe noch vor uns liegt: Wir müssen den Druck auf die politisch Verantwortlichen erhöhen, damit die menschenverachtende Waffenexportpolitik tatsächlich beendet und nicht nur proklamatorisch reduziert wird. Und wir müssen den Druck auf die Rüstungsindustrie erhöhen, damit diese zur Rüstungskonversion genötigt wird.

Im Kreis Rottweil ist inzwischen auch ein Teil der Sozialdemokratie aufgewacht. Der Oberndorfer SPD-Bundestagsabgeordnete Klaus Kirschner bemüht sich endlich ernsthafter um das Thema Rüstungskonversion, nachdem er beklagen muß, daß »sich die Zahl der Beschäftigten bei der Fa. Heckler & Koch halbiert« hat und »bei der Mauser um rund zwei Drittel« zurückgegangen ist.[4] Kirschner fordert vom Bund, daß die »Chancen, die in der Abrüstung liegen, genutzt werden« und drängt – ganz im Sinne des von mir bereits 1990 geforderten Programms einer Modellregion Oberndorf/Schramberg (MOOS) – nachdrücklich darauf, »ein Rüstungskonversionsprogramm zur gezielten Umstrukturierung von Rüstungen auf zivile Produkte« zu entwickeln.[5]

Das aber verweigert die Bundesregierung weiterhin. Schließlich gebe es »abgesehen von wenigen Ausnahmen in Deutschland keine klassischen Rüstungsbetriebe«.[6] Richtig ist, daß die Manager in den Chefetagen der Waffenschmieden ihre Arbeitnehmerschaft zumeist als Manövriermasse verstehen, die je nach konjunktureller Lage kurzerhand erweitert oder reduziert werden kann. Die Firma Heckler & Koch ist dafür das beste Beispiel. Daß seitens der Bundesregierung dabei keinerlei Interesse besteht, den betroffenen Arbeitnehmern tatsächlich zu helfen, belegt der Parlamentarische Staatssekretär im Bundeswirtschaftsministerium, Dr. Reinhard Göhner, der auf die Kirschner-Anfragen antwortet: »Wenn nunmehr in einzelnen Regionen eine finanzielle Flankierung der wirtschaftlichen Folgen der Abrüstung erforderlich sein sollte, sind deshalb die Länder angesprochen.« Ein Rüstungskonversionsprogramm des Bundes komme »nicht in Betracht«.[7]

Auch auf europäischer Ebene wird das Problem der Rüstungskonversion sträflich vernachlässigt. »EG-weit werden für 1993 130 Millionen ECU bereitgestellt, die für die Umstellung auf zivile Aktivitäten und die Produktion gesellschaftlich sinnvoller Güter verwendet werden sollen. Dieses EG-Programm KONVER stellt angesichts der Größe des Problems weniger als einen Tropfen auf den heißen Stein dar.«[8]

Dr. Göhner schwebt derweil ein ganz anderes Sanierungsprogramm für die geplagte Exportindustrie vor: In seiner Funktion als Koordinator der deutschen Luft- und Raumfahrt läßt der Christdemokrat im Oktober 1993 die Katze aus dem Sack: Um für die in großen wirtschaftlichen Schwierigkeiten steckende Industrie »zusätzliche Absatzmärkte zu öffnen«, plane die Bundesregierung »die Lockerung der im internationalen Vergleich sehr strengen deutschen Auflagen« für Dual-Use-Güter. Die *Stuttgarter Zeitung* kommentiert: »Lockere Exportrichtlinien helfen allenfalls für den wachsenden Rüstungsmarkt in Asien.«[9] Genau diese Länder aber betreiben, so die jüngsten Jahresberichte von amnesty international, fast ausnahmslos eine Politik eklatanter Menschenrechtsverletzungen.

In bezug auf die Rüstungskonversion zeichnet sich derweil ein anderer, erfolgversprechenderer Weg ab: Mit der Gründung des »*Dachverbandes Kritischer AktionärInnen Daimler-Benz*« haben wir eine neue Organisationsform gefunden, mit der wir äußerst erfolgversprechend Einfluß auf die Geschäftspolitik des größten deutschen Rüstungsproduzenten und -exporteurs nehmen können. Unser Auftreten auf den Daimler-Hauptversammlungen hat in den letzten drei Jahren eine erstaunliche Medienresonanz hervorgerufen und damit den Blick der Öffentlichkeit auch auf die Waffenexporte des Unternehmens gerichtet. Zudem konnten

97. Ordentliche Jahreshauptversammlung der Daimler Benz AG am 26. Mai 1993 in Stuttgart: Daimler unter Druck. Edzard Reuter erklärt sich auf vehementes Nachhaken der Mitglieder des »Dachverbands der Kritischen AktionärInnen Daimler Benz« – hier am Rednerpult Jürgen Grässlin – zu Gesprächen am Runden Tisch bereit. (Foto: © Rüdiger Grölz)

wir die Aktionäre des Konzerns direkt mit den Machenschaften der Daimler-Benz AG konfrontieren. Das Angebot des Vorstandsvorsitzenden Edzard Reuter bei der 97. Jahreshauptversammlung im Sommer 1993, sich mit uns an einen Runden Konversionstisch zu setzen, macht – bei allen berechtigten Vorbehalten – Mut. So werden wir in den kommenden Monaten mit Daimler-Vertretern und Repräsentanten des teilmilitärischen Tochterunternehmens Deutsche Aerospace (DASA) in ernsthafte Verhandlungen treten, um Fragen der Umstellung von der militärischen auf die zivile Fertigung zu erörtern und auf die Einleitung konkreter Konversionsschritte zu drängen.[10]

Daß Rüstungskonversion möglich ist, wenn die Verantwortlichen in den Geschäftsetagen der rüstungsproduzierenden Unternehmen zu diesem Schritt bereit sind, zeigt nicht zuletzt das Beispiel der Fritz Werner Industrie-Ausrüstungen GmbH. Die Firma, die ehemals in engem Kontakt zu Heckler & Koch die Anlagen zur Lizenzfertigung der G 3-Gewehre im Ausland erstellt hat, setzt seit Anfang der neunziger Jahre konsequent auf die zivile Fertigung. Der Erfolg spricht für sich: Fritz Werner betätigt sich seither auf vielen Feldern nichtmilitärischer Produktion und errichtet unter anderem Fabriken zur Schuh- statt Munitionsfertigung. Rund 90% des Anlagengeschäftes erfolgen nunmehr im zivilen Bereich – ein Anteil, den früher die militärische Fertigung innehatte.[11]

Nach zehn Jahren engagierter Anti-Rüstungsexport-Arbeit sind wir viele Schritte vorangekommen. Durch intensive Recherchen ist es uns immer wieder gelungen, die Schuldigen zu demaskieren und die Folgen ihres Handelns aufzuzeigen. Und so werden wir weiterhin den Finger in diese Wunden legen und unseren Kampf gegen das Wegschauen und Verdrängen führen.

Der Philosoph Günther Anders nennt drei Hauptthesen, die das bisherige Versagen der Menschheit begründen: »... daß wir der Perfektion unserer Produkte nicht gewachsen sind; daß wir mehr herstellen als wir vorstellen und verantworten können; und daß wir glauben, das, was wir können, auch zu dürfen, nein: zu sollen, nein: zu müssen.« Anders hat – wohl zu Recht – geglaubt, daß »99% der Weltbevölkerung sehunfähig gemacht worden« sind.[12]

Genauso verhält es sich im Bereich der Waffenproduktion und des -exports. Sehunfähig sind wir aber nicht nur, weil uns Aldous Huxleys »Schöne neue Welt« auffrißt. Vielmehr ist es so, daß wir uns nicht vorstellen wollen, welch unermeßliches Leid unsere Waffen in den Ländern der Dritten Welt anrichten, wie mit ihnen Schlachten entschieden und Menschen verstümmelt oder getötet werden. Vielleicht müssen wir aber das Problem der Rüstungsexporte genau von dieser Seite her anpacken, müssen die Bilder zeigen, müssen die Opfer in der Dritten Welt suchen, müssen diejenigen nach Deutschland bringen, die überlebt haben und zum Kommen bereit sind.

Wir werden konsequenter sein müssen, werden zu schärferen Mitteln greifen müssen als bisher: Wenn die ersten Menschen mit zerfetzten Beinen durch Bonn kriechen, wenn die ersten Opfer mit abgeschossenen Unterkiefern in Oberndorf anklopfen, dann werden die Verantwortlichen gezwungen sein, ihr Handeln öffentlich zu rechtfertigen.

Müssen wir erst eine Krüppeldemonstration – als makaberstes Zeugnis unserer vitalen Exportinteressen – organisieren, um die Republik wachzurütteln?

Handeln statt Schweigen: Möglichkeiten der Einflußnahme

»Keine Wehrpflicht! Keine Soldaten!
Keine Monokel-Potentaten!
Keine Orden! Keine Spaliere!
Keine Reserveoffiziere!
Ihr seid die Zukunft!
Euer das Land!
Schüttelt es ab, das Knechtschaftsband!
Wenn ihr nur wollt, seid ihr alle frei!
Euer Wille geschehe! Seid nicht mehr dabei!
Wenn ihr nur wollt: bei euch steht der Sieg –!
Nie wieder Krieg!«

Kurt Tucholsky:
Drei Minuten Gehör, 1923

Wenn Sie aktiv gegen Rüstungsproduktion sowie Waffenexport und für die Umstellung der Rüstungsindustrie auf eine sinnvolle zivile Fertigung (Rüstungskonversion) eintreten wollen, benötigen Sie fundiertes Hintergrundmaterial. Dieses erhalten Sie insbesondere über die unten genannten Anti-Rüstungsexportbüros der Friedensbewegung, welche die Tagespresse sowie die militärische Fachpresse auswerten und archivieren. Gerne senden wir Ihnen Informationen über die vom Bundesverteidigungsministerium geplanten oder über die laufenden Entwicklungen neuer Waffensysteme sowie aktuelle Waffenexporte zu.
Ihnen steht eine ganze Reihe sinnvoller Handlungsmöglichkeiten offen, um auf die Entscheidungsträger in Politik und Wirtschaft Einfluß zu nehmen. Einige der wichtigsten seien an dieser Stelle genannt:

– Lassen Sie sich, zum Beispiel durch das Abonnement des Rundbriefes der Anti-Rüstungsexportbüros, regelmäßig über die gegenwärtige Entwicklung unterrichten. Beteiligen Sie sich an den Aktionen (Unterstützung von Postkarten- und Musterbriefanfragen gegen geplante Rüstungsexporte, Teilnahme an Vorträgen und Podiumsdiskussionen zum Thema, Beteiligung an Informationsständen, an gewaltfreien Aktionen vor den Werkstoren rüstungsproduzierender Unternehmen etc.).

- Werden Sie Mitglied bei Friedensorganisationen, die versuchen, Rüstungsexporte zu verhindern und den Druck zur Rüstungskonversion zu erhöhen. Arbeiten Sie mit, oder – falls Ihnen eine Mitarbeit nicht möglich ist – leisten Sie Geldspenden, denn die Friedens- und Menschenrechtsbewegung braucht Ihre finanzielle Unterstützung.
- Schreiben Sie die Landtags- und Bundestagsabgeordneten Ihres Wahlkreises oder Regierungsbezirks an, die Adressen erhalten Sie über die Friedensbüros. Lassen Sie sich über die Position der jeweiligen Partei sowie die Abrüstungsinitiativen der/des Abgeordneten informieren. Haken Sie schriftlich oder persönlich (Bürgersprechstunde) nach, und drängen Sie auf weitere parlamentarische Initiativen (Bundestagsanfragen und -debatten etc.).
- Wenden Sie sich mit schriftlich gestellten Anfragen an die Geschäftsleitungen der Rüstungsbetriebe in Ihrer Region; auch diese Adressen erhalten Sie über die Friedensbüros. Erkundigen Sie sich nach der Produktion und dem Export von Waffensystemen bzw. deren Bestandteilen sowie von Dual-Use-Gütern. Fragen Sie nach, ob die Firma zur Rüstungskonversion (der vollständigen Umstellung auf zivile Fertigung) oder lediglich zur Diversifikation (Erweiterung der Produktpalette um vereinzelte zivile Produkte) bereit ist.
- Falls Sie mit den Antworten Ihrer Politiker oder der Geschäftsführer nicht zufrieden sind: Schreiben Sie kritische Leserbriefe, verlangen Sie (zusammen mit Vertretern einer Friedensinitiative) ein persönliches Gespräch, drängen Sie auf konkrete Schritte zur Entmilitarisierung.

Werden Sie aktiv: Nichts fürchten die Geschäftsführer der Waffenschmieden mehr als eine kritische Öffentlichkeit. Und vor nichts haben Politiker mehr Angst als vor der Aufdeckung ihrer Unterstützung menschenverachtender Rüstungsexporte.
Ihrer Kreativität sind keine Grenzen gesetzt!

Friedensbüros, die im Themenbereich »Rüstungsproduktion, -export und -konversion« tätig sind

Bundeskongreß entwicklungspolitischer Aktionsgruppen, BUKO-Kampagne »Stoppt den Rüstungsexport«, Buchtstr. 14/15, 28 195 Bremen, Tel.: 04 21-32 60 45, Fax: 04 21-3 37 81 77

Kampagne »Produzieren für das Leben – Rüstungsexporte stoppen«, Bahnhofstr. 18, 65 510 Idstein, Tel.: 0 61 26-5 56 83, Fax: 0 61 26-5 46 60

Dachverband Kritischer AktionärInnen Daimler-Benz (KAD), Furtbachstr. 10, 70 178 Stuttgart, Tel.: 07 11-6 40 96 20, Fax: 07 11-6 40 79 80

Rüstungs-Informationsbüro Baden-Württemberg e. V. (RIB), Postfach 5261, 79 019 Freiburg, Tel.: 0 76 65-5 19 43, Fax: 0 76 65-5 18 68

Rüstungs-Informationsbüro Baden-Württemberg e. V. (RIB), Außenstelle Tübingen, Burgholzweg 116/2, 72 070 Tübingen, Tel.: 0 70 71-4 91 54

Weitere wichtige Adressen von Friedens-, Menschenrechts- und Dritte-Welt-Organisationen

Aktion Dritte Welt e. V. – Informationszentrum Dritte Welt (iz3w), Kronenstr. 16, 79 020 Freiburg, Tel.: 07 61-7 40 03, Fax: 07 61-70 98 66

amnesty international, Nationales Sekretariat, Heerstr. 178, 53 111 Bonn, Tel.: 02 28-65 09 81, Fax: 02 28-63 00 36

Berliner Informationszentrum für Transatlantische Sicherheit (BITS), Rykestr. 40, 10 405 Berlin, Tel.: 030-6 09 78 03, Fax: 030-6 09 78 03

Bündnis 90/Die Grünen, Bundesgeschäftsstelle, Haus Wittgenstein, Im Ehrental 2–4, 53 332 Bornheim, Tel.: 0 22 22-70 08-0, Fax: 0 22 22-70 08-99

Büro für notwendige Einmischungen, Pulverteich 18, 20 099 Hamburg, Tel.: 040-24 16 88, Fax: 040-2 80 36 01

Dachverband der Kritischen Aktionärinnen und Aktionäre, Schlackstr. 16, 50 737 Köln, Tel.: 02 21-5 99 56 47, Fax: 02 21-5 99 10 24

Deutsche Sektion IPPNW, Körtestr. 10, 10 967 Berlin, Tel.: 030-6 93 02 44, Fax: 030-6 93 81 66

Deutsche Friedensgesellschaft Vereinigte KriegsdienstgegnerInnen e. V. (DFGVK), Schwanenstr. 16, 42 551 Velbert, Tel.: 0 20 51-42 17, Fax: 0 20 51-42 10

Forschungsinstitut für Friedenspolitik e. V., Lohgasse 3, 82 352 Weilheim, Tel.: 08 81-45 86, Fax: 08 81-20 80

Grünes Europabüro Dreyeckland, Wilfried Telkämper, MdEP, Habsburgerstr. 9, 79 104 Freiburg, Tel.: 07 61-5 79 80, Fax: 07 61-5 25 18

Komitee für Grundrechte und Demokratie, An der Gasse 1, 64 759 Sensbachtal, Tel.: 0 60 68-26 07, Fax: 0 60 68-36 98

medico international, Obermainanlage 7, 60 314 Frankfurt/Main, Tel.: 069-2 44 38-0, Fax: 069-43 60 02

Netzwerk Friedenskooperative, Römerstr. 88, 53 111 Bonn, Tel.: 02 28-69 29-04/-05, Fax: 02 28-69 29 06

Ohne Rüstung Leben (ORL), Furtbachstr. 10, 70 178 Stuttgart, Tel.: 07 11-6 40 96 20, Fax: 07 11-6 40 79 80

Pax Christi, Deutsches Sekretariat, Postfach 1345, 61 103 Bad Vilbel, Tel.: 0 61 01-20 73, Fax: 0 61 01-6 51 65

Pro Asyl e. V., Postfach 10 18 43, 60 018 Frankfurt/Main, Tel.: 069-29 31 60, Fax: 069-28 03 70

SPD, Büro Gernot Erler, MdB, Luisenstr. 7, 79 098 Freiburg, Tel.: 07 61-38 26 29, Fax: 07 61-2 48 65

terre des hommes e. V., Ruppenkampstr. 11 a, 49 084 Osnabrück, Tel.: 05 41-7 10 10, Fax: 05 41-70 72 33

Verein für Friedenspädagogik Tübingen e. V., Bachgasse 22, 72 070 Tübingen, Tel.: 0 70 71-2 13 12, Fax: 0 70 71-2 15 43

Anmerkungen

1. Politische Geburt

1 Kidron, Michael und Dan Smith: *Die Aufrüstung der Welt. Ein politischer Atlas. Kriege und Waffen seit 1945.* Hamburg 1983, Teil 1: »Die Kriege seit 1945«
2 Tsetung, Mao: *Worte des Vorsitzenden Mao Tsetung*, Peking 1972, S. 74
3 *Badische Zeitung* vom 23. 12. 1992
4 Die Stiftung Entwicklung und Frieden stellte in Zusammenarbeit mit der Arbeitsgemeinschaft Kriegsursachenforschung ein systematisches Register der kriegerischen Konflikte von 1985 bis 1992 vor. In: *Frieden 2000* 1–2/1993, S. 2.
Jens Siegelberg zählt in seiner Übersicht »Kriege Juli 1992 bis Juni 1993« 45 Kriege und legt dabei folgende Definition zugrunde: »Als Kriege werden nur Konflikte erfaßt, in denen zwei oder mehr bewaffnete Streitkräfte beteiligt sind, wobei es sich auf mindestens einer Seite um reguläre Streitkräfte der Regierung handeln muß. Spontane Aufstände, Massaker und Staatsstreiche werden nicht erfaßt.« Die detaillierte Übersicht findet sich in: Birckenbach, Hanne-Margret, Uli Jäger und Christian Wellmann (Hrsg.): *Jahrbuch Frieden 1993: Konflikte, Abrüstung, Friedensarbeit*, München 1992, S. 66 f., und in *Jahrbuch Frieden 1994,* München 1993, S. 38 f.

2. Stolz darauf, ein Oberndorfer zu sein

1 »Gedanken von Robert Gleichauf zu Landgraebers Film ›Fern vom Krieg‹« im *Schwarzwälder Boten* vom 30. 10. 1984
2 *Schwarzwälder Bote* vom 21. 9. 1988
3 *Neckarquelle,* Ausgabe Schwenningen, Interview vom 24. 2. 1990 mit der Pressesprecherin Andrea Franke
4 Pressespiegel zum Film *Fern vom Krieg*, 1984; Interview mit Wolfgang Landgraeber, Naturfreundjugend Württemberg, Jugendgruppe Oberndorf
5 Robert Gleichauf im *Schwarzwälder Boten* vom 30. 10. 1984
6 *Schwarzwälder Bote* vom 6. 11. 1984
7 *Schwarzwälder Bote* vom 6. 11. 1984
8 Schreiben Andrea Brodbeck vom 12. 4. 1990
9 *Schwarzwälder Bote* vom 7. 11. 1984
10 Erich Tag im *Schwarzwälder Boten* vom 6. 11. 1984
11 Die Mauser-Werke AG in den Kriegsjahren 1940/41, S. 16
12 Mauser-Denkschrift unter der Leitung von Prof. Dr. Matschoß, VDI-Verlag G.m.b.H., Berlin 1938, Zeittafel und S. XIII f.

13 Ebd., Einführung »Der Aufsichtsrat und Vorstand der Mauser-Werke A.-G.«
14 *Schwarzwälder Bote* vom 30. 10. 1984
15 *Die Mauser-Werke AG in den Kriegsjahren 1940/41*, Vorwort S. 5 ff. und Schaubild 1 »Die Umsatzentwicklung von 1933–1941«
16 Uli Pfau im *Schwarzwälder Friedensforum* Nr. 1, S. 14 f.
17 *Offenburger Tagblatt* vom 22. 10. 1985
18 *Südfrüchte aus Oberndorf. Der Reader zum Film*, Bonn 1986, S. 17
19 Presseinformation der Mauser-Werke Oberndorf GmbH vom 4. 6. 1987 und *wehrtechnik* 12/1987, S. 62
20 Filmtip aktuell von Achim Lehle, *Schwarzwälder Friedensforum* Nr. 6, April – Juni 1987, S. 4
21 *wehrtechnik* 12/1987, S. 62
22 Ebd.
23 Mauser-Werke Oberndorf GmbH, Lagebericht für das Geschäftsjahr 1987
24 *Schwarzwälder Friedensforum* Nr. 1, S. 3

3. Schwerter statt Pflugscharen

1 Sonderbeilage des *Schwarzwälder Boten* vom September 1987
2 Presseinformation der Mauser-Werke Oberndorf GmbH vom 4. 6. 1987
3 Pressemitteilung anläßlich des 40jährigen Firmenjubiläums der HK-Gruppe
4 Die Mauser-Werke AG in den Kriegsjahren 1940/41, Seiten 154 f., 161, 164, 170
5 Ulrich Albrecht, Peter Lock und Herbert Wulf (Hrsg.): *Rüstung gegen Arbeitslosigkeit*, Hamburg 1983, S. 62. Zitiert nach: Luther u. a.: *Der internationale Handel mit Waffen*, S. 21 f.
6 Bundeskongreß entwicklungspolitischer Aktionsgruppen, BUKO, und Junge Europäische Föderalisten, JEF (Hrsg.): *Südfrüchte aus Oberndorf*, Bonn 1986, S. 19

4. Warum nicht in der Bärenhöhle? – Ostermärsche in einer Waffenstadt

1 Faltblatt »Rüstung und Arbeitsplätze. Informationen und Meinungen«, Oberndorf Frühjahr 1988
2 Gisela Beig-Glück im *Schwarzwälder Friedensforum* Nr. 8, Januar – März 1988, S. 2
3 *Schwarzwälder Bote* vom 15. 1. 1988
4 *Südwest Presse* vom 14. 1. 1988
5 *Die Zeit*. Dossier. 12.–15. 3. 1991

6 Mierzwa, Roland: *Bundesdeutsche Rüstungsexporte in die Dritte Welt*, Frankfurt 1989, S. 36
7 Andrea Brodbeck im Gespräch mit Vertretern des Rüstungs-Informationsbüro Oberndorf (RIO) am 18. 1. 1990
8 *Südwest Presse* vom 5. 4. 1988
9 amnesty international (Hrsg.): *Myanmar. Ein Land kämpft für Demokratie.* Göttingen 1990, S. 15
10 *Report* (Baden-Baden/Südwestfunk) vom 30. 1. 1990, Bericht: Herbert Klar, Moderation: Franz Alt
11 *Schwarzwälder Friedensforum* Nr. 9, Sommer 1988, S. 18 f.
12 Dirk Holzknecht im Gespräch mit RIO-Vertretern am 18. 1. 1990
13 *Report* vom 30. 1. 1990
14 Kommentierung von Lothar Ellinger im *Rio-Rundbrief* Nr. 13 vom 23. 4. 1990
15 *Far Eastern Economic Review* vom 23. 5. 1991
16 *Die Woche* vom 25. 3. 1993
17 Wolf Frieder: Birma/Myanmar. Deutsche Waffenexporte leisten Beihilfe zum Völkermord. In: *Vierte Welt Aktuell* Nr. 88, Mai 1990
18 Dr. Jürgen Rochlitz war baden-württembergischer Landtagsabgeordneter im Wahlkreis Weinheim (Wahlkreis 39) in der 10. Wahlperiode (1988–1992).
19 *Schwäbische Zeitung* vom 31. 3. 1988

5. Arbeitsplätze über alles – IG Metall & SPD im Kampf gegen sich selbst

1 *Metall*-Nachrichten Schramberg, September 1981
2 *Metall*, Nr. 20/1980
3 *Südfrüchte aus Oberndorf*, S. 127 ff.
4 Aufruf des DGB zum Antikriegstag 1985 »Nie wieder Krieg – rüstet endlich wieder ab«, S. 6, Forderung 6
5 *Südfrüchte aus Oberndorf*, S. 120 f.
6 Flugblatt des DGB »Arbeitsplätze statt Kriegsschauplätze« zu den Ostermärschen 1987
7 Niederschrift von Lothar Hüneke zum Seminar am 3./4. 4. 1987 in Schenkenzell
8 Flugblatt des DGB Baden-Württemberg vom Frühjahr 1987
9 *Schwarzwälder Bote* vom 24./25. 6 . 1989
10 *Schwarzwälder Friedensforum* Nr. 9, Sommer 1988, S. 10 ff.
11 *Schwarzwälder Bote* vom 16. 4. 1988, JUSOS Donaueschingen
12 *Schwarzwälder Bote* vom 9. 4. 1987
13 Den Grünen brachte die Ostermarschunterstützung und aktive Friedensarbeit keinen Gewinn: Ich konnte das Stimmergebnis lediglich auf einem erschrek-

kend niedrigen Niveau halten: 343 Oberndorfer wählten die Grünen gegenüber 335 Stimmen vier Jahre zuvor, was diesmal einem prozentualen Anteil von 4,4 Prozent entsprach.

14 *Schwarzwälder Bote* vom 30. 4. 1988

15 Brief von Erhard Eppler an Gabriele Müller vom 4. 1. 1988

16 *Der Spiegel* 38/1989, »Letzte Spuren beseitigt«

17 Leserbrief im *Schwarzwälder Boten* vom 26. 9. 1989

18 Leserbrief im *Schwarzwälder Boten* vom 11. 10. 1989

19 Brief von Alfred Unfried in: *Metall*-Nachrichten, IG Metall Nürnberg und Vertrauenskörper 4

20 In einem direkten Anschreiben vom 13. 1. 1990 drängte Lothar Ellinger, Sprecher des SFF und SPD-Mitglied in Sulz, die Ortsvereine der umliegenden Städte zur Ostermarschteilnahme. Der Sulzer OV hatte bereits einstimmig zugestimmt.

6. Mauser macht's möglich

1 *Schwarzwälder Bote* vom 16. 2. 1989

2 *Schwäbische Zeitung* vom 18. 3. 1988

3 Schreiben von Herrn Junghans, Heckler & Koch GmbH, vom 14. 3. 1988

4 Mechtersheimer, Alfred und Peter Barth: *Militarisierungsatlas der Bundesrepublik*, Darmstadt 1986, 2. korrigierte Auflage, S. 202

5 Siehe auch *Südwest Presse* vom 25. 3. 1988 und Schwarzwälder Bote vom 19. 3. 1988

6 *Schwarzwälder Bote* vom 17./18. 9. 1988

7 *Schwarzwälder Bote* vom 25./26. 11. 1989

8 *Schwarzwälder Friedensforum* Nr. 14, Frühjahr – Sommer 1990, S. 26 f.

9 *Schwarzwälder Bote* vom 17./18. 9. 1988. Helmut Eppe trat 1992 von seinem Amt des Sprechers der Geschäftsleitung der Mauser-Werke zurück.

7. Was der *Schwarzwälder Bote* verschweigt

1 *Schwarzwälder Bote* vom 21./22. 11. 1989

2 Ebd.

3 *Schwarzwälder Bote* vom 14. 5. 1991

4 Telefonate vom 25. 4. 1989

5 *Schwarzwälder Bote* vom 28. 11. 1989

6 *Südwest Presse* vom 24. 12. 1986

7 Schreiben vom 19. 8. 1990 an Günther Wolf

8 *Badische Zeitung*, BZ-Magazin vom 11. 8. 1990

9 *Frankfurter Rundschau* vom 18. 8. 1990
10 *Schwarzwälder Bote* vom 23. 12. 1992
11 Schreiben von Andrea Brodbeck vom 12. 4. 1990
12 *Neckarquelle,* Ausgabe Schwenningen vom 24. 2. 1990
13 *Schwarzwälder Bote* vom 9. 4. 1987
14 *Schwarzwälder Bote* vom 1. 6. 1989
15 Telefonat vom 21. 12. 1989, 15.30 Uhr
16 *150 Jahre Schwarzwälder Bote,* Sonderausgabe vom 3. 1. 1985

8. Auf einem Auge blind – die katholische Amtskirche

1 Deutscher Bundestag, 11. Wahlperiode, Aktuelle Stunde zu »Kriegswaffen-Exportpolitik« vom 7. 5. 1987, S. 598
2 *Schwarzwälder Bote* vom 28. 12. 1989
3 *Schwarzwälder Bote* vom 5. 1. 1990
4 *Schwarzwälder Bote* vom 13./14. 1. 1990
5 *Schwarzwälder Bote* vom 24. 6. 1988
6 *Schwarzwälder Bote* vom 11./12. 6. 1988
7 *Schwarzwälder Bote* vom 23. 6. 1988
8 *Schwarzwälder Bote* vom 24. 6. 1988
9 *Schwarzwälder Bote* vom 30. 6. 1988
10 *Schwarzwälder Bote,* Leserbriefe von Josef Jauch aus Schramberg-Sulgen vom 29. 6. 1988 und Gero Schmidt-Heck aus Schramberg-Waldmössingen vom 5. 7. 1988
11 *Schwarzwälder Bote* vom 9. 7. 1988
12 *Schwarzwälder Bote* vom 12. 7. 1988

9. Schmerzhafte Erfahrungen

1 Fernseh-Bericht der *AV-News* Tübingen, verantwortlicher Redakteur: Peter Hailmann, Mai 1989
2 *Peace News Bulletin* Nr. 18, Juli 1989, S. 12
3 *Südwest Presse* vom 1. 3. 1989
4 *Schwarzwälder Bote* vom 1.3 1989
5 *Schwarzwälder Bote* vom 11. 2. 1989
6 *Südfrüchte aus Oberndorf,* S. 73 ff.
7 Lorscheid, Helmut: *Waffenhändler am Kabinettstisch,* Göttingen 1989, S. 41
8 BT-Drs. 11/5399 vom 18. 10. 1989
9 *Südfrüchte aus Oberndorf,* S. 48
10 *Jane's Infantry Weapons* 1989–90, S. 297 f.

11 *Der Spiegel* 12/1988 »Deutsche Waffen für die Contras?«
12 *Der Spiegel* 9/1989
13 *Schwarzwälder Bote* vom 2. 3. 1989
14 *Schwarzwälder Friedensforum* Nr. 9, Sommer 1988, S. 2 und S. 5 ff.
15 *Schwarzwälder Friedensforum* Nr. 11, Frühjahr 1989, S. 6
16 *Schwarzwälder Friedensforum* Nr. 13, Herbst 1989, S. 23 ff.
17 *Jane's Infantry Weapons* 1989/90, S. 157
18 BT-Drs. 11/5968 vom 5. 12. 1989 »Problematik von Lizenzvergaben und bundesdeutschen Rüstungsexporten nach Peru«
19 BT-Drs. 11/6037 vom 12. 12. 1989 »Problematik von Menschenrechtsverletzungen in Peru«
20 Victor Jara: *Chile, mein Land, offen und wild.* Hamburg 1985, Klappentext
21 BT-Drs. 10/1915 vom 29. 8. 1984 »Kleinwaffenexporte« von Walter Schwenniger und der Fraktion Die Grünen
22 BT-Drs. 10/1346 vom 24. 4. 1984
23 Mierzwa, Roland: *Bundesdeutsche Rüstungsexporte in die Dritte Welt*, Frankfurt 1989, S. 38
24 Ebd., S. 141, 250 f. und 289
25 *Süddeutsche Zeitung* vom 8. 5. 1993
26 *Frankfurter Rundschau* vom 8. 5. 1993
27 *ai-Info*, amnesty international 11/1993

10. Wie David einen Goliath das Fürchten lehrte

1 TV-Bericht der *AV-News*, Tübingen, vom Mai 1989, verantwortlicher Redakteur: Peter Hailmann
2 *Der Spiegel* 52/1989, S. 64
3 *Südwest Presse*, Südwestumschau, vom 18. 5. 1989
4 Schreiben von Dr. Erich Riedl an Dr. Alfred Mechtersheimer vom 22. 5. 1989
5 *Schwarzwälder Bote* vom 25. 7. 1989
6 BT-Drs. 11/5399 »Kleinwaffenexporte und Lizenzvergaben« vom 18. 10. 1989
7 BT-Drs. 10/1336 vom 17. 4. 1984
8 BT-Drs. 11/5514 vom 30. 10. 1989

11. Näheres zur wöchentlichen RIO-Sau im fernen Bonn-Dorf

1 Deutscher Bundestag, 11. Wahlperiode, 194. Sitzung vom 8. Februar 1990
2 *Der Spiegel* 52/1989, S. 64 f.
3 *Schwarzwälder Bote* vom 13. 11. 1989
4 Deutscher Bundestag, 11. Wahlperiode, Fragestunde vom 17. 1. 1990

5 Geschäftsordnung des Deutschen Bundestages, Bonn 1987, S. 82
6 Deutscher Bundestag, 11. Wahlperiode, Fragestunde vom 8./9. 11. 1989
7 Perdelwitz, Wolf und Hasko Fischer: *Waffenschmiede Deutschland*, Hamburg 1984, S. 257
8 Berichte von ARD und ZDF am 19. 7. 1993. Die Bilder zeigten, wie mexikanische Regierungseinheiten mit G 3-Gewehren Flüchtlinge zur Abschiebung am Flughafen empfingen.
9 *Jane's Infantry Weapons* 1988–89, S. 519
10 Andrea Brodbeck beim Rüstungsexportsymposium der Grünen Baden-Württemberg am 5. 5. 1990 im Forum 3, Stuttgart
11 *Report* Baden-Baden: »Deutsche Gewehre erobern die Welt«; Bericht von Herbert Klar vom 30. 1. 1990
12 BT-Drs. 11/5399 vom 18. 10. 1989
13 BT-Drs. 11/5399 vom 18. 10. 1989
14 BT-Drs. 11/6313 vom 24. 1. 1990, Antrag der Abgeordneten Frau Vennegerts und der Fraktion Die Grünen
15 Deutscher Bundestag, 11. Wahlperiode, 194. Sitzung vom 8. 2. 1990
16 BT-Drs. 12/2781 »Deutsche Exporte in den Iran unter besonderer Berücksichtigung des Exports von Gütern mit rüstungsrelevanter Bedeutung« vom 16. 6. 1992
17 Lorscheid, Helmut, a. a. O., S. 21
18 Wulf, Herbert: *Waffenexporte aus Deutschland*, Hamburg 1989, S. 38
19 *antimilitarismus information* 1/1989 (IV-3), S. 25

12. Meine Traumfrau – die Philippina

1 *Handelsblatt* vom 1. 2. 1971
2 Mierzwa Roland, a. a. O., S. 128
3 Schreiben der H&K-Pressesprecherin vom 12. 4. 1990.
Anmerkung: Der britische Militärverlag *Jane's Infantry Weapons* hat sich nach Aussage der Bundesregierung sowie des Oberndorfer G 3-Herstellers auch bei der Meldung geirrt, in Thailand gebe es eine Lizenzfertigung des Schnellfeuergewehrs G 3. *Jane's* meldet zudem die Produktion der für das G 3 notwendigen NATO-Munition vom Kaliber 7.62 mm x 51. Produziert werden soll diese bei der »Republic of the Philippines State Arsenal« in Manila (*Jane's Infantry Weapons* 1989–90, S. 157 und S. 535).
Die Bundesregierung bestreitet, eine Lizenzvergabe für das G 3 genehmigt zu haben: »In den der Bundesregierung vorliegenden Informationen gibt es in Thailand keine Lizenzfertigung von G 3-Gewehren; die Lizenzfertigung bezieht sich auf ein Gewehr mit einem kleineren Kaliber.« (BT-Drs. 10/1737 vom 12. 7. 1984)
4 epd/Evangelischer Presse-Dienst, Januar 1988. In der BUKO-Broschüre »Rü-

stungsmarkt Südost-Asien«, Bremen 1987/88, S. 31, wird das Vorkommen der HK 33 und der HK 21 in Thailand bestätigt.

5 Pressemitteilung von amnesty international, Sektion der Bundesrepublik Deutschland e. V. vom 9. 11. 1984

6 BT-Drs. 10/2243 vom 29. 10. 1984

7 BT-Drs. 11/5514 vom 30. 10. 1989

8 *Frankfurter Rundschau* vom 22. 8. 1988

9 *Jede Woche* vom 8. 4. 1987

10 Inserat in *Sonntag Aktuell* vom 31. 5. 1987

11 Andrea Brodbeck im Schreiben vom 12. 4. 1990

12 Franz Sauter, MdB CDU, in *Jede Woche* vom 27. 5. 1987

13 *Die Zeit* vom 18. 9. 1992

13. Liquidierung per Killerkoffer?

1 *Schwäbische Zeitung* vom 29. 8. 1991

2 MP-5-Werbeprospekte von H&K und Tophoven, Rolf: *GSG 9. Kommando gegen Terrorismus*, Koblenz 1985, S. 47

3 *Jane's Infantry Weapons* 1988–89, S. 87

4 Ebd. S. 109

5 Ebd. S. 104

6 Ebd. S. 94

7 *Schwarzwälder Bote* vom 23. 2. 1991

8 *Internationales Waffen-Magazin*, Heft 1–2 1990, S. 58

9 *wehrtechnik* 1/1983, S. 16 ff.

10 *Schwarzwälder Bote* vom 7. 9. 1990

11 Werbeprospekt der Firma Heckler & Koch, Oberndorf

12 *Schwarzwälder Bote* vom 14. 4. 1988

13 *Wiener*, Heft 2/1990

14 Tophoven, Rolf: *GSG 9. Kommando gegen Terrorismus*, Koblenz, 4.Auflage 1985, S. 42

15 Andrea Brodbeck im Schreiben vom 27. 12. 1989

16 *Der Spiegel* 39/1977, S. 83

17 *Stuttgarter Nachrichten* vom 23. 7. 1993

18 *Der Spiegel* 32/1993, S. 26: »Denn das Projektil, das Gerichtsmediziner während der Sektion aus dem Körper von Grams operierten, ist nach den Erkenntnissen der akribisch arbeitenden Züricher Profis ›eindeutig‹ aus einer Polizeiwaffe abgegeben worden – einer Heckler & Koch P-7, deren Magazin mit Deformationsgeschossen gefüllt war.«

19 Tophoven, a. a. O. S. 40 ff.

20 Andrea Brodbeck im Schreiben vom 12. 4. 1990

21 Leserbrief vom 4. 5. 1989, wurde vom *Schwarzwälder Boten* nicht publiziert

22 Interview im Südwestfunk SWF 1 am 26. 10. 1989
23 Fernsehbericht in »Politik Südwest«, SW 3, vom 7. 12. 1989
24 *Der Spiegel* 19/1990, S. 95 und 98
25 BT-Drs. 11/6344 vom 31. 1. 1990
26 Kleine Anfrage, Landtag von Baden-Württemberg, LT-Drs. 10/2963 vom 19. 2. 1990
27 Pressemitteilung Nr. 89/90 der Grünen im Landtag von Baden-Württemberg vom 29. 3. 1990
28 Ergänzende Antwort des Innenministeriums auf die LT-Drs. 10/2963, LT-Drs. 10/3401 vom 23. 5. 1990
29 Leserzuschrift von Dietrich G. von Streit, Korntal-Münchingen, vom 9. 4. 1990
30 *Der Spiegel* 19/1990, S. 95 und 98
31 *Stuttgarter Zeitung* vom 9. 4. 1990
32 Andrea Brodbeck im Schreiben vom 12. 4. 1990
33 Andrea Brodbeck beim Rüstungsexportsymposium am 5. 5. 1990 im Forum 3, Stuttgart
34 BT-Drs. 11/6537 vom 28. 2. 1990

14. Ein Pazifist als Feindbild Nr. 1

1 Interview von Ken Jebsen mit Radio Neufunkland, Reutlingen, zitiert nach *Schwarzwälder Friedensforum* Nr. 15, Frühjahr 1991, S. 2 und 19
2 *Schwarzwälder Bote* vom 15. 9. 1988 und 26. 9. 1989
3 *Schwarzwälder Bote* vom 24./25. 11. 1990
4 *Badische Zeitung* vom 11. 8. 1990
5 Radio Neufunkland a. a. O.
6 *Schwarzwälder Bote* vom 10. 6. 1991
7 Treffen bei der Firma Heckler & Koch am 18. 1. 1990, Protokoll von Uwe Krimmer
8 Zitiert nach: *Schwarzwälder Bote* vom 14. 5. 1982
9 Treffen bei der Firma H&K am 18. 1. 1990
10 *Schwarzwälder Bote* vom 11. 12. 1989
11 Deutschsprachiger H&K-Werbeprospekt »Handfeuerwaffen. HK-Waffensystem Gruppe I«
12 Deutschsprachiger H&K-Werbeprospekt »HK-Maschinenpistolen«
13 Deutschsprachiger H&K-Werbeprospekt »Das HK-Waffensystem«
14 Englischsprachiger H&K-Werbeprospekt »Weapon-Ammunition-System. G 11 Rifle with caseless ammunition«
15 Deutschsprachiger H&K-Werbeprospekt »Das Gewehr G 11 mit hülsenloser Munition setzt neue Maßstäbe«
16 *Schwarzwälder Bote* vom 12. 7. 1990

15. Wann stirbt der erste Mensch?

1 BT-Drs. 11/5399 vom 18. 10. 1989
2 *Merian Schwarzwald*, 42. Jahrgang, Nr. 11, November 1989, S. 3
3 *Badische Zeitung* vom 3. November 1989
4 dpa Nr. 320 vom 8. 6. 1984
5 *Schwarzwälder Bote* vom 14. 5. 1982
6 BT-Drs. 11/5399 vom 18. 10. 1989
7 *Schwarzwälder Bote* vom 11./12. 6. 1988
8 Griephan, Hans-Joachim (Hrsg.): *Wehrdienst*, Ausgabe 1220 vom 30. 4. 1990
9 BT-Drs. 11/7055 vom 3. 5. 1990
10 *Stern*, Heft 48/1983, S. 134
11 Deutscher Bundestag, Wissenschaftliche Dienste: Thema: »Erprobung von neu entwickelter und im Entwicklungsstadium befindlicher Munition, insbesondere im Kleinwaffenbereich durch Bundeswehr und/oder den Herstellern und Entwicklern an Tieren, insbesondere an Schweinen und Hunden« vom 27. 4. 1990, S. 2 Bearbeiter: OTL i.G. Bartke
12 BT-Drs. 11/7055 vom 3. 5. 1990
13 Ebd.
14 *wehrtechnik* 12/1984
15 *Internationale Wehrrevue* 9/1987, S. 1221

16. Das Imperium schlägt zurück

1 Brief von Erich Schmidt-Eenboom vom 25. 4. 1990
2 Wissenschaftlicher Dienst, Deutscher Bundestag vom 27. 4. 1990, a. a. O. S. 3 f.
3 *Schwarzwälder Bote* vom 17. 5. 1990
4 *Schwarzwälder Bote* vom 22. 5. 1990
5 *Schwarzwälder Bote* vom 25. 5. 1990
6 Klage der Firma Heckler & Koch vom 5. 7. 1990
7 Begründung für die Kostenfestsetzung vom 17. 8. 1990
8 Sofortige Beschwerde von Heckler & Koch, vertreten durch die Geschäftsführer Walter Lamp und Peter Moser, vom 29. 8. 1990
9 Rückweisung der Beschwerde von H&K durch das Oberlandesgericht Stuttgart vom 17. 9. 1990
10 *Südwest Presse* vom 31. 7. 1990
11 *Südwest Presse* vom 3. 8. 1990
12 *Hauskurier HK* Ausgabe April 1990
13 *Schwarzwälder Friedensforum* Nr. 14, Frühjahr/Sommer 1990, S. 6 ff.
14 Presseerklärung Nr. 71/90, Die Grünen Baden-Württemberg vom 26. 10. 1990

15 *Frankfurter Rundschau* vom 18. 8. 1990
16 *Die Zeit* vom 16. 11. 1990
17 *Hessische und Niedersächsische Allgemeine* vom 8. 7. 1990

17. Ministerpräsidenten als Handlanger der Rüstungsindustrie

1 *wehrtechnik* 3/1987, S. 16
2 Ebd., S. 16 f.
3 BT-Drs. 11/7794 vom 5. 9. 1990
4 BT-Drs. 12/976, Parlamentarischer Staatssekretär Klaus Beckmann vom 12. 7. 1991, BT-Drs. 11/7794 vom 5. 9. 1990 und Antrag der SPD-Fraktion »Rüstungsproduktion und Konversion in Baden-Württemberg« vom 9. 12. 1992. Der Wert für das Jahr 1992 war mit 1,6 Milliarden DM als »vorläufig« angegeben.
5 *Der Spiegel* 4/1993, S. 23 ff.
6 *Süddeutsche Zeitung* vom 21. 1. 1993
7 dpa-Meldung Nr. 430 vom 6. 1. 1993
8 Michel Golibrzuch, Landesarbeitsgemeinschaft Frieden der Grünen Niedersachsen, und Andrea Hoops, MdL, haben umfassende Stellungnahmen mit Hintergrundmaterial zusammengestellt
9 *Südwest Presse* vom 1. 12. 1990
10 Pressekonferenz am 22. 11. 1990
11 Der 71seitige SIPRI-Bericht vom Oktober 1990 wurde von Ian Anthony aus Großbritannien, Anges Courades Allebeck aus Frankreich und Herbert Wulf aus der BR Deutschland herausgegeben
12 *Schwarzwälder Bote* vom 23. 11. 1990
13 *Südwest Presse* vom 1. 12. 1990
14 *Schwarzwälder Bote* vom 3. 12. 1990
15 *Schwarzwälder Bote* vom 22. 11. 1990
16 *Schwarzwälder Bote* vom 16. 5. 1990
17 CDU-Wahlkampfzeitung für die baden-württembergische Landtagswahl am 25. 3. 1984, Slogan der H&K-Werbung: »Ausbildungsziel: Präzision«
18 CDU-Wahlkampfzeitung *wir* vom Februar und März 1988
19 Presseerklärung Nr. 70/90, Die Grünen Baden-Württemberg vom 25. 10. 1990
20 *Tagesthemen*, ARD, vom 30. 10. 1990, 22.30 Uhr
21 *Badische Zeitung* vom 26. 10. 1990
22 *Schwarzwälder Bote* vom 26. 10. 1990
23 *Schwarzwälder Bote* vom 3. 12. 1990
24 Presseerklärung Nr. 85/90, Die Grünen Baden-Württemberg vom 30. 11. 1990
25 *Schwarzwälder Bote* vom 6. 12. 1990
26 *Schwarzwälder Bote* vom 8. 12. 1990
27 *Schwarzwälder Bote* vom 9. 1. 1991

28 *Schwarzwälder Bote* vom 6. 12. 1990
29 Landesdienst Südwest/lsw-Meldung vom 10. 5. 1990
30 Ebd.
31 *Badische Zeitung* vom 5. 11. 1991
32 *Schwarzwälder Bote* vom 14. 2. 1991
33 Presseerklärungen Nr. 2/91 und 4/91, Die Grünen Baden-Württemberg vom 9. 1. 1991 und vom 11. 1. 1991
34 *Stuttgarter Zeitung* vom 12. 1. 1991
35 *Schwarzwälder Bote* vom 5. 2. 1991
36 *Schwarzwälder Bote* vom 11. 1. 1991 und vom 24. 2. 1991
37 *Military Technology* 12/1990, S. 90
38 *Frankfurter Rundschau* vom 14. 3. 1991
39 Stellungnahme von Dr. Florian Deltgen, Präsident der H&K Inc., *Südwest Presse* vom 15. 3. 1991
40 *Südwest Presse* vom 22. 3. 1991
41 *Schwarzwälder Bote* vom 16. 4. 1991 und *Südwest Presse* vom 17. 4. 1991
42 *Schwarzwälder Bote* vom 20./21. 4. 1991
43 Schreiben von Irma Elbing, Köln, vom 24. 6. 1990, und *ppp* vom 20. 6. 1990
44 *Schwarzwälder Bote* vom 7. 3. 1992
45 *wehrtechnik* 8/1993, S. 3
46 *Stuttgarter Zeitung* vom 20. 3. 1993
47 LT-Drs. 11/707 »Arbeitsplatzabbau und Kurzarbeit der Industrie in Friedrichshafen und Immenstaad« vom 14. 10. 1992
48 *Schwarzwälder Bote* vom 7. 3. 1992

18. Mit fünf Prozent sind Sie dabei

1 Faltblatt »Entmilitarisierung«, Die Grünen Landesverband Baden-Württemberg, Landtagswahlkampf 1990
2 Landesversammlung der Grünen in Asperg vom 28.–29. 4. 1990, Vorstellung Christa Vennegerts
3 *RIO-Rundbrief* Nr. 16 vom 11. 12. 1990
4 *Schwarzwälder Bote* vom 12./13. 1. 1991
5 Resolution des UN-Sicherheitsrates vom 6. 8. 1990
6 *Schwarzwälder Bote* vom 12./13. 1. 1991
7 Brecht, Bertolt: *Mutter Courage und ihre Kinder*, geschrieben 1938/39, Berlin 1983, S. 5
8 Flugblatt »Firmen-Boykott« der Grünen Landesverband Baden-Württemberg
9 Presseerklärung von Wilfried Telkämper, MdEP, zur Debatte vom 12. 9. 1990
10 *Der Spiegel* 7/1991, S. 107
11 *die tageszeitung* vom 24. 12. 1992
12 *Frankfurter Rundschau* vom 8. 4. 1991

13 Presseerklärung Nr. 17/91, Die Grünen Baden-Württemberg vom 7. 2. 1991
14 Bögeholz, Hartwig: *Der Krieg um Kuwait*, Bielefeld 1991, S. 126
15 *Badische Zeitung* vom 6. 2. 1991
16 Rede am 9. 2. 1991 auf dem Stuttgarter Schloßplatz anläßlich einer Friedensdemonstration gegen den zweiten Golfkrieg

19. Der Tod ist ein Meister aus Deutschland

1 *Frankfurter Rundschau* vom 23. 1. 1991
2 Hierzu zählen insbesondere das Raketenprojekt SAAD 16 der Gildemeister Projectza AG, das Raketenprojekt 395 von MBB und die C-Waffen-Anlage in Samarra von Karl Kolb. Eine umfassende Dokumentation findet sich in: Koppe, Holger und Egmont R. Koch: *Bomben-Geschäfte. Tödliche Waffen für die Dritte Welt.* München 1991
3 *Flug Revue* 8/1990, S. 29
4 *MBB aktuell* 6/1986
5 *Flug Revue* 6/1991, S. 59 ff.
6 Plenarprotokoll 11/102 vom 26. 10. 1988. In: *BUKO-Rundbrief* Nr. 22–23, S. 5 f.
7 Grässlin, Jürgen: *Der Tod ist ein Meister aus Baden-Württemberg*, Stuttgart 1991, S. 46
8 Dornier-Information 910112 vom 1. 2. 1991
9 *Frankfurter Rundschau* vom 14. 8. 1990
10 René Stiegelmann im Schreiben vom 7. 2. 1991
11 *Badische Zeitung* vom 23. 2. 1991
12 Interview mit dem Staufener Bürgermeister Graf von Hohenthal vom 8. 3. 1991
13 Bamberg, Sebastian: *... und morgen die ganze Welt. Daimler-Benz – ein Rüstungskonzern auf dem Weg ins 21. Jahrhundert*, Idstein 1990, S. 153 f.
14 *wehrtechnik* 1/1990, S. 68
15 *wehrtechnik* 9/1989, S. 40
16 Internes Schreiben betreffend »Zusammenfassung und Erweiterung der Bezeichnungen der PL-41-Systeme« der Firma Litef, Freiburg, vom 8. 1. 1986
17 *wehrtechnik* 5/1993, S. 22
18 *Luftwaffen-Forum* 3. Quartal 1991, S. 30 f.
19 BT-Drs. 11/6950 »Export von Militärelektronik« vom 24. 4. 1990
20 *wehrtechnik* 2/1992, S. 59
21 *wehrtechnik* 3/1992, S. 3
22 *Jane's Infantry Weapons* 1990–91
23 Kommunikationszentrum Idstein (KOMZI): *Tatort Stuttgart. Rüstungsriese Daimler-Benz.* Idstein 1989, S. 16: Allein im Zeitraum von 1976 bis 1986 erhielt der Irak 6 737 und der Iran 12 645 Geländewagen, Unimogs und Lkws.
24 *wehrtechnik* 4/1979, Firmenporträt Porsche, S. 73 ff.

25 Veranstaltung der Grünen, Ortsverband Zuffenhausen, am 12. 6. 1991
26 Die Patentschau der *wehrtechnik* 3/1993 enthält auf S. 62 gleich zwei militärische Neuentwicklungen: »Panzerfahrzeug mit einer Anlage zur Brand- und Explosionsverhinderung sowie zur Atemluftversorgung« und eine »Gummibandgleiskette«.
27 Bebermeyer, Hartmut (Hrsg.): *Deutsche Ausfuhrkontrolle 1992. Rechts- und Verfahrensvorschriften für den Export von Rüstungsgütern*, Bonn 1991, S. 9 f. und S. 84
28 LT-Drs. 11/1052 vom 9. 12. 1992, Antrag der baden-württembergischen Landtagsfraktion der SPD: »Rüstungsproduktion und Konversion in Baden-Württemberg«
29 *wehrtechnik* 12/1992, S. 3

20. Auf dem Schlachtfeld der Sprache

1 Schwarzkopf, Norman: *Man muß kein Held sein*. München 1992, S. 604 ff.
2 Tucholsky, Kurt: »Der bewachte Kriegsschauplatz« (veröffentlicht unter dem Pseudonym Ignaz Wrobel). In: Carl von Ossietzky (Hrsg.): *Die Weltbühne*. 27. Jahrgang, 1931, S. 191 f.
3 Interview mit Norman Schwarzkopf vom 31. 1. 1991. In: Bögeholz, Hartwig: a. a. O., S. 111
4 Schwarzkopf, Norman: a. a. O., Seiten 644, 604 und 602
5 Bögeholz, Hartwig: a. a. O., S. 88
6 Schwarzkopf, a. a. O., S. 642
7 *wehrtechnik 9/1989*, S. 74
8 *Military Technology* 9/1991, S. 69
9 *Military Technology* 6/1992, S. 15
10 Inserate im *Desert Storm Almanach, Military Technology* 6/1991, S. 6, 137, 145
11 *Nato's Sixteen Nations* 6/1992, S. 45
12 *wehrtechnik* 3/1992, S. 38
13 Lock, Peter: Rüstungswerbung. Der Boom gegen die Krise der Rüstungsindustrie. *Militärpolitik Dokumentation* Heft 41/42. Berlin 1985. S. 85 ff.
14 *die tageszeitung* vom 30. 1. 1991
15 *amnesty international Jahresbericht 1991*, Frankfurt 1991, S. 193 ff.
16 MacArthur, John R.: *Die Schlacht der Lügen. Wie die USA den Golfkrieg verkauften*, München 1993
17 *Graswurzel Revolution* Nr. 155 vom April 1991
18 *SIPRI-Yearbook 1980*: Im Zeitraum von 1970 bis 1979 führte Israel mit Rüstungsexporten im Wert von 447 Millionen US-Dollar, vor allem an Südafrika, Argentinien und El Salvador, die Exportstatistik deutlich an.
19 Brief an Heinz Galinski vom 30. 1. 1991, unterzeichnet von den grünen

Landtagsabgeordneten Gerd Schwandner, Rose Glaser, Rezzo Schlauch, Winfried Kretschmann, Birgit Bender und Michael Jacobi

20 Von mir verfaßter Offener Brief vom 3. 2. 1991, unterzeichnet von den MdL Christine Muscheler-Frohne und Barbara Schroeren-Boersch, Tobias Pflüger vom Bundeshauptausschuß, Alex Singer, Sprecher der Landesarbeitsgemeinschaft Frieden u. a.

21 *Badische Zeitung* vom 6. 2. 1991

22 *Der Spiegel* 31/1993, S. 124 f.

23 Pflüger, Tobias: »Parlamentarische Friedensarbeit oder: ›Woanders ist es effektiver...‹«. In: Michael Alfs u. a. (Hrsg.): *Arbeit am verlorenen Frieden*, Münster 1993, S. 196 ff. Die Transparentaktion im Landtag fand am 21. 1. 1991 statt.

24 Nielebock, Thomas: *Rüstungsexport. Analysen, Daten, Stellungnahmen.* Tübingen 1984, S. 19

25 *wehrtechnik* 9/1989, S. 4 f.

26 Hummel, Hartwig: »Der Golfkrieg und die deutsche Rüstungsexportpolitik«. In: Arbeitsgruppe Friedensforschung (Hrsg.): *Analysen zum Golfkrieg*, Tübingen 1991, S. 35 ff.

27 Antrag Ellen Kropp u. a.: »Außenpolitisches Forum der Grünen«; Landesdelegiertenkonferenz in Freiburg, 15.–17. 3. 1991

28 Antrag Jürgen Grässlin u. a.: »Nie wieder Krieg!«; Landesdelegiertenkonferenz in Freiburg, 15.–17. 3. 1991

29 Antrag Georg Habs-Hoffschör und Jürgen Grässlin: »Der Golf-Krieg – Nicht nur ein Krieg ums Öl«; Landesdelegiertenkonferenz in Freiburg, 15.–17. 3. 1991. Im Minderheitenvotum, das auf Antrag der unterlegenen Antragsteller als Anhang aufgenommen worden ist, heißt es: »Wir sprechen Israel das Recht auf Selbstverteidigung nicht ab. Israel, das zu keinem Zeitpunkt an diesem Krieg beteiligt war, hat einen Anspruch auf Hilfe zur Abwehr der Scud-Raketen gehabt. Damit geben die Grünen ihre pazifistische Grundhaltung nicht auf, sondern erkennen lediglich die Ausnahmesituation der von den Deutschen mit ermöglichten Genozidbedrohung der Juden an.«

30 Grässlin, Jürgen: »Ohne System-Opposition kein Pragmatismus«. In: *Grüne Blätter*, März 1991, S. 17

21. Sozialethisch gerechtfertigter, strafrechtlich verwerflicher Drucktäter

1 BT-Drs. 11/7746 »Gefechtsübung ›Protée‹ in Baden-Württemberg« vom 21. 8. 1990

2 *Gäubote* vom 28. 8. 1990

3 LT-Drs. 10/2760 »NATO-Manöver in Baden-Württemberg im Jahr 1990« vom 15. 1. 1990

4 *Böblinger Bote* vom 28. 8. 1990
5 *Badische Zeitung* vom 17. 9. 1990
6 *Schwarzwälder Bote* vom 17. 9. 1990
7 *Schwäbische Zeitung* vom 19. 9. 1990
8 *Schwarzwälder Bote* vom 17. 9. 1990
9 Strafbefehl vom 18. 11. 1991 gegen Jürgen Grässlin, Amtsgericht Freiburg
10 Kommentar von Martin Hug in der *Badischen Zeitung* vom 13. 2. 1992
11 Verurteilung von Christoph Besemer wegen »Nötigung« durch Richter Witulski, Amtsgericht Freiburg, Geschäftsnummer 25 Cs 220/91 in der Sitzung vom 21. 11. 1991.
12 *Badische Zeitung* vom 21. 9. 1990
13 Presseerklärung zur Pressekonferenz am 10. 2. 1992
14 Presseerklärung »DGB gegen strafrechtliche Ahndung von gewaltfreien Manöverprotesten« von Peter Dreßen, DGB Kreis Freiburg-Breisgau, vom 11. 2. 1992
15 Presseerklärung »Solidarität mit den Blockadeteilnehmern« von Wilfried Telkämper, Europäisches Parlament, vom Februar 1992
16 Presseerklärung »rien ne va plus« von Angelika Beer, Bundesvorstand Die Grünen, vom 10. 1. 1992
17 Presseerklärung »Ende der Kriminalisierung bei gewaltfreien Blockaden« von Dagmar Dehmer, Sprecherin Die Grünen Baden-Württemberg, vom Februar 1992
18 Pressemitteilung »Politische Entspannung von Freiburger Justiz verschlafen?« von Rose Glaser, Mitglied des Landtags von Baden-Württemberg vom 10. 2. 1992
19 Pressemitteilung »Erler für Verfahrenseinstellung bei Manöverblockierern« von Gernot Erler, MdB SPD, vom 7. 2. 1992
20 Veranstaltung im Freiburger Rathaus »Die Lehren des Golfkriegs« am 17. 1. 1992, mein Schreiben vom 23. 1. 1992 und Antwort Chevènement vom 20. 2. 1992
21 Mit der Entscheidung vom 11. 11. 1986 bestätigte das Bundesverfassungsgericht bei Stimmengleichheit die bisher geltende Regelung und erklärte den Nötigungsparagraphen § 240 des StGB für verfassungskonform. Als berechtigt anerkannte »Fernziele« können auch weiterhin bei der Urteilsfindung unberücksichtigt bleiben.
22 *Badische Zeitung* vom 22. 9. 1990
23 Verurteilung von Georg Habs-Hoffschör und Jürgen Grässlin wegen »Nötigung u. a.« durch Richter Hofstetter, Amtsgericht Freiburg, Aktenzeichen 26 Cs 214/91 in der Sitzung vom 12. 2. 1992
24 Pressemitteilung 1/92 »Grüne Breisgau-Hochschwarzwald erleichtert, aber nicht zufrieden!« vom 13. 2. 1992
25 Kommentar von Martin Hug in der *Badischen Zeitung* vom 13. 2. 1992
26 Benedikt Mechler im Schreiben vom 20. 2. 1992
27 Pressemitteilung von Benedikt Mechler vom 2. 3. 1992

28 Faltblatt des *Schwarzwälder Friedensforums* zur Selbstauflösung, die letzte Ausgabe der Zeitschrift war im Frühjahr 1991 erschienen.
29 *Stuttgarter Zeitung* vom 23. 3. 1992
30 *die tageszeitung* vom 23. 3. 1992
31 *Badische Zeitung* vom 26. 3. 1992
32 *Schwarzwälder Bote* vom 23. 3. 1992

22. Der Tag, an dem ich die Militärmaschinen lieben lernte

1 BT-Drs. 12/4688 »Menschenrechtsverletzungen in der Türkei« vom 5. 4. 1993
2 *Military Technology* 11/1990, S. 79; *Nato's Sixteen Nations* 4/1993, Defence of Turkey, S. 2: »MKEK has become the name of qualitiy in the world by producing high technology products.«
3 Deutsch- und englischsprachiger Werbeprospekt der Firma Makina ve Kimya Endüstrisi Kurumu, MKEK General Directorate: Tangonan-Ankara, ohne Datumsangabe
4 *Jane's Infantry Weapons* 1989–90, S. 109
5 BT-Drs. 12/3041 »Exporte und Lizenzvergaben der Maschinenpistole MP 5 von Heckler & Koch, Oberndorf« vom 15. 7. 1992
6 Lorscheid, Helmut: *Waffenhändler am Kabinettstisch*, Göttingen 1989, S. 21
7 Grässlin, Jürgen: »Recherchieren, veröffentlichen, nicht locker lassen: Anregungen zum Engagement gegen Rüstungsexporte.« In: *Jahrbuch Frieden 1994*, München 1993, S. 233 ff.. In dem Beitrag findet sich eine Übersicht über die bisherigen deutschen Rüstungstransfers in die Türkei.
8 Antwort des Parlamentarischen Staatssekretärs Bernd Wilz vom 4. 2. 1993 auf eine Anfrage von Gernot Erler, MdB SPD
9 *wehrtechnik* 5/1993, S. 50 f.
10 Kurdistan-Reise des Waldkircher RIB-Mitglieds Alexander Kauz für medico international im Januar 1992
11 *die tageszeitung* vom 23. 10. 1992
12 *Frankfurter Rundschau* vom 4. 11. 1992
13 *Die Welt* vom 4. 11. 1992
14 Zitiert nach *Schwarzwälder Friedensforum* Nr. 13, Herbst 1989, S. 43
15 Modern Fighter aircraft, Salamander Book: Zur F-4E (Fighter-Version): »Includes 15 from USAF inventory, 72 from new production«. Die Aufklärer RF-4E stammen alle aus der Neuproduktion.
16 *wehrtechnik* 8/1992, Interview Nevzat Ayaz: »Die Bedrohung ist eher noch gewachsen«, S. 25 ff.
17 BT-Drs. 12/4688 vom 5. 4. 1993
18 Gemeinsame Presseerklärung vom 25. 9. 1992
19 *Frankfurter Rundschau* vom 26. 9. 1993
20 Eilige Pressemitteilung »Deutsche Delegation in Kurdistan-Türkei berichtet

von neuen Angriffen auf kurdische Zivilbevölkerung mit deutschen Waffen« von medico international vom 6. 10. 1992

21 Gründungsplattform der Aktionseinheit, in der folgende Trägerorganisationen mitarbeiten: Türkei- und Kurdistangruppe Freiburg, Kurdistan-Solidarität Freiburg, UnterstützerInnen der ERNK, Nicaragua-AK der Evangelischen Fachhochschule Freiburg, Südbadisches Aktionsbündnis gegen Abschiebung (SAGA), Die Grünen Landesverband, Ohne Rüstung Leben in Stuttgart, Kritische AktionärInnen Daimler-Benz Stuttgart, BUKO-Koordinationsstelle »Stoppt den Rüstungsexport« in Bremen, Kampagne »Produzieren für das Leben – Rüstungsexporte stoppen« in Idstein sowie RIB, vom 18. 10. 1992

22 *Badische Zeitung* vom 19. 5. 1992

23 *Badische Zeitung* vom 31. 10. 1992, Titelseite und Seite Breisgau-Hochschwarzwald

24 Zeitungsanzeige, Badische Zeitung vom 31. 10. 1992

25 Resolution der Kreistagsfraktion Die Grünen Breisgau-Hochschwarzwald vom 28. 10. 1992. Darin wird gefordert: »Der Kreistag des Landkreises Breisgau-Hochschwarzwald spricht sich entschieden gegen die unmittelbar bevorstehende Lieferung von zunächst 13 Kriegsflugzeugen vom Typ Phantom RF-4E aus den Beständen des ›Immelmann-Geschwaders‹ an die Türkei aus.«

26 Landesausschuß die Grünen Baden-Württemberg am 18. 10. 1992 in Stuttgart-Bad Cannstatt

27 Gespräch der »Aktionseinheit gegen den Export von Phantom-Flugzeugen« mit Oberst Uwe Focke in Bremgarten am 12. 11. 1992

28 *Özgür Gündem* vom 17. 10. 1992

29 *Badische Zeitung* vom 14. 11. 1992

23. Aktions»tag« der Menschenrechte

1 Landtag von Baden-Württemberg, 11. Wahlperiode, 13. Sitzung, Antrag der Fraktion Die Grünen: »Fluchtgründe beseitigen: Rüstungsexporte stoppen«, Drucksache 11/953 vom 9. 12. 1992

2 Ebd.

3 Antrag der Grünen 11/953 und Änderungsanträge 11/1049 vom 8. 12. 1992, 11/1055 vom 9. 12. 1992 und 11/1058 vom 9. 12. 1992

4 *Badische Zeitung* vom 11. 12. 1992

5 Gemeinsamer Aufruf zum »Aktions«tag der Menschenrechte am 10. 12. 1992

6 *Badische Zeitung* vom 11. 12. 1992

7 Dr. Erich Riedl in einer Antwort auf eine Frage des Freiburger SPD-Mitglieds im Verteidigungsausschuß, Gernot Erler, vom 1. 12. 1992

8 17. Rundschreiben aus dem Carl-Kabat-Haus, Mutlangen, vom März 1993

9 Badische Zeitung vom 5. 11. 1993

10 Schreiben von Karl Stockhausen, MdB CDU, vom 21. 10. 1992

11 Presseerklärung Nr. 205/1992 »Deutsche Waffen auch weiterhin gegen Kurden« von Vera Wollenberger und Gerd Poppe vom 22. 9. 1992
12 Stellungnahme des türkischen Außenministers Hikmet Cetin. In: BT-Drs. 12/3264 vom 18. 9. 1992
13 Schreiben von Bundesaußenminister Klaus Kinkel an den türkischen Außenminister Hikmet Cetin vom 2. 6. 1992. In: BT-Drs. 12/3264 vom 18. 9. 1992
14 *NATO-Brief* Nr. 6, November 1991, S. 26
15 *Frankfurter Rundschau* vom 4. 11. 1992
16 *RIB-Rundbrief* Nr. 3 vom 12. 10. 1992
17 Schreiben Dr. Fritz Wittmann, Vorsitzender des Verteidigungsausschusses, MdB CSU, vom 27. 10. 1992
18 Schreiben von Rüdiger Wolf, CDU/CSU-Bundestagsfraktion, Arbeitsgruppe Verteidigungspolitik, vom 26. 10. 1992
19 *Frankfurter Rundschau* vom 17. 10. 1992
20 Karl Stockhausen im Schreiben vom 16. 10. 1992
21 *Frankfurter Allgemeine Zeitung* vom 17. 12. 1992
22 Die *Frankfurter Rundschau* meldet die Vertragsunterzeichnung am 16. 12. 1992 und gibt den Auftragswert mit 800 Millionen DM an.
23 *Badische Zeitung* vom 29. 12. 1992
24 BT-Drs. 12/4688 vom 5. 4. 1993
25 Antrag Jürgen Grässlin zur 97. Hauptversammlung der Daimler-Benz AG am 26. Mai 1993 in Stuttgart.
26 Stellungnahme der Verwaltung der Daimler-Benz AG zum obengenannten Antrag. Der Antrag sowie die Stellungnahme wurden allen Daimler-Aktionären vor der Hauptversammlung zugeleitet.
27 dpa-Meldung, *Stuttgarter Zeitung* vom 1. 6. 1993
28 Landtag von Baden-Württemberg, LT-Drs. 11/2263 vom 12. 7. 1993
29 Bundesministerium der Verteidigung, Rü T II 1 – Az 75-70-04/11/12, Deutsche NATO-Verteidigungshilfen/Unterstützungsleistungen für Griechenland, Portugal, Türkei
30 Der Text der Anzeige sowie umfassendes Hintergrundmaterial sind in dem im Mai 1993 erschienenen Buch *Völkermordanzeige gegen bundesdeutsche staatliche Stellen wegen Unterstützung des Völkermordes am kurdischen Volk* direkt beim Kurdistan Komitee in der BRD e. V., Hansaring 66, 50670 Köln, nachzulesen.

24. Partei in der Zerreißprobe

1 Deutscher Bundestag, 12. Wahlperiode, 163. Sitzung am 17. 6. 1993, Protokoll S. 14009, Aktuelle Stunde zu Somalia
2 *wehrtechnik* 4/1993, S. 2
3 *Der Spiegel* 5/1993, S. 76 ff.
4 Streitgespräch mit Helmut Lippelt am 11. 3. 1993 in Baden-Baden

5 *Der Spiegel* 35/1992, S. 68 f.
6 *loyal* 10/1992, S. 1
7 Länderrat der Grünen in Hannover am 21. 3. 1993
8 Landesvorstandssitzung der Grünen Baden-Württemberg am 25. 3. 1993 in Stuttgart
9 Schreiben vom 9. 2. 1993
10 *Grüne Blätter* 4/1992, S. 3
11 *Heilbronner Stimme und Mannheimer Morgen* vom 3. 5. 1993
12 *Frieden 2000* Nummer 1–2/1993, Zeitschrift des Friedenskomitee 2000 in Starnberg, S. 2
13 amnesty international: *Menschenrechte vor der Jahrtausendwende*, Frankfurt 1993, S. 7 f.
14 Antrag der LAG Frieden Baden-Württemberg »Der Krieg im ehemaligen Jugoslawien – für eine zivile und humanitäre Einmischung statt einer militärischen Intervention«, Landesdelegiertenkonferenz vom 30. 4.–2. 5. 1993 in Kehl
15 Vergleiche hierzu Max Webers Rede: »Politik als Beruf« vom Januar 1919. In: Pax Christi u. a. (Hrsg.): *Eingreifen! Gewaltfreiheit versus Militärintervention*, Idstein 1993, S. 48
16 Dieter S. Lutz: »Intervention – Krieg als Ultima ratio?« In: Rathfelder, Erich (Hrsg.): *Krieg auf dem Balkan. Die europäische Verantwortung*, Hamburg 1992, S. 101
17 *Frankfurter Allgemeine Zeitung* vom 13. 1. 1993
18 Bericht von der Fahrt nach Serbien, Kroatien und Slowenien vom 7. 7.–16. 7. 1993 von Tobias Pflüger
19 Reisebericht Martin Jung, 7. 7.–16. 7. 1993
20 Thomas Groß: Die Bundeswehr – kein Instrument des Menschenrechtsschutzes. Antikritik der linken Pazifismuskritik, Schreiben vom 31. 1. 1993
21 Werkentin, Falco: *Die Restauration der deutschen Polizei*, Frankfurt 1984, S. 86
22 Die Aufgaben der Blauhelme bestehen danach in der Aufrechterhaltung und Kontrolle eines Waffenstillstandes und in der Schaffung von Voraussetzungen für politische Lösungen auf dem Verhandlungswege. Die direkte Konfliktlösung durch den Einsatz von Truppen wird ausgeschlossen. Außer zur Selbstverteidigung wird auf Waffengewalt verzichtet. Zum Einsatz der UN-Blauhelme muß die Zustimmung aller an einem Konflikt beteiligten Staaten vorliegen. Quelle: UN-Basis-Informationen: UN-Friedenstruppen, Bonn 1988
23 Antrag Cem Özdemir u. a.: »Europa lebt oder stirbt in Bosnien-Herzegowina«, Landesdelegiertenkonferenz der Grünen Baden-Württemberg am 30. 4.–2. 5. 1993 in Kehl
24 Knapp zwei Monate später sollte Kanzler Kohl auf der Kopenhagener Konferenz der EG-Staatschefs als einziger diese Forderung vertreten. *Hamburger Abendblatt* vom 23. 6. 1993
25 Antrag Harry Block u. a.: »Humanität durch Krieg?«, Landesdelegiertenkonferenz in Kehl

26 Antrag Rudi Hoogvliet u. a.: »Zivile Konfliktstrategien entwickeln. Den Krieg in Jugoslawien beenden«, Landesdelegiertenkonferenz in Kehl
27 *Schwäbische Zeitung* vom 3. 5. 1993
28 *Stuttgarter Nachrichten* vom 14. 6. 1993
29 Quistorp, Eva und Barbara Bussfeld: *Scheherazade. Stimmen von Frauen gegen die Logik des Krieges*, Hamburg 1992, S. 19
30 *Der Spiegel* 8/1993, S. 50 ff.
31 Kommissarischer Länderrat am 13. 6. 1993 in Bonn
32 *antimilitarismus information* 7–8/1993, S. 20 ff.
33 Veranstaltung des grünen Kreisverbandes Breisgau-Hochschwarzwald: »Pazifismus der Grünen am Wanken?« am 28. 6. 1993 in Freiburg
34 Deutscher Bundestag, 12. Wahlperiode, 163. Sitzung am 17. 6. 1993, Protokoll S. 14009, Aktuelle Stunde zu Somalia
35 Uli Beer-Bercher, DFG-VK-Landesvorsitzender Baden-Württemberg. In: *Grüne Blätter* 4/1992, S. 3

25. Reuters Apfelschuß via Singapur

1 Telefax von Andrea Franke an die TV-Redaktion *Monitor* vom 13. 9. 1991
2 *Monitor*-Bericht »Jugoslawien: Tod durch deutsche Waffen« von Jo Angerer und Mathias Werth vom 17. 9. 1991
3 *Mediatus* 9–10/1991, S. 3 ff.
4 Artikel in der Zeitschrift *DUGA* in der Ausgabe vom 30. 8.–13. 9. 1991
5 Telefax von Andrea Franke an die TV-Redaktion *Monitor* vom 13. 9. 1991
6 *Jane's Infantry Weapons 1990–91*, S. 422
7 *Monitor* vom 17. 9. 1991
8 Antwort von Edzard Reuter bei der 97. Daimler-Hauptversammlung
9 Fragen von Tobias Pflüger bei der 97. Daimler-Hauptversammlung und schriftliche Beantwortung vom 15. 6. 1993
10 Ogger, Günter: *Nieten in Nadelstreifen*, München 1992, S. 46
11 Schreiben von Tobias Pflüger vom 29. 6. 1993 und schriftliche Beantwortung vom 27. 7. 1993
12 *Frankfurter Rundschau* vom 6. 1. 1992
13 Beveren, Tim van: The Anglo-German Connection: Illegal Transfers Made Simple! In: *Warreport* January 1993, S. 17 f.
14 Schreiben an Andrew Jeacock vom 8. 1. 1993
15 Antwortschreiben B. A. Hacking, Royal Ordnance, vom 13. 1. 1993
16 Frage von Hans Martin Bury und Antwort von Staatssekretär Dr. Johann Eekhoff vom 3. 3. 1992
17 Hans Martin Bury, schriftliche Einzelfragen an die Bundesregierung, 13. 1. 1993
18 Antwort von Dr. Heinrich Kolb vom 25. 1. 1993

19 BT-Drs. 12/3041 vom 15. 7. 1992
20 *Stuttgarter Nachrichten* vom 3. 4. 1992
21 *Report* aus Baden-Baden am 13. 11. 1990
22 *Süddeutsche Zeitung* vom 25. 1. 1993 und vom 22. 4. 1993
23 *Schwarzwälder Bote* vom 26. 1. 1993
24 *Stuttgarter Zeitung* 2. 11. 1992
25 Brown, Robert K.: »SOF Raped by Supreme Court – But Not Impaled.« In: *Soldier of Fortune* 5/1993, S. 3
26 Interview in Radio Neckarburg 26. 10. 1992
27 Bundesprüfstelle für jugendgefährdende Schriften, Entscheidung Nr. 4035 vom 5. 4. 1990
28 *Courier-Journal Newspaper*, Louisville/Kentucky »Court puts future of magazine in doubt« vom 12. 1. 1993
29 Kilpatrick, James: »Do advertisements cause the crimes.« In: *Soldier of Fortune* 5/1993, S. 27. Das Werbeinserat enthielt Adresse und Telefonnummer von Michael Savage und erschien von Juni 1985 bis März 1986.

26. In a world of compromise …

1 Radio Neckarburg-Interview am 19. 3. 1993
2 Zur Aktion vor dem Werksgelände von Heckler & Koch wurde von einem breiten Unterstützerkreis aufgerufen, zu dem neben den Organisatoren vom Büro für notwendige Einmischung und von RIB auch die BUKO-Kampagne »Stoppt den Rüstungsexport«, Pro Asyl, medico international, die DFG-VK, Netzwerk Friedenskooperative, die Jusos, die Grünen u. a. gehörten.
3 Pflüger, Tobias und Martin Jung: *Der Krieg in Jugoslawien*. Seine Ursachen. Offene Grenzen für Waffen – aber nicht für Flüchtlinge. Pazifistische Handlungsperspektiven, Tübingen 1993, S. 28 ff.
4 *Schwarzwälder Bote* vom 1. 4. 1993
5 Kokalis, Peter G.: »The M 1 Does MY Talking!« In: *Soldier of Fortune* August 1993, S. 44 f.
6 Telefonat vom 24. 3. 1993
7 *Combat and Survival Magazine*, Februar 1993, S. 12 f.
8 Strafanzeige gegen H&K, gestellt bei der Rottweiler Staatsanwaltschaft am 5. 4. 1993
9 *Soldier of Fortune*, Mai 1993, S. 25
10 Berichte aus den weltweiten Kriegsgebieten sind klassisches Thema von *Soldier of Fortune*. Über den Krieg auf dem Balkan wird regelmäßig und ausführlich – meist in den Titelgeschichten – berichtet, z. B. In *Soldier of Fortune* Januar 1993, Februar 1993, S. 36 ff., März 1993, S. 54 ff., April 1993, S. 52 ff., Mai 1993, S. 46 f., Juli 1993, S. 48 ff., August 1993, S. 30 ff., September 1993 S. 52 ff., Oktober 1993, S. 48 ff. und 52 f., November 1993, S. 48 f. und 64 f.

11 *Soldier of Fortune* August 1993, S. 44 f.
12 In *Soldier of Fortune* vom Januar 1993 findet sich ein Bericht über die belgisch-ungarisch-deutsche Hochleistung, gemeint sind Mauser-Pistolen bzw. deren Derivate. Die HK P7-Pistole wird in der Ausgabe vom November 1992, S. 40 ff. ausgiebig vorgestellt. In der Ausgabe vom Juni 1993 finden die H & K-Maschinenpistole (S. 19 ff.) und die H & K-Faustfeuerwaffen im Bereich des Offensive Handgun Weapon System (UHWS) (S. 30 f.) eine ausführliche Würdigung.
13 *Soldier of Fortune* Mai 1993, S. 27
14 *Soldier of Fortune* Mai 1993, S. 70
15 Schreiben von Staatsanwalt Beiter, Staatsanwaltschaft Rottweil, vom 8. 9. 1993

27. Anfrage nur unter VS-NfD – Vertraulicher Erfolg

1 BT-Drs. 12/5240 »Beschaffungsmaßnahmen für die Bundeswehr im Handfeuerwaffen- und Ausrüstungsbereich« vom 18. 6. 1993
2 Gernot Erler ist Mitglied im Verteidigungsausschuß des Deutschen Bundestages. Laut Pressemitteilung vom 5. 10. 1993 wird er zum verteidigungspolitischen Sprecher der SPD-Bundestagsfraktion ernannt.
3 Stellungnahme »›Restore Hope‹ und die verlogene Humanität« von Gernot Erler vom 14. 1. 1993
4 *Jane's Infantry Weapons* 1990–91, S. 873
5 Schreiben von Gernot Erler vom 21. 12. 1990 und Antwort des Bundesverteidigungsministeriums vom 12. 2. 1991
6 Schreiben von Gernot Erler vom 5. 3. 1991 und Antwort von Willy Wimmer vom 10. 4. 1991
7 Gernot Erler a. a. O. vom 14. 1. 1993
8 *Schwäbische Zeitung* vom 7. 5. 1993 und vom 14. 5. 1993
9 Frank Kupferschmidt, Arbeitsgruppe Sicherheitsfragen der Bundestagsfraktion der SPD in einem Schreiben an die MdBs Walter Kolbow und Gernot Erler vom 3. 6. 1993.
In der offiziellen Bundestagsdrucksache 12/5240 vom 22. 6. 1993 heißt es dann: »Die Beantwortung der o. g. Kleinen Anfrage ist aus Geheimschutzgründen nicht in offener Form möglich.« Wieder einmal macht sich die Bundesregierung absolut lächerlich: Kurze Zeit später sind die wehrtechnischen Zeitschriften voll mit detaillierten Beiträgen zum Thema.
10 BT-Drs. 12/5240 »Beschaffungsmaßnahmen für die Bundeswehr im Handfeuerwaffen- und Ausrüstungsbereich« vom 18. 6. 1993
11 *Hauskurier HK* Ausgabe April 1990
12 *Frankfurter Rundschau* vom 26. 6. 1993
13 SWF-Interview, gesendet am 26. 6. 1992 um 7.50 Uhr in Südwest 3
14 *Schwarzwälder Bote* vom 18. 5. 1991

15 *Schwarzwälder Bote* vom 12. 11. 1991. Wolfgang Nürnberger, Mitglied der Geschäftsleitung Wehrtechnik in der Krauss Maffei AG, löste am 1. Oktober 1991 den bisherigen H&K-Geschäftsführer Walter Lamp ab und leitet seither das Unternehmen zusammen mit Tony Lamper. In: *Schwäbische Zeitung* vom 30. 8. 1991
16 *Europäische Sicherheit* 1/1993, S. 8
17 *Nato's Sixteen Nations* 6/1991, S. 122
18 dpa-Meldung Nr. 518 vom 1. 3. 1993
19 Verschiedene Telefonate des Verfassers mit der Staatsanwaltschaft Rottweil, u. a. mit dem Pressereferenten Rieker vom 18. 8. 1988
20 Antwortschreiben von Staatsanwalt Fiedler vom 10. 11. 1987 auf die schriftliche Anfrage der Bundestagsabgeordneten Ellen Olms vom 4. 11. 1987
21 *Frankfurter Rundschau* vom 20. 10. 1987
22 Antwortschreiben von Staatsanwalt Dr. Mansperger vom 9. 11. 1989 auf die schriftliche Anfrage der Bundestagsabgeordneten Christa Vennegerts vom 11. 10. 1989
23 BT-Drs. 11/6016 »Ermittlungen gegen Rüstungsfirmen« vom 8. 12. 1989
24 Pressemitteilung der Staatsanwaltschaft Rottweil vom 1. 3. 1993
25 Pressemitteilung von Richter Thoma, Landgericht Rottweil, vom 15. 9. 1993.
26 Presseerklärung des Rüstungs-Informationsbüros Baden-Württemberg vom 15. 10. 1993
27 Prozeßprotokoll Jürgen Grässlin; Prozeß gegen Walter Lamp am 4. 11. 1993 am Landgericht Rottweil
28 BT-Drs. 12/4956, S. 2
29 *Soldat und Technik* 6/1993, S. 366
30 *Der Spiegel* 38/1993, S. 171 f.
31 *Der Stern* Nr. 35 vom 26. 8. 1993, S. 12 ff.
32 *Stuttgarter Zeitung* vom 9. 9. 1992
33 *Badische Zeitung* vom 11. 11. 1992
34 Wette, Wolfram: »Von neuer ›militärischer Normalität‹ und ›gewachsener Verantwortung‹ Deutschlands. Ein Essay«. In: *Jahrbuch Frieden 1994,* München 1993, S. 21 ff. Grundlage der Rühe-Richtlinien bildete das Konzept »Militärpolitische und militärstrategische Grundlagen und konzeptionelle Grundrichtung der Neugestaltung der Bundeswehr« von Generalinspekteur Klaus Neumann aus dem Jahr 1991.
35 *Das Heer* 8/1998, S. 2 ff.
36 *wehrtechnik* 10/1993, S. 46 ff.. Eine definitive Entscheidung über die »Typen- und Herstellerauswahl« fällt »nach Angebotsauswertung, Erprobung und Truppenversuch 1994«.
37 *Schwarzwälder Bote* vom 12. 11. 1991

28. Im Prinzip ein unmißverständliches »Jein« – die Realität der ungebremsten Rüstungsexporte

1 *die tageszeitung* vom 23. 12. 1992

2 Bebermeyer, Hartmut (Hrsg.): *Deutsche Ausfuhrkontrolle. Rechts- und Verfahrensvorschriften für den Export von Rüstungsgütern*, Bonn 1992, Punkt 9 der »Politischen Grundsätze der Bundesregierung für den Export von Kriegswaffen und sonstigen Rüstungsgütern«, S. 159. Die Politischen Grundsätze stellen eine Absichtserklärung der Regierung dar, ihnen kommt aber keine Rechtsverbindlichkeit zu.

3 Nielebock, Thomas: *Rüstungsexport. Analysen, Daten, Stellungnahmen*, Tübingen 1984, S. 161

4 Brzoska, Michael: *Rüstungsexportpolitik. Lenkung, Kontrolle und Einschränkung bundesdeutscher Rüstungsexporte in die Dritte Welt*, Frankfurt 1986, S. 111

5 Deutscher Bundestag, 11. Wahlperiode, Aktuelle Stunde zu »Kriegswaffen-Exportpolitik der Bundesregierung in Länder des Nahen und Mittleren Ostens, insbesondere nach Saudi-Arabien« vom 7. 5. 1987, S. 598

6 Jäger, Uli: *Rüstung ohne Grenzen. Handbuch gegen Rüstungsexporte*, Tübingen, zweite, überarbeitete und erweiterte Auflage 1991, S. 12: Der »schwarze Markt«, also illegale Waffentransfers, werden weltweit immer bedeutender. Aber auch der Anteil des »grauen Marktes«, das heißt genehmigte, jedoch nicht veröffentlichte Waffenexporte, ist steigend.

7 An der Preisverleihung beteiligt sind Vertreter folgender Gruppen: Rüstungs-Informationsbüro Baden-Württemberg (Freiburg), Kampagne »Produzieren für das Leben – Rüstungsexporte stoppen« (Idstein), OHNE RÜSTUNG LEBEN (Stuttgart), BUKO-Kampagne »Stoppt den Rüstungsexport« (Bremen). Der Preis wird seit Dezember 1992 alljährlich verliehen.

8 *Frankfurter Rundschau* in der Weihnachtsausgabe 1992

9 Gemeinsame Presseerklärung zum 24. 12. 1992

10 Schreiben und Verschickung des Schwarzen Schafes von Ute Schäfer, Kampagne gegen den Rüstungsexport, Idstein, vom 22. 12. 1992

11 Dr. Reiter: »Aufgaben und Arbeitsweise des Bundessicherheitsrats«, Ausarbeitung der Wissenschaftlichen Dienste des Deutschen Bundestages vom 6. 6. 1992

12 *Badische Zeitung*, BZ-Extra, vom 17. 9. 1993

13 Ian Anthony von SIPRI im Saarländischen Rundfunk, zitiert nach: *Süddeutsche Zeitung* vom 7. 4. 1993 und *Frankfurter Rundschau* vom 25. 10. 1993

14 *Associated Press* vom 10. 12. 1991

15 Wulf, Herbert: »UN-Waffenexport-Register: Erste Berichte der UNO-Mitgliedsstaaten liegen vor«. In: *antimilitarismus information*, 23. Jg., Juli-August 1993, S. 15 ff.

16 Der Bundessicherheitsrat lehnte den Export an Taiwan am 28. 1. 1993 ab.

17 *Süddeutsche Zeitung* vom 12. 2. 1993

18 Bebermeyer, a. a. O., S. 159
19 *Schwarzwälder Bote* vom 23. 12. 1992
20 *Südwest Presse* vom 11. 6. 1993
21 Selbstvorstellung zur Bundestagswahl, *Jede Woche* vom 21. 1. 1987
22 *SIPRI Yearbook 1992*, Table 8.1. The leading exporters of major conventional weapons, 1987–91, S. 272
23 *Frankfurter Rundschau* vom 25. 10. 1993
24 Ebd. Das UNO-Waffenregister erfaßt folgende sieben Kategorien von Großwaffensystemen: Kampfpanzer, großkalibrige Artilleriesysteme, Kampfflugzeuge, Kampfhubschrauber, Kriegsschiffe, Raketen und Raketenwerfer. Nicht erfaßt werden Kleinwaffen (Handfeuer- und Faustfeuerwaffen), Bomben, Munition, Mörser, Raketen mit einer Reichweite von weniger als 25 Kilometern, Boden-Luft-Raketen, Versorgungsschiffe, Flugzeuge sowie Hubschrauber ohne Kampfausrüstung etc.
25 *Süddeutsche Zeitung* vom 16. 6. 1993. Angaben des Exports von Rüstungsgütern: USA 13,7; Rußland 3,3 und Deutschland 3,1 Milliarden DM
26 *Handelsblatt* vom 3. 2. 1992
27 *Grénge Spoun* vom 1. 3. 1991
28 Dabei erfaßt die SIPRI-Statistik lediglich den Export von Großwaffensystemen. Handfeuerwaffenexporte – wie die von Heckler & Koch – werden von SIPRI nicht in die Statistiken aufgenommen. Die Datenbasis der US-amerikanischen Behörde für Rüstungskontrolle und Abrüstung (ACDA) ist wesentlich breiter angelegt und nimmt neben den Handfeuerwaffen auch Lizenzen auf. Die ACDA-Datenerfassung muß als »problematisch« beurteilt werden, da unklar bleibt, wie die Daten zustande kommen. In: Uli Jäger, a. a. O., S. 14 f.
29 Antrag Ludger Volmer u. a.: »Gewaltfreiheit und Menschenrechte«; 1. Außerordentliche Bundesversammlung Bündnis 90/Die Grünen in Bonn, 9. 10. 1993
30 *wehrtechnik* 9/1993, S. 5 f.: Die »mittelfristige Verstetigung der Verteidigungsausgaben« sieht folgenden Umfang vor: 1994: 48,6; 1995: 47,5; 1996: 47,5; 1997: 47,5 (Angaben in Milliarden DM). Hinzugerechnet werden müssen die versteckten Verteidigungsausgaben in mehr als zwanzig weiteren Haushalten.
31 *Der Spiegel* 38/1993, S. 32: Das Future Large Aircraft soll bewaffnete Einsatztruppen in den »Krisenbogen von Marokko bis Pakistan« befördern können, so Generalinspekteur Klaus Naumann.
32 Veranstaltung des Kreisverbands Bündnis 90/Die Grünen Heidelberg am 19. 9. 1993
33 Veranstaltung beim AK Frieden der SPD Stuttgart am 6. 10. 1993
34 Antrag Gerd Poppe u. a.: »Für den Erhalt des multiethnischen Bosnien und für eine humanitäre Intervention«; Bonn, 9. 10. 1993
35 Antrag Hubert Kleinert u. a.: »Für eine gewaltfreie Politik in einer gewalttätigen Zeit«; Bonn, 9. 10. 1993
36 Antrag Ludger Volmer, a. a. O.
37 Antrag Jürgen Grässlin u. a.: »Zivilisierung statt Militarisierung der europäi-

schen Außen- und Friedenspolitik«, als Änderungsantrag zur Vorlage des Landesvorstands: »Für ein Europa der Menschen und Regionen«; 1. Landesdelegiertenkonferenz Bündnis 90/Die Grünen Baden-Württemberg in Schwäbisch Gmünd vom 22. bis 24. 10. 1993

38 *Badische Zeitung* vom 25. 10. 1993

Nachwort: Nur Utopisten sind Realisten

1 Stellungnahme von Edzard Reuter bei der 97. Hauptversammlung der Daimler-Benz AG am 26. 5. 1993 in Stuttgart, Protokoll S. 175 f.

2 *wehrtechnik* 1/1992, S. 71

3 Marianne Birthler auf der Außerordentlichen Bundesversammlung der Grünen in Hannover am 16./17. 1. 1993

4 Schreiben von Klaus Kirschner, MdB, vom 24. 6. 1993

5 Schreiben von Klaus Kirschner, MdB, vom 30. 4. 1993

6 Schreiben des Parlamentarischen Staatssekretärs Dr. Reinhard Göhner vom 11. 6. 1993

7 Schreiben Dr. Reinhard Göhner vom 15. 7. 1993

8 LT-Drs. 11/2345 vom 11. 8. 1993, Landtag von Baden-Württemberg, »EG-Programm KONVER«

9 *Stuttgarter Zeitung* vom 28. 10. 1993

10 Die Gründung des Dachverbands der Kritischen AktionärInnen Daimler-Benz (KAD) erfolgte am 18. 12. 1991 in Stuttgart.

11 *Frankfurter Allgemeine Zeitung* vom 30. 9. 1993

12 Anders, Günther: *Die Antiquiertheit des Menschen. Über die Seele im Zeitalter der zweiten industriellen Revolution,* Band 1, München, 7., unveränd. Aufl., Vorwort zur 5. Auflage

Register